KB125795

韓國 中世 韓中關係史

History of Korea's Foreign Relations with China in Medieval Korea

Kim, Soon-Ja

연세국학총서 76

韓國 中世 韓中關係史

김 순 자

혜안

책을 내면서

1980년 '서울의 봄' 시절에 대학에 들어온 필자는 사학과로 진학해서 한국사를 공부한다는 것을 자연스럽게 받아들였다. 그렇게 시작한 공부가 20년 세월을 채운 2000년에 14~15세기 韓中關係史를 다룬 박사학위논문 『麗末鮮初 對元·明關係 研究』로 완성되었다. 이 책은 여기에 「元·明 교체와 麗末鮮初의 華夷論」(2001)을 합하여 수정한 것이다.

필자가 대학에 다니던 1980년대는 반정부투쟁과 민주화운동이 시대의 화두였다. 시류에 예민할 수밖에 없는 역사학계에서도 우리 역사의 자주적 발전과 운동사 영역에 대한 연구가 유행을 이루었다. 그런 분위기에서 공부를 시작한 필자가 어떤 계기에서 시류에 뒤떨어진 것 같고 인기 없어 보이는 고려시대, 그 중에서도 '자주적 발전'과 거리가 있어 보이는 고려-몽골(元) 관계를 공부하게 되었는지는 기억나지 않는다. 누구에게 휩쓸리기 싫어하는 성격 탓일 것이다. 공부의 연륜이 쌓이면서 조선초까지로 범위가 넓어졌고 그 결실이 이 책이다.

부족한 연구성과를 간행하면서 두고두고 고마운 분들께 감사의 말씀을 드리고 싶다. 무엇보다도 고 이종영 선생님과 하현강 선생님의 은혜를 잊을 수 없다. 필자가 역사학자로서, 중세사 연구자로서 이만큼이나마 될 수 있었던 것은 시작부터 가르쳐주신 두 분 선생님의 덕

6

분이다. 역사학자로서의 엄숙함을 보여주신 김용섭 선생님은 발전의 개념을 이해하게 해주셨으며 이희덕 선생님은 우리 역사의 중요 부분인 유교사상사에 접근하는 방법을 가르쳐 주셨다. 동양학의 넓이와 깊이를 느끼게 해주신 고 민영규 선생님, 박학강기의 학문자세를 보여주신 고 황원구 선생님께도 늦었지만 감사의 말씀을 드린다. 한중관계사 연구의 초입에서 많은 도움을 주신 주채혁 선생님, 많은 격려와 신뢰로 힘을 주셨던 박영재 선생님, 역사학자로서의 일상에서 세세한 면까지 지적해주신 신영우 선생님, 뒤늦게 제출한 학위논문의 지도를 선선히 맡아주신 고 김준석 선생님, 작은 실수까지 따뜻하게 지도해주신 박용운 선생님, 이경식 선생님께도 감사의 말씀을 드린다. 『孟子』에서 시작하여 經典과 史書를 섭렵하도록 한문을 가르쳐주신 고 나갑주 선생님께 감사의 말씀을 올린다. 學而時習之도 모르던 필자가 한문 사료를 뒤적일 수 있게 된 것은 선생님의 한결같은 가르침 덕분이다. 오일순, 배종도, 강은경, 최숙 선생님은 일상처럼 학담을 나누어준 고마운 분들이다. 전공하는 분야는 다르지만 함께 역사학자의 길을 가면서 마음속으로 후원해 준 친구, 미국의 윤선주 교수와 박양신 선생에게 고마움을 표한다. 감사의 말씀을 드리면서 빼놓을 수 없는 분들은 한국역사연구회 중세1분과의 이혜옥, 김영미, 박종기, 안병우, 이익주 외 모든 선생님들이다. 아직도 학맥의 끈이 두터운 우리 현실에서 필자가 힘들어할 때 때로는 先學으로서 모범을 보여주고 때로는 同學으로서 격려해 준 고마운 분들이다. 이 책을 간행할 수 있도록 지원해 준 연세대학교 국학연구원과 출판해주신 혜안출판사 여러분께도 감사를 드린다.

대학에 들어온 지 20년만에야 학위논문을 내고, 그러고도 다시 수년이 지나서야 책으로 간행하게 된 것은 필자의 부족함과 게으름 때문일 것이다. 그동안 받은 학은과 필자에 대한 격려를 생각해보면 부

끄러운 마음이 앞선다. 뒷날 필자의 연구가 우리나라 역사책의 한 줄
이라도 채우기를 바라는 마음으로 초심을 다잡는 계기로 삼겠다.

　역사학자로서 지내온 결과를 처음으로 책으로 엮어내면서, 우직하
게 자식만을 위해 사셨던 아버지와 아직까지 막내딸 때문에 편치 않
으신 어머니께 감사드린다. 무엇보다도 시간에 쫓기는 부족한 엄마를
언제나 지지해 준 딸 배겨레에게 고마운 마음을 전한다.

2007년 5월
김순자 謹識

차 례

표차례

서 론

　우리 나라는 지리적으로 중국대륙과 접하고 있어서 중국의 정세변동은 우리의 역사에 적지 않은 영향을 끼쳐 왔다. 중국과 어떤 관계를 맺는가에 따라 국가와 민족의 안전에 적지 않은 영향을 받았기 때문에, 역대 王朝와 정권에서는 어느 지역보다도 중국과의 관계를 어떻게 설정할까에 관하여 고심해 왔다. 中國과의 관계는 양국의 정치적 상황과 국제적 환경 여하에 따라 다양하게 전개되었다. 高麗前期의 경우처럼 중국이 宋과 遼, 南宋과 金으로 분열되어 경쟁하고 있을 경우의 對中國關係와, 元이 中國을 통일한 高麗後期 이후의 그것은 내용이 달랐다.

　이 책은 中世 韓中關係史 중에서도 14세기 후반～15세기 초의 그것을 중점적으로 다루었다. 당시는 한반도에서 高麗에서 朝鮮으로 王朝가 교체되는 시기였고, 中國에서는 遊牧征服王朝인 元이 쇠퇴하고 漢族王朝인 明이 건국되는 시기였다. 明이 건국함에 따라 高麗는 1세기 동안 이어져 온 元과의 국교를 부정하고 親明노선을 택하였으며, 이 외교노선은 朝鮮으로 이어졌다. 遊牧征服王朝였던 元은 정복된 지역을 지배하는데 있어 전례없이 억압적이고 수탈적이었다. 13세기 중엽에서 14세기 중반에 걸치는 高麗－元關係에서 高麗는 전례 없는 정치적 간섭과 경제적 수탈을 당하였다. 中國에서 元이 쇠퇴하자 高

14

麗는 反元을 단행하여 元의 간섭과 수탈에서 벗어나 中國과 새로운
관계를 수립하고자 하였다.

朝鮮과 明의 관계는 그 형식과 내용에 있어서 전근대 중국과의 朝
貢冊封關係의 전형적인 형태로 이해되어 왔다.[1] 麗末鮮初는 明을 상
대국으로 하여 새로운 朝貢冊封關係가 형성되는 성립기였다.[2] 이때

---

1) 全海宗, 1966b, 「韓中 朝貢關係 槪觀」 『東洋史學研究』 1 ; 1970, 『韓中關係
   史研究』 재수록.
2) 전근대 시기 우리와 중국과의 관계를 어떤 용어로 표현하는 것이 적절한가
   에 관하여는 학계에서 일찍부터 고민하여 왔다. 1960년대에 고려, 조선과 중
   국과의 관계를 '조공관계'로 표현하였지만(全海宗, 1966, 「韓中 朝貢關係 槪
   觀」 『東洋史學研究』 1/ 1970, 『韓中關係史研究』 재수록) 이 표현은 고려, 조
   선과 중국과의 관계를 정치적 측면에 치중하여 고려, 조선의 조공 측면만 반
   영한 용어라는 점에서 비판받았다. 한국사학계에서는 이 용어 사용을 회피
   하는 경향도 없지 않았으나, 이것을 대체할 만한 용어가 제시되지는 않았다.
   중국을 중심으로 하는 동아시아 세계를 '하나의 세계'로 인식하고 그 질서의
   성격을 규정하기 위해 일찍부터 고심해 온 일본학계에서는 중국과 주변국과
   의 관계를 '冊封體制論'으로 표현하기도 했다(西嶋定生, 1983, 『中國古代國
   家と東アジア世界』, 東京大出版會). 이 역시 중국측의 '책봉'을 강조한 용어
   라는 점에서 국내학계에서 폭넓게 수용하지는 않았다. 서구학계에서도
   Chinese World Order 이래 중국과 주변과의 관계를 어떻게 규정할 것인가에
   관하여 적지않은 관심을 보여왔다. 고려전기(10~11세기)의 경우, 동아시아
   세계는 북중국의 유목민족이 세운 遼든 漢族이 세운 宋이든 절대적으로 우
   월한 지위에서 조공제도의 중심 역할을 하지 못했으며, 遼, 宋, 西夏, 고려가
   각각 한 축을 이루고 공존하는 다원적 국제관계였다는 점을 주목하여 '다국
   가질서(multi-state system)'로 표현하기도 했다(Morris Rossabi, etc, 1983, *China
   among Equals*, University of California Press).
     한반도의 역대 王朝와 중국과의 관계는 元 이전의 다원적 관계 시기와 元
   ・明・淸代에 하나의 통일된 중국이 중심지 역할을 하는 관계 시기로 나누
   어볼 수 있을 것이다. 元 이전 시기도 삼국시대와 삼국통일 이후, 五代十國
   시대인 고려초기와 遼・金代인 고려전기의 한중관계는 실질적인 내용면에
   서 차이가 있다. 전근대의 삼국, 고려, 조선과 중국 각 왕조와의 관계를 일괄
   하여 사용할 수 있는 용어에 관하여는 학계에 정설이 없다. 전근대 시기에
   중국과 주변의 다른 국가가 관계를 맺는 방법은 朝貢이든 冊封이든 상대를

성립된 그 형식과 내용은 17세기 초까지 한중관계의 기본이 되었다. 中國에서 明·淸이 교체됨에 이르러서는 큰 변화없이 對淸關係로 이어졌다. 그러므로 우리 나라 전근대 한중관계의 성격과 특징을 이해하기 위해서는 그 형식과 내용이 결정되는 성립기의 對明關係를 이해할 필요가 있다. 그런데 성립기 對明關係의 형식과 내용은 앞선 시기 對元關係의 그것을 기본으로 하였던 측면이 강하다.[3] 따라서 對明關係를 이해하기 위한 전단계로서 麗末 對元關係의 형식과 내용을 살펴보아야 할 것이다.

麗末鮮初의 韓中關係史는 對明關係 중심으로 연구되어 왔다. 恭愍王 5년(1356)의 反元改革은 억압적이고 수탈적이었던 元과의 관계를 부정하고 민족의 자주성을 회복한 개혁으로 적극적으로 평가되었다.[4] 反元改革 이후에도 元과의 국교는 단절된 것이 아니라 유지되었다. 국왕책봉권 행사, 貢物, 영토(東北面) 수복 등의 문제로 갈등은 계속되었다. 그러나 소위 '자주성'을 회복한 反元改革 이후 元과의 관계는 연구자들의 관심 대상이 아니었다. 恭愍王 5년 이후 元과의 관계에 관하여는 元皇室 소유의 목마장이 있었던 濟州와 濟州馬에 대한 처리 문제가 다루어졌고,[5] 恭愍王代의 官制 개편을 다루면서 元·明

인정하는 상호관계, 양국관계였다. 상대를 인정하는 방법은 朝貢과 冊封을 반드시 교환함으로써 성립하는 쌍방관계였으므로 '朝貢冊封關係'로 표현해야 한다는 의견이 제시되어 있다(김한규, 1999, 『한중관계사 I 』). 고려, 조선은 이러한 외교원칙을 수용하였다. 현재의 상태에서 필자는 朝貢冊封關係라는 용어를 사용하겠다.

3) 金順子, 2000, 「麗末鮮初 對元·明關係 研究」, 연세대학교 박사학위논문, 緒論, 제3장 '2. 鐵嶺衛 문제와 高麗의 遼東征伐'.

4) 閔賢九, 1989, 「高麗 恭愍王代 反元的 改革政治에 대한 一考察－背景과 發端－」 『震檀學報』 68 ; 閔賢九, 1992, 「高麗 恭愍王代 反元的 改革政治의 展開過程」 『擇窩許善道先生停年紀念 韓國史學論叢』.

5) 金泰能, 1965, 「耽羅와 元의 牧養時代(完)」 『제주도』 19 ; 高昌錫, 1984, 「麗·元과 耽羅와의 關係」 『濟州大論文集』 17 ; 高昌錫, 1985, 「元明交替期의

16

교체라는 대륙정세의 변동이 국내 官制 개편에 영향을 주었다는 정도로 언급되는 수준이었다.6)

　對明關係에 관한 연구는, 먼저 그 성격 문제에 있어서 朝貢·冊封에 있어서의 형식과 明에 대한 事大를 실질적인 의미가 있었던 것으로 인정하는 연구와,7) 이와는 달리 朝貢冊封關係의 상·하질서는 실질적인 의미가 없는 외교 형식상의 문제인 것으로 보고, 경제적 교류와 국가 안보의 필요에서 朝鮮이 자발적으로 明을 중심으로 하는 동아시아의 외교질서를 수용하였음을 강조하는 상반된 연구가 있다.8) 후자의 논점은 전근대 對中國關係에서 上·下國관계는 외형적 형식일 뿐 실질적인 의미가 있는 것으로 인정하지 않고 자주성을 강조하는 데 있었다. 자주성을 강조한 국내학계의 초기 연구는 그후의 연구에 큰 영향을 주었다.

　따라서 朝貢冊封關係의 외적 측면인 上·下 관계와 事大 문제는 거의 연구되지 않았다. 對明 朝貢의 형식적 측면을 연구하는 경우에도 使行 왕래 회수와 외교의식, 貢路, 貢期, 進貢品과 回賜品에 관하

　　濟州道-牧胡亂을 中心으로-」『耽羅文化』4 ; 陳祝三, 1989,「蒙元과 濟州馬」『耽羅文化』8.
6) 黃雲龍, 1980,「高麗恭愍王代의 對元明關係-官制變改를 中心으로-」『東國史學』14.
7) 末松保和, 1941,「麗末鮮初に於ける對明關係」『城大史學論叢』2/1965,『靑丘史草』1.
8) 신석호, 1959,「조선 왕조 개국 당시의 대명관계」『국사상의 제문제』1 ; 姜尙雲, 1959,「麗明(韓中) 國際關係 硏究」『中央大論文集』4 ; 金龍基, 1972,「朝鮮初期의 對明朝貢關係考」『釜山大學校論文集』14(人文·社會科學篇) ; 金成俊, 1974,「高麗와 元·明關係」『한국사』8, 국사편찬위원회 ; 高錫元, 1977,「麗末鮮初의 對明外交」『白山學報』23 ; 金九鎭, 1990,「朝鮮前期 韓中關係史의 試論-조선과 명의 사행과 그 성격에 대하여-」『弘益史學』4 ; 金成俊, 1994,「고려말의 정국과 원·명관계」『한국사』20, 국사편찬위원회.

여 기초적인 정리가 이루어졌고,9) 그 관계의 성격에 관하여는 깊이 있게 다루지 않았다. 그 외에 영토 문제와 관련하여서는 明 건국 직후인 恭愍王 18~20년(1369~1371)에 이루어진 東寧府征伐, 禑王 14년(1388) 明의 鐵嶺衛 설치령에 반발하여 단행된 遼東征伐 등을 高句麗 계승의식에 기반하여 遼東地方을 회복하려 한 北進政策의 일환으로 이해하는 것이 일반적이었다.10) 鮮初 女眞에 대한 招撫와 압록강·두만강 일대를 영토로 확보하는 문제 역시 같은 시각에서 다루어졌다.11) 麗末鮮初에 60여 년에 걸쳐 지속적으로 이루어진 明과의 馬貿易의 규모와 진행 과정은 개괄적으로 밝혀졌으나,12) 전근대 조공책봉관계 안에서 이루어진 교역의 성격, 정치군사적 문제와의 관련성 등은 별로 고려되지 않았다. 鮮初의 表箋文 사건과 遼東攻伐論과의 연관성에 대하여는 明의 국내정치 동향까지 고려하여 깊이 있게 다루어졌다.13)

　恭愍王 17년(1368)에 중국에서 한족왕조인 明이 건국하여 유목정복 왕조인 元을 쫓아내는 정세의 변화가 있었다. 고려는 이러한 변화에 기민하게 대응하여 1세기 가까이 지속되어온 元과의 관계를 청산하고 親明외교노선을 선택하였다. 明과의 관계가 시작될 때 元과의 그것과는 달리 고려가 자발적으로 외교노선을 선택하였다는 '자발성'을 중시

---

9) 李鉉淙, 1961,「明使接待考」『鄕土서울』12 ; 金龍基, 1972,「朝鮮初期의 對明朝貢關係考」『釜山大論文集』14 ; 金九鎭, 1990,「朝鮮前期 韓中關係史의 試論-조선과 명의 사행과 그 성격에 대하여-」『弘益史學』4.
10) 金龍德, 1961,「鐵嶺衛考」『중앙대학교논문집』6 ; 朴焞, 1985,「高麗末 東寧府征伐에 대하여」『中央史論』4.
11) 金九鎭, 1973,「麗末鮮初 豆滿江 流域의 女眞 分布」『白山學報』15 ; 金九鎭, 1984,「朝鮮前期 對女眞關係와 女眞社會의 實態」『東洋學』14.
12) 南都泳, 1960,「麗末鮮初 馬政上으로 본 對明關係」『東國史學』6 ; 姜聖祚, 1990,「朝鮮前期 對明公貿易에 관한 연구」, 인하대학교 박사학위논문.
13) 朴元熇, 1975a,「明初 文字獄과 朝鮮表箋問題」『史學硏究』25 ; 朴元熇, 1975b,「明初 朝鮮의 遼東攻伐計劃과 表箋問題」『白山學報』19 ; 朴元熇, 1976,「朝鮮初期의 遼東攻伐論爭」『韓國史硏究』14.

하여 對明關係는 처음부터 우호적인 외교관계였던 것으로 이해되었다. 따라서 明과의 관계는 민족사의 자주성을 회복한 恭愍王 5년 (1356) 反元改革의 연장선에 있는 것으로 규정되었다. 여말선초 對明關係 성립에 있어서 자발성과 우호적 관계를 강조함에 따라 明과의 관계 성립기에 양국 사이에 나타난 여러 갈등 요인들, 예를 들면 馬·布를 비롯한 과중한 貢物 요구와 馬貿易에서 나타나는 강제 교역의 측면, 禑王에 대한 책봉권 문제를 비롯하여 지속적으로 일어나는 외교적 갈등, 철령위 설치와 女眞 招諭 문제로 불거진 영토·인구점유 분쟁의 발생과 그 배경 등의 문제는 연구 대상에서 벗어나게 되었다.

그런데 明과의 외교관계가 안정되기까지 高麗·朝鮮과 明 사이에는 대립과 갈등이 컸다. 공민왕 사후 후대 王에 대한 책봉을 거부하거나 고려가 감당하기 어려울 정도의 과중한 貢物 요구, 遼東 일대에 거주하는 여진족에 대한 지배권 행사 문제, 鐵嶺衛 설치 문제와 같은 영토 분쟁 등이 그것이다. 이전 시기 고려와 宋, 고려와 遼, 고려와 金과의 외교 관계와 비교하면 양국의 대립과 갈등은 매우 커서 우리 역사상 조공책봉관계를 맺었던 중국왕조 중 가장 억압적이고 수탈적이었던 고려와 元과의 외교관계 성립기에 버금갈 정도라 할 수 있을 것이다.

그런데 明과의 외교 관계 성립기 양국 사이의 대립과 갈등은 明의 對高麗政策이 元代의 그것에 준해서 제시됨으로써 발생한 것이었다. 明은 元을 공격하던 처음에는 漢族王朝로서 中華를 회복하겠다고 표방하였으나 元代의 상황과 그 역사적 경험을 계승하지 않을 수 없었다. 對高麗政策에서 나타나는 책봉국으로서의 책봉권 행사, 조공국인 고려로부터의 공물 징발, 양국의 영토 확정 등의 문제에 있어서 明은 元代의 그것들을 고려에서 실현하려고 하였다. 반면 건국 이래 五代, 宋, 遼, 金, 元과 다양한 형식과 내용의 대중국관계를 경험한 고려는 공민왕 5년(1356) 反元改革에서 이루어낸 대중국관계의 내용과 형식을 明과의 관계에서 구현하려고 하였다. 즉 고려와 明 양국이 우호적인 분위기에서 성립시킨 양국관계가 초기에 대립과 갈등을 겪을 수밖에 없었던 것은 양국이 상대국에 대하여 추구하는 외교관계가 서로 달랐기 때문이다. 이 차이는 고려와 역대 중국왕조와의 관계가 어떠했는가라는 역사적 맥락에서 이해해야 할 것이다.

明이 새로운 강자로 등장한 동아시아 세계에서 高麗・朝鮮은 明을 새로운 天子國으로 인정하고 明은 高麗・朝鮮을 정당한 국가로 승인함으로써 양국은 동아시아의 안정에 기여하였다. 明에 대한 외교는 당시에 '事大'로 표현되었다. 高麗・朝鮮과 같은 조공국이 中國을 事大하는 방법은 시대 상황에 따라 다르며, 명분과 실상이 괴리되는 경우도 적지 않았음은 지적되어 온 바다.[14] 그런데 기존에는 그 시대의 '事大'를 현재의 가치기준으로 먼저 판단하고 이해하려고 함으로써,[15] 事大에 대한 당시의 인식과 필요성을 이해하는 데 한계가 있었다. 당시대인들은 국제적 역학관계에 의해서건, 아니면 儒敎 정치사상에서의 명분론에 의해서건 '事大' 그 자체를 부정하지는 않았다.[16] 또한 '事大'가 위화도회군과 禑王 축출과 같은 중요한 정치적 변혁의 명분이 되기도 하였다. 따라서 對中國關係의 성격과 그 의미를 이해하기 위해서는 朝貢, 冊封의 형식적 절차에 대한 이해는 물론, 對明事大를 합리화한 당시인의 세계관인 華夷論, 그것을 받아들인 상황과 그것이 정치, 사회, 문화, 군사 등 각 방면에 끼친 영향 등의 문제를 폭넓게 살펴보아야 할 것이다.

---

14) 피터윤(윤영인), 2002,「서구 학계 조공제도 이론의 중국 중심적 문화론 비판」『아세아연구』제45권 3호 ; Peter Yun, 2005,「몽골 이전 동아시아의 다원적 국제관계」『만주연구』제3집.

15) 安貞姬, 1997,「朝鮮初期의 事大論」『歷史敎育』64, 2쪽.

16) 고려사에서 妙淸의 반란은 예외적인 사례로 생각된다.

20

1980년대 이래 麗末鮮初 元·明과의 관계를 국내의 정치변동과 연관하여 이해하려는 연구들은 이러한 시도라고 생각된다.[17] 그러나 麗末 정치사에서 대립하는 두 정치세력－權門勢族과 新興士大夫－이 北元과 明을 대상으로 하여 親元·親明 외교노선을 '선택했다'는 결과로 설명하는 데 그쳤다. 실제 정치가 전개되는 과정에서 對中國 외교노선의 차이는 어떤 의미를 갖는 것이었는가, 급변하는 麗末鮮初의 정치과정에서 어떻게 작용하였는가 등에 관하여는 분석되지 않았다. 한편 이 시기에 明과는 馬貿易이 대규모로 이루어지고 있었다. 明과의 경제교류는 朝貢冊封關係를 전제한 위에서 이루어지고 있었으므로, 朝貢冊封關係의 또 다른 모습이다. 따라서 이 시기 公貿易의 일환으로 이루어진 馬貿易을 단순한 경제 교류로 이해해서는 그 본질을 이해할 수 없을 것이다. 馬貿易이 이루어진 배경과 그 경제적 가치가 분석될 수 있다면 경제적 교류에 투영된 朝貢冊封關係의 한 측면을 이해하는 데 도움이 될 것이다.

이상에서 검토한 연구 성과와 한계를 염두에 두면서 필자는 우리나라 中世 韓中關係史의 추이를 국내의 정치변동과 연관시키면서 살펴보려고 한다. 麗末鮮初에 元·明과의 관계에서 발생한 각 사건들을 高麗·朝鮮이 추구하는 동아시아 질서 혹은 對中國政策과 元·明이 추구하는 동아시아 질서 혹은 對高麗(朝鮮)政策의 대립과 갈등이라는 시각에서 이해하려고 하였다. 恭愍王 5년(1356) 反元改革 이래 高麗가 元과의 관계에서 추구해온 對中國關係가 明을 상대국으로 하여 일정한 형식으로 정착하는 朝鮮 太宗·世宗初까지에 걸쳐 한중관계

---

17) 柳昌圭, 1994,「高麗末 崔瑩 勢力의 형성과 遼東攻略」『歷史學報』143 ; 金燉, 1997,「高麗末 對外關係의 變化와 政治勢力의 대응」『韓國 古代·中世의 支配體制와 農民』(金容燮教授停年紀念 韓國史學論叢2) ; 李益柱, 1996,「高麗·元關係의 構造와 高麗後期政治體制」, 서울대학교 박사학위논문.

의 여러 양상과 현안들, 그에 대한 대응책과 변화 양상을 살펴볼 것이
다. 시기에 따라서는 대외관계라는 요인이 국내의 정치변동에 직접 영
향을 주기도 하였음을 밝힐 수 있을 것이다.

먼저 제1장에서는 14세기 중반 元・明이 교체하는 동아시아의 정
세변동이 高麗의 對中國關係에 어떤 영향을 주었으며, 1세기에 걸친
對元關係를 부정하고 反元을 단행하게 한 華夷論의 변화와 反元改革
으로 高麗가 새로이 추구한 對元關係는 어떤 것이었는지 살펴보았다.
아울러 反元改革의 외교적 성과와 그것이 이후의 對中國關係에 준
영향을 명확하게 하는데 유의하였다. 元의 멸망과 明의 건국을 전후
하여 이루어진 東寧府征伐과 濟州 귀속을 위한 외교적 노력이 원간
섭 이전의 對中國關係를 복원하려는 노력이었다는 시각에서 접근하
였다. 이런 작업 결과 고려적인 對中國關係의 성격과 恭愍王 5년의
反元改革이 韓中關係史에서 갖는 의미가 보다 분명해졌다.[18]

제2장에서는 明의 遼東經營이 본격적으로 시작된 恭愍王 20년
(1371)경부터 明의 鐵嶺衛 설치 통보로 遼東征伐이 단행되기까지를
다루었다. 明은 中國을 장악해감에 따라 동북아시아에서 元代의 질서
를 회복하려고 하였다. 이러한 明의 의도는 貢物 증액 요구와 고려국
왕에 대한 책봉권 행사, 高麗의 東北面에 대한 귀속권 주장으로 나타
났다. 고려에 대한 明의 정책은 고려가 反元改革 이후 추진한 中國과
의 외교정책과 충돌하는 것이었다. 이 시기 양국 사이의 외교 현안은

---

[18] 元 이전 高麗의 대중국관계는 다원적이며 형세 변화에 따라 夷가 中華의 위
치에 서기도 하는 것이었다. 高麗는 책봉국인 中國에 대하여 비교적 자율성
을 확보하고 있었다. 반면 16세기 이후 朝鮮의 대중국관계는 朱子學이 내면
화함에 따라 중국(明)과 조선의 관계를 上・下國관계로 절대화하였다. 이 두
가지 관계를 고려적 대중국관계와 조선적 대중국관계로 대비시킬 수 있을
것이다. 麗末鮮初는 고려적인 대중국관계가 조선적인 그것으로 변화하는 과
도기에 해당한다.

恭愍王 말년 濟州馬 공납 요구로 시작된 明의 공물 요구, 禑王의 王位 계승에 대한 明의 승인 문제, 鐵嶺衛 설치령으로 나타난 東北面에 대한 明의 영유권 주장으로 인한 영토 분쟁 등이었다. 禑王 14년 (1388)에 고려가 전례없이 中國＝明의 영토를 선제공격하려 한 遼東征伐은 元代의 질서를 회복하려는 明의 영토정책에 대한 반발이었다. 반면 恭愍王 5년 이후 元과의 관계에서와 달리 高麗가 明이 요구하는 濟州馬, 金, 銀 등의 공물을 증액한 주요한 동기는 朝貢冊封關係의 정상화를 통한 정권의 정당화에 있었음을 밝힘으로써 국내정치가 朝貢冊封關係와 긴밀하게 연관되어 있음을 알 수 있었다.

明의 鐵嶺衛 설치 요구에 촉발된 高麗의 遼東征伐은 李成桂측이 위화도에서 회군하여 권력을 장악하는 것으로 마무리되었다. 李成桂측은 회군과 禑王의 축출 명분으로 中國에 대한 '事大'를 표방했다. 이들이 표방한 對明 '事大'의 방법론은 이후 朝鮮의 對明關係를 규정하는 하나의 기준이 되었을 것이다. 따라서 회군 이후 이성계측의 '事大' 방법론이 지향하는 對明關係는 무엇이었는지 명확하게 할 필요가 있다. 조선적 對明關係는 성립기에 어떠하였으며, 나아가 고려시대의 그것과는 어떤 차이점이 있는지 비교하여 이해할 때 韓中關係史에서 麗末鮮初가 갖는 의미를 이해할 수 있을 것이다.

제3장에서는 朝鮮王朝 성립에서부터 世宗代에 걸쳐 朝貢冊封關係가 안정되기까지 양국 사이의 외교현안들을 살펴보았다. 위화도회군 이후 이성계가 朝鮮王朝를 세울 때까지, 禑王·昌王이 폐위되고 反李成桂勢力이 제거되는 정치변동에서 明이라는 책봉국의 권위가 어떤 역할을 하였는지를 禑昌非王說을 소재로 하여 살펴보았다. 또 李成桂 즉위 후 朝鮮과 明 사이에 제기되었던 王朝 교체 승인과 國號 결정 문제, 조선국왕에 대한 誥命·印信의 수여, 表箋文 사건 등의 원인과 경과과정을 다루었다.

제4장에서는 麗末鮮初의 華夷論을 살펴보았다. 麗末鮮初는 중국의
지배자가 북방 유목정복왕조인 元에서 정통 漢族王朝를 자처하는 明
으로 교체되는 시기였다. 明은 양자강 하류 일대에서 건국하여 짧은
시간에 元을 멸망시키고 中國을 차지하였지만, 元은 北元으로 남아서
遼東과 몽골 초원 일대에 오랫동안 세력을 유지하였다. 北元은 遼東
지방을 공격하기도 하고, 遼東을 통해서 고려에 적지 않은 영향력을
행사하고 있었다. 근 1세기 동안 지속된 원간섭기는 그 자체로 하나의
질서로 받아들여졌을 것이며, 그러한 질서에 대한 관념은 華夷論으로
이론화되었을 것이다. 그런데 고려는 그러한 질서를 스스로 부정하고
1356년에 反元改革을 단행할 수 있었다. 元과 明이 교체하는 정세의
변동에 능동적으로 대응하여 중국에서의 새로운 강국 明을 華로 인식
하고 새로운 국제관계를 추구할 수 있게 한 華夷論은 무엇이었는지
살펴보았다.

제5장, 제6장에서는 麗末鮮初 명과의 사이에 제기되었던 외교현안
을 사례 연구하였다. 제5장에서는 遼東人口 확보를 위한 高麗・朝鮮
과 明과의 대립을 살펴보았다. 元・明교체기에 遼東지방에 거주하던
인구가 대거 고려로 유입하였는데, 이들은 고려인이 중심이고 여진족
도 적지 않은 비중을 차지하였다. 高麗・朝鮮의 유입 인구 대책은 무
엇이었으며, 明과 인구 점유 분쟁이 일어난 배경과 처리 과정을 다루
었다. 제6장에서는 고려 禑王代에 시작되어 조선 世宗代까지 60여 년
간 지속된 馬貿易을 다루었다. 이 시기의 馬貿易은 전근대 韓中關係
史 속의 경제교류 중 양적으로나 교역이 지속된 시간적으로나 가장
대표적인 공무역 사례이다. 대규모의 馬貿易이 성사된 배경, 교역의
규모, 가격 결정과 지불 방법 등 경제적 측면에 대한 분석을 통해서
전근대 교역의 실상을 이해하는 것은 물론, 경제적 교역과 朝貢冊封
關係의 연관성을 검토하였다.

　대외관계는 우리와 상대국가가 서로 영향을 주고받으며 변해가는 관계이다. 국력의 우열은 있어도 양국의 관계는 상호 관계이며 일방적인 경우는 없다. 高麗・朝鮮과 元・明과의 관계는 전근대 동아시아의 보편적 외교관계질서인 朝貢册封關係로 말할 수 있다. 그러나 麗末鮮初는 中國에서 元・明이 교체되고 한반도에서도 高麗・朝鮮이 교체되는 변동기였다. 정세 변동에 따라 분쟁지역의 인구 유동이 심했으며, 영역 확정을 비롯하여 양국 사이에는 외교현안도 계속 발생했다. 世宗代에 明과의 외교관계가 안정되기까지 많은 외교적 현안이 제시되었고 그것을 해결하는 과정에서 때로는 막대한 공물을 수탈당하기도 하고 때로는 군사적 충돌 상황에 봉착하기도 하였다. 이러한 분쟁과 그것을 해결하는 과정에서 양국 각각의 국내정세는 긴밀하게 영향을 주고받았다. 또한 상대방에 대한 외교정책은 前代의 역사적 경험에 의거하거나 그 영향을 받으면서 입안되고 상대국에 제시되었다. 이상에서 살핀 여러 작업을 통하여 高麗・朝鮮의 對中國政策과 明의 對高麗(朝鮮)政策은 전시기의 역사적 경험을 배경으로 추진되었으며, 양국의 정책 차이에서 대립과 갈등이 반복되는 것이었음을 확인할 수 있었다. 麗末鮮初는 이러한 외교적 대립과 갈등을 거쳐 朝鮮과 明의 朝貢册封關係가 성립되는 시기였음을 알 수 있었다.

제1장 元·明의 교체와 中國과의 관계 변화

1. 동아시아의 정세 변화와 元·明의 교체

13세기 중엽 世祖 통치기를 통해 중국대륙에 대한 통치를 안정시켰던 元은 14세기 중반에 접어들어 농민반란이 일어나면서 급격하게 중국대륙에 대한 통제력을 잃게 되었다. 江北지방에서는 황하 개간과 役 부담의 가중, 가혹한 수탈로 인하여 流民이 대규모로 발생하였다. 江南지방에서는 지주경제 아래 광범위하게 피져 있는 몰락 농민, 영세 빈농을 배경으로 元의 종족차별 정책에 대한 漢人 지식층의 反元 감정이 가세하여 順帝 재위 중(1333~1367)에 농민반란이 전국적으로 일어났다.[1] 이들 漢人반란군을 漢人群雄이라고도 하는데, 그 수가 百餘에 달하기도 했으나,[2] 점차 강력한 몇몇 群雄으로 통합되어 갔다.

---

1) 元末 漢人봉기의 배경에 관하여는 몽골족의 漢族 차별 정책에 대한 漢族지식인의 불만, 강남지방의 발달된 지주경제를 배경으로 광범위하게 발생한 몰락농민과 지주층의 대립이라는 2가지의 요인 중 어느 것을 주요한 것으로 이해하느냐에 따라 의견이 나누어진다. 본문은 아래의 논문을 참조하였다. 相田洋, 1970, 「'元末の反亂'とその背景」『歷史學硏究』 361 ; 山根幸夫, 1971, 「'元末の反亂'と明朝支配の確立」『岩波講座 世界歷史』 12(中世6 東洋篇5).

2) 元末 漢人群雄 및 그들과 高麗의 관계에 대해서는 金成俊, 1974, 「高麗와 元·明關係」『한국사』 8, 국사편찬위원회 ; 金惠苑, 1998, 「高麗 恭愍王代 對外政策과 漢人群雄」『白山學報』 51을 참조하였다.

26

漢人群雄의 반란은 忠穆王 4년(1348) 浙江省 臺州에서 일어난 方國
珍의 봉기를 시작으로 하여 恭愍王 즉위년(1351) 白蓮教 조직을 기반
으로 한 韓山童의 潁州 봉기로 본격화되었다. 그중에서 세력이 큰 것
으로는 江南의 해상을 장악하고 鹽商을 기반으로 가장 먼저 일어난
方國珍과 1351년 河北省 永平에서 일어난 韓山童, 劉福通의 紅巾軍
(賊), 포목상 출신으로 江南에서 일어난 徐壽輝와 같은 계열의 明玉
珍, 陳友諒, 다음해 安徽省 濠洲에서 일어난 郭子興, 그 이듬해에 江
蘇省의 鹽丁을 규합하여 일어난 張士誠 등이 있었다. 이들이 세력을
떨치게 되자 元末 중국대륙은 갑자기 군웅할거의 무대가 되었다. 이
들은 한때 漢族王朝인 宋의 부활을 표방한 紅巾軍의 영도를 받기도
하고, 자신들끼리 대립하게 되자 元軍에 투항하여 그 官爵을 받기도
하였다.3)

恭愍王 3년 元이 양자강 일대의 高郵城에서 紅巾賊을 토벌하는 데
참전하여 元의 쇠락과 대륙의 정세를 확인할 수 있었던 高麗는4) 이러
한 변화에 적극적으로 대응하였다. 恭愍王 5년(1356) 反元改革을 단행
하여 1세기에 이르는 元의 간섭과 수탈에서 벗어나고자 했다. 高麗는
元과의 관계 자체를 부정하지는 않았지만, 張士誠, 方國珍 등 중국 남
방의 漢人群雄들과 밀접한 관계를 유지하였다. 중국에서 漢族 반란군

---

3) 張士誠은 江蘇省 高郵縣을 함락한 후 국호를 大周라 하였으나, 朱元璋과
대립하자 1357년(恭愍王 6) 元에 투항하여 매년 11만 石을 공납하는 조건으
로 太尉職을 제수받기도 하였다. 陳友諒은 徐壽輝를 죽인 뒤 같은 계열의
明玉珍과 대립하게 되자 독립하여 1357년 福建行省平章政事에 임명되었다.
4) 恭愍王 3년 元의 南征軍이 高郵城을 공격할 때 元의 요청으로 여러 명의 將
帥 등 2,000여 명을 파견하였다. 이들은 在元高麗人 21,000명과 함께 元 丞
相 脫脫이 이끄는 南征軍에 편성되어 高郵城 전투에 참전하였다. 『高麗史』
권38, 恭愍王 3년 7월 癸亥, [상765③](亞細亞文化社 影印本, 이하 같음).
* [ ]안은 影印本 上冊 776쪽 下-左面을 뜻하며, 다른 곳에서 ①은 上-右面,
②는 上-左面, ③은 下-右面을 뜻한다.

에 밀리는 상황에서 元의 간섭과 압력은 이전보다 약화될 수밖에 없었다. 동북아시아에서 高麗의 위상은 보다 중요하게 되었다.

漢人群雄 중에서 高麗와 밀접한 관련을 가졌던 세력은 張士誠, 方國珍이다. 恭愍王 6년(1357) 7월 張士誠이 江浙省丞相의 직함으로 理問 實刺不花를 파견해온 것을 시작으로 하여[5] 恭愍王 14년 10월 마지막으로 方國珍이 사신을 파견해 오기까지[6] 8년 동안 총 26회 사신을 파견했다. 高麗가 긴밀하게 교류한 張士誠, 方國珍 등 남방계 漢人群雄들은 紅巾賊과 무관하다는 점이 특징이다. 이들 중에는 뒤에 明을 건국한 朱元璋도 있었다. 그는 淮南平章事의 직함으로 恭愍王 13년 4월에 萬戶 許成을 파견하기도 하였다.[7] 張士誠은 恭愍王 6년 7월부터 14년 4월까지 매년 4월과 7월경 정기적으로 직접 사신을 파견한 것이 13회, 그 측근에서 6회, 합하여 총 19회 高麗에 사신을 파견할 정도로 高麗와 관계를 유지하는 데 적극적이었다. 方國珍은 恭愍王 7년 5월부터 7년간 5회 高麗에 사신을 파견하였다. 이들의 來聘에 대하여 高麗는 총 8회 答聘하였는데, 8회 모두 張士誠과 그 측근에 보낸 사절이다.

한편 漢人群雄 중에서는 高麗를 침입한 세력도 있었다. 紅巾賊은 군대를 東·西·中路軍으로 나누어 元을 공격하였다. 그 중 中路軍은 恭愍王 7년(1358)에 元의 上都(開平府)를 불사르고 한때 遼陽行省을 점령하기도 하였다. 그러나 元의 반격을 받아 쫓기게 되자 遼東을

---

5) 『高麗史』 권39, 恭愍王 6년 7월 乙亥, [상776④]. 恭愍王 3년의 元 南征軍이 공격한 高郵城전투는 張士誠을 공격하는 것이었으므로 이때 高麗와 張士誠 측은 접촉했을 것이다. 元의 高郵城 공격이 실패한 뒤 머지 않아 張士誠측에서 먼저 高麗에 사신을 파견한 것에는 이때의 경험이 작용했기 때문으로 설명되고 있다(金惠苑, 1998, 앞 논문, 75~77쪽 <표> 참조).

6) 『高麗史』 권41, 恭愍王 14년 10월 癸巳, [상815②].

7) 『高麗史』 권40, 恭愍王 13년 4월 甲寅, [상809②], "淮南朱平章遣萬戶許成來獻鎧稍".

휩쓸면서 恭愍王 8년과 10년 두 차례 高麗로 침입하였다. 恭愍王 10
년 침입 때에는 한 때 수도인 開城까지 점령함으로써 미처 大軍에 맞
서 싸울 준비가 되어 있지 않았던 고려는 국왕이 安東까지 피난길을
떠나기도 하였다.

漢人群雄들은 元軍과 대립하면서 동시에 자기들 스스로도 경쟁관
계에 있었다. 힘이 약한 群雄은 계속되는 전쟁에서 패배하여 다른 세
력에 흡수되었다. 이러한 정세에서 이들이 高麗에 사신을 파견해온
이유는 高麗와 우호적인 관계를 맺어 정치적인 후원을 기대했기 때문
이라고 생각된다. 당시 고려는 '大邦'으로 인식될 정도로 동북아시아
의 강국이었다.[8] 동시에 그들은 고려와의 관계에서 정세 변화에 대한
정보를 얻을 수 있었을 것이다. 사신 내왕 횟수에서 보면 高麗보다는
漢人群雄측에서 고려와 관계를 맺는 데에 더 적극적이었다.

반면 高麗는 기본적으로 元과 事大관계를 유지하면서도 중국의 정
세를 파악하기 위해 이들과 관계를 맺었다고 생각된다.[9] 元의 중국통
치가 어떻게 전개되는가 하는 문제는 중국대륙에 직결되어 있는 高麗
로서는 국가 안보상 항상 유념해야 하는 문제일 수밖에 없었다. 反元
改革을 단행한 바로 다음해 張士誠은 高麗에 사신을 파견했던 것이
며, 그를 통하여 高麗는 揚子江 일대 漢人群雄의 실태와 元과의 관
계, 元의 국방 상태, 漢族 민심 동향 등에 관한 정보를 얻을 수 있었을

---

8) 김순자, 1995, 「고려말 대중국관계의 변화와 신흥유신의 사대론」 『역사와 현
   실』 15, 112~113쪽. 이와 달리 金惠苑은 1998, 앞 논문, 84쪽에서 張士誠의
   경우 高麗와 교류한 주목적을 恭愍王 8년 이전은 경제적인 교류로, 恭愍王
   9년 이후는 군사적 동맹 관계로 이해하였다.
9) 金成俊, 1974, 앞 논문, 179쪽 ; 1994, 「고려말의 정국과 원·명관계」 『한국
   사』 20, 국사편찬위원회, 329쪽에서 高麗가 漢人群雄과 교류한 주목적을 평
   화적 통상무역이라고 하고, 이를 통하여 元의 실정을 정탐하는 부차적 목적
   이 있었다고 하였다.

것이다. 따라서 高麗는 처음 漢人群雄의 사신을 맞이한 恭愍王 6년 7
월 이후 멀지 않은 시기에 사신을 파견하였다. 張士誠과 丁文彬은 2
차로 恭愍王 7년 7월에 다시 사신을 파견해 왔는데, 이때 高麗가 파
견했던 黃贊이 함께 귀국하였다.[10] 이는 高麗가 漢人群雄의 내왕에
매우 신속하고 적극적으로 대응한 것이라 하겠다.

  한편 郭子興 휘하에 속해 있던 朱元璋은 그가 죽은 뒤에 자립하고,
劉基, 宋濂 등 江南 지주출신을 받아들여 이들의 지지를 바탕으로 揚
子江 남북을 평정하였다. 1364년에 應天府(현재의 南京)에서 吳王을
칭하며 국가의 체제를 갖추었다. 1367년에 이르러 方國珍과 張士誠까
지 평정하였으며, 다음 해 明을 건국하고, 北伐을 시작하여 山東, 河
南을 거쳐 元의 大都를 함락시켰다. 明의 北伐軍에 쫓긴 元의 順帝는
上都로 도망갔다가 다시 應昌(察哈爾省 多倫縣 부근)까지 쫓겨갔다.
順帝는 그곳에서 사망하고 太子인 愛猷識理達臘(奇皇后 소생)이 즉
위하였다(北元 昭宗). 이를 北元이라고 부른다. 應昌도 明軍에게 함락
되자 昭宗은 몽골 초기의 도읍인 和林으로 피하여 남은 명맥을 잇고
있었다.[11] 明은 중국의 새 주인이 되었으며, 雲南과 遼東을 제외한 전
중국을 장악할 수 있었다.

  중국 본토 장악에 성공한 明은 여세를 몰아 遼東 경략에 착수하였
다. 遼東에는 明에 적대적인 北元 잔여세력이 할거하고 있어서 明의

---

10) 『高麗史』 권39, 恭愍王 7년 7월 甲辰, [상780①~③], "江浙行省丞相張士誠
    遣理問實刺不花來 獻沉香山水精山畵木屛·玉帶·鐵杖·彩段……時士誠
    據杭州 稱太尉 又江浙海島防禦萬戶丁文彬通書曰 文彬眇處海邑 欽仰大邦
    久欲一拜殿下 以覲耿光 惜乎微役所縈不果 玆因大邦治下黃贊至此 故得聞
    安吉 今車書如舊 儻商賈往來以通興販 亦惠民之一事也 黃贊廻 令親郁文
    政進拜 聊獻土宜".
11) 朴元熇, 1995b, 「명과의 관계」 『한국사』 22(조선왕조의 성립과 대외관계), 국
    사편찬위원회, 253~254쪽.

영향력이 미치지 못하고 있었다. 北元 잔여세력 중 대표적인 것으로는 金山의 納哈出, 亏羅山城에 있었던 東寧府의 奇賽因帖木兒, 遼陽의 洪保保와 高家奴, 海州·盖州 등지의 遼陽省 平章 劉益 등이 있었다.[12] 이들 중 가장 강력한 세력은 納哈出이었다. 건국 초 明은 昭宗이 이끄는 北元 본거지와 雲南 등지를 공략하는데 치중하였으므로 遼東은 주된 공격목표에서 벗어나 있었다. 納哈出은 恭愍王 22년에는 明의 遼東 경략의 전진기지인 牛家莊을 공격하여 군량미 10만여 석을 불태우고 明軍 5천여 명을 살육하였다.[13]

明의 遼東 경략은 건국한 지 4년째인 洪武 4년(1371)부터 시작되었으나, 納哈出 등의 세력에 비해 열세에 있었다. 明이 遼東 공략에 본격적으로 나서는 것은 禑王 11년이다. 明은 禑王 13년(1387) 20만 軍을 동원하여 納哈出을 공격하여 항복을 받았다. 여세를 몰아 이듬해에는 昭宗의 아들인 脫古思帖木兒가 이끄는 北元의 본거지를 토벌하여 10만여 명을 포로로 잡는데 성공하였다. 이로써 遼東의 北元 잔여세력이 철저히 무너졌을 뿐만 아니라 北元까지 완전히 제압하고,[14] 明은 중국통일을 완수할 수 있었다.

이후 몽골족은 10여 년 사이 지도자가 5번이나 바뀔 정도로 혼란기를 겪는다. 1400년경부터 이들은 韃靼이라는 명칭으로 다시 등장하는데, 이는 元의 계승자임을 표방하는 '北元'이라는 이름을 더 이상 사용할 수 없을 정도로 약화되었음을 뜻한다. 이와 달리 중국의 서북변경에서 타타르(韃靼)와 경쟁하는 오이라트(瓦剌)가 대두하였다. 타타르와 오이라트는 유목지역의 패권을 장악하기 위해 오래 경쟁하였다.

---

12) 池內宏, 1917a, 「高麗末に於ける明及北元との關係」『史學雜誌』29-1, 2, 3, 4/1963, 『滿鮮史硏究』中世 第三冊.

13) 『明太祖實錄』권76, 洪武 5년 11월 壬申, "納哈出寇遼東 劫掠牛家莊 燒倉糧十萬餘石 軍士陷沒者五千餘人".

14) 朴元熇, 1995b, 앞 논문, 254~256쪽.

明 永樂帝 때에는 이들 중의 한 쪽을 지원하여 王으로 책봉하고 朝貢
貿易의 형태로 그들이 필요한 물자를 교역하게 하는 한편, 明에 적대
적인 한쪽을 적극적으로 공격하는 以夷制夷策을 사용하였다. 永樂帝
당시 5차례 親征하여 韃靼을 공략하는 데 상당한 성과를 이루기도 하
였다. 그러나 明이 회유한 오이라트는 永樂帝 이후 遼東지방으로부터
新疆省 青海에 이르는 광대한 지역에 영향을 주는 유목왕국의 전성
기를 맞이하였다. 중앙아시아 여러 나라와의 隊商무역, 또는 중계무역
을 독점하고, 明에 대하여 朝貢貿易 규모를 초과하는 교역을 요구하
게 되었다. 이것이 거부되자 1449년(世宗 31)에는 대거 남침하여 明
英宗을 사로잡기도 하였다(土木堡의 變). 이들은 元代처럼 중국을 지
배하려는 의도를 가지고 있지 않았지만, 중국 서북 변방에서 明에게
는 지속적으로 위협이 되었다.15)

2. 恭愍王代의 反元改革과 그 성과

1) 원간섭기 高麗와 元의 관계 - '世祖舊制'

高麗時代에 중국에서는 五代에서 宋, 遼, 金, 元을 거쳐 明으로 교
체되었다. 전기에 중국에서는 宋과 遼(契丹)가, 遼가 멸망한 뒤에는
南宋과 金(女眞)이 대립하고 있었다. 북방민족으로서 중국 북부를 장
악한 遼는 高麗와 宋의 朝貢冊封關係를 단절시키고 후방에서 고려로
부터의 위협을 제거하기 위해 고려를 침입하여 소정의 목적을 이루었
으나 군사적으로 고려를 굴복시키지 못했다. 동아시아에서는 高麗·
宋·遼가 정립하였고, 遼가 멸망한 뒤에는 高麗·南宋·金 3국관계
로 전개되었다. 중국 서쪽에서는 西夏가 또 한 축을 이루었다.16) 중국

---

15) 朴元熇, 1995b, 위 논문, 256~261쪽.

본토에서 군사적, 정치적으로 경쟁관계에 있던 宋, 遼/金은 서로를 견
제하기 위해 高麗에 경쟁적으로 回賜品을 주는 등 우호적인 정책을
썼다.[17] 이러한 정세에서 高麗는 對中國關係에서 후대보다 비교적 자
율적일 수 있었다.

중국에 대하여 상대적으로 자율성을 확보할 수 있었던 高麗의 對
遼・對金關係는 몽골족의 元이 중국을 통일하면서 전혀 다른 성격으
로 변하게 되었다. 30년 항몽전쟁 끝에 高麗는 高宗 46년(1259)에 몽
골과 강화하였다. 이 교섭은 高麗 태자인 王倎이 帝位 계승 문제로
내전 중이던 몽골의 쿠빌라이(뒤의 元 世祖)와 맺었으므로 '世祖舊制'
라 부른다. 世祖舊制는 高麗가 恭愍王 5년(1356) 反元改革으로 元의
수탈과 압박에서 벗어나기까지 高麗와 元 외교관계의 기준이 되었다.
世祖舊制에서는 '不改土風'의 원칙 아래 高麗가 독립국가로서 존속하
는 것과, 제도와 문물을 전통대로 유지하는 것을 허용하였다.[18] 元은
권력의 핵심이라 할 國王 임명권을 실질적으로 행사하였으므로 이를

---

16) Peter Yun, 2005, 「몽골 이전 동아시아의 다원적 국제관계」 『만주연구』 제3집.
17) 高麗와 遼의 관계는 형식적으로는 高麗가 朝貢國으로, 遼가 冊封國의 위치
에 있는 上下關係였지만 실제 내용은 그렇지 않았다. 使臣 영접 절차(賓禮)
를 분석한 연구에 의하면 遼皇帝와 高麗國王의 관계는 君臣關係가 아니라
賓客關係였다(奧村周司, 1984, 「使節迎接礼より見た高麗の外交姿勢」 『史
觀』 110). 元의 간섭으로 官制가 격하되기 전까지 高麗가 天子禮에 준하는
禮制를 사용할 수 있었던 것도 이러한 對中國關係와 무관하지는 않은 것으
로 보인다(奧村周司, 1987, 「高麗の圜丘祀天礼について」 『早稻田實業學校
硏究紀要』 21 ; 桑野榮治, 1993, 「書評 李範稷著 『韓國中世禮思想硏究－五
禮を中心として－』」 『年報 朝鮮學』 3).
18) 世祖舊制는 高麗와 元이 강화할 때에 양국 관계의 내용을 규정한 것을 말한
다. 世祖舊制에 대해서는 주채혁, 1989, 「몽골－高麗史 연구의 재검토－몽
골・高麗史의 성격문제－」 『國史館論叢』 8 ; 김순자, 1995, 앞 논문 ; 李益
柱, 1996, 「高麗・元關係의 構造와 高麗後期政治體制」, 서울대학교 박사학
위논문 참조.

통하여 高麗를 통제하거나 내정에 간섭할 수 있었다. 책봉국인 元＝
中國이 실질적으로 책봉권을 행사하며 내정에도 간섭하고, 막대한 공
물을 수탈하는 등 世祖舊制로 규정되는 고려와 元의 관계는 이전 시
기의 朝貢冊封關係와 비교해 볼 때 억압적이고 수탈적이었다. 朝貢,
冊封의 현실화라고 할 수 있을 것이다. 이외에도 高麗에 설치된 征東
行省을 통하거나 수시로 관리를 파견하는 방법으로도 내정에 간섭하
였다.[19] 그런데 원간섭 기간이 길어짐에 따라 附元勢力이 성장하여
高麗國王의 통치권을 벗어난 독자 세력을 형성하여 元의 세력을 받
아들이려고 함으로써 때로는 世祖舊制라는 원칙조차 지켜지기 어려
웠다.

　또한 元은 高麗 영토 일부를 점령하였다. 高宗 45년(1258) 철령 이
북의 東北面을 점령하여 雙城摠管府를 설치하고, 元宗 10년(1270)에
자비령 이북의 西北面을 점령하여 東寧府를 설치하여 함께 遼陽行省
에 소속시켰다.[20] 뿐만 아니라 三別抄를 진압한 濟州에 招討司, 耽羅
摠管府, 軍民按撫司 등의 官府를 차례로 설치하고, 元皇室 직속의 牧
馬場을 만들어 말, 소 등을 방목하였다.[21] 이 중에서 東寧府는 설치된
지 20년만인 忠烈王 16년(1290)에 高麗에 환속되었고, 그 4년 뒤에는
濟州도 환속되었다. 그러나 濟州의 牧馬場에 몽골인 牧子를 파견하
여 경영하였으므로 高麗의 통치권이 행사되는 데는 한계가 있었다.
牧胡들은 高麗가 파견한 萬戶, 牧使를 살해하기도 하였다.

　한편, 국내적으로는 對元關係를 유지하기 위한 재정지출 증가로 민

---

19) 高柄翊, 1961·1962, 「麗代 征東行省의 研究」『歷史學報』 14·19 ; 1970,
　　『東亞交涉史의 研究』, 219쪽, 291쪽.
20) 方東仁, 1982, 「雙城摠管府考(上)」『關東史學』 1 ; 1983, 「東寧府置廢小考」
　　『關東史學』 2.
21) 高昌錫, 1984, 「麗元과 耽羅와의 關係」『濟州大論文集』 17 ; 1985, 「元明交
　　替期의 濟州道－牧胡亂을 中心으로－」『耽羅文化』 4.

에 대한 수탈이 증가하였다. 租·庸·調 3稅 외에 常徭·雜貢이 부과
되었고, 그 외에 임시세인 科斂에 더하여 貢物의 先納·代納 등으로
民의 賦稅 부담이 과중했다.[22] 王子 시절 元에서 숙위하다가 즉위하
여 국내에 정치기반을 갖기 어려웠던 국왕은 시종신료 중심의 소수
측근세력을 양성하여 권력을 행사하였다.[23] 이들에 대한 경제적 보상
으로 賜給田이 주어졌다. 收租權을 받은 私田主는 정한 액수보다 田
租를 많이 거두거나 收租權을 기반으로 농민들의 所有權을 탈취하여
농민 경제를 위협하였다. 혹은 收租地 주변의 토지에서도 田租를 수
취하여 收租權 점유 분쟁을 일으키고 있었다.[24] 공적, 사적 수탈이 강
화됨으로써 생산 기반을 잃게 된 民은 광범위하게 流亡하였으며, 권
세가에게 投託하거나 高麗의 영역을 벗어나 元으로 流入해가기도 하
였다.[25] 流民이 증가하면 남아 있는 郡縣民에게 賦稅 부담이 가중되
기 때문에 민의 생활은 더욱 어려워졌다.

지배계층 사이에 收租地 점유 분쟁이 격화되고 有役人이 流亡하며
賦稅 수취가 줄어드는 상황에서 국가의 재정은 어려워졌으며, 관리들
에게 祿俸 지급도 곤란한 지경에 이르렀다. 국가 사회를 유지하기 위
해서 개혁이 불가피하다는 것은 高麗 지배층 뿐 아니라 元 정부도 인
식하고 있었다. 그리하여 원간섭 말기에 해당하는 忠穆王 2년(1347)에

---

22) 이혜옥, 1994, 「고려후기 수취체제의 변화」 『14세기 고려의 정치와 사회』.

23) 李益柱, 1988, 「高麗 忠烈王代의 政治狀況과 政治勢力의 性格」 『韓國史論』
    18, 서울대 국사학과 ; 1996, 앞 논문.

24) 李景植, 1983, 「高麗末期의 私田問題」 『東方學志』 40/1986, 『朝鮮前期土地
    制度硏究』, 42~55쪽.

25) 梁元錫, 1956, 「麗末의 流民問題」 『李丙燾博士華甲紀念論叢』, 293~305쪽
    ; 김순자, 1994, 「원 간섭기 민의 동향」 『14세기 고려의 정치와 사회』, 367~
    380쪽. 원간섭기에는 피지배계층인 百姓, 公私奴婢 뿐만 아니라 향촌의 토
    착세력으로서 지방사회의 실질적인 지배자였던 향리까지 流亡하고 있었는
    데, 이 점에서 다른 시기의 流亡과 차이가 있다.

는 元 중앙정부의 지원하에 整治都監을 설치하여 개혁이 시작되었다.

그런데 개혁을 수행하는 과정에서 高麗 안에 있는 元의 기관, 또는 奇皇后의 일족이나 附元勢力, 원간섭기에 특수하게 세력을 잡은 宦官들이 개혁의 주대상으로 떠올랐다. 따라서 개혁은 시작된 지 2개월 반만에 征東行省 理問所를 내세운 附元勢力의 반격으로 실패하였다.[26] 원간섭기 일련의 개혁 시도 중 마지막이었으며, 元皇帝의 명령으로 의욕적으로 시작된 整治都監의 개혁이 실패하는 것을 보게 되자, 元과의 관계를 단절하지 않고는 高麗에서 어떤 개혁도 성공할 수 없다는 사실을 인식하게 되었을 것이다. 恭愍王은 즉위하기 전에 이미 이러한 사실을 인식하고 있었던 것으로 보인다.

한편 恭愍王이 元에서 숙위할 때 이미 元의 쇠퇴는 분명해지고 있었다. 恭愍王 3년 元은 高郵城에 웅거한 張士誠을 공격하기 위해 南征軍을 편성하였다. 元의 요구에 따라 高麗는 40여 명의 將相과 2,000여 명의 助征軍을 파견하게 되었다.[27] 이들은 元都에 있던 高麗人 21,000명과 함께 9월의 高郵城 공격에 참여하고 이듬해 5월에 귀국하였다. 귀국 장수들은 恭愍王에게 '南賊이 날로 성하다'고 보고하였다.[28] 高麗는 국내의 반란조차 스스로 진압하지 못하는 元의 상태와 漢人群雄의 동향을 파악할 수 있었을 것이다.

정세 파악은 바로 대외정책에 반영되었다. 恭愍王은 元 助征軍이 귀국한 지 불과 1년만인 恭愍王 5년(1356) 5월에 附元勢力의 대표격인 奇轍·權謙·盧頣 등을 숙청하고, 高麗의 내정에 깊숙이 관여해 오던 征東行省 理問所를 혁파함으로써 反元改革을 시작하였다.[29] 元

26) 閔賢九, 1980,「整治都監의 性格」『東方學志』23·24합집.
27)『高麗史』권38, 恭愍王 3년 7월 癸亥, [상765③].
28)『高麗史』권38, 恭愍王 4년 5월, [상767④], "是月征南萬戶權謙·元顥·印瑠還自元云 南賊日盛 我軍陷六合城 又移防淮安路".
29) 恭愍王 5년에 元의 세력을 배척하는 것으로 시작된 일련의 정책들은 '反元

36

이 직접 수여한 萬戶・千戶・百戶・鎭撫의 牌를 회수하여 관리임명
권을 회수하고, 6월에는 元의 영토인 압록강 서쪽의 8站을 공격하는
한편, 99년 동안 빼앗겼던 雙城摠管府를 공격하여 수복하였다. 至正
연호의 사용을 정지하여 元과의 이전 관계에 대한 거부 의지를 분명
히 밝히고, 忠烈王 원년 元의 간섭으로 격하 개편했던 官制를 격하되
기 이전의 文宗官制로 복구하였다. 이어서 27조에 이르는 改革敎書
를 반포하여 정치, 경제, 군사, 사회의 전 분야에 걸쳐 一國更始를 표
방하였다.30)

2) 反元改革의 외교적 성과와 漢人群雄과의 외교 확대

고려는 元과 강화하기 직전인 1258년 이래 元이 점령한 雙城摠管
府를 수복하였다. 雙城摠管府는 世祖舊制 성립 이전에 元이 점령한
지역이었다. 따라서 충렬왕 16년에 東寧府의 환속을 요청할 때에도
雙城摠管府에 관해서는 언급하지 않았다. 고려가 世祖舊制를 준수한
다고 할 때 이 지역은 高麗 영토 범위 밖에 있다고 할 수 있을 것이
다.31) 또한 충렬왕 원년에 元의 요구에 따라 격하한 官制를 文宗官制

運動’ ‘反元政治’ ‘反元改革’ ‘反元的 改革政治’ 등으로 다양하게 불리고 있
다. 그 사건의 의미를 어떻게 이해하느냐에 따라 용어 사용도 다를 것이다.
‘反元’이라는 수식어가 사용된 것은 대외적으로 1259년 고려-元 강화 이후의
元과의 관계를 민족사적 관점에서 자주성이 손상된 것으로, 恭愍王 5년의
조치를 자주성을 회복한 ‘개혁’으로 평가한 연구를 배경으로 하고 있다. 그런
데 恭愍王 5년에 행해진 여러 조치에서는 내정 개혁이 중요한 부분을 차지
한다. 閔賢九는 이 점을 강조하여 1989, 「高麗 恭愍王代 反元的 改革政治에
대한 一考察－背景과 發端－」『震檀學報』68과 1992, 「高麗 恭愍王代 反元
的 改革政治의 展開過程」『擇窩許善道先生停年紀念 韓國史學論叢』에서
‘反元的 改革政治’라는 용어를 사용하였다. 필자는 ‘反元改革’이라는 용어를
사용하겠다.
30) 閔賢九, 1992, 앞 논문, 237~248쪽.

로 복구하였다.32) 官制 격식은 世祖舊制의 원칙하에서 제후국가의 격식에 맞게 고친 것이었는데, 文宗官制를 복구한 것은 제도면에서 世祖舊制의 원칙을 부정한 것이다. 또 元 황제가 임명한 萬戶·千戶·百戶·鎭撫의 牌를 회수하여 공민왕이 재수여한 것은 관리에 대한 임명권 행사에 있어 元의 간여를 허용하지 않겠다는 표시였다. 이러한 조치는 元宗과 元 世祖 사이에 이루어진 양국의 외교관계, 즉 世祖舊制의 원칙을 부정하는 것이었다.33)

그러나 高麗가 元과의 事大 관계 자체를 부정한 것은 아니었다. 기존 연구에서는 恭愍王 5년의 '反元'을 자주성의 회복이란 관점에서 강조하였으므로, 反元改革 이후 明을 상대로 새로운 외교노선을 정하기 전인 恭愍王 5~18년까지의 고려-元 관계는 연구자들의 관심 밖이었다. 그러나 高麗는 明 건국 후 明使가 도착하는 恭愍王 18년(1369)까지 기본적으로 元과의 事大 관계를 유지하였다. 賀正使, 千秋節使 등 정기사신을 비롯하여 양국의 현안을 풀기 위한 각종 임시사신을 파견했고, 元에서도 사신을 파견해 왔다.34) 그러나 양국 관계의 내용은 이전의 世祖舊制하의 그것과 차이가 있었다. 恭愍王 5년부터 恭愍王 17년 사이 高麗-元 사이에 왕래한 사절을 『高麗史』『高麗史節要』의 기록 중심으로 정리하면 <표 1-1>과 같다.

<표 1-1>에 보이는 것처럼 高麗와 元 사이의 사신 왕래는 元측에서는 恭愍王 6~9년의 4년간, 高麗측에서는 恭愍王 8년과 元이 元都에 있던 德興君을 高麗王으로 임명하여 恭愍王을 축출하려 했던 恭

31) 김순자, 2006, 「고려, 원(元)의 영토 정책, 인구 정책 연구」『역사와 현실』60.
32) 邊太燮, 1976, 「高麗의 政治體制와 權力構造」『韓國學報』4 ; 이익주, 1994, 「충선왕 즉위년(1298) 관제개편의 성격」『14세기 고려의 정치와 사회』.
33) 李益柱, 1996, 앞 논문, 214~226쪽.
34) 反元改革 이후의 高麗·元關係를 본격적으로 다룬 논문은 金惠苑, 1998, 앞 논문이 있다.

38

<표 1-1> 反元改革 이후 高麗－元 사신 왕래표[35]

시기	高麗 → 元	元 → 高麗	비 고
공민5	7 奇轍 제거 배경 설명. 압록강 이서 元을 침범한 것에 관하여는 당사자인 印璫을 문책했다고 통보함 10 高麗의 反元改革의 성과를 추인받기 위한 5가지 항목 승인 요구 10 황태자 千秋節使	7 斷事官을 보내어 국경 침범과 통행 방해 등에 관한 사태의 전말을 보고하라고 함 10 撒迪罕 다시 보내어 지난 일을 용서한다고 통보	5 反元改革 단행, 奇轍, 權謙 등 살해. 征東行省 理問所 혁파 6 압록강 이서 8站 공격, 雙城摠管府 공격하여 7월에 수복 至正 연호 사용 중지 6 元은 節日使를 遼陽省에 감금, 80萬兵으로 토벌하겠다고 협박 7 원간섭 이전의 文宗官制 복구
6	8 都堂에서 行省 명의로 遼陽省에 글 보내어 雙城 이북 영유, 總管家 방해 공작 방지 교섭 윤9 황후 千秋節使 10 황태자 千秋節使		7 江浙省丞相 張士誠이 漢人群雄 중 처음으로 사신 파견해옴
7	3 聖節使 5 황후 千秋節使 10 황태자 千秋節使 12 獻方物使(인삼)		
8			2 紅巾賊이 書 보내옴 6 誅奇轍功臣 책봉 11 紅巾賊의 寇掠을 피해 遼藩流民 2300戶 來投 11 황태자 千秋節宴 개최 12 紅巾賊 4만 명이 침입(1차). 西京까지 함락.
9	3 紅巾賊 평정 보고. 遼陽에서 길이 막혀 돌아옴		1 西京 수복 2 紅巾賊 격파

35) <표 1-1> 작성은 李益柱, 1996, 앞 논문, 268~269쪽 <附表 1> '元干涉期 對元 使行 一覽'과 金惠苑, 1998, 앞 논문, 103~107쪽 <표 4> '공민왕대 여원간의 사신왕래'를 참조하였다.

9	7 紅巾賊 상황을 살피도록 사신 파견. 길이 막혀 돌아옴		
10	9 도로 개통 하례 10 賀正使	9 韓林兒 평정 기념 敕	9 征東行省官 복원 설치
11	6 獻方物使 6 紅賊 평정 보고. 획득한 玉璽와 金銀銅印 바침 9 賀正使 千秋節使 12 聖節使 謝恩使(衣酒 하사건)	5 衣酒 하사 8 紅賊 평정 기념 衣酒 하사 10 文阿但不花를 耽羅萬戶로 임명했다고 통보	4 遼陽省 高家奴가 紅頭賊 패잔부대 4,000여 명 베고 破頭潘 생포 8 제주 牧者 반란 12 德興君을 국왕으로 임명했다는 소식 전해짐
12	3 陳情表 : 恭愍王이 홍건적 평정한 공로 인정 요구건 4 百官이 元의 御史臺·中書省·僉事院에 使行 통하기를 요청 7 中書省에 德興君 출생에 관한 서한 제출하고, 崔濡와 德興君 압송 요청	7 元使 李家奴 도착. 책봉 행사 시도 : 德興君을 왕, 奇三寶奴를 元子로 책봉했다고 통보해옴 7 李家奴 돌아감	윤3 金鏞이 興王寺 行宮에서 恭愍王 시해 기도 5 元使 李家奴가 왕위 교체 조서 가지고 온다는 소식 듣고 禹碑 보내 저지
13	10 謝恩使 : 復位 및 爵位 회복, 衣酒 하사건 10 千秋節使 11 賀正使	10 恭愍王 復位 조서	1 崔濡가 군사 1만 거느리고 義州 포위→격파 4 淮南平章 朱元璋이 사신 파견해옴 5 元이 德興君 사건에 관련된 高麗人 撇思監, 朴不花를 귀양보냈다고 통보해옴 10 崔濡를 巡軍에 가둠
14	1 德興君 압송 요청 2 聖節使 3 魯國公主喪 고함 3 冊命 사례. 三公 대우 받은 것 사례 4 황태자에게 禮物使→	3 왕을 太尉로 삼고 御酒 하사 9 황태자가 衣酒 하사 10 字羅帖木兒 평정한 조서 전해옴 11 伯撒里·廓郭帖木兒를	

14	길이 막혀 돌아옴 윤10 千秋節使, 字羅帖木兒 평정 하례 ? 賀正使	右丞相과 太傅左丞相 으로 임명했음 통보	
15	3 元 摠兵官 河南王 廓郭 帖木兒에게 사신 파견 황태자의 반란 평정 축하 4 賀正使 귀국 5 河南王 廓郭帖木兒 예방 →길이 막혀 도중에 귀국. 書狀官이 使命 달성 코자 燕京에 머뭄→도 달함 8 王名을 '顓'으로 改名한 다는 表文	11 元의 총병관인 河南王이 사신 파견해옴	4 賀正使 일행이 遼陽에서 도둑에게 포위 됨
16	3 謝恩使 聖節使 5 河南王에게 報聘	1 忠惠·忠穆·忠定王 추증 2 황태자가 왕에게 衣酒 하사. 辛旽을 集賢殿大學 士로 임명 2 황제가 濟州에서 피난하 기 위해 御府金帛을 보 내어 옴 5 中書省이 倭賊 방비 요구 8 左丞相 교체 통보 9 황태자를 總兵官에 임명 했다고 통보	2 高麗는 濟州와 濟州 牧胡가 기르는 말에 대한 관할권 요청하 여 승인받음 3 遼陽省에서 사신 파 견해옴
17	10 千秋節使→遼陽에서 막 혀서 귀환 11 賀正使	11 吳王에게 聘禮 11 元使가 와서 군사를 요청	1 明 건국 1 遼陽省에서 明의 軍 勢가 성하다고 통보 9 元 황제, 황후가 上都 로 도주, 태자 패전 소식 전해짐 9 百官會議에서 明과 通使 여부 의논함

18	3 聖節使 謝恩使→길이 막혀서 귀환	1 納哈出, 洪保保 사신 파 견 2 衣酒 하사 3 北元이 왕을 右丞相으 로 進封 8 中書省·太尉丞相인 奇 平章이 來聘 9 吳王·淮王·雙哈達王 이 獻馬	4 明使 偰斯 도착 5 元 至正 연호 정지 5 高麗가 明에 賀登極 使 파견

愍王 12년 5월부터 1년간 2차례 사신 파견이 중단되었던 경우를 제외
하고 계속되고 있었다. 심지어 反元改革 직후에도 高麗는 사신을 파
견하였다. 이것은 高麗가 元과의 외교관계 자체를 부정하지 않았다는
것을 보여준다. 또한 사신의 종류를 보면 高麗는 朝貢冊封關係의 외
형적인 형식을 준수하고 있었음을 알 수 있다. 반면 元이 4년 동안 사
신을 파견하지 않았던 것은 高麗의 反元改革에 대한 불만에 기인한
것으로 보인다. 元은 反元改革 직후 高麗가 파견한 節日使를 遼陽省
에 가두고,[36] 80만 명의 군사를 동원하여 정벌하겠다고 협박하였다.
당시 元은 高麗의 의도가 무엇인지, 상황이 어떻게 진행되는지에 관
하여 정확하게 알지 못하고 있었다.[37] 元은 사태를 파악하기 위해 同
7월에 斷事官을 압록강변에 보내어 사태의 전말을 보고하도록 회유
하였다.[38]

　高麗가 反元改革으로 새롭게 추구한 對元관계의 내용은 反元改革
을 단행한 5개월 뒤 政堂文學 李仁復을 파견하면서 보낸 외교문서에
나타나 있다. 高麗의 요구 사항 중 중요한 것은 다음의 5가지이다.

---

36) 『高麗史』 권39, 恭愍王 5년 6월 乙亥, [상771④~772①].
37) 閔賢九, 1992, 앞 논문, 245~246쪽.
38) 『高麗史』 권39, 恭愍王 5년 7월 丁酉, [상772③④].

42

① 앞으로는 恭愍王이 직접 行省 左右司의 관리를 추천하고 理問所
· 儒學提擧司 · 醫學提擧司 등을 일체 철폐할 것,
② 世祖舊制의 中 · 右 · 左 萬戶府 외에 증설된 5萬戶府와 都鎭撫使
등도 일체 혁파할 것,
③ 다양하고 잦은 元使의 파견과 그들의 장기 체류로 폐해가 누적되
므로 이를 일체 금지하고, 方物額을 분명히 정하여서 高麗가 스스
로 공납하도록 할 것,
④ 雙城과 三撒은 본래 우리 땅이므로 반환해 줄 것,
⑤ 忠宣王의 孼子라는 塔思帖木兒와 그 일당을 압송해 줄 것.[39]

등이었다. 元宗과 元 世祖가 강화할 때에 독립국을 유지하고 내정은
高麗王에 일임한다고 한 世祖舊制에 입각하여 理問所 등의 官署를
혁파하고 내정 간섭에 반대한다는 것, 그리고 몽골 침입 당시부터 과
중한 수탈이 되었던 貢物을 高麗에 일임할 것과 수복한 雙城摠管府
지역을 고려 영토로 인정해 줄 것 등이다. 앞에서 언급한 것처럼 世祖
舊制를 표방하기는 했으나 이것은 世祖舊制를 넘어서는 것이었다. 高
麗가 주장한 對元關係는 元의 간섭을 받기 이전 高麗가 宋, 遼, 金 등
중국 역대왕조와 맺었던 朝貢冊封關係의 형태, 즉 중국의 직접 간섭
을 받지 않고, 왕위 계승에 대한 元의 책봉권 행사를 거부하며, 朝貢
制度의 외형적인 측면을 중시하는 관계로 될 것을 의미하는 것이다.
이 요구가 元에 의해 받아들여진다면 高麗와 元과의 관계는 원간섭
이전의 의례적인 朝貢冊封關係 수준의 것이 될 것이었다. 反元改革
으로 성취한 여러 조치에 대하여 元의 승인을 받을 수 있다면 高麗는
天子國인 元과 정치적 군사적으로 대립할 필요는 없었다. 군사적 긴
장을 완화시켜야만, 이를 토대로 內政改革도 계속 추진할 수 있었기

___
39) 『高麗史』 권39, 恭愍王 5년 10월 戊午, [상774②~776①].

때문이다. 高麗는 元의 반발을 무마할 필요가 있었다. 恭愍王은 王命
에 따라 압록강 이서 8站을 공격한 印瑠에게 국경 소란의 책임을 물
어 목베는 것으로 元의 항의에 성의를 표시하면서, 奇轍 등을 誅殺한
것과 압록강 이서 8站 공격에 대하여 해명하면서 외교적으로 수습에
나섰다.[40]

중국에서 점점 수세에 몰리게 된 元은 기본적으로는 高麗의 요구사
항을 수용할 수밖에 없었다. 그래서 10월에는 斷事官을 파견하여 "지
난 일은 어쩔 수 없고 恭愍王이 죄를 뉘우치고 있으므로 용서한다"면
서 高麗의 제반 조치들을 승인하였다.[41] 元은 反元改革 직후 4년 동
안 高麗에 전혀 사신을 파견하지 않음으로써 高麗의 제반 조치에 대
한 불만을 나타냈다. 그래서 처음에는 元都에 머물고 있던 忠宣王의
庶子 德興君을 새로 高麗王으로 임명하여 恭愍王을 축출하려고 했었
다.[42] 그러나 紅巾賊이 수도인 大都와 遼東까지 유린하는 상황에서
高麗와 우호적인 관계를 복원할 필요성은 절실한 문제였을 것이다.
恭愍王을 축출하고 德興君을 새 國王으로 세우고자 했으나 그것이
실패하자, 恭愍王 13년에 恭愍王을 복위시키고, 다음 해에는 恭愍王
을 太尉로 올려주었다.[43] 太尉 爵位는 원간섭기 元皇室의 駙馬王이

---

40) 『高麗史』 권39, 恭愍王 5년 7월 戊申, [상772④~773③].
41) 『高麗史』 권39, 恭愍王 5년 10월 甲寅, [상773④~774②], "元復遣撒迪罕等
   責詔來 王盛陳兵衛 出迎于宮門外 詔曰……事旣已往 況能悔罪陳情 玆示
   寬容 特釋爾咎 自今伊始 小心敬愼 率順彝章 撫我黎庶 固我東圉 勿替朕命
   惟爾之休 於戲 赦過宥罪 廣推大造之心 懷遠招携 誕布至仁之德".
42) 元이 德興君을 高麗王으로 임명했다는 소식은 恭愍王 12년 5월에 처음 전
   해졌다. 이로부터 恭愍王 復位詔書가 전달되는 恭愍王 13년 10월까지 高麗
   는 일체 사신을 파견하지 않을 정도로 양국 사이의 현안이었다.
43) 恭愍王이 복위된 데에는 元에서 일어난 정변도 관계가 있다. 『高麗史』 권
   112, 李公遂傳에는 元에서 孛羅帖木兒가 군사쿠데타로 정권을 장악하고 나
   서 恭愍王의 폐위가 부당하다고 복위시킨 것으로 기록되어 있다[하446④~
   447①].

던 高麗王이 받았던 爵位 중에서 가장 지위가 높았던 忠宣王 외에는
받아본 적이 없는 높은 爵位였다.44) 빈번히 衣酒를 보내오고, 恭愍王
16년에는 당시 집권자인 辛旽을 集賢殿大學士로 임명하기도 하였다.
元은 高麗의 제반 조치를 용인할 뿐 아니라, 오히려 유화적인 태도로
대하고 있었다. 恭愍王 5년의 反元改革에서 高麗가 추구한 對中國關
係는 元의 사후 승인으로 정착되어가고 있었다. 즉 원간섭 이전의 對
中國關係와 같은 형식, 내용의 朝貢冊封關係를 회복할 수 있게 되었
다.45) 오히려 高麗-元 양국관계에서 외교의 주도권을 高麗가 장악하
여 가고 있었다.

對元關係에서 高麗가 자율성을 확보한 것은 漢人群雄들과의 관계
에서 확인할 수 있다. 高麗는 기본적으로 元에 대한 事大를 유지하면
서도 이전처럼 元 일변도의 외교관계에 머무르지 않았다. 중국의 정
세 변동에 적지 않게 영향을 받아온 高麗는 양자강 일대의 張士誠,
方國珍 등 漢人群雄과의 관계를 유지하면서 정확한 정세를 파악하려
고 하였다. 恭愍王 15년경부터는 元의 지방세력들과의 교류가 빈번해
졌다. 恭愍王 15년 8월 瀋王使가 온 것을 시작으로 하여46) 주로 遼陽
行省의 納哈出과 遼陽省平章 洪寶寶, 吳王,47) 淮王, 北元諸王, 轄靻

44) 忠宣王은 元 武宗 추대 공신이었으며, 仁宗의 太子師傅였다. 高柄翊, 1973,
「元과의 關係의 變遷」『한국사』 7, 국사편찬위원회 ; 주채혁, 1989,「몽골・
고려사 연구의 재검토-몽골・고려사의 성격문제-」『國史館論叢』 8.
45) 閔賢九, 1992, 앞 논문, 242~243쪽.
46) 『高麗史節要』 권28, 恭愍王 15년 8월, [720③], "瀋王遣使來 瀋王卽禿之孫
也 先是 元皇后・太子憖王誅奇氏 以金鏞爲內應 欲立瀋王 瀋王固辭曰 叔
父無子 百歲後國焉往 今叔父無恙 吾而可奪叔父位耶 天下莫不賢之 王聞
而嘉之 問遺甚厚".
47) 『高麗史』 권41, 恭愍王 17년 11월 丁未조에는 사신으로 간 禮儀判書 張子溫
이 吳王의 후대를 받은 기사가 있다[상821④~822①]. 이 '吳王'에 관하여 기
존의 연구에서는 朱元璋으로 보는가, 北元의 吳王으로 보는가의 2가지 견해
로 나누어져 있다. 누구로 보느냐에 따라 高麗와 明의 관계가 어떻게 시작

王, 河南王 등이었다. 이것은 元 황실에 대한 諸侯王으로 '人臣無外
交'라는 원칙을 벗어난 것이다.

元의 諸王들이 독자적으로 高麗에 사절을 파견하게 된 것은 元이
자기 영역 안에서도 독자적인 권위를 잃게 되었다는 것을 의미한다.
元간섭기에 高麗와 元 諸王들의 통교가 전혀 없었던 것은 아니지만,
이때의 통교는 元 중앙정부의 의사와 관련 없이 진행되고 있어서 차
이가 있다. 元은 高麗가 元 영역 안의 다른 지방세력과 독자적으로 관
계를 맺는 것을 허용하지 않으려 했으나,[48] 금지할 방법은 없었다. 元
의 分封王 등 지방세력들이 高麗에 사신을 파견한 주요한 목적은 정
세 파악과 高麗의 정치적 군사적 후원을 기대했기 때문일 것이다.

이상에서 살펴본 바와 같이 恭愍王 5년(1356) 反元改革 이후 高麗
가 中國에 대하여 취한 정책은 중국의 정세 변화에 탄력적이며 능동
적으로 대응하는 것이었다. 反元改革은 元과의 朝貢冊封關係 자체를
부정하는 것은 아니었다. 元은 약화되기는 하였으나 당시까지는 유일
한 天子國이었으며, 高麗의 지식인들은 원간섭기 高麗의 對元事大를

되었는가가 달라지기 때문이다. 末松保和, 1940, 「高麗と明との場合」『史
林』25-1 ; 1941, 「麗末鮮初に於ける對明關係」『城大史學論叢』2에서 吳王
을 朱元璋으로 추정한 이래 金成俊(1974), 金錫元(1977), 黃雲龍(1980), 金惠
苑(1998) 등이 이 견해를 따르고 있다. 반면 北元의 吳王을 가리키는 것으로
보는 견해는 姜尙雲(1959), 閔賢九(1968), 金成俊(1994), 李泰鎭(1996) 등이다.
필자는 앞 논문(1995)에서 이 吳王은 北元의 吳王을 가리키며 朱元璋을 가
리킬 수 없음을 밝힌 바 있다. 이 두 견해에 관해서는 金惠苑, 1998, 앞 논문,
97~98쪽에 자세히 정리되어 있다. 北元의 吳王으로 보는 근거에 관하여는
閔賢九, 1968, 「辛旽의 執權과 그 政治的 性格(下)」『歷史學報』40, 97쪽 주
102)와 김순자, 1995, 앞 논문, 113쪽 주 31)에 자세하다.
48) 『高麗史節要』권28, 恭愍王 15년 6월, [720①], "田祿生不達河南而還 祿生
至燕京 皇太子不欲我通信河南 命祿生東還 書狀官軍簿佐郎金齊顔謂祿生
曰 公大臣 不可留也 予且留 必達使命于河南 遂留燕京 王以齊顔爲携貳 徵
還所賜治裝錢穀".

華夷論으로 긍정하여 왔다.[49] 따라서 元과 안정된 관계를 유지하는 것은 民心 안정에 필수적이었을 것이다. 元과의 관계에서 추구하는 변화, 즉 원간섭 이전처럼 中國에 대하여 자율성을 확보할 수 있다면 元에 대한 事大 자체를 부정할 필요는 없었다. 또한 反元改革에서 얻어낸 성과를 天子國인 元으로부터 인정받아 국내에서 恭愍王의 위상을 높이고, 이를 기반으로 내정개혁을 추진할 수도 있을 것이기 때문이다. 따라서 反元改革의 성과를 유지하는 선에서 對元關係를 계속하며, 아울러 중국 남방의 漢人群雄이나 元의 지방세력들과의 관계를 통하여 中國의 정세변화에 대처하려고 하였다.

3. 恭愍王의 親明政策과 濟州 영유권 회복

1) 恭愍王의 親明政策과 초기 高麗 - 明 관계의 성격

元이 明軍에 쫓겨 북으로 도망가기 몇 년 전부터 高麗는 중국의 정세가 결정적으로 변하고 있음을 감지할 수 있었다. 恭愍王 15년경부터는 元으로 파견된 외교사절이 遼陽에서 도둑에게 포위되는 일조차 일어났다.[50] 元제국의 권위가 떨어지고 지방사회에 대한 통제력이 상실되었음을 보여주는 사건이다. 이어 16년에는 元帝가 濟州에 피난할 의사를 보이고 그 비용으로 金帛을 보내오는가 하면,[51] 17년 정월에

---

49) 河炫綱, 1990, 「李承休의 史學思想硏究」 『東方學志』 69, 186∼189쪽, 197∼202쪽 ; 都賢喆, 1996, 「麗末鮮初 新·舊法派 士大夫의 政治 改革思想 硏究」, 연세대학교 박사학위논문, 94∼107쪽.

50) 『高麗史』 권41, 恭愍王 15년 4월 庚申, [상816②], "賀正副使林大光還自元 大光至遼陽 爲群盜所圍 以所賚賜王衣酒及皇太子令旨示之 盜曰 無以此物 爲也 但爲高麗王 釋之".

51) 『高麗史』 권41, 恭愍王 16년 2월 癸亥, [상818④], "元使高大悲來自濟州 帝 賜王綵帛錦絹五百五十匹 宰樞亦有差 時帝欲避亂濟州 仍輸御府金帛 乃詔

는 遼陽省에서 明의 兵勢가 강하다고 통보하였다.52) 이러한 변화에
대응하여 高麗는 17년 8월 明 군사가 元都를 포위했다는 정보를 얻은
바로 다음 달 明과의 통교를 의논하게 되었다.53)

元의 수도인 大都는 恭愍王 17년(1368) 8월 2일에 함락되었는데, 이
소식은 9월에 高麗에 전해졌다.54) 이에 百官會議에서 明과의 통교 여
부를 논의했다. 회의 결과는 기록되어 있지 않다. 당시 시점에서 元과
의 전통적 국교를 단절하고 신흥의 明과 새로운 국교를 맺는 것이 타
당한가에 관하여 논의하였을 것이다. 회의 결과가 기록되지 않은 것은
결론을 내리지 못했기 때문인 것 같다. 元의 수도인 大都가 함락되었
다 하지만, 1세기 넘도록 중국대륙은 물론 만주, 유라시아 대륙까지
지배권에 넣어서 절대적인 권력을 행사해온 강국이었다. 그런 강국이
망하고 정세가 일변할지 어떨지 판단하는 것은 쉽지 않았을 것이다.
원간섭기에 高麗는 元의 세계지배와 元에 대한 事大를 인정하여 왔
다. 따라서 정세의 변화를 확신할 수 없는 상황에서 섣불리 국교를 변
경할 수는 없었을 것이다. 좀더 정세를 관망하는 쪽으로 의견이 모아
지지 않았을까 생각된다.

明은 건국 후 10개월이 지난 恭愍王 17년(1368) 11월에 符寶郞 偰
斯를 보내어 明의 건국과 洪武帝의 즉위를 통보하였다. 明의 偰斯가
高麗에 도착한 것은 恭愍王 18년 4월이었다. 高麗는 바로 다음 달에
元의 至正 연호 사용을 중지하고 明에 賀登極使를 파견함으로써55)

以濟州復屬高麗".

52)『高麗史』권41, 恭愍王 17년 정월 戊子, [상820③], "遼陽省平章洪寶寶·哈剌
不花等 遣客省大使卜顔帖木兒來 諭大明兵勢甚盛 請悉心備禦".
53)『高麗史節要』권28, 恭愍王 17년 9월, [726②], "王聞元帝奔上都 會百官議
通使大明可否".
54)『高麗史』권41, 恭愍王 17년 9월 乙卯, [상821③], "本國人金之秀自元來言
大明舟師萬餘艘泊通州入京城 元帝與皇后奔上都 太子戰敗 又奔上都".

48

明과 새로운 朝貢冊封關係를 맺을 것을 표명하였다. 이에 응하여 明
은 恭愍王의 誥命과 印信을 보내었는데, 이 사신은 다음 해 5월에 귀
국하였다. 誥命과 印信을 받은 이후 高麗는 恭愍王 19년 7월부터 洪
武 연호를 사용함으로써 高麗와 明의 朝貢冊封關係가 성립하였다.
이후 高麗는 賀正使·聖節使·千秋節使 등 의례적인 사신을 파견하
였다.

　건국 초기의 明은 주변 나라들로부터 元을 대신한 새로운 天子國
으로 인정받을 필요가 절실했을 것이다. 中國 본토에서 元의 잔여세
력을 토벌하고 정통성 경쟁에서 유리한 입장에 서기 위해서였을 것이
다. 이때 高麗의 지지를 받는 것은 중요한 문제였다. 高麗는 역대 五
代 왕조 이래 동아시아의 중요한 한 축을 이루어 왔으며, 동아시아에
서는 元제국 통치하에서도 베트남과 더불어 왕조를 유지한 드문 경우
였다. 高麗와 朝貢冊封關係를 맺는 것은 中國을 통일한 새로운 정통
왕조임을 인정받는 것을 의미하며, 장래에 高麗가 明의 우호국이 됨
을 의미하는 것이다. 그럴 경우 高麗가 北元과 정치적, 혹은 군사적으
로 연결되는 것을 방지할 수 있을 것인데, 건국 초기 明에게는 이것이
가장 필요한 일이었을 것이다. 건국 당시 雲南, 蜀과 遼東지방을 평정
하지 못했던 明으로서는 高麗를 우호국으로 만들어놓고, 가능하다면
정치적 군사적 지원을 받고자 했을 것이다.

　明은 高麗와 역대 中國王朝의 관계가 朝貢冊封의 上·下國 관계
임을 알고 있었다. 그러나 洪武帝의 즉위를 통보하는 詔書는 "大明皇
帝致書高麗國王"으로 시작되고 있다. 이는 天子가 諸侯에게 '下(賜)'
하는 것보다는 외교의례상 우대한 것이다. 또한 당시 明은 高麗가 역
대 中國王朝에 대하여 諸侯國으로서 '朝貢'한 것이 아니라 "때로는

---
55)『高麗史』권41, 恭愍王 18년 5월 甲辰, [상823④~824①].

臣國, 때로는 賓國" 관계에 있었던 것으로 이해하고 있었다.56) 즉 高
麗에 대한 明의 입장은 자신을 天子國인 上國으로, 高麗를 明에 事大
하는 下國으로 규정한 것이 아니었다고 할 수 있다. 明은 동북아시아
의 강국인 高麗와 '通好를 의도할 뿐'이었다고 하였다. 그런데 高麗는
明을 上國으로 인정하고 明의 封爵을 청하였다. 明은 건국초 高麗가
'稱臣'한 것을 뒤에까지 매우 고맙게 생각하고 있었다.57)

  高麗는 反元改革 이후에도 元을 事大했지만, 이것은 중국의 정세
가 유동적인 상황에서 택해진 임시방편의 외교노선일 뿐이었다. 明의
건국을 알리는 偰斯가 도착한 그해 恭愍王 18년 12월에 北元 황제의
詔書를 가지고 온 사신과 그 일행을 전부 살해하고,58) 이어서 元이 국
왕을 책봉할 때 보내온 金印을 明으로 보내었다.59) 北元의 외교문서
를 가지고 온 사신 일행을 살해한 것은 외교관례상 비상식적인 처사
였다.60) 北元을 배척하는 정책은 恭愍王代에는 한결같았다. 北元은
大都에서 上都로 쫓겨난 이후 高麗에 사신을 파견할 겨를이 없었는
데, 4년이 지난 恭愍王 22년 2월에야 비로소 다시 사신을 파견할 수
있었다. 이때에도 恭愍王은 이들을 살해하려고 했다.61) 恭愍王이 이

---

56) 『高麗史』권41, 恭愍王 18년 4월 壬辰, [상823①~③], "大明皇帝遣符寶郎偰
    斯 賜璽書及紗羅段匹摠四十匹 王率百官出迎于崇仁門外 其書曰 大明皇帝
    致書高麗國王……昔我中國之君與高麗 壤地相接 其王或臣或賓 盖慕中國
    之風 爲安生靈而已".
57) 『高麗史』권133, 禑王 4년 8월, [하883①②].
58) 『高麗史節要』권28, 恭愍王 18년 12월, [730④], "瑞原君盧誾自北元奉詔至
    黃州 王遣大將軍宋光美執誾 鞫其來由 誾誣服與王重貴·李壽林等通謀行
    諜 於是 幷其一行十八人殺之".
59) 『高麗史』권42, 恭愍王 19년 7월 甲辰, [상834①], "遣三司左使姜師贊如京師
    謝冊命及璽書 幷納前元所降金印 仍計稟耽羅事".
60) 瑞原君 盧誾은 高麗人이지만 元使 자격으로 온 것이라고 생각된다.
61) 이때에는 신하들이 반대하여 放還하였다(『高麗史』권44, 恭愍王 22년 2월
    乙亥, [상851②]).

50

와 같이 극단적인 방법을 택한 것은 高麗의 對中國 외교노선은 親明이며 元(北元)을 철저히 배척한다는 것을 대내외적으로 분명하게 해둘 필요가 있었기 때문이라고 생각된다.

恭愍王이 주도하는 反元政策, 明 건국 후의 親明政策을 高麗의 지배층이나 관료들 모두가 지지하지는 않았다. 恭愍王 5년의 反元改革은 燕邸隨從功臣과 母后인 明德太后 가문인 南陽 洪氏 등 외척을 중심으로 하는 恭愍王의 측근세력이 중심이 되어 단행되었다. 그러나 燕邸隨從功臣 가운데 몇몇은 오히려 奇轍의 당으로 몰려 처벌당하였다. 이것은 恭愍王의 측근세력 안에서도 反元에 대한 입장이 통일되어 있지 않았던 것을 말하는 것이다.[62]

원간섭기인 忠烈王代의 李承休에서부터 恭愍王代의 李穡에 이르기까지 高麗의 지배층은 元을 중국의 정통왕조로 인정하였으며, 高麗의 對元事大가 평화를 가져오고 민생을 안정시켰다고 칭송하였다. 그런데 反元改革이 단행되어 元과의 관계가 악화되자 지배층들은 혼란스럽고 당황했을 것이다. 중국 내부에서도 元의 통치에 저항하는 분위기는 광범위하게 나타나고 있었지만, 元이 쇠퇴할지 漢族이 흥기할지 당시에는 판단하기 어려웠을 것이다. 정세의 변화와 高麗의 외교노선 변화에 동의하거나 동참할 수 없었던 사람들은 反元改革 이전의 질서로 돌아가기를 꿈꾸었을 수도 있다. 이전 질서로 돌아가는 것을 현실화하려고 한다면, 그것은 모든 변화를 주도하고 있는 恭愍王에 대한 도전으로 나타날 것이었다.

恭愍王에 대한 도전은 反元改革이 성공한 이후에 실제 시도되었다. 紅巾賊 침입으로 피난한 福州(安東)에서 환도하는 길에 발생한 興王寺의 변은 燕邸隨從功臣이면서 가장 측근이었던 金鏞이 行宮을 침

---

62) 李益柱, 1996, 앞 논문, 214~226쪽.

범하여 恭愍王을 시해하려 한 사건이었다. 당시 元에서는 恭愍王 반
대자 중의 대표격인 崔濡가 金鏞의 내응을 기대하고 德興君을 추대
하려고 했었다.[63]

　이러한 분위기를 더 조장한 것은 元의 恭愍王 폐위 책동이었다. 元
은 집요하게 恭愍王을 축출하려고 했다. 앞서 살핀 것처럼 高麗의 反
元改革의 조치들을 인정하지 않을 수 없었던 元이지만, 그것은 당시
의 형세에서 어쩔 수 없는 대응책이었다. 高麗는 紅巾賊을 물리친 다
음에 元에게 그 공을 인정해 줄 것을 요구하였지만,[64] 元은 오히려 德
興君을 高麗王으로 임명하여 遼陽行省의 군사 1만 명을 동원하였다.
이것은 紅巾賊을 소탕한 여세를 몰아 高麗國王 책봉권을 다시 행사
하려는 시도였다. 이것은 작게는 恭愍王을 王位에서 축출하려는 것이
지만, 국왕책봉권을 실질적으로 행사한다는 점에 주목해 보면 元이
高麗와의 관계에서 世祖舊制로 표현되는 원간섭기의 양국 관계로 돌
아갈 것을 시도한 것이라 할 수 있다. 곧 恭愍王 5년 이후 對元관계에
서 高麗가 이루어낸 새로운 對中國關係와 그 사이의 변화를 모두 무
산시키는 것을 의미하는 것이었다.

　明에 쫓긴 元이 漠北으로 이동하여 그 몰락이 분명해진 뒤에도 元
은 이러한 의도를 포기하지 않았다. 10여 년 뒤인 恭愍王 23년 9월경
瀋王孫을 高麗王에 임명한 것이 그것이다.[65] 이 소식은 恭愍王이 시
해되기 3일 전에 高麗에 전달되었다. 元이 국왕책봉권을 행사하여 국
왕을 교체했다는 소식은 恭愍王 시해에 영향을 주었을 것으로 추정된

63) 李益柱, 1996, 위 논문, 225~229쪽.
64) 『高麗史』 권40, 恭愍王 12년 3월 壬寅, [상798①~799①].
65) 『高麗史』 권44, 恭愍王 23년 9월 辛巳, [상867②], "有胡僧自北元來 謂康舜
龍曰 元以瀋王孫爲高麗國王 王聞之 囚僧及舜龍按治 僧曰 聞諸某甲 執其
人鞫之 曰此前贊成事禹碑家奴 行販北元時 所聞也 欲訊其奴 奴逃 釋僧與
舜龍 壬午 囚碑于巡衛府".

52

다. 고려 국왕책봉권을 다시 복원하고 고려에 親元정권을 세우려는
北元의 시도는 시대의 흐름에 거스르는 것이지만, 고려의 현실정치에
서는 여전히 힘을 발휘했다고 할 수 있을 것이다.

한편, 恭愍王은 君主가 중심이 되는 정치운영을 지향하였다.66) 그
런데 원간섭기에 국왕권은 元의 지원을 전제로 해서 권력을 행사할
수 있었다. 王子 시절 볼모로서 元都에서 숙위해야 했던 高麗王으로
서는 국내에 독자적인 정치기반을 가지기 어려웠다. 따라서 元에서
숙위할 때 시종한 臣僚를 중심으로 하는 소수의 측근세력에 의지해서
권력을 행사하는 경향이 강하였다. 恭愍王은 元의 승인과 지원이라는
그늘에 가린 국왕의 위상을 벗어버리고 독립국가인 '高麗國'의 국왕으
로서의 권위와 실권을 회복하기를 원했다. 그러기 위해서는 신흥강국
인 明의 승인과 지원이 필요하다고 판단한 것으로 보인다. 적극적인
親明政策으로 국방이 안정된다면 이를 바탕으로 왕권을 강화할 수 있
을 것이었다. 이것은 그가 즉위초부터 추진해온 反元과 내정개혁을
지속하는 정치적 역량이 될 수 있을 것이었다.

親明 외교노선은 明이 중국의 형세를 장악했다는 상황 판단에서 결
정되었다. 明의 건국과 朱元璋의 皇帝 즉위를 축하하는 表文에서 明
이 건국된 것은 天命(景命)을 받은 것으로서, 中國 皇王의 正統을 이
었다고 하였는데,67) 이것은 明을 中國의 正統王朝, 華로 인정한 것이

---

66) 洪榮義, 1990, 1992, 「恭愍王 初期 改革政治와 政治勢力의 推移」『史學研
　　究』42, 43·44합집 ; 최연식, 1995, 「恭愍王의 정치적 지향과 정국운영」『역
　　사와 현실』15.
67)『高麗史』권41, 恭愍王 18년 5월 甲辰, [상823④~824①], "遣禮部尚書洪尚
　　載·監門衛上護軍李夏生 奉表如金陵 賀登極 仍謝恩 其表曰 秉籙膺圖 復
　　中國皇王之統 體元居正 同萬邦臣妾之心 景命有歸 懽聲旁達 皇帝陛下 文
　　明邁舜 勇智躋湯 雷厲風飛 集大勳於戡定 鼎新革古 熙洪號以創垂 典章文
　　物之粲然 華夏蠻貊之率俾 臣邈處東表 顒望北辰 雖未忝稱賀之班 願恒貢
　　蘄傾之懇".

다.68) 高麗는 中國의 형세변화를 중시하여, 明이 새로운 강국으로 등장한 것을 天命論으로 인정하고 대상이 바뀐 華夷論으로 수용하였다. 그에 따라 對中國 외교노선은 明으로 바뀌게 되었다.

恭愍王이 시해된 뒤 禑王 원년 北元에서 보내온 외교사절을 받아들이는가의 문제로 관리들의 의견이 둘로 나뉘어 대립하였을 때, 成均大司成 鄭夢周는 北元(北方)을 격노시키지 않기 위해 北元의 사신을 받아들여야 한다는 李仁任政權의 논리를 비난하면서 '小敵'인 北元과 事大關係를 재개하는 것은 '天下之兵'인 明을 적대하는 것이라고 하였다.69) 明, 北元 중 어느 쪽을 大國, 天子國으로 선택할 것인가의 외교노선 선택은 힘의 강약에 따른 형세에 근거하여야 한다는 논리였다.70) 이 논리는 鄭夢周와 함께 北元 사신의 영접을 반대한 判典校寺事 朴尙衷에게서도 나타난다.

이치로 말하여 順을 따르면 吉하고 逆을 좇으면 凶하며, 형세로 말하면 南은 강하고 北은 약한 것을 누구나 아는 것이다.……강한 자를

---

68) 華夷論에 관하여는 朴志焄, 1990,「宋代 華夷論 研究」, 이화여자대학교 박사학위논문을 참조하였다.
69)『高麗史節要』권30, 禑王 원년 5월, [750④~751③], "成均大司成鄭夢周等上書曰 吾東方 僻在海外 自我太祖起於唐季 禮事中國 其事之也 視天下之義 主而已 頃者 元氏自取播遷 大明龍興 我上昇王 灼知天命 奉表稱臣 皇帝嘉之 封以王爵 錫貢相望……今北使之來 議遣大臣 禮接境上 乃曰不欲激怒 北方以緩師也……欲緩小敵之師 實動天下之兵也 此理甚明 人所易曉……".
70) 劉璟娥, 1996,「鄭夢周의 政治活動 研究」, 65~67쪽에서는 鄭夢周가 역사적 사실을 의리의 관점에서 평가하고 있으면서도 그의 華夷論은 형세론적 道統論이라고 하였다. 필자는 1995, 앞 논문, 131쪽에서 이 부분을 언급할 때 鄭夢周의 華夷論을 명분론적 華夷論으로 이해하여 형세론적 華夷論과 차이가 있다고 하였다. 여기에서 본인의 의견을 수정한다. 반면, 都賢喆은 1996, 앞 논문, 185~191쪽에서 鄭夢周의 華夷論을 종족·명분·의리·도덕을 중시하는 명분론적 華夷論으로 이해하였다.

배반하고 약한 자로 향하는 것은 옳은 계책이 아니다.71)

朴尙衷은 高麗가 北元을 배척하고 明을 선택해야 하는 이유를 勢
의 강약, 즉 국력의 강약으로 설명하였다. 중국의 형세를 明이 장악했
다는 정세 판단에 따라 反元親明 노선은 결정되었다. 明을 '華'로 인
정할 때 親明 노선은 정당화되는 것이었다.

2) 遼東의 정세 변동과 遼東征伐

이상에서 살펴본 바와 같이 中國의 형세를 明이 장악했다는 정세
판단과, 北元과의 관계에 있어 高麗, 明 양국의 이해가 합치하였으므
로 高麗와 明은 순조롭게 국교를 맺을 수 있었다. 그러나 국교의 성립
이 순조로웠다고 하여 明과의 관계에서 모든 문제가 해결된 것은 아
니었다. 元은 정복지역에 대하여 이전의 어느 왕조보다도 억압적이며
수탈적이었다. 明은 元을 이은 왕조였다. 明이 중국 통일을 완수했을
때, 혹은 이에 더하여 元에 비견될 정도로 강력한 국가를 세운다면 국
교 수립 초기의 우호적인 분위기가 계속될 수 있을까에 대하여 高麗
는 고민하고 대책을 마련해야 했을 것이다. 역사적인 경험에 의해서
中國 본토가 통일될수록, 강력할수록 주변 국가에 미치는 압력도 따
라서 강력했음을 高麗는 숙지하고 있었을 것이다.

高麗는 영토와 인구 문제에서 이에 대비했던 것으로 보인다. 고려
와 元 사이에는 몽골군이 고려를 침입하던 시절에 몽골군이 점령하거
나 고려인의 반란에 의해 元의 영토로 편입된 영토 귀속 문제로 인한
영토 분쟁, 元 영역 안에 거주하는 고려인 추쇄 문제로 인한 인구 점

---

71)『高麗史』권112, 列傳25 朴尙衷, [하461④], "以理而言 則惠迪吉從逆凶 以
勢而言 則南强北弱 人之所共知者也 夫弃信而從逆 天下之不義也 背强而
向弱 今日之非計也".

유권 분쟁이 있어 왔다.72) 그렇다면 明의 관심이 中國 본토에 집중되
어 있을 때, 高麗와 元 사이에 분쟁이 되었던 지역과 그곳 거주민에
대하여 高麗의 지배권을 확실하게 해둘 필요가 있었을 것이다. 나아
가 이러한 조치를 明으로부터 승인받아야 했다. 이러한 시각에서 문
제가 되는 지역은 高麗와 元 사이에서 귀속이 불분명할 정도로 고려
의 통치권이 제한적이던 濟州와, 高麗民이 많이 거주하던 遼東의 遼
陽, 瀋陽이었다. 濟州에 대하여는 그곳에 설치된 元황실 소유의 牧馬
場을 포함하여 영토 귀속을 분명히 할 필요가 있었고, 遼陽, 瀋陽지방
에 대하여는 원간섭기에 이곳으로 이동해 간 高麗民을 招諭하는 문
제가 있었다.

먼저 제기된 것은 遼東地方의 高麗民 招諭였다. 遼東地方에는 항
몽전 당시부터 高麗에서 옮겨간 사람들이 대거 거주하고 있었다. 항
몽전쟁 시기에 몽골군의 포로로 잡혀가거나 자진하여 投屬해 간 高麗
人, 高麗에 반역한 洪福源이 고종 20년(1233) 遼陽으로 옮겨갈 때 데
리고 간 西北面 40餘 城의 주민, 西京에 설치되었던 元의 東寧府가
忠烈王 16년(1290) 高麗에 반환되어 治所를 亐羅山城으로 옮겨갈 때
이주한 東寧府 관할 西北面 60餘 城의 주민이 遼陽, 瀋陽 일대에 모
여 거주하고 있었다. 元은 이들 高麗人을 통치하기 위해 瀋陽等路高
麗軍民總官府를 설치하고 초기에는 洪福源에게, 뒤에는 볼모로 元에
가 있던 高麗王族 永寧公 王綧(王淳)에게 통치하게 하였다.73) 忠宣王
이 元 武宗을 옹립하는 데 공을 세우자 忠烈王 34년(1308)에 瀋陽王
(1310년에 瀋王으로 進封)으로 分封하여 遼·瀋지역의 高麗民을 총
괄하게 하였다.74) 그후 瀋王位는 忠宣王의 조카이며 養子인 王暠

72) 김순자, 2006, 앞 논문.
73) 金九鎭, 1986, 「元代 遼東地方의 高麗軍民」『李元淳華甲記念 史學論叢』;
    1989, 「麗·元의 領土分爭과 元代에 있어서 그 歸屬問題」『國史館論叢』7.

를[75] 거쳐 다시 그 손자에게 계승되었다. 이러한 사정에 의해 遼陽,
瀋陽을 중심으로 遼東地方에는 高麗民이 많이 거주하고 있었다. 瀋
陽路의 경우 1330~1332년 사이 錢粮戶數는 5,183戶였는데, 이는 明
代 東寧衛의 軍丁과 근사한 수치이다.[76]

  遼陽, 瀋陽 일대는 거주민이 高麗人일 뿐만 아니라 高麗王族이 瀋
王으로 봉해져 대대로 이어오던 지역이었다. 따라서 원간섭기에는 遼
瀋은 '高麗의 땅'이라는 인식이 있었고,[77] 이러한 인식은 元·明교체
기까지도 계속되고 있었다. 그런데 遼東勢力 대부분은 明 건국 초기
에는 親北元 경향이었기 때문에 親明政策을 쓰는 高麗와 적대적일
가능성이 있었다. 그 중에서도 高麗에서 가까운 압록강 너머 亏羅山
城을 근거지로 하는 奇賽因帖木兒는 奇轍의 아들로서 高麗에 적대적
이었다.

  北元이 漠北으로 밀려나고 明의 영향력이 아직 확고하게 되기 전
遼東에는 고려나 明으로부터 독립적인 지방세력들이 할거하고 있는
상태였다. 遼陽行省 판도에 있던 주요세력은 金山의 納哈出, 亏羅山
城(東寧府)의 奇賽因帖木兒, 遼陽의 洪保保와 高家奴, 遼陽省 平章
출신인 海州·盖州 등지의 劉益 등이었다. 元이 북으로 패주하면서
遼陽行省의 통제력이 와해되자 이들은 독립하여 서로 경쟁하였으나,
어느 누구도 확고하게 우월한 지위를 차지하지 못했다. 이들은 明에

  74) 高柄翊, 1962, 「高麗 忠宣王의 元 武宗 擁立」『歷史學報』17·18합집/1970
    『東亞交涉史의 研究』, 236~238쪽 ; 주채혁, 1989, 앞 논문, 36~38, 52~53
    쪽. 이와 달리 金九鎭은 1986, 앞 논문, 480~481쪽에서 瀋陽王으로 처음 分
    封된 高麗王은 忠烈王으로 보았다.
  75) 千惠鳳, 1990, 「瀋王 王璋發願의 金字大藏 三種」『季刊 書誌學報』1.
  76) 金九鎭, 1986, 앞 논문, 473쪽.
  77) 주채혁, 1989, 앞 논문, 40~41쪽 ; 김순자, 2003, 「고려의 북방 경영과 영토정
    책」『韓中關係史 研究의 成果와 課題』(국사편찬위원회·한국사학회 편).

적대적이었으나, 그렇다고 北元의 통제를 받는 것도 아니었다.[78]

遼東의 정세가 이와 같을 때 高麗는 역사적 연고를 내세워 高麗民을 비롯하여 遼東民 招諭에 나섰다. 遼東은 역사적으로 中國 본토와 별개의 지역으로 드러날 때가 많았으며 高麗의 역사에 적지 않게 영향을 끼쳤다.[79] 元이 中國과 遼東을 아울러 통일한 이후에도 거주민은 女眞族, 高麗民이 대부분이어서 漢族 거주지역과는 차이가 있었다. 女眞族들 중에서 압록강, 두만강 일대에 분포하는 종족들은 高麗 前期부터 金이 건국하는 12세기초까지 高麗에 羈縻되고 있었다. 元代에 이들은 遼陽行省 관할로 들어갔으나, 元이 패주하자 北元세력과도 분리되어 다시 종족 단위로 할거하게 되었다. 高麗는 이들에 대한 招諭도 목적으로 하고 있었다.

遼東民에 대한 招諭는 東寧府征伐로 시작되었다. 民戶 招諭는 高麗의 정치적 군사적 위상이 높아진 상태에서 가능하기 때문이다. 그러기 위해서는 遼東에 할거하는 北元 잔여세력을 공격하여 北元의 영향력을 단절시킬 필요가 있었다. 첫 정벌은 東寧府가 있는 압록강 너머의 亏羅山城이었다. 이곳에는 奇賽因帖木兒가 웅거하여 고려에는 매우 적대적이었다.[80] 至正 연호의 사용을 중지한 恭愍王 18년 12월에 高麗는 亏羅山城을 공격하여 함락시켰다. 2차 정벌은 다음 해 8월부터 12월 사이에 遼城을 공격하였고, 3차 정벌은 그 다음 해 9월에

---

78) 池內宏, 1917a, 앞 논문.
79) 김한규, 2004, 『요동사』, 문학과지성사.
80) 奇賽因帖木兒는 1356년 反元改革 당시 주살당한 奇轍의 아들로서 高麗에 적대적인 세력의 대표격이었다. 그는 恭愍王 18년에 明에 歸附하였다. 1차 東寧府정벌 당시에 그가 亏羅山城에 있었는지 여부는 확인할 수 없다. 그러나 2차로 遼城을 공격할 당시에는 遼陽에 있지 않았다고 한다. 池內宏, 1917c,「高麗恭愍王朝の東寧府征伐についての考」『東洋學報』8-2/1963,『滿鮮史硏究』中世 第三冊, 216~220쪽 ; 朴焞, 1985,「高麗末 東寧府征伐에 대하여」『中央史論』4, 124~126쪽.

58

다시 東寧府를 공격하였다. 군사 행동에 대한 高麗의 입장은 2차 정
벌 때 遼陽에 내건 포고문에 나타나 있다.

　　遼陽, 瀋陽人에게 말하기를 "遼陽, 瀋陽은 우리 나라 경계이고 백
성도 우리 백성이므로 이제 의병을 들어 어루만져 편안하게 한다"(고
하였다.)…… 또 金州, 復州 등지에 榜을 붙여서 말하기를 "元朝가 통
일하매 公主를 내려보내어 遼陽, 瀋陽 땅으로 湯沐邑으로 삼아주고
인하여 省을 나누어 두었는데 後世에 덕을 잃고 天子가 외방으로 떠
나갈 때 遼陽, 瀋陽 일대의 頭目官들이 못들은 척하여 쫓아가지 않았
다. 또 本國에 禮를 닦지 않고 本國 죄인인 奇賽因帖木兒와 결탁하여
(그의) 심복이 되어서 떼를 지어 백성을 학대하니 不忠한 죄를 용서할
수 없다. 이제 의병을 들어서 죄를 묻는다. 賽因帖木兒는 東寧城에
웅거하여 강함을 믿고 명을 거스르는데 大軍이 이르면 玉石이 함께
탈 것이니 후회한들 어찌 미치겠는가? 무릇 遼河 이동 本國 국경선
안의 백성과 大小頭目들은 속히 스스로 來朝하여 함께 爵錄을 받을
것이다. 만약 와서 조공하지 않으면 교훈이 東京에 있다."라고 하였
다.81) (괄호 안은 필자)

　위에서 高麗는 遼陽, 瀋陽이 高麗의 영토이며 거주민도 高麗民이
라고 주장하였다. 金州, 復州 등지에82) 내건 포고문에서는 좀더 적극
적으로 영토 주장을 하였다. 遼河 이동지방은 高麗의 영토이며, 그 중
에서 遼陽, 瀋陽은 高麗王妃인 元 公主의 湯沐이라고 주장하였다. 그
런데 元이 북으로 돌아간 뒤에 遼瀋頭目官들이 高麗(本國)에 예를 닦
지 않고 오히려 高麗에 적대적인 奇賽因帖木兒와 결탁하기 때문에
정벌하게 된 것이므로 大小頭目들은 속히 高麗에 來朝하라고 촉구했

---

81)『高麗史』권114, 列傳27 池龍壽, [하504①~505①].
82) 金·復州 등지는 遼陽省 平章이었던 劉益의 본거지였다.

다.

종래 恭愍王 18~20년 사이에 이루어진 3차례의 遼東征伐의 배경
과 목적이 고구려 故土 수복에 있었으며 高麗前期 이래의 전통적인
北進政策을 이은 것으로 설명해 오는 것이 일반적이었다.[83] 그런데 3
차례 군사를 동원하여 遼東地方을 정벌하였으나, 항복받은 지역에 대
하여 군사적으로 점령하거나 항구적으로 영토로 확보하려는 어떠한
정책도 쓰지 않았다. 반면 民戶를 招諭하기 위한 방침은 분명하게 표
명되었다. 遼東民의 '來朝'를 촉구한 것은 江界萬戶府가 내건 포고문
에도 나타난다. 압록강을 건너와 高麗民이 되려는 자에게는 官에서
粮種을 제공하여 정착시키겠다고 회유하였다.[84] 高麗의 주요한 목적
은 民戶 招諭에 있었던 것이다.

3차례에 걸친 군사작전의 결과 遼東에 대한 高麗의 정치적 군사적
위상은 높아졌고, 그 결과 民戶 招諭에서 성과가 나타났다. 1차 공격
당시 亏羅山城 일대 頭目 20여 인이 관할하는 1만여 戶의 歸附를 받
았다. '歸附'에는 高麗 내지로 이주해오는 경우와, 高麗를 上國으로
인정하여 朝貢하는 경우가 포함된다. 亏羅山城 함락 당시 高麗人 출
신인 東寧府同知 李吾魯帖木兒(뒤에 李原景으로 改名)는 휘하의 300
餘 戶를 거느리고 吉州로 이주해 왔다. 이 일대의 高麗民은 대개 이
주해 왔을 것으로 추측된다. 女眞族 중에도 高麗 내지로 이주하는 경
우가 있었다. 女眞千戶인 李豆蘭帖木兒는 500戶 이상을 管下民戶로
거느린 대추장이었는데, 2차 정벌 때 遼城을 함락한 2개월 뒤에 100戶

83) 朴焞, 1985, 앞 논문, 121~124쪽 ; 金惠苑, 1999,「高麗後期 藩王 硏究」, 이
   화여자대학교 박사학위논문, 147~156쪽. 遼東征伐과 고구려 故土 수복운동
   을 관련시켜 이해하는 연구 경향에 관하여는 김순자, 2003, 앞 논문 참조.
84)『高麗史』권42, 恭愍王 19년 12월 丁巳, [상838①], "令江界萬戶府牓諭遼藩
   人曰 遼陽元是國界 大軍又出 恐害及良善 其願渡江爲民者 官給粮種 各令
   安業".

를 거느리고 來投하였다. 이후 그는 李成桂에게 포섭되어 중요한 전투에서 女眞軍을 거느리고 전투에 참가하고 있었다.[85]

'歸附'의 일반적인 경우는 후자로 보인다. 여기에는 北元세력과 女眞族이 중심이었다. 1차 東寧府정벌 직후부터 恭愍王 22년에 걸쳐 遼東의 北元세력과 女眞세력들은 대거 高麗에 사신을 파견하거나 來朝하는 형태로 歸附해오고 있었다. 그것을 나타내면 <표 1-2>와 같다.[86]

3차례에 걸친 遼東征伐 결과 가장 현저하게 드러나는 변화는 女眞세력의 歸附가 시작된 점이다. 女眞族은 元代에 본래 거주지에서 종족적 전통을 유지하면서 독자적인 세력을 인정받아 왔다. 그러나 元의 통치질서가 붕괴되자 이들은 자신들의 세력 유지와 존속을 보장받기 위해 高麗와 明, 北元 사이에서 어느 쪽이든 새로운 관계를 맺어야 했다. 高麗가 3회에 걸쳐 군사행동을 단행하고 적극적으로 民戶招諭에 나서자 대거 高麗에 歸附하게 된 것이다.[87]

---

85) 金順子, 1987, 「高麗末 東北面의 地方勢力」, 연세대학교 석사학위논문, 41~43쪽.

86) 明이 大都(燕京)를 함락하고 元에 대한 北征軍을 출동시키는 恭愍王 18년 전후에는 元의 지방세력과 分封王들이 高麗에 자주 사신을 파견해왔다. 大都가 함락된 직후에는 元제국 질서하에서 駙馬國으로서 독특한 지위를 누려온 高麗와 연대를 확인하고 때로는 高麗의 후원을 받을 목적으로도 사신을 파견해오고 있었다. 이러한 성격의 使行은 3차례의 공격과 상관없이 계속 이어졌을 것이다. 韃靼王 사신이나 北元의 吳王, 淮王 사신 등이 그러한 예에 해당한다고 보인다. 이들은 遼東 공격 이후 달라진 高麗의 위상에 따라 새롭게 사신을 파견해오는 것과는 성격이 다르겠으나, 그 두 종류를 엄밀하게 구분하는 것은 불가능하다. 따라서 이 <표 2-2>에는 두 종류의 使行을 모두 포함시켰다.

87) 明의 遼東경략은 건국한 지 4년째인 1371년(明 洪武 4, 恭愍王 20) 2월에 金·復·開·海州에 근거지를 둔 前遼陽省 平章 劉益의 歸附를 받아 遼東衛指揮使司를 설치하면서 시작되었다(『明太祖實錄』 권61, 洪武 4년 2월 壬午). 당시 遼東의 北元 잔여세력이 明에 歸附하는 것은 형세상 매우 불리한

<표 1-2> 恭愍王 18~22년 遼東勢力의 歸附 실태

연도	사신	비고
공민 19년 1월		요동정벌-1차. 亏羅山城 공격하여 항복 받음
2	納哈出이 方物 보내고 관직 요청	
3	韃靼王, 也先不花, 北元의 吳王, 淮王이 사신 파견해옴	
8		요동정벌-2차. 11월에 遼城 함락시킴
9	北元 丞相 廓擴帖木兒가 사신 파견해옴	
11	女眞萬戶 達麻大가 땅을 바침	
12	納哈出이 사신 파견해옴	
20년 2월	女眞千戶 李豆蘭帖木兒가 100戶로 來投	
5	北元 吳王이 사신 파견해옴	
7	遼陽省의 高家奴, 王右丞이 사신 파견해옴	
9		요동정벌-3차. 五老山城 공격
9	東平王이 사신 파견해옴	
10	家州 同知가 來朝	
12	海陽萬戶 弓大, 女眞萬戶 達麻大가 賀正使 파견해옴	
21년 5월	女眞萬戶 達麻大가 국왕 생신하례사 파견해옴	
22년 2월	納哈出이 文哈剌不花를 파견해옴	

　　高麗가 遼東을 군사적으로 공격한 것은 明과의 관계를 고려하여야
만 하는 일이었다. 遼東地方은 元代에 遼陽行省이었으므로 明이 중
국통일을 완수하면 어떤 식으로든 영유권을 주장할 것은 예상할 수
있는 일이었을 것이다. 그런데 건국 당시의 明은 遼東에 관심을 둘 겨

─────────

　　것이었다. 劉益은 漢族 출신으로서 明에 歸附한 지 3개월만에 遼陽의 北元
勢力인 洪保保 등에게 살해되었다.

62

를이 거의 없었다. 遼東의 北元 잔여세력이 北元과 연합할 것을 염려해야 하는 형편이었다. 그래서 明은 새로 朝貢冊封關係를 맺게된 高麗가 北元 잔여세력을 견제해 줄 수 있기를 기대하였다. 恭愍王의 誥命이 전달된 것과 같은 때인 恭愍王 19년 5월에 明은 遼藩地方의 北元勢力이 明보다는 '高麗에게 더 근심이 될 것'이므로 방비해야 할 것이라고 언급하였다.88) 또한 東北의 女眞을 방어하라고 언급하였다.89) 明은 遼東地方의 北元勢力과 女眞族을 高麗가 견제해주기를 종용한 것이다. 따라서 高麗가 遼東을 공격한 공민왕 19~20년의 군사행동에 대하여는 明도 암묵적으로 동의했다고 볼 수 있으므로 크게 문제될 것은 아니었다.

그러나 高麗가 공격한 東寧府, 遼陽 등지는 元의 영토였던 지역이므로 장래에 있을지도 모를 明과의 분쟁에 대비할 필요를 느낀 것으로 보인다. 3차의 遼東 공격이 완료된 다음 해 3월에 定遼衛에 咨文을 보내어 高麗가 군사행동을 한 것에 대하여 奇賽因帖木兒와 遼陽路·東寧府의 관리들이 高麗에 적대적인 행위를 했기 때문이라고 해명하였다. 동시에 東寧府·遼陽은 明에 歸附하지 않았다는 사실을 지적하였다.90) 즉 高麗는 明에 歸附하지 않았으며 明에 적대적이거나

88) 『高麗史』 권42, 恭愍王 19년 5월 甲寅, [상829④~830①], "今胡運旣終 沙塞之民非一時可統 而朕兵未至遼藩 其間或有狂暴者出 不爲中國患 恐爲高麗之擾……由是而觀王之負荷 可謂甚重 惟智者能圖患於未然 轉危以爲安也".
89) 『高麗史』 권43, 恭愍王 21년 9월 壬戌, [상849①②].
90) 『高麗史』 권43, 恭愍王 21년 3월 庚戌, [상844③④], "移咨定遼衛日 前元奇后兄弟 憑恃勢力 爲害百端 其兄奇轍 因謀不軌 事覺伏誅 奇氏挾讐 侵陵本國 靡所不爲 奇轍子平章賽因帖木兒 稔惡不已 結構遼陽路及東寧府官 屢爲邊患 以此 再調兵馬 攻破兩處城池 其賽因帖木兒 挺身逃走 不獲而還 爲因倭賊 近境作耗 其勢益橫 未能再行追捕 至洪武五年正月 有東寧府餘黨胡拔都等 潛入波兒口子 殺守禦官金天奇等 虜掠人口以去 至二月 又突入山羊會口子 守禦官張元呂等 擊逐之 又於本月 有僉院曹家兒·萬戶高鐵頭等 引軍 潛入陰童口子 守禦官金光富等 又擊逐之 過江陷沒幾盡 竊詳東

北元과 친밀한 세력을 정벌한 것이므로 明과는 하등 문제될 것이 없다는 것이다. 이와 같이 高麗는 明이 遼東까지 세력을 뻗치지 못하던 시기에 먼저 이 지역에 군사행동을 하여 고려의 국력을 과시하고 아울러 고려인을 비롯한 遼東民을 招諭하여 歸附를 받는 등의 성과를 거두었다.

3) 濟州의 영유권을 확보하기 위한 대책

高麗는 恭愍王의 誥命과 印信을 받은 지 2개월 후에 濟州에 대한 영유권을 주장하기 위해 明을 상대로 교섭에 나섰다. 앞에서 이미 언급한 것처럼 元은 三別抄를 진압한 뒤 濟州에 招討司, 耽羅總管府, 軍民按撫司 등의 官府를 차례로 설치하고, 元황실 직속의 牧馬場을 설치하여 말, 소 등을 방목하였다. 濟州는 충렬왕 20년(1294) 高麗에 돌려졌으나 忠烈王 26년(1300)에는 元이 다시 耽羅總管府를 설치하여 征東行省에 속하게 하였다. 다음 해 7월에 高麗의 요청으로 軍民萬戶府로 고쳐져서 다시 高麗에 환속되었다.[91] 그러나 고려에 환속된 뒤에도 牧馬場과 牧胡를 통하여 元의 영향력은 계속 미치고 있었다. 따라서 濟州에는 高麗의 통치권이 제한된 범위에서만 행사되고 있었던 것으로 보인다.

恭愍王代에 이르러 高麗가 反元改革으로 元의 간섭에서 벗어나자 濟州의 牧胡는 여러 번 반란하여 高麗에 저항하였다. 牧胡의 반란에는 濟州토착민이 연루되기도 하였다. 가장 먼저 반란이 일어난 것은 恭愍王 5년(1356) 10월이었다. 牧胡 加乙赤·忽古托 등은 반란을 일

寧·遼陽 未曾歸附朝廷 卽是梗化之人 況與我構隙 理宜防備 已令把守要
害 待變勦捕 如獲奇賽因帖木兒 起遣前來".
91) 高昌錫, 1984, 앞 논문 ; 1985, 앞 논문.

으켜 都巡問使와 牧使, 判官을 살해하였다.92) 이 반란은 다음 해 2월
까지 계속되었는데,93) 高麗의 反元改革에 대하여 牧胡가 저항한 것
으로 추정된다. 반란은 同 11년, 同 16년, 同 18년 계속 이어졌다.94)

元末에 이르면 濟州는 元皇室의 피난처로 고려될 정도로 전략적으
로 중요하게 생각된 곳이었다.95) 따라서 元은 濟州에 대한 통제력을
어떻게든 유지하려고 하였다. 恭愍王 11년 8월 牧胡가 두 번째 반란
하였을 때, 그들은 濟州를 元에 다시 예속시켜 줄 것을 요구하였다.
이때는 紅巾賊의 침입을 받아 開京이 함락되고 安東까지 피난갔던
王이 환도하기 전이었다. 元에서는 恭愍王을 폐위시키고 德興君을
高麗王으로 다시 임명하려고 하던 때였다. 이런 시기에 濟州의 牧胡
들은 반란하여 元에 속하기를 주장하였다. 元은 副樞 文阿但不花를
耽羅萬戶로 파견하였다.96) 그는 高麗가 임명한 萬戶에게 杖刑을 가
한 다음 바다에 빠뜨려 죽였다.

恭愍王 15년(1366)이 되면 元 내부에서 기강이 무너지고 도처에서
도둑떼가 일어나 치안조차 엉망이었다. 高麗사신은 길이 막혀 목적지

---

92) 『高麗史』 권39, 恭愍王 5년 10월 丙寅, [상776①].
93) 『高麗史』 권39, 恭愍王 6년 2월 辛亥, [상776③].
94) 『高麗史』 권57, 地理2 全羅道 耽羅縣, [중297③④], "恭愍王十一年請隷于元
   元以副樞文阿但不花爲耽羅萬戶 與本國賤隷金長老到州 杖萬戶朴都孫 沈
   于海 十六年以州復來屬 時牧胡强 數殺國家所遣牧使·萬戶以叛 及金庚
   之討 牧胡訴于元 請置萬戶府 王奏請令本國自署官 擇牧胡所養馬 以獻如
   故事 帝從之 十八年元牧子哈赤跋扈 殺害官吏 越六年八月 王遣都統使崔
   瑩討滅哈赤 復置官吏".
95) 元帝國에서 濟州의 전략적 중요성을 강조한 논문으로는 주채혁, 1989, 「몽골
   -고려사 연구의 재검토-몽골·고려 전쟁사 연구의 시각문제-」 『애산학
   보』 8 ; 1989, 「몽골-고려사 연구의 재검토-몽골·고려사의 성격문제-」
   『國史館論叢』8이 있다.
96) 『高麗史』 권39, 恭愍王 11년 10월 癸巳, [상797③], "濟州請隷于元 元以副樞
   文阿但不花爲耽羅萬戶 殺萬戶朴都孫".

에 도달하지 못하기도 하였다. 元의 정치적 군사적 요충지인 遼陽에
서조차 高麗의 賀正使 일행이 도둑에게 포위될 정도로 元의 통제력
은 무너지고 있었다.[97] 이 해 10월이 되자 高麗는 누차 반란한 濟州牧
胡 토벌을 실행에 옮겼다. 全羅道 都巡問使 金庚는 100척의 배를 동
원하여 濟州를 토벌하였다. 그러나 이 토벌은 실패하였다.[98] 牧胡의
세력은 매우 강성했던 것으로 추정된다. 牧胡들은 元에 萬戶府를 설
치해 줄 것을 요구하였다. 독자적인 군사력을 갖추고 장기적으로 존속
하려는 의도였다고 하겠다.

　高麗가 濟州에 대한 지배권을 확보하기 위해서는 牧胡를 토벌하는
것과 동시에 元으로부터 영유권을 확정받아야 했다. 濟州는 高麗 영
토라는 것을 본국인 元이 확정한다면 牧胡들의 저항도 수그러들 것이
고, 사후에 민심 수습도 손쉬울 것이기 때문이다. 高麗는 濟州牧胡를
토벌한 일에 대하여 倭寇를 추격하다가 濟州까지 이르러 牧胡와 우
발적으로 충돌하게 된 것이라고 해명하면서 濟州 환속을 요구하였다.
牧馬場에서 생산되는 濟州馬에 대하여는 종전과 같이 貢物로 보내겠
다고 제안하여 濟州馬에 대한 그들의 손실이 없을 것으로 약속하였
다.[99] 元의 쇠퇴라는 정세 변화에 적극적으로 대응하여 명목상 영토
이나 실질적으로 지배권을 행사하지 못하는 濟州에 대한 영유권을 확
보하기 위해 군사적 정벌과 외교적 노력을 병행한 것이다. 貢馬를 종

---

97) 주 48).
98) 『高麗史』 권41, 恭愍王 15년 10월 癸丑, [상817④], "全羅道都巡問使金庚募
　　兵 得百艘 討濟州 敗績".
99) 『高麗史』 권41, 恭愍王 16년 2월 癸亥, [상818④~819①], "元使高大悲來自
　　濟州 帝賜王綵帛錦絹五百五十匹 宰樞亦有差 時帝欲避亂濟州 仍輸御府金
　　帛 乃詔以濟州復屬高麗 時牧胡數殺國家所遣牧使·萬戶以叛 及金庚之討
　　牧胡訴于元 請置萬戶府 王奏 金庚實非討濟州 因捕倭追至州境 樵蘇·牧
　　胡妄生疑惑 遂與相戰耳 請令本國自遣牧使·萬戶 擇牧胡所養馬 以獻如故
　　事 帝從之".

전과 같이 보내겠다고 한 것은 영유권 확보를 위한 양보안, 혹은 외교적 수사였을 것이다.

元은 高麗의 요청을 수락하였다. 이미 중국을 떠나 피난지를 찾고 있던 元으로서는 高麗의 요구를 거절할 수 없었다. 皇室의 피난지로 濟州를 고려하고 있던 元은 宮室을 짓고 御府金帛을 보내고 있었다. 그럴 경우 高麗와 우호적인 관계가 필수적이었다. 高麗의 보호 없이는 피난지 濟州에서의 안전을 보장할 수 없을 것이었다. 따라서 元은 제주 환속에 대한 高麗의 요구를 거절할 수 없었다. 오히려 元은 濟州의 실상을 파악하기 위해 사신을 파견하고, 恭愍王에게는 550필에 달하는 綵帛錦絹을 하사하는 회유책으로 대응했다.

元末 정세의 변동을 이용하여 高麗는 元으로부터 제주를 환속받아 영토를 회복하였고, 元 牧馬場에서 생산되는 濟州馬에 대한 처리방법에 관해서도 高麗의 요구를 관철시켰다.[100] 그러나 濟州가 오래 元의 통제를 받았으며 또 거기에 元皇室 직속의 牧馬場이 있다는 사실에서, 明이 이에 대한 권리를 주장한다면 明과 새로운 외교분쟁을 일으킬 가능성을 예상했던 것으로 보인다. 明이 중국내부 통일에 전념하여 高麗지역으로부터의 이해관계에 관심을 둘 여지가 없던 시기에 元으로부터 승인받은 濟州 지배권을 明으로부터도 인정받아 둘 필요가 있었다.

恭愍王의 誥命과 印信을 받은 2개월 후에 元에게서 받은 金印을 明에 보내면서 高麗는 濟州 영유권 문제를 먼저 거론하였다. 耽羅計稟表에서 耽羅가 역사적으로 高麗의 영토임을 밝히고, 그곳의 牧子,

---

100) 金昌賢은 濟州는 恭愍王代 高麗에 환속된 이후에도 거의 독립된 상태에 있었으며, 星主의 아들인 高鳳禮가 인질로서 開京에 오는 禑王 13년에 실질적으로 高麗에 歸順하였다고 하였다(1999,「고려~조선초 탐라고씨의 동향」『한국중세사연구』7, 292쪽).

牧養에 대해 高麗가 처리하는 것을 승인해 줄 것을 요청하였다. 濟州
馬 생산물에 대해서는 高麗가 스스로 정하여 貢物로 보내겠다고 제
안하였다.[101) 이 제안은 앞서 恭愍王 16년에 제주 환속을 요구할 때
元에 제안한 것과 같은 내용이다.

　明은 高麗의 요청에 대해 명확하게 대답하지 않았던 것으로 보인
다. 計稟使 귀국 復命에는 이에 관한 아무런 보고가 없다.[102) 濟州라
는 지역과 그곳에 있는 元皇室 소유의 馬, 羊 등에 대해서 高麗의 주
장을 그대로 수용하여 승인해주는 것은 장래에 예상되는 수익을 포기
하는 것이기 때문에 쉽사리 승인해주기 어려웠던 것으로 보인다. 전통
적으로 말이 부족하며 서북, 동북지방에서 말을 수입해야만 했던 中
國으로서 元 황실의 목마장을 포기하는 것은 국익에 크게 관계되는
일이기 때문이었을 것이다.[103) 耽羅計稟使가 귀국한 恭愍王 20년(洪
武 4, 1371) 5월은 2차례에 걸친 高麗의 遼東征伐 중에서 2차의 遼陽
공격이 성공한 다음 해이며, 9월에 있을 3차 공격을 앞둔 시점이었다.
明은 遼陽省 平章이었던 劉益의 歸附를 받아 定遼衛를 설치하여 遼
東 경영의 첫 발을 내디딘 시기이기도 하다. 遼東을 사이에 두고 高麗
와 明이 직접 접촉할 가능성이 처음 예상되는 시기였다.

---

101)『高麗史』권42, 恭愍王 19년 7월 甲辰 耽羅計稟表, [상835①②].
102) 姜尙雲, 1959,「麗明(韓中) 國際關係 硏究」『中央大論文集』4, 246쪽.
　　計稟使로 파견되었던 三司左使 姜師贊은 다음 해 5월에 귀국하였다. 姜師
　　贊은 冊命과 璽書를 준 것에 대하여 謝禮하고, 元이 교부한 金印을 납부하
　　며 樂工을 청하고 耽羅건을 計稟하는 4가지 임무를 띠고 파견되었다. 明측
　　으로부터 답변을 들어야 하는 사항은 뒤의 2가지이다. 明은 高麗에서 樂工
　　을 파견하여 수업하는 것은 허락하였다. 耽羅件에 관하여 기록되어 있지 않
　　은 것은 기록이 누락된 것이 아니라 明이 태도 표명을 하지 않았기 때문이
　　다.
103) 김순자, 2000,「麗末鮮初 對明 馬貿易」『韓國史의 構造와 展開』, 혜안 ; 본
　　서 제6장에 수록.

68

計稟使가 귀국한 다음 해에 비로소 高麗는 明에 제안한 貢馬 문제를 해결하기 위해 濟州에 選馬使를 파견하였다.[104] 濟州의 牧胡들은 高麗의 反元政策 자체에도 반발하여 恭愍王 5년부터 누차 반란을 일으키고 있었다. 그런데 高麗가 明에 貢馬를 보내기 위해 選馬使를 파견하자 거세게 반발하였다. 그들은 高麗가 파견한 牧使兼萬戶를 살해하였다. 進馬使 吳季南은 濟州에 들어가지도 못하고 돌아왔다.

高麗는 濟州 문제를 속히 결정지을 필요가 있었다. 국내적으로 반란을 진압하지 않을 수 없는 일이었고, 또 이 문제를 오래 끌어서 明이라는 외세가 개입하게 해서는 안되었기 때문이다. 그래서 高麗는 耽羅 정벌을 결정하고 이를 승인해 줄 것을 明에 요청하였다.[105] 그리고 耽羅의 牧胡를 高麗民으로 정착시키겠다는 것도 아울러 통보하였다.

明은 이를 승낙하였다. 濟州와 그곳의 木匠, 牧胡에 대한 영유권을 高麗에 넘겨주는 것은 아까운 일이었으나, 현실적으로 濟州에 어떤 영향력을 미치기 어려운 상황에서 고려와 관계를 불편하게 하는 것도 좋은 선택은 아니라고 판단한 것으로 보인다. 耽羅 牧胡의 반란은 결국 反明에서 나온 것이었기 때문에 반대할 명분도 없었을 것이다. 이에 더하여 明은 中國 동남해안을 노략질하는 倭寇가 濟州牧胡와 합세할 가능성까지 복합적으로 고려했던 것으로 보인다.[106] 이러한 판단에서 明은 그해 7월 귀국하는 사신편에 "耽羅는 이미 高麗에 속했으니……(高麗)王이 오로지하라"고 함으로써 高麗의 요청을 수락하였다.[107] 그러나 濟州馬 귀속에 대한 高麗의 요구에 대하여는 답변하지

<hr>

104) 『高麗史』 권43, 恭愍王 21년 3월 甲寅, [상845④], "遣禮部尚書吳季南獻馬 以秘書監劉景元爲有旨別監兼揀選御馬使 偕季南往耽羅".
105) 『高麗史』 권43, 恭愍王 21년 4월 壬寅, [상846①].
106) 『高麗史』 권43, 恭愍王 21년 9월 壬戌, [상848④~849①].
107) 『明太祖實錄』 권75, 太祖 洪武 5년 7월 庚午.

않았다. 耽羅에 대한 高麗의 영유권만 인정한 것이었다. 濟州馬에 대한 이와 같은 明의 유보적인 입장은 뒤에 貢馬 요구로 나타나게 된다. 그러나 이때 濟州 반란 처리 문제를 高麗에 일임하였으므로 濟州의 元室 목장 자체에 대하여는 어떠한 권리 주장을 할 수 없었다. 단지 생산물 중의 일부를 貢馬로 요구할 수 있을 뿐이었다.

이와 같이 하여 高麗는 明과 새로 朝貢冊封關係를 우호적으로 맺은 초창기에 濟州 영유권을 明으로부터 인정받았다. 恭愍王 5년에 시작된 영토수복을 위한 노력은 여기에 이르러 일단락되었다고 할 수 있을 것이다. 濟州는 高麗와 元 사이에 世祖舊制가 성립된 이후에 元이 점령한 지역이었다. 따라서 東寧府와 같이 이미 忠烈王代에 반환되었다.[108] 元末까지 元의 영향이 미치고 있었지만, 그것은 牧場과 牧胡가 있었기 때문이었다. 高麗는 恭愍王 5년에 이미 反元改革을 단행하여 世祖舊制를 넘어서는 對中國關係를 회복했다. 따라서 濟州는 당연히 高麗가 영유권을 되찾을 수 있는 지역이었다. 牧胡의 반란에 대하여 高麗가 토벌한다고 하여도 이는 恭愍王 5년 이후의 변화된 對元關係에서 하등 문제될 것이 없는 지역이었다. 여기에 더하여 高麗는 恭愍王 16년에 元으로부터도 濟州의 환속을 공식적으로 승인받은 터였다. 그럼에도 불구하고 高麗가 濟州 문제를 明에 計稟한 것은 장래에 있을 수도 있는 明과의 분쟁을 미연에 방지하자는 의도에서 취한 조처였다고 할 수 있을 것이다. 먼저 살핀 遼東地方의 民戶 招諭문제와 같이 濟州를 영토로 확보하는 문제에 있어서도 高麗는 明과의 관계를 고려하여 국교 수립 초기에 적극적으로 대처했다고 할 수 있겠다. 元代에 점령당했던 지역에 대하여 영유권을 되찾는 문제는 고려의 의도와는 관계없이 새로운 중국왕조인 明과 영토 분쟁의 소지

---

108) 金順子, 2006, 앞 논문.

가 있는 문제였다. 뒤에 明은 雙城摠管府가 설치되었던 동북면 지역
에 대한 영유권을 주장하여 다시 영토분쟁을 일으켰다.

제2장 明의 貢物 증액 요구와 영토 분쟁

1. 貢物 증액과 禑王 책봉을 둘러싼 明과의 갈등

1) 明의 국정 간섭과 濟州貢馬 요구

(1) 明의 국정 간섭에 대한 대응과 貢路 폐쇄

국교 수립 초기 우호적이었던 高麗와 明의 관계는, 明이 遼東 경영을 시작할 수 있었던 恭愍王 20년(1371)경부터 明의 태도가 고압적으로 변하면서 갈등이 드러나게 되었다. 明의 태도 변화는 내정과 대외 문제에 대한 간섭으로 나타났다. 恭愍王의 誥命과 印信을 보내온 恭愍王 19년 5월에 明은 ① 왜구 침입으로 해변가의 농토를 경작하지 않고 방기해서 民의 생활이 어렵다는 것, ② 王의 聽政之所가 없어서 신하들에게 위엄을 보이지 못 한다는 것, ③ 王이 佛敎에만 전념하는 것은 王道에 어긋난다는 것, ④ 山川, 城隍 제사에 쓰는 희생을 준비하지 않는다는 것, ⑤ 明의 군대가 遼陽, 瀋陽지방까지 이르지 못하므로 高麗가 방비하라는 것 등 5가지를 지적하였다.[1) 그 두 달 뒤에는 道士를 파견하여 高麗의 山川을 제사하고, 지나간 人物의 諡號·爵祿, 山川의 德號를 더하지 말 것을 요구하였다(⑥).[2)

---

1) 『高麗史』 권42, 恭愍王 19년 5월 甲寅, [상828②~830②].
2) 『高麗史』 권42, 恭愍王 19년 7월 壬寅, [상833②~834①].

72

앞 장에서 살펴본 것처럼 高麗와 明의 국교는 서로의 필요에 따라 우호적인 분위기에서 맺어졌다. 그런데 우호적인 분위기는 짧은 기간에 끝났다. 顯宗 때 遼가 강조의 정변이라는 국내 정변을 빌미로 침입해온 사실을 제외하면, 고려전기에 宋, 遼, 金과의 관계에서 고려는 어느 왕조로부터도 이와 같은 간섭을 받은 적이 없었다. 앞선 어느 시기보다 간섭이 심하고 실제로 책봉국으로서의 권한을 행사하던 元과의 관계에서도 이러한 사항이 구체적으로 거론되면서 간섭받은 적은 거의 없었다.[3] ③에서와 같이 恭愍王의 불교 숭배를 강도높게 비난하면서 儒敎를 治國의 원칙으로 삼을 것을 요구한 것은 고려의 문화, 사상정책까지 간섭 대상에 포함시킨 것이고, 건국 이래의 오랜 불교 숭배 전통에도 어긋나는 것이었다. ⑥에서 지적한 사항은 高麗가 독립국가로서 유공자를 포상하고 山川에 제사해 온 전통을 부정하고, 祀典 儀禮까지도 간섭한 것이다. 이러한 간섭은 恭愍王代에 추진해 온 새로운 對中國關係와 상충하는 것이었다고 할 수 있다.

내정에 관한 지적들은 治國에 있어서 일반론적인 것이었기에 高麗가 수용하기 쉬웠을 것이다. 恭愍王은 19년 11월부터 매달 6衙日에 6部·臺省官에게서 직접 政事를 듣기로 했고,[4] 이듬해 7월에는 恭愍王의 절대적 신임하에 최고권력자로서 권력을 행사해 오던 辛旽이 실각하였다. 이것은 19년 5월 조항 중 ②, ③과 연관이 있는 듯하다. 그러나 恭愍王은 20년 12월에 대대적으로 先王, 先后에 諡號를 더하였다. 郊社·宗廟祭祀를 비롯하여 圓丘·籍田·社稷壇 등에 종사하는 인원을 정비하는 한편 거기에 필요한 희생을 준비시키고, 名山大川에 德號를 더하였다.[5] 이는 ④를 수용하면서도 ⑥과는 상반되는 조치이

3) 李益柱, 1996,「高麗·元關係의 構造와 高麗後期政治體制」, 서울대학교 박사학위논문.
4)『高麗史』권42, 恭愍王 19년 11월 辛丑, [상837③].

다. 이것은 국내 정치에 있어서 국왕의 권위와 왕실의 존엄을 높이는
데 도움이 되는 사항은 수용하면서도 고려 국체에 관계되는 부분에
관해서는 전통을 고수하고 명의 간섭을 거부한다는 것을 나타낸 것이
라 할 수 있다. 즉 선택적 수용이다.

　그러나 明이 高麗의 국정에 간섭할 의사를 가지고 있었다는 것은
高麗의 對中國政策과 상충하는 것이었다는 점을 주목할 필요가 있다.
明의 高麗에 대한 정책이 여기에서 더 나아가 高麗가 수용하기 어려
운 요구를 해올 경우, 성립 초기의 우호적인 양국 관계에 갈등이 조성
될 것이기 때문이다.

　高麗에 대한 明의 정책은 건국한 지 4년째인 洪武 4년(恭愍王 20,
1371)경부터 변한 것으로 보인다.6) 洪武 4년은 明이 金·復·開·海
州의 北元세력인 前遼陽省 平章 劉益의 귀부를 받아 定遼都衛(뒤에
遼東衛指揮使司)를 설치하여 遼東 경영을 시작한 때이다. 明이 遼東
경영에 착수함으로써 高麗와 이해관계가 충돌하게 되었을 것으로 판
단된다. 앞서 高麗는 3차례의 遼東征伐로 군사력을 과시하고, 遼陽,
瀋陽 일대를 자국 영토라고 주장하였다. 遼東征伐의 결과 高麗人을
중심으로 高麗 내지로 이주해 오는 인구가 늘어났으며 女眞族의 귀
부도 계속되었다.7) 納哈出, 高家奴를 비롯하여 北元의 잔존세력들은
고려와 우호적인 관계를 유지하기 위해 사신을 왕래시키고 있었다.
金·復·開·海州에 근거지를 둔 前遼陽省 平章 劉益은 恭愍王 20
년 2월에 明에 귀부하였는데, 이것은 전 해 8월부터 12월 사이에 있었
던 高麗의 遼城 공격의 영향으로 보인다. 漢族이었던 그는 女眞族이
나 몽골족 北元勢力과는 달리 明으로 귀부하였다.

　5)『高麗史』권43, 恭愍王 20년 12월 己亥, [상843②~④].
　6) 金成俊, 1974,「高麗와 元·明關係」『한국사』8, 국사편찬위원회, 185쪽.
　7) 본서 제1장의 3절 1) 恭愍王의 親明政策과 초기 고려-明 관계의 성격 참조.

明은 遼東에 대한 高麗의 영향력을 차단해야 했다. 遼東에 남아있는 北元 잔여세력은 직접 위협이 되고 있었다. 明이 遼東지방을 효과적으로 장악하기 위해서는 이 지역에 대한 高麗의 영향력을 차단시키고 아울러 親北元세력과 연결하는 것도 방지하는 것이 필요했을 것이다. 明의 조치는 恭愍王 20년에 遼東을 경유하는 貢路를 일방적으로 폐쇄하는 것으로 나타났다. 貢路 폐쇄에 관한 사전 설명은 없었다. 그래서 同 7월에 파견된 聖節使, 賀正使, 千秋節使 일행은 遼東이 폐쇄되어 사명을 완수하지 못하고 9월에 귀환하였다.8)

고려에 대한 明의 불만과 외교적 절차에 관한 새로운 요구사항은 恭愍王 22년 7월에 귀국 사신편에 전해졌다. 이때 明은 ① 明使 孫內侍가 高麗에서 독살된 것과 ② 吳王, 納哈出과 통교하여 牛家莊을 습격했다고 항의하였다. ③ 濟州産 貢馬로 보낸 것이 현재 4필밖에 되지 않는다고 비난하면서, 앞으로 方物은 土産布子 3∼5필 정도만으로 제한하라고 하였다. 또 ④ 朝貢 때 해로, 육로를 이용하며 정탐하니 앞으로 해로를 봉쇄하고 明의 사신을 보내지 않겠다는 것과, ⑤ 貢期는 3년에 正朝使 1회만 허용한다는 것 등을 통보하였다.9)

이들 조항 중에서 高麗가 가장 당황한 것은 貢路 폐쇄와 3년에 1使를 요구한 것이었다고 생각된다. 恭愍王 20년에 貢路 중 遼東을 경유하는 육로를 폐쇄하면서 해로로 오라고 하였다가, 遼東路를 개방하지도 않은 채 恭愍王 22년 7월에 해로마저 봉쇄하였다. 그렇다면 3년 1使를 허용한다고 했으나, 실제 高麗가 사신을 파견할 貢路는 없는 셈이다. 이는 明에서도 사신을 파견하지 않겠다고 한 것과 짝하는 조치였다. 恭愍王 20년 7월에 파견한 聖節使, 賀正使, 千秋節使 일행은 遼東이 폐쇄되어 중도에서 귀환하였다. 이에 11월에 육로를 朝貢路로

---

8) 『高麗史』 권43, 恭愍王 20년 7월 乙亥, [상840④].

9) 『高麗史』 권44, 恭愍王 22년 7월 壬子, [상852④∼858②].

요구하는 사신을 파견할 때, 일단 明이 요구한대로 해로로 파견하였다. 해로로 사신을 파견하는 것은 배가 난파할 가능성 때문에 사신 일행에게도 위험이 되었지만, 해로는 고려-遼 국교 성립 이래 공식적인 사신왕래에 이용한 적이 적었다는 점이다. 그런데 恭愍王 22년 7월에 해로로 파견된 千秋節使는 배가 난파되어 실패하였다. 定遼衛로 파견한 사신 일행은 번번이 입국을 거부당하여 중도에서 귀환하였다.

明과 외교관계가 단절되는 것은 高麗의 국가 안보상 심각한 문제였을 것이다. 明은 恭愍王 21년(1372)에 이르러 蜀을 평정하였으며, 전해에 遼東 경영을 시작하였다. 明이 元과의 경쟁에서 승리하여 중국의 형세를 장악하고 있다는 것은 명약관화하였다. 遼東의 北元 잔여세력이 高麗와의 사이에서 완충지대의 역할을 하고 있었지만, 그러한 정세는 어디까지나 잠정적인 것이었다. 明과 국교가 단절된다는 것은 장기적으로 明과 대립하고 국경지대에 군사적 긴장 상태가 조성된다는 것을 의미하는 것이다. 그런 상황은 中國을 중심으로 하는 동아시아 질서에서 고려가 제외되는 것을 의미하며, 건국 이래의 대외정책과도 어긋나는 것이다. 또한 元宗 이래 中國(元)으로부터 책봉받음으로써 국왕권을 행사해 왔는데, 明과 국교가 단절되면 恭愍王의 王位도 위협받을 것을 예상할 수 있었을 것이다. 실제 北元은 瀋王이나 다른 고려왕족을 내세우면서 恭愍王의 王位를 계속 부정하고 있었다. 王位가 도전받으면 국내 혼란은 물론 그 틈을 이용할 北元세력의 움직임도 염려되었을 것이다.

3년 1聘 貢期 문제도 중국 본토와 遼東지방의 정세 파악에는 매우 불리한 제안이었다. 高麗는 反元改革을 단행한 후 4년 동안 元이 사신을 파견하지 않는 기간에도 정기·임시사절을 계속 파견하였다. 高麗는 사신들이 왕래하면서 민간인들이나 관리들을 접촉하여 중국 정세에 관한 정보를 수집하고 있었다. 육로로 遼東을 경유할 경우에

76

는 北元과 遼東에 할거하는 北元 잔여세력들의 동향 뿐 아니라, 明과 北元의 대립 상황에 관해서도 정보를 입수할 수 있었다. 그러므로 3년 에 1聘 한다면 중국의 정세 변화에 대한 정보 수집은 매우 제한될 것 이다. 따라서 정세 변화를 반영하여 시의적절한 외교정책을 세우는 데 어려움이 따를 것이었다. 따라서 高麗는 明과의 관계를 정상화하고 우호적인 관계를 유지해야만 했다.

한편, 明도 高麗와 외교관계를 단절하거나, 혹은 실제 3년에 1使만 왕래시킬 정도로 소원한 관계를 유지할 의도는 없었던 것으로 보인다. 왜냐하면 뒤에 恭愍王 시해와 明使 살해로 사신 왕래가 단절된 지 3 년 반만에 中國에서 떠도는 高麗人을 돌려보냄으로써 먼저 접근한 것은 明이었기 때문이다.[10] 高麗는 자기와 朝貢冊封關係를 맺었으면 서도 遼東의 納哈出 등 北元 잔여세력과 계속 통교하고 있었다.[11] 納 哈出은 恭愍王 22년에는 明의 遼東 경영의 전진기지인 牛家莊을 공 격하여 군량미 10만여 석을 불태우고 明軍 5천여 명을 살륙하였다.[12] 恭愍王 22년 7월에 明이 항의한 것은 이 때문이었다. 明은 禑王 13년 (1387)에야 遼東의 마지막 北元勢力이며 가장 강력했던 納哈出을 평 정할 수 있었다. 遼東을 경영하면서 明이 가장 우려한 것은 高麗가 納哈出 등 北元勢力과 연결되어 明에 적대적인 세력을 형성하는 것 이었다. 貢路 폐쇄의 이유는 高麗의 정탐활동이었지만,[13] 이를 통하

---

10) 『高麗史』 권133, 禑王 3년 12월, [하881①].
11) 明 건국 후 高麗와 納合出 사이의 사신이 왕래한 것은 恭愍王代에만 18년 1월, 18년 11월, 19년 2월, 22년 2월 4회이고, 高麗를 침입한 것은 恭愍王 21 년 1월 1회이다. 高麗가 報聘한 것은 21년 12월이고, 22년 3월에는 納合出이 파견한 文哈刺不花에게 判典客寺事를 제수했다.
12) 『明太祖實錄』 권76, 洪武 5년 11월 壬申, "納哈出寇遼東 劫掠牛家莊 燒倉 糧十萬餘石 軍士陷沒者五千餘人".
13) 明은 이외에도 禑王 13년 2월 郭海龍 귀국 때, 14년 2월 偰長壽 귀국 때, 14 년 6월 朴宜中 귀국 때 등 高麗의 정탐활동을 누차 지적하였다. 이것은 양

여 明이 의도한 것은 高麗가 北元勢力과 왕래하는 등의 양단외교를 방지하는 동시에 親明노선을 분명하게 할 것을 요구하고, 遼東 貢路를 경유하는 것조차 금지시킴으로써 이 지역과 거주민에 대한 고려의 영향력을 차단하려는 것이었다고 생각된다.[14]

(2) 濟州貢馬 증액 요구로 인한 갈등과 恭愍王 시해

濟州로부터의 貢馬에 관한 明의 의사가 알려진 것은 恭愍王 22년 7월이었다. 明이 濟州貢馬를 언급한 것은 貢路와는 또 다른 문제였다. 濟州産 貢馬로 보낸 것이 현재 4필밖에 되지 않는다고 항의하고,[15] 土産布子 3~5필 정도의 方物만을 수수하겠다고 통보하였다. 이것은 明이 처음으로 高麗의 貢物에 대한 의도를 불만으로 우회 표현한 것이다. 앞서 살핀 바와 같이 고려는 明과 국교 성립 초기에 그

국 사이 주요한 분쟁사안이었다. 기존 연구에서는 이에 대해 明이 근거없이, 또는 근거가 박약한 사건을 가지고 高麗에 트집을 잡은 것이라고 했다(金成俊, 1974, 앞 논문, 186쪽). 그러나 『高麗史』『高麗史節要』에 기록된 것에도 高麗가 明을 정탐한 사실은 禑王 2년 2월, 7년 5월, 7년 7월, 9년 10월 丙子, 14년 5월 甲申조에서 확인된다. 黃雲龍은 1980, 「高麗恭愍王代의 對元明關係-官制變改를 중심으로-」『東國史學』14, 12쪽에서 明이 지적하는 高麗의 정탐을 사실로 인정하였다.

14) 김순자, 1995, 「고려말 대중국관계의 변화와 신흥유신의 사대론」『역사와 현실』15, 120쪽.

15) 恭愍王 22년 7월 高麗에 전해진 明의 요구사항은 전 해인 21년 7월, 8월 중에 파견되었던 贊成事 姜仁裕, 同知密直司使 金湑·成元揆 등이 귀국하면서 전해졌다. 濟州馬 50필을 가지고 獻馬使 金甲雨가 高麗에서 출발한 것은 同 21년 11월이다. 麗末鮮初의 對明 외교문서를 수록한 현전 『吏文』(前間恭作 遺稿/末松保和 編, 1975, 『訓讀吏文』)에 실린 문서에 의거해 볼 때 배편으로 明의 南京으로 운송한 말의 경우 사고가 발생하는 것은 전체의 10%선을 넘지 않았다. 따라서 이들이 明의 南京을 떠나기 전에 耽羅馬 50필은 南京에 전해졌을 것으로 추정된다. 여기에서 4필이라고 한 이유는 알 수 없다.

78

영유권과 元皇室이 방목한 말에 대한 소유권을 확보하기 위해 필요한 외교적 조치를 했다. 이때 濟州馬를 貢物로 보내겠다고 약속한 것은 濟州와 濟州馬에 대한 明의 관할권 주장을 미연에 방지하기 위해 제시한 타협안이었음도 살펴보았다.

中國은 전통적으로 말이 부족한 나라였다. 그래서 高麗뿐 아니라 女眞, 몽골로부터 계속 수입하여 충당하고 있었다. 濟州馬 4필만을 보내왔다고 항의할 때, 장사꾼들도 布席은 가져오지만 馬는 가져오지 않는다고 불평하였다. 이는 高麗馬에 대한 明의 욕구를 나타낸 것이다.16) 제주로부터의 貢馬量에 관해서는 고려가 언급한 적 없었고 明도 구체적인 공물 기대량을 고려에 전달한 적 없지만 이제 와서 그것이 외교현안으로 대두한 것이다. 恭愍王 22년 7월까지 高麗가 明에 보낸 貢馬는 同 21년 4월에 耽羅馬 6필, 21년 11월에 耽羅馬 50필 뿐이었다.17)

그런데 여기에서 주목해야 할 것은 貢馬 숫자보다는 明이 '濟州馬'를 지목해서 공물로 요구했다는 점이다. 이것은 明이 元 소유의 재물에 대한 권리를 주장한 것으로 이해해야 한다. 이에 더하여 恭愍王 23년 4월에 도착한 明使는 元代에 濟州에 방목한 말이 2~3만 필에 이를 것이라면서 그 중에서 2,000필을 공물로 요구하였다.18) 이 숫자는

16) 『高麗史』 권44, 恭愍王 22년 7월 壬子, [상852④~858②].
17) 이때의 獻馬使는 金甲雨였는데, 그는 50필 외에 1필을 더 가지고 가서 돌아오는 길에 生絹, 木棉, 紅紵絲 등과 교환하였다고 하여 明이 항의하였다. 이에 관한 처리 경과는 明 中書省에 보낸 「獻馬使金甲雨等斷罪申報事」에 자세하다. 前間恭作 遺稿/末松保和 編, 1975, 『訓讀吏文』, 32~41쪽.
18) 『高麗史』 권44, 恭愍王 23년 4월 戊申, [상863②③], "帝遣禮部主事林密·孛牧大使蔡斌來 中書省咨曰 欽奉聖旨 已前征進沙漠 爲因路途窵遠 馬匹多有損壞 如今大軍又征進 我想高麗國 已先元朝 曾有馬二三萬留在耽羅牧養 孛生儘多 中書省差人 將文書去 與高麗國王說得知道 敎他將好馬揀選二千匹送來 於是遣門下評理韓邦彦往耽羅取馬".

高麗가 明에 약속한 대로 자진하여 보낸 貢馬 50필의 40배에 달하는 양이었다. 貢馬 규모에 있어 高麗와 明의 생각은 현격하게 달랐다.

恭愍王은 明이 요구한 말 2,000필을 보내기로 결정하였다. 결정하는 과정에서 官僚들의 반대 여부에 관해서는 확인할 수 없지만, 반대 의견이 적지 않았을 것으로 추정된다. 反元改革 이래 對元관계에서, 明과 국교를 수립한 이후에도 明과 공물의 종류와 액수에 관해 간섭받은 적이 없었다. 또한 왕래하는 사신은 賀正使, 황제 生辰使와 같은 정기사신 외에 긴급한 협의사항이나 외교현안이 있을 때 임시사신을 파견하는 문제에도 갈등이 없었다. 그런데 明이 요구한 貢馬額은 高麗의 貢馬 50필의 40배에 달하는 과다한 量이었을 뿐 아니라, 明의 요구가 濟州馬에 대한 연고권을 근거로 한다는 점에서, 世祖舊制下 고려-元 관계의 재현을 기도하는 것으로 받아들여졌을 것이다. 反元의 대안으로 선택한 親明 노선에서 明이 反元改革 이전처럼 조공국으로서 고려의 자율성을 제약한다면, 恭愍王이 주도하는 親明 외교노선을 추진시키는 데 민심이 동의하기 어려웠을 것이다.

高麗가 明의 貢馬 증액 요구를 거절한다면 국방, 내정, 王位 유지 등의 측면에서 심각한 문제를 유발할 수 있었을 것이다. 이런 점을 고려하여 恭愍王은 2,000필 貢馬 요구를 수용하기로 결정하였다. 그런데 貢馬 2,000필을 충당하기 위해서는 먼저 해결해야 할 문제가 있었다. 먼저 濟州牧胡의 저항을 진압해야 하는 것이다. 말을 징발하도록 選馬使를 파견하였지만, 牧胡들은 '世祖皇帝가 放畜한 말을 明에 보낼 수 없다.'고 저항하면서 300필만을 보내었다.[19] 이에 高麗는 8월에 이르러 門下贊成事 崔瑩을 楊廣·全羅·慶尙道都統使로 삼아 濟州를 토벌하기에 이르렀다.[20] 동원된 군대 규모는 戰艦 314艘와 정예군

---

19) 『高麗史節要』 권29, 恭愍王 23년 7월, [746①]. 「金義叛逆都評議使司申」(『吏文』)에 의하면 이때 濟州에서 징발한 말은 350匹이었다.

80

사 25,605명으로 대규모였다. 紅巾賊과 倭寇 침입으로 民을 안정시키는 것이 무엇보다 절실했던 시기에, 明의 貢物 요구로 濟州에서 반란이 일어나고 이를 토벌하기 위해 대규모로 군대를 동원하게 되었다. 明의 貢馬 증액 요구에 대하여 반발이 적지 않았을 것이고, 明의 요구를 수용하는 恭愍王의 외교정책에 대해서도 비판이 제기되었을 것이다. 내정 간섭과 과다한 貢物 요구는 高麗가 對元關係에서 反元改革이라는 투쟁 결과 얻어낸 성과를 부정한 것이었다. 이를 주도한 恭愍王은 元의 폐위 공작으로 몇 차례 시해 위기를 넘기기도 하였고, 恭愍王 13년 정월에는 崔濡가 거느리는 元軍과 다시 전쟁을 치르기도 했다. 그런데 明이 이러한 성과와 노력을 부정하고자 한다면, 親明 일변도의 對中國關係를 유지하는 것이 타당한가에 대하여 의문이 제기되었을 것이다.

당시 高麗는 貢馬 2,000필을 일거에 충당할 만큼 말을 확보하고 있지 않았다. 恭愍王代 濟州에 어느 정도의 말이 있었는지는 알 수 없다. 高麗末보다 사육되는 말의 숫자가 현저히 늘어났을 것으로 추정되는 세종 28년(1446)에 馬籍에 파악된 濟州馬는 9,780필이었다.21) 濟州에서 징발한 수는 300필뿐이었으므로 나머지 1,700필을 高麗 내지에서 충당해야 했다. 이를 위해 宗親·宰樞·代言 이상에게서 각각 1필씩 징발하였다.22) 對明 貢馬를 충당하기 위한 부담이 지배층에게 전가된 것이다.

이에 더하여 明使의 고압적인 태도는 그와 접촉하는 관리들의 반감을 샀던 것으로 보인다. 明使인 禮部主事 林密과 孳牧大使 蔡斌은 성격이 횡포하여 사람을 잘 구타하고, 접대하던 侍中까지도 욕을 당

20) 『高麗史』 권44, 恭愍王 23년 7월 己丑, [상866①~③].
21) 金順子, 2000, 앞 논문 ; 본서 제6장 麗末鮮初 明과의 馬貿易 참조.
22) 『高麗史』 권44, 恭愍王 23년 8월 壬子, [상866③].

하였다고 한다.23) 明使를 접대하는 비용 때문에 府庫가 고갈될 정도
였는데, 그들은 연회석에서 기생이 모자에 꽂은 꽃이 바르지 않다는
것을 시비하여 恭愍王은 侍中인 廉悌臣을 廣州로 귀양보내기까지 했
다.24) 또 濟州에서 貢馬로 300필만을 보내오자, 選馬使로 파견되었던
門下評理 韓邦彦을 죽이라고 요구하였고,25) 2,000필 수를 채우지 못
하면 明으로 돌아가지 않고 차라리 高麗에게 벌을 받겠다면서 恭愍
王을 압박하기도 했다. 明使의 이러한 태도는 항몽전쟁 초기 高麗에
파견되어 온 몽골사신의 태도와 유사했다.

　親明策은 恭愍王이 주도하고 辛旽執權期에 成均館에서 朱子學을
공부하고 그것을 정치이념으로 삼은 鄭夢周, 趙浚, 林樸, 朴尙衷, 鄭
道傳, 金九容, 李崇仁, 權近 등 이른바 新興士大夫들이 지지하였다.
그러나 관료층 일반이 親明策을 지지한 것은 아니었다. 高麗의 對元
관계는 1세기 가까이 지속되어 온 하나의 질서였다. 당시의 지배층들
은 元이 주도하는 동아시아의 질서를 긍정하였으며, 그 속에서 高麗
가 차지하는 위치에 대하여 자부심을 가지고 있었다. 이러한 질서관념
은 元에 대한 事大를 자연스러운 것으로 받아들이게 하였을 것이다.
中國에서 신흥국가인 明이 형세를 장악해 간다는 정세 파악 아래, 元
에서 明으로 事大의 대상이 바뀌는 것을 긍정할 수 있었다. 그러나 明
이 신흥의 강국이고 高麗에 대하여 고압적이고 수탈적인 태도를 취한
다면, 恭愍王이 주도하는 親明 일변도의 대외정책은 재고될 수 있는

---

23) 『高麗史』 권44, 恭愍王 23년 6월 壬寅, [상863④~864①], "斌怒妓忤其意 馳
　　馬將還 王令金興慶 追及金郊驛 慰諭以來 時館待甚隆 府庫爲之匱竭 至令
　　各司輪辦宴慰 斌性橫悖 好歐罵人 自侍中以下諸宰相悉被凌辱".
24) 『高麗史』 권44, 恭愍王 23년 6월 丁酉, [상863④], "都堂宴林密·蔡斌 妓簪
　　斌帽花不整 斌大怒 王聞之 流侍中廉悌臣于廣州".
25) 『高麗史』 권44, 恭愍王 23년 8월 壬子, [상866③], "林密等 以濟州貢馬不滿
　　請殺韓邦彦 乃杖流之".

82

문제였다. 하지만 恭愍王이 王位에 있는 한 明을 부정하고 北元과 다시 국교를 맺는 것은 고려될 수 없는 것이었다. 사정이 이러할 때 지배층들은 親明策의 보루인 恭愍王의 존재에 대하여 회의할 수 있었을 것이다.[26]

　이러한 상황에서 北元이 瀋王 篤朶不花를 高麗王으로 책봉하였다는 소문이 전달되었다.[27] 高麗國王에 대한 실제적인 책봉권은 恭愍王 5년(1356) 이래 元이 행사할 수 없는 것이었지만, 反元改革 이후로도 元은 反元의 표상인 恭愍王을 제거하고 국왕책봉권을 행사하려고 여러 차례 시도하였다. 瀋王은 恭愍王 11년(1362) 北元이 恭愍王을 폐위시키고 德興君을 高麗王으로 세우려 했을 때에도, 德興君보다 우선순위로 高麗王으로 고려된 적이 있었다. 어쨌든 당시 北元에서 전해진 소문의 진상을 확인할 길은 없다. 그러나 그 소문은 이 소식을 전한 胡僧과 그것을 들은 康舜龍을 함께 잡아가둠으로써 널리 알려지게 되었던 듯하다. 이 일이 있은 3일 후에 恭愍王은 시해되었다. 恭愍王이 시해된 뒤 北元이 瀋王인 篤朶不花를 高麗王으로 임명하였던 것을 보면[28] 당시의 소문이 사실이었을 가능성도 있다. 親明 외교노선을 고수해 온 恭愍王이 시해된 뒤, 恭愍王이 주도해 온 親明 외교노선은 혼란에 빠지게 되었다.

26) 末松保和, 1941,「麗末鮮初に於ける對明關係」『城大史學論叢』2/1965,『青丘史草』, 159쪽 ; 金龍德, 1961,「鐵嶺衛考」『中央大論文集』6, 129쪽 ; 金成俊, 1974, 앞 논문, 190~195쪽.
27)『高麗史』권44, 恭愍王 23년 9월 辛巳, [상867②], "有胡僧 自北元來 謂康舜龍曰 元以瀋王孫爲高麗國王 王聞之 囚僧及舜龍按治 僧曰 聞諸某甲 執其人鞫之 曰此前贊成事禹磾家奴 行販北元時 所聞也 欲訊其奴 奴逃 釋僧與舜龍".
28)『高麗史』권133, 禑王 원년 정월, [하867①], "納哈出遣使來 問曰 前王無子今誰嗣位耶 時北元以恭愍無嗣 乃封瀋王暠孫脫脫不花爲王 故有是問".

2) 高麗의 禑王 책봉 요청과 貢物의 증액

(1) 禑王 책봉 문제와 明, 北元 양단외교

恭愍王은 濟州 토벌군이 귀환하기 전인 9월에 시해되었다. 明使 일행은 恭愍王이 시해되기 전에 濟州馬 300필 중에서 200필을 선발하여 開京을 출발하였다. 이들은 압록강까지 가는데 2달여, 恭愍王이 시해된 뒤에 압록강을 건넜다. 그런데 호송관인 密直副使 金義가 開州站에서 明使 중 蔡斌을 살해하고 林密을 붙잡아서 貢馬 200필을 가지고 北元으로 달아나버리는 일이 발생하였다.29)

恭愍王이 시해되고, 貢馬 징발차 高麗에 파견되었던 明使가 귀국길에 살해됨으로써 高麗와 明 사이의 우호적인 관계는 단절되었다. 恭愍王은 明이 책봉한 王으로서 高麗의 親明 외교노선을 주도한 사람이었다. 따라서 恭愍王이 시해된 사실만으로도 高麗는 明에 적절한 해명을 하고 사후 조처를 취해야 했다. 거기에 더하여 明使는 高麗 호송관에 의해 살해되고, 또 明과 대립하는 北元으로 잡혀갔다. 이에 대하여 高麗는 전후관계를 설명하여 明의 의혹을 풀어야 했다. 그런데 明에 請諡·承襲使, 告訃使로 파견되었던 張子溫, 閔伯萱은 明使가 살해되고 말 호송관 金義가 말을 가지고 北元으로 가버리자 중도에서 귀환해버렸다.30) 이후에도 明의 문책을 두려워한 관리들이 사신으로 가지 않으려 함으로써, 高麗는 恭愍王 시해와 明使 살해 사건이 발생한 직후에 적절하게 해명하지 못하였다. 따라서 禑王의 왕위 계승을 통보하고 그 승인을 요청하기 어려워졌다. 李仁任政權에서는 北元에도 告訃使를 파견하였다. 明에 파견되었던 위의 사신 일행이 중도에

---

29) 『高麗史』 권133, 禑王 즉위년 11월, [하866④], "大明使林密·蔡斌等還 至開州站 護送官金義 殺斌及其子 執密 遂奔北元 張子溫·閔伯萱逃還".

30) 당시 상황 전개에 관하여는 「金義叛逆都評議使司申」에 상세하게 보고되어 있다(『訓讀吏文』, 18~25쪽).

84

서 돌아옴으로써, 결과적으로 恭愍王의 시해 사실은 北元에 먼저 통보되었다.

여기에서 주목되는 것은 李仁任政權에서는 對中國關係의 상대국으로서 明만이 아니라 北元까지 대상에 넣고 있었다는 것이다. 北元과의 관계는 恭愍王이 재위할 때에는 철저하게 부정한 것이었다. 恭愍王은 明과의 관계가 성립된 이후 北元과는 어떤 형식으로든 관계 맺기를 거부하였다. 明의 건국을 통보하는 사신이 高麗에 도착한 恭愍王 18년(1369) 12월에는 北元 황제의 詔書를 가지고 온 사신과 그 일행을 전부 살해했었고,[31] 또 大都에서 쫓겨난 北元이 4년만에 처음으로 사신을 파견해 왔을 때에도 이들을 살해하려고 했다.[32] 그런데 禑王 즉위 후 李仁任政權에서는 明과 北元 모두를 事大의 대상국으로 인정하고 禑王 책봉을 요청하였다. 즉 恭愍王代 親明 일변도의 외교노선에 변화가 있게 된 것이다.[33]

---

31) 『高麗史節要』 권28, 恭愍王 18년 12월, [730④].
32) 『高麗史』 권44, 恭愍王 22년 2월 乙亥, [상851②], "北元遣波都帖木兒及於山不花來 詔曰 頃因兵亂 播遷于北 今以廓擴帖木兒爲相 幾於中興 王亦世祖之孫也 宜助力復正天下 初二人入境 王欲遣人殺之 群臣皆執不可 於是 訪以拘留·放還·執送京師三策 群臣皆曰 放還便".
33) 이러한 외교노선상의 변화에 대한 기존 연구의 이해는 통일되어 있지는 않다. 먼저 李仁任 政權의 외교는 '親明政策'이었다고 보고 李仁任세력을 제거한 崔瑩을 '親明派를 逐出한 최영 일당'으로 표현하였다(姜尙雲, 1959, 「麗明(韓中) 國際關係 硏究」『中央大論文集』 4, 263쪽). 이와 완전히 다르게 明使 살해에 대한 明의 추궁을 두려워하여 親元排明했다고 평가하기도 한다(高錫元, 1977, 「麗末鮮初의 對明外交」『白山學報』 23, 212쪽). 더 나아가 禑王代 외교 노선은 '親元'이라는 것을 전제로 親元派, 親明派의 대립으로 정치사를 설명한다(朴龍雲, 1986, 『高麗時代史(下)』, 609~618쪽). 혹은 중간 입장을 취하여 李仁任 政權의 외교를 元·明 사이에서 중립적 입장을 취하는 것으로 보기도 했다(金成俊, 1974, 앞 논문, 191~196쪽 ; 高惠玲, 1981, 「李仁任政權에 대한 一考察」『歷史學報』 91, 16~18쪽). 이러한 이해는 高麗末期의 정치사를 權門勢族 대 新興士大夫의 대립구도로 설정하고, 이에

첫 告訃使가 중도귀환한 후 高麗는 禑王 원년(1375) 정월에 다시明에 告喪·請諡·承襲使를 파견하였다. 그러나 明은 明使 살해와恭愍王 시해를 문제삼아 이들을 억류해 버렸다. 이어서 貢馬 운송을위해 파견되었던 자들도 모두 억류하였다. 이들이 귀환한 것은 禑王 4년 6월에 이르러서였다. 恭愍王이 시해되고 5년 가까이 高麗와 明 사이에는 朝貢, 冊封이 이루어지지 않고 일상적인 사신 왕래도 중단되었다.

반면 北元에는 禑王 즉위년 12월에 告訃使를 파견하였다. 瀋王을高麗王으로 임명했다는 소식이 전해지자[34] 禑王이 恭愍王의 遺旨로즉위했음을 알리는 百官連名書를 보내고, 다음 달에는 北元에서 恭愍王 시해죄를 용서한다는 사신이 파견되었다. 이는 恭愍王 18년 이후 처음 받아들인 北元使였다. 北元은 恭愍王 시해에 관해 집권관료들에게 책임을 묻지 않았으며, 禑王 3년 2월에는 禑王을 책봉하였다.이로써 恭愍王 18년 이후 단절되었던 朝貢冊封關係가 다시 성립되었다.

明과 北元 두 나라를 모두 事大의 대상국으로 인정한 對中國關係는 禑王 6년(1380) 3월까지 계속되었다.[35] 그런데 현상적으로 두 나라와 모두 사절을 교환하고 있었고, 禑王은 明보다 北元으로부터 먼저책봉받았지만, 高麗가 事大의 주대상으로 설정한 나라는 明이었다.그것은 恭愍王 시해 후 高麗와 明, 北元 사이에 사신이 왕래한 것을정리해 보면 알 수 있다. <표 2-1>은 그것을 정리한 것이다.

근거하여 禑王代의 대외관계도 權門世族-親元政策, 新興士大夫-親明政策으로 이해한 데서 영향을 받았다고 하겠다.
34) 『高麗史』 권133, 禑王 원년 정월, [하867①].
35) 禑王 6년 3월 이후에 北元의 사신이 온 것은 禑王 10년 10월 和寧府에 온것뿐이다.

<표 2-1> 禑王代 明·北元 사신 왕래표

시 기	高麗 ↔ 明	高麗 ↔ 北元	비 고
공민 23. 9	明使 開京 출발		貢馬 200필 동반
공민 23. 9			瀋王孫을 고려왕으로 책봉한 소식 전해짐
23. 9	恭愍王 시해		
23. 9	禑王 즉위		
禑王 즉.11	告訃·請諡·承襲使		金義가 明使 살해 明使 살해 후 중도귀환
즉.12		告喪	北元에는 請諡·承襲使 파견하지 않음
1. 1	告喪·請諡·承襲使 (재파견)		明에 억류되었다가 禑王 4년 6월에 귀환
1. 3	貢馬 100필		明에 억류됨
1. 4		百官連名書 작성하여 보냄	瀋王을 高麗王으로 임명한 데 대한 것
1. 5	貢馬 100필	元이 恭愍王 시해죄를 용서한다고 통보	明에 억류됨 北元使를 江界에서 접대
1.11	濟州 진압 통보		
2. 1	사신 파견		
2. 6	高家奴書 전달됨		
2.10		우승상 회유문 來	
2.10		禑王 책봉 要請使	
3. 2		禑王 책봉	北元 宣光 연호 사용
3.12	明 고려인 358人 放還		
4. 3	人戶 放還 謝恩使, 請諡·承襲使		
4. 6	억류되었던 사신 일행 귀국		
4. 9	洪武 연호 재사용		
4.10	賀正使·謝恩使		
5. 3	賀正使·謝恩使 귀국 明使 파견되어 옴		歲貢 요구 恭愍王 시해 후 明의 첫 사신. 高麗가 北元과 통교한다는 소식 듣고 甛水站에서 돌아감

5. 3			* 이후 고려-明사신왕래는 <표 2-2> 참조
6. 2		禑王을 太尉에 책봉	
6. 3		賀節日使, 謝冊命	
	……(중략)……		
11. 9	禑王 책봉		

　<표 2-1>에 의하면, 高麗는 明과의 관계가 재개되는 禑王 4년까지 明에는 告訃·請諡·承襲使 2회, 貢馬使 2회, 濟州 진압 통보건 등으로 2회 사신을 파견하였다. 반면 北元에는 告訃使 1회, 藩王을 高麗王으로 임명한 것을 반대하는 百官連名書 使行 1회, 禑王 책봉 요청사 1회 등을 파견하였다. 횟수에서 高麗는 朝貢冊封關係에서의 상대국을 明으로 설정하고 있었다. 恭愍王 사망 후 3개월 사이에 明에 2차례나 禑王의 왕위 계승 인정을 요청하였지만, 北元에는 사망 소식을 통보할 뿐이었다. 明과의 관계가 재개된 禑王 4년 이후는 사신 파견 횟수의 차이는 더 현격해진다. 高麗는 北元과 관계를 유지하였지만 明과의 관계를 기본으로 하고 있었다. 禑王 6년까지 北元과 사신을 교환한 것도 北元을 事大의 대상으로 생각했기 때문은 아니었다. 당시 高麗의 지배층들은 李仁任을 비롯한 집권자들이나 北元 사신을 받아들이는 문제로 집권세력과 대립했던 新興士大夫를 불문하고 궁극적인 事大의 대상이 明이라는 것을 회의한 흔적을 찾을 수 없다. 두 나라에 모두 事大 형식을 취하는 것은 당시의 외교적인 문제를 풀어가는 방법이었다. 즉 당시 대륙의 형세를 고려할 때 궁극적인 事大의 대상으로서 明을 인정하면서도, 馬를 필두로 布·金·銀 등 明의 과도한 貢物 요구를 견제하고 新王인 禑王의 책봉 문제를 해결하는 방편으로 北元으로부터 책봉을 받는 이중적인 관계를 유지했다.

　高麗는 사신이 억류되는 상황에서도 明에 계속 사신을 파견하였으

며 貢馬도 계속 보냈다. 그러나 明은 恭愍王 시해와 明使 살해의 책임을 물어 禑王의 왕위 계승을 승인하지 않을 뿐만 아니라 執政大臣이 직접 와서 해명하기를 요구하였다.[36] 明使 살해에 대하여 高麗에 문제를 제기하는 것은 예상할 수 있는 일이었다. 高麗로서도 이 문제는 해명해야 하는 것이었다. 그러나 禑王 책봉권을 행사한다는 것은 성격이 다른 문제였다. 高麗와 중국과의 朝貢冊封關係에서 중국이 직접 책봉권을 근거로 내정에 간여한 것은 元代에 있었을 뿐이다. 원간섭 이전의 책봉은 高麗에서 이루어진 왕위 계승을 의례적으로 승인하는 사후 절차였다.[37] 그런데 明은 禑王을 책봉하지 않을 뿐 아니라, 정치적 책임을 물어 執政大臣의 來朝를 요구하였다. 이것은 우왕정권에는 적지 않은 압력이었을 것이다.

우왕정권은 무엇보다도 明으로부터 왕위 계승에 대한 승인을 얻어내는 것이 시급한 과제였다. 禑王은 前王인 恭愍王의 생모 明德太后와 侍中 慶復興을 비롯, 관료들 일부로부터 왕위 계승권자로서 지지받지 못하였다. 따라서 왕위 계승을 정당화하기 위해서는 明의 책봉을 받는 것이 필수적이었다. 10세의 어린 나이에 즉위한 禑王도 중국의 天子로부터 책봉받지 못한 처지에서 國王權을 행사하는 것이 官僚들에게조차 권위를 갖기 어렵다는 것을 알고 있었다.[38] 北元의 책봉을 받은 것은 明과의 관계가 단절되다시피한 상태에서 선택한 것이

---

36) 『高麗史』 권133, 禑王 2년 6월, [하870①~871①] ; 권134, 禑王 5년 3월, [하886③~887④].

37) 고려전기에 고려와 조공책봉관계의 상대국인 宋, 遼, 金이 왕위 계승에 문제를 제기한 것은 1010년 穆宗 폐위와 顯宗 즉위 과정을 문제삼은 것이 유일한 예이다. 김순자, 2006, 「10~11세기 高麗와 遼의 영토 정책-압록강선 확보 문제 중심으로-」 『북방사논총』 11 참조.

38) 『高麗史』 권134, 禑王 6년 6월, [하894②], "禑始出報平廳 聽政 謂諸相曰 凡爲王者 必受命天子者當之 今予猶未受命 委政耆舊 聽其所爲 然予默察".

었다. 즉위 후 사신 왕래가 단절되었던 明에서 高麗人을 放還한 것을 계기로 禑王 4년(1378) 高麗가 다시 사신을 파견할 때, 高麗는 가장 먼저 禑王 책봉을 요청하였다. 우왕정권이 明으로부터 얻고자 하는 것이 무엇인지 드러났다고 하겠다.

高麗와 정상적인 관계가 단절된 지 3년 반만인 禑王 3년 12월에 明은 중국에서 떠돌고 있던 高麗人 358인을 放還하였다.39) 이어서 6월에는 그동안 억류하고 있던 使行員 崔源·全甫·李之富 등도 放還하였다.40) 恭愍王 시해와 明使 살해에 대한 해명, 濟州로부터의 貢馬 증액 등 풀리지 않은 외교현안으로 4년여 사신 왕래가 단절되어 있고, 스스로가 양국 갈등의 원인이 되었지만, 明으로서도 高麗와 우호적인 관계를 회복시킬 필요성은 있었다. 明과 단절된 高麗는 끊임없이 北元의 회유를 받고 있었고, 遼東의 北元 잔여세력과도 관계를 지속하고 있었다. 인구 放還은 고려와 明 사이에 사신 왕래가 회복되는 계기가 되었다. 高麗는 인구 放還에 대한 謝恩使(禑王 4년 3월)와 禑王 즉위 승인 요청사(同 3월), 賀正使를 연달아 파견하였다(同 10월). 明과 외교사절이 왕래한다는 것은 北元과의 관계가 더 이상 필요 없어졌음을 의미하는 것이었다.

高麗와 관계를 재개하는 데 대한 明의 의도는 賀正使, 謝恩使로 파견되었던 判密直司事 沈德符와 版圖判書 金寶生이 귀국한 禑王 5년 3월 알려졌다. 明은 3가지를 요구하였다. 첫 번째는 禑王의 왕위 계승을 승인하지 않고 있었기 때문에 禑王이 실제 정치를 하고 있는지, 아니면 權臣이 권력을 장악하고 있는지를 의문시하며 執政大臣의 來朝를 요구하였다. 두 번째는 貢物에 관한 것으로써 올해는 貢馬 1,000필로 하고 내년부터는 金 100斤, 銀 10,000兩, 良馬 100匹, 細布 10,000

---

39)『高麗史』권133, 禑王 3년 12월, [하881①].
40)『高麗史』권133, 禑王 4년 6월, [하882③].

匹을 常貢으로 한다고 통보하였다. 세 번째는 高麗로 유입한 遼東民 수만 명을 刷還하라는 것이었다.[41] 이 세 조항은 이 시기 高麗에 대한 明의 요구조건을 집약한 것으로 보인다.

恭愍王은 親明政策을 주도한 국왕이었으며 자신이 책봉한 제후왕 이었다. 그러한 고려왕의 시해 사건에 관해서는 후계자인 禑王을 책 봉하기 위해 필요한 절차이며, 동시에 朱子學을 治國의 기본으로 삼 고 있었던 明으로서는 君主의 시해에 대하여 집권자에게 책임을 묻는 다는 의미도 있었다. 두 번째의 것은 恭愍王이 시해되고 明使가 살해 됨으로써 중단되었던 貢物 문제였다. 고려와 明 사이의 공물 증액이 라는 외교현안은, 뒤에 禑王 책봉이 마무리된 禑王 12년 이후 공물액 을 3년에 良馬 50필로 감액한 데서 이해해 보면,[42] 고려산 말을 예외 로 하면, 경제적 재부를 무상으로 징발하는 것이 목적은 아니었다. 고 려가 중국과의 조공책봉관계 틀 안에서 공물을 자율적으로, 상징적인 의미로 공여하기를 추구하는 것에 대하여 책봉국인 明은 고려의 국내 생산물을 징발하는 권리를 가지고 있는가 하는 양국의 입장의 차이가

---

41)『高麗史』권134, 禑王 5년 3월, [하887③④], "今王顓被弑 姦臣竊命 將欲爲 之首構讐怨於我 納之何益 以春秋論之 亂臣賊子 人人得而誅之 又何言哉 乃何前後五次 皆云嗣王之爲 陪臣奉之 爾中書差人詣彼問 嗣王之何如 政 令之安在 若政令如前 嗣王不被羈囚 則當仍依前王所言 今歲貢馬一千 差 執政陪臣以半來朝 明年貢金一百斤・銀一萬兩・良馬百匹・細布一萬匹 歲 以爲常 仍將所拘遼東之民 無問數萬 悉送回還 方乃王位眞而政令行 朕無 惑也 設若否此 必弑君之賊爲之 將後多詐並生 必肆侮於我邊陲 構大禍於 高麗之生民也 朕觀此姦之量 必恃滄海以環疆 負重山固險 意在逞兇頑以跳 梁 視我朝調兵如漢唐 且漢唐之將 長騎射短舟楫 故涉海艱辛 兵行委曲 朕 自平華夏攘胡虜 水陸通征 騎射舟師諸將 豈比漢唐之爲 然且遣使往觀 問 嗣王安否 如勑施行 乃使奏差邵罍・趙振 隨德符等來 二人至聒水站 傳聞 本國遣文天式・吳季南使北元 乃曰 昔殺行人 今又懷二心 吾與其死於高麗 寧死於我土 遂不至而還".

42)『高麗史』권136, 禑王 12년 7월, [하934①~935①].

대립함에서 야기된 문제였다. 그 갈등은 濟州로부터의 貢馬量에 대한
갈등으로 나타났고, 이때에는 공물의 종류와 액수가 확대되어 나타난
것이다. 세 번째는 한반도로 유입한 遼東民 추쇄를 요구한 것으로서
정세 변동에 따라 고려와 遼東 사이에 이동한 인구에 대한 지배권 행
사 문제였다. 고려인 358인을 放還한 것은 고려 영역 안으로 유입한
遼東人口의 추쇄를 요구하기 위한 사전조치였다. 이 인구 추쇄 문제
는 고려말에 이어 朝鮮 太宗代까지 朝鮮과 明 사이의 중요한 현안이
었다.[43)]

(2) 禑王 책봉을 위한 明의 공물 증액 수용

明의 일방적인 貢物 증액 요구에 대해, 高麗의 대응책은 두 가지
중에서 선택되었을 것이다. 明의 일방적인 요구를 수용한다면 그 貢
物量은 의례적 예물 수준을 넘는 것이어서 고려에게는 경제적 부담이
될 것이었다. 실제 貢馬, 金, 銀 등은 고려에서 생산되지 않거나 수량
이 부족하여 고려에 이어 조선까지 재정부담이 되었다. 대신 明과 우
호적인 분위기가 조성되고 당면 과제인 國王 책봉도 쉽게 받을 것을
기대할 수 있어서 정권 안정에 도움이 될 것이었다. 반면 高麗가 明의
貢物 증액 요구를 거절하고 전례대로 고려가 자율적으로 조공하는 것
을 주장한다면, 反元改革 후 元과의 관계에서 얻어낸 외교적 성과를
明을 상대로 해서도 지켜낸다는 의미로서 高麗가 자율성 원칙 위에서
對明관계를 유지한다는 것이다. 이 경우에는 明이 고려의 입장을 쉽
게 수용하지 않을 것을 예상할 수 있었을 것이며, 그럴 경우 다시 禑
王初와 같이 양국 관계가 단절되거나 경색되어 정치적으로 부담이 되
고 국방문제까지 야기할 수 있을 것이다.

---

43) 이 문제에 관하여는 본서 제5장 遼東人口 확보를 위한 明과의 대립 참조.

明은 禑王 5년 3월에 '今歲貢馬 1,000필'을 요구하였는데 이것은 禑王 4년도분에 해당하고, '明年貢 金 100斤, 銀 10,000兩, 良馬 100匹, 細布 10,000匹'은 禑王 5년도분에 해당한다. 同 6년 8월에 위의 액수에서 말의 숫자를 1,000필로 증액시켰다. 明의 貢物 요구량과 高麗에서 보낸 貢物量을 정리하면 <표 2-2>와 같다.

<표 2-2> 禑王 5~10년 對明歲貢表

연 도	明이 요구한 貢物額	貢 物 量	비 고

禑王 5. 3	禑王 4년분 貢馬 1,000필
	禑王 5년부터 常貢 :
	  金 100斤, 銀 10,000兩
	  良馬100匹, 細布10,000匹		

禑王 5.10		金 31斤4兩 銀 1,000兩 白細布 500匹 黑細布 500匹 馬 200匹	歲貢 감면 요청 →歲貢額 미달로 수령 거부

禑王 6. 8	貢物額 수정 제의 :
	馬 1,000匹(禑王 4년분)과,
	禑王 5년분부터 歲貢 :
	  金 100斤, 銀 5,000兩
	  布 5,000匹, 馬 100匹
			常貢을 보내면 사신을 살해한 죄를 사면할 것이라고 통보

禑王 6.12		金 300兩 銀 1,000兩 馬 450匹 布 4,500匹	동시에 禑王 즉위 승인을 요청함 →정액 미달이라고 遼東都司가 접수 거부
禑王 7.11		貢馬 933필	同 6년 8월 요구한 馬 1,000필 →遼東에서 접수 거부
禑王 8. 4		金 100斤 銀 10,000兩 布 10,000匹 馬 1,000匹	遼東에서 입국 거부 당하여 중도귀환. →貢物 접수도 거부

禑王 9.11	前5년간 미납한 歲貢 요구 : 馬 5,000匹, 金 500斤 銀 50,000兩, 布 50,000匹		
禑王10. 5		歲貢馬 1,000필	
禑王10. 6		歲貢馬 2,000필	
禑王10. 7	銀 300兩 = 馬 1匹, 金 50兩 = 馬 1匹 로 折價代納하라고 통보		
禑王10. 8		歲貢馬 1,000필	
禑王10.閏10		① 金 500斤 : 96斤 14兩 　未辦 403斤 2兩⇒ 馬 　129匹 ② 銀　50,000兩 : 19000 　兩 　未辦 31,000兩⇒ 馬 　104匹 ③ 布 50000匹 : 白苧布 　4300匹, 　黑麻布 24,400匹, 　白麻官布 21,300匹 ④ 馬 1,000匹 (4,000필 　은 이미 운송함)	
禑王11. 9			禑王 冊封使 옴

　고려는 明과의 관계를 안정시켜서 책봉 문제를 매듭짓고 국방상 위기를 피해가는 쪽으로 대응책을 정한 것으로 보인다. 공물 증액을 요구받은 禑王 5년 10월에 金 31斤4兩, 銀 1,000兩, 白細布 500匹, 黑細布 500匹, 馬 200匹을 보냈다. 禑王 4년도분 말 1,000필에 관해서는 언급하지 않았다. 이때 明에 보낸 歲貢額은 高麗가 恭愍王 5년 이래 당시까지 20년 동안 부담한 적이 없는 과다한 액수였다. 품목 구성은 明이 요구한 것과 동일하였다. 그러나 전례에 비교해 볼 때 공물액이 과다하여 부당하다는 의견을 전달하지도 않고 일거에 明의 요구를 수용하는 것은 앞으로의 관계에서 문제가 될 수 있을 것이었다. 高麗가

94

보낸 貢物量은 明이 요구한 액수에는 미치지 못하는 규모였으며, 처음 요구받은 액수와 비교하면 金은 1/3, 銀은 1/10, 布는 1/10, 馬는 2배 규모였다. 그러나 공민왕대의 공물액과 비교하면 明의 요구를 무시하지 않는다는 충분한 성의 표시라고 이해할 수도 있을 것이었다. 그러면서 歲貢 감면을 요청하였다. 金銀은 국내에서 생산되지 않고, 馬는 胡馬와 鄕馬가 있으나 좋은 것을 얻기 어려우며, 布匹은 萬匹까지 마련하기 어렵겠다고 설명하면서 歲貢은 액수를 정하지 말고 재량에 맡겨달라고 요청하였다.44)

明은 高麗의 요청을 받아들이지 않았다. 貢物額이 요구액에 미달이라는 이유로 접수하지 않고 돌려보냈다. 明은 貢物糧이 자신들이 요구한 액수와 같아야 입국시키겠다고 하였다.45) 그리고 啓稟使 周誼가 귀국할 때 貢物額을 수정하여 제의하였다. 이미 보낸 말 1,000필 외에 다시 1,000匹을 貢하고, 明年부터 金 100斤, 銀 5,000兩, 布 5,000匹, 馬 100匹을 보내면 明의 사신을 살해한 것을 사면할 것이라고 하였다.46)

이 제안은 禑王代 高麗-明 관계에서 분기점이 된다. 明이 수정하여 제시한 액수는 앞서 禑王 5년 3월에 요구한 것에서 銀과 布를 반으로 줄인 것으로, 高麗의 요청을 일부 수용한 것이다. 明이 高麗와의 관계를 정상화하기 위하여 일방적으로 요구했던 貢物額을 철회한 것이고, 양국 사이에 남아있는 恭愍王 23년의 明使 살해건도 해결하겠다는 의지를 표명한 것이다. 이것은 高麗와 明의 관계를 정상화하는 데 걸림돌로 남아 있던 明使 살해 문제를 貢物로 해결하겠다는 방침

44) 『高麗史』 권134, 禑王 5년 10월, [하889④~891④].
45) 『高麗史』 권134, 禑王 6년 2월, [하892③], "李茂方·裵彦至登州而還 茂方等 至遼東 都司奏省府臺官 欽奉聖旨 所貢旣不如約 陪臣不至 爾中書差人 詣 彼發遣來使回還 須如前約 方許來貢".
46) 『高麗史』 권134, 禑王 6년 8월, [하895③~896②].

을 전달한 것으로 볼 수 있다.

이상과 같이 禑王 5년부터 6년까지 高麗와 明은 貢物額 문제로 재
개된 외교관계가 순조롭게 풀리지 않고 있었다. 이것은 현상적으로는
恭愍王이 불의에 시해되었다는 점과 濟州馬 징발차 高麗를 다녀가던
明使가 귀로에 살해되었다는 두 가지 현안에 대한 해결방법의 차이였
다. 元의 對高麗政策을 답습하여 고려에 일방적으로 과다한 貢物을
요구하여 관철시키려는 明의 정책과 對中國關係에서 자율성을 확보
해 가려는 高麗의 정책이 대립하고 있었다. 禑王의 자격에 관하여는
恭愍王의 아들로서 王位를 계승했다는 高麗政府의 해명에 대해 더
이상 문제를 제기하지 않았다. 앞서 요구하였던 執政大臣의 來朝 요
구는 철회되었다. 고려 집권측에서는 가장 예민한 王位 계승 인정과
집권자에게 정치적인 책임을 묻지 않겠다는 것이므로 이 새로운 제안
은 받아들일 수 있을 것이었다.

明의 새로운 요구에 대응하여 高麗는 禑王 6년 12월에 門下贊成事
權仲和, 禮儀判書 李海를 파견하여 金 300兩, 銀 1000兩, 馬 450匹,
布 4500匹을 보내었다. 아울러 禑王 책봉을 요청하였다.[47] 銀은 요구
한 액수의 1/5이고, 布는 4,500필로서 요구액 5,000필에 근접하였으며,
말은 요구액 100필의 4.5배인 450필이었다. 金은 요구액에 현저히 미
달하는 3.75%였다. 金, 銀은 高麗에서 생산되지 않는다고 해명하였다.
高麗는 貢物 요구에 대하여 국내에서 조달할 수 있는 품목 위주로 일
부는 그 요구를 수용하였으나, 金·銀과 같은 생산되지 않는 품목은
수용하지 않으려는 태도를 견지하였다.

그러나 이번의 貢物使行 역시 遼東都司에서 정액에 미달이라는 이
유로 접수하기를 거부함으로써 중도 귀환하게 되었다. 明은 貢物만

---

47) 『高麗史』 권134, 禑王 6년 12월, [하898①~④].

접수하지 않은 것이 아니라, 賀正使를 비롯한 사신의 입국도 거부하
였다. 明 중앙정부와의 공식적인 관계는 단절된 채 遼東都司를 통하
여 明의 요구조건이 통보될 뿐이었다. 明과의 관계가 貢物 문제로 정
상화되지 못할 때, 高麗에서는 明이 定遼衛를 전진기지로 하여 침입
해 올지도 모른다는 위기의식이 고조되어 갔다. 遼東의 定遼衛가 北
元勢力인 納哈出을 공격하려고 한다는 첩보가 있었으며, 北元과 마
찬가지로 明도 우리의 사정을 계속 정탐한다고 생각하였다.48) 高麗도
연달아 첩자를 보내어 明이 공격해올 것인지를 탐문하였다.49) 禑王 8
년(洪武 15, 1382)에 이르러 明이 중국 내부에 남아 있는 北元勢力인
雲南까지 평정하자50) 高麗는 가능한 한 빠른 시일 안에 국교를 정상
화해야 한다고 재촉받고 있었다. 高麗와 중국 역대왕조의 평화적인
事大관계, 적대적인 전쟁관계 등을 잘 알고 있었던 明은, 공물액 감액
에 관한 고려의 요구를 일부 수용하긴 했으나, 자신들의 요구를 관철
함으로써 恭愍王 5년 反元改革의 성과를 무산시키고, 이후 高麗와의
관계에서 자신들이 우위에 서는 토대를 마련하려고 하였다. 明의 책
봉을 받아 정권의 정당성을 확보하려는 高麗政府의 의도를 알고 있었
을 明은, 책봉을 제시하며 자신들의 의도를 끝까지 관철하려고 하였
다. 이러한 대내외적 이유로 高麗가 明의 요구를 거부하는 것은 더욱
어렵게 되어갔다. 明은 高麗와 국교를 재개하면서 貢物을 증액시키려
는 의도를 포기하지 않았다.

　明은 禑王 6년 8월 貢物額을 수정 제의할 때 同 4년도분으로 馬

---

48) 『高麗史』 권134, 禑王 6년 12월, [하898④], "憲府上疏……近年以來 倭寇侵
陵 國家多難 大元近居北鄙 大明屯兵遼藩 朝夕覘我事情 將然之患 不可測
正".
49) 『高麗史』 권134, 禑王 7년 5월, [하900①].
50) 『高麗史』 권134, 禑王 8년 7월, [하904①], "帝平定雲南 發遣梁王家屬 安置
濟州".

1,000필을 요구했다. 이에 대해 高麗는 同 7년 11월에 933필을 보냈다. 그리고 다음 해 4월에 이르러 歲貢으로 金 100斤, 銀 10,000兩, 布 10,000匹, 馬 1,000匹을 보냈다.[51] 이것은 앞서 同 5년 3월에 明이 처음 高麗에 常貢으로 요구했던 액수 중 馬가 100필에서 1,000필로 증액된 것만 차이가 있고 다른 항목은 같은 양이다.[52] 高麗가 明의 요구를 수용한 것을 의미한다. 이를 위해 高麗는 임시로 進獻盤纏色을 설치하였다.[53]

그러나 사신 일행은 遼東에서 중도귀환하였고, 明은 貢物 접수도 거부하였다. 이 貢物은 禑王 8년 4월에 明으로 보내었으므로 2~3개월 뒤 遼東에 도착되었을 것이다. 그런데 이때는 明이 처음 歲貢額이라고 결정하여 통보한 禑王 5년부터는 4년째이다. 明은 禑王 5~8년분을 한꺼번에 받기를 생각하고 있었던 것으로 보인다. 高麗는 1년 분량만 보낸 셈이다. 明은 역시 貢額 미달이라는 이유로 이의 접수를 거부하였다. 이러한 明의 의도는 同 9년 1월에 전해졌다. 전년 11월에 賀正使 겸 陳情使로 파견되었던 鄭夢周가 遼東에서 입국을 거부당하

---

51) 『高麗史』 권134, 禑王 8년 4월, [하902④~903①].
52) 이 수치는 明이 高麗에 요구한 貢物額으로 보인다. 禑王 5년 3월에 요구한 것과 비교하면 馬가 100필에서 1000필로 증액된 것이다. 그런데 앞서 살펴본 것처럼 明은 禑王 6년 8월에 이 액수에서 銀과 布를 각각 5,000으로 半減시켜 주었다. 그런데 여기에서는 다시 처음 요구한 액수와 같은 10,000兩, 10,000匹로 보내어졌다. 뒤에 살펴보게 될 것이지만, 이 수치는 동 11년에 완납하는 5년분 貢物 액수와 같은 것이다. 禑王 6년 8월에 減額했던 貢物額이 그후 同 7년까지 사이에 어떤 연유로 다시 증액되었는지 기록에는 명확하게 나와있지 않다. 馬가 100필에서 1,000필로 증액된 것은 동 6년 8월 수정제안에서 정해진 것같고, 다른 항목 액수는 同 8년 11월 賀正使로 파견되었던 鄭夢周, 趙胖이 遼東都司에서 入國을 거부당하여 중도 귀환하면서 5년치 貢物을 한꺼번에 납부하라는 明의 요구가 전달되었을 때 정해진 것이 아닌가 생각한다.
53) 『高麗史』 권77, 百官2 諸司都監各色, [중693③].

98

여 귀국하는 편에 "지금 수년분의 歲貢을 합쳐서 한꺼번에 하여(今以
數年之物 合而爲一)"라고 하였다.[54] 明의 의도가 高麗와 관계를 단절
하는데 있는 것이 아니라 자신들이 요구하는 貢物을 소급해서라도 받
아내겠다는 것과, 高麗와 明의 국교 정상화에는 이것이 선결조건이라
는 점을 다시 확인시킨 것이라 하겠다. 禑王 4년에 국교가 재개된 이
후 同 9년까지는 貢物에 대한 明의 요구가 高麗에 의해 단계적으로
수용되는 시기였다.

당시 高麗와 明 사이 국경에서는 몇 차례 군사적 충돌이 있었고,
高麗와 明 모두 군사적 위기감이 고조되고 있었다. 高麗는 貢物 문제
에서 자신들의 의사를 관철하지 못한 明이 침범해 올지도 모른다고
우려하고 있었다. 전대와 비교해 볼 때 대폭 양보한 것이었으나, 明과
의 관계는 정상화되지 못하였다. 파견된 使行員은 기한을 넘겨 도착
했다는 이유 등으로 억류되기도 하였다. 明과 형식적인 朝貢冊封關係
를 맺는 것은 禑王政權에서 한번도 포기된 적이 없는 방침이었다. 北
元의 책봉을 받고 明과 외교관계가 단절되었던 시점에도 洪武 연호를
사용하며, 외교관계를 재개할 시기를 기다리고 있었다.

그런 시점에서 明이 먼저 高麗人을 송환시킨 조치는 5년 가까이 단
절되어 위기의식이 고조되던 對明關係를 정상화하여 군사적 긴장을
완화시키고, 國王 책봉을 받아 정권의 정당성을 확립할 수 있는 기회

---

54) 『高麗史』 권135, 禑王 9년 1월, [하906①~③], "鄭夢周等至遼東 都司稱有勑
不納 止納進獻禮物 勑曰 天覆地載 日月所臨 爲蒸民之主 封疆雖大小之殊
治民之道 莫不亦然 其盡大地之民 亘古至今 豈一主而善周育者也 前者三
韓酋長爲臣所弑 弑後疊來奏朕 臣貢如常 却之再三 不止特以歲貢難之 必
止今不止而固請 乃以前數年零碎之貢 合而爲數 而暗爲愚侮 然三韓之域
奠於中國之東 滄海之外 朕觀我中國之書 其方之人 不懷恩而好構禍 縱使
暫臣 亦何益哉 爾守遼諸將固守我疆 毋與較徵 今以數年之物 合而爲一 稱
爲如勑 其意未誠 符到之日 仍前阻歸 不許入境 止許自爲聲教".

였다. 그런데 高麗의 예상과는 달리 明은 전대에 없던 과다한 貢物을 요구하여 집권자들을 당황스럽게 만든 것이다. 그리고 이때에 요구한 貢物量은 恭愍王 23년 濟州馬 2,000필을 요구할 때보다 훨씬 증액된 것이었다.

禑王 4년 관계가 재개된 이래 禑王政權은 상당한 양의 貢物을 보내었다. 그러나 5년이 지나도록 관계는 정상화되지 못하고 있었다. 明은 여러 차례 高麗의 변경을 침입하기도 하고,[55] 納哈出과의 연결을 문제삼아 高麗에 와 있던 그 사신을 체포하여 보내라고 요구하기도 하였다.[56] 高麗가 이에 응하지 않자 禑王 10년(1384) 11월에는 직접 女眞千戶를 파견하여 遼東兵 70餘騎를 거느리고 北靑州를 침입하였다.[57] 禑王 5년 이후 5년 동안의 貢物 외교에서 明이 자신들의 의사를 철회하지 않으리라는 점은 분명했다. 貢物에 관한 明의 입장은 강경했다. 이것은 禑王 4년 이래 자신의 일방적 요구가 高麗에 의해 단계적으로 수용되고 있다는 판단에서 그러했던 것으로 보인다.

高麗는 明 이전의 중국 통일왕조에 대해서 정치적 군사적 강국이라는 형세를 인정하고, 군사적인 대립보다는 외교의례인 朝貢冊封制度를 받아들여, 事大의 儀禮를 준수하여 평화적인 외교관계를 맺는 것을 保國의 방법으로 선택해왔다. 그 대상이 明이든 혹은 그 이전의 다른 왕조든 군사적으로 대립관계가 지속된다면 장기적으로는 정권의 안정조차도 보장하기 어려웠을 것이다. 국방 문제에 관한 개선책을 종합적으로 제시한 것으로 평가되는 李成桂의 安邊策이 나오는 것이

---

55) 『高麗史』 권135, 禑王 9년 8월, [하908④~909①], "以門下贊成事趙仁壁爲東 北面都體察使 判開城府事韓邦彦爲上元帥 門下贊成事金用輝爲西北面都 巡察使 前版圖判書安思祖爲江界萬戶 時大明責事大不誠 屢侵邊境 故備 之".
56) 『高麗史』 권135, 禑王 9년 1월, [하906③④].
57) 『高麗史』 권135, 禑王 10년 11월, [하921①②].

이 시점이다.[58] 明의 중국 지배는 현실이었고, 조만간 明 아닌 다른 세력이 중국을 지배할 가능성을 고려할 수 없는 정세였다. 高麗는 明을 華로 인정하였으며, 따라서 恭愍王 때와 같이 明과 朝貢冊封關係를 정상화하는 것은 事大를 실천하는 방법으로 받아들여졌다. 그러므로 華인 明과 朝貢, 冊封이 단절된 현실은 시정되어야 하는 상황으로 인식되었을 것이다.

반면 明은 국초부터 高麗가 遼東勢力과 연대하는 것을 가장 염려하였다. 이 당시 明을 위협하는 高麗의 제휴대상은 北元이었다. 明은 건국 4년째에 定遼衛를 설치하고 遼東의 北元 잔여세력에 대한 회유를 지속적으로 추진해 왔지만, 그 성과는 크지 않다. 納哈出을 중심으로 하는 北元勢力은 遼東經略을 허락하지 않을 뿐 아니라 때로는 明의 遼東 전진기지를 습격하여 심대한 타격을 입히기도 하였다. 洪武 6년(恭愍王 22, 1373)에 遼東의 전진기지인 牛家莊이 습격을 받았다. 明은 納哈出의 牛家莊 침입에 高麗가 향도 역할을 하였다고 의심하였다.[59] 禑王 9년(1383)에 渾河口子 전투에서 韃靼에 패한 明으로서는 納哈出의 아들 文哈剌不花가 高麗에 와 1년여 머물고 있는 상황을 더욱 우려하고 있었다.[60] 韃靼이 高麗와 연합하여 遼東을 공격하려 한다는 첩보에 대하여, 군대를 동원하여 高麗를 선제공격하자는 의견도 제시되었던 듯하다.[61] 자신들이 高麗에 요구하는 貢物은 전대

---

58) 『高麗史節要』 권32, 禑王 9년 8월, [797②~798③] ; 『高麗史』 권135, 禑王 9년 8월, [하911①~912②] ; 권78, 食貨1 田制 租稅 禑王 9년 8월, [중729①] ; 권81, 兵1 兵制 五軍 禑王 9년 8월, [중789④~790②].

59) 『高麗史』 권44, 恭愍王 22년 7월 壬子, [상852④~858②].

60) 納哈出의 아들인 文哈剌不花는 禑王 3년 2월, 同 5년 6월, 同 8년말경 3번 온 것으로 확인된다. 禑王 9년 정월에 高麗에 도착해 있던 文哈剌不花는 10월에도 高麗에 머물고 있었다(『高麗史』 권135, 禑王 9년 정월, 10월, [하906③④, 하913③]).

61) 『高麗史』 권135, 禑王 9년 10월, [하913③], "泥城萬戶曹敏修遣兵馬使朴伯

에 비하여 과다한 것이었기 때문에 高麗에서 反明 분위기가 일어날
수도 있는 상황이었다. 高麗가 北元과 연결되지 못하도록 시급히 견
제할 필요가 있었을 것이다. 이에 明은 高麗와의 외교 현안을 속히 해
결하고 禑王에 대한 책봉권을 행사하여 양국 사이 긴장을 완화시키고
자 결정하였던 듯하다. 이를 토대로 앞으로 遼東경략을 실행할 때 高
麗와 대립하는 것을 피할 수 있을 것이었다.

禑王 9년 11월에 明은 禑王 5~9년까지 5년간의 歲貢 馬 5,000匹,
金 500斤, 銀 50,000兩, 布 50,000匹을 일거에 보낼 것을 독촉하였다.
아울러 그동안 자신들이 문제삼았던, 사신들이 기한을 넘겨 도착한 것
등 외교절차상의 문제들은 高麗國王과 陪臣의 과실이 아니라고 하면
서 회유하였다.62) 이것은 貢物로 표현된 자신들의 요구사항을 高麗가
받아들인다면 기왕의 문제에 대하여는 高麗 집권자들의 책임을 면제
시키겠다고 거듭 확인시킴으로써 집권측의 협조를 유도하려는 제안이
었다. 明은 高麗와의 관계 정상화를 서두르고 있었다. 이것은 納哈出

顔 覘遼東 伯顔還言 鞍山百戶鄭松云 遼東惣兵官奏帝曰 韃韃遣文哈刺不
花於高麗 欲與攻遼 請遣兵救之 帝命孫都督等 領戰艦八千九百艘 征高麗
孫都督到遼東 又三分遼東軍 發船向高麗 會韃韃擊渾河口子 盡殺官軍屯兵
渾河都督兵與戰不克還 禑聞之 命都堂議備邊".
62) 『高麗史』 권135, 禑王 9년 11월, [하914③~915①], "譯者張伯還自京師 日
帝以進賀使金庾·李子庸 過期而至 下法司 禮部咨曰 奉聖旨 高麗遠自東
鄙 曩者來奏 願聽約束 其中懷詐多端 視生隙如尋常 朕所不納 止許自爲聲
敎 向後數來請命 朕將以爲誠意至極 所以限定歲貢 用表彼誠 去後 貢不如
約 五年矣 今又以慶禮來誠則誠矣 然非期節而至 豈不侮之甚歟 雖然以發
使之事論之 則非高麗國王陪臣之非 乃使者故爲侮慢 過期而至 今高麗 旣
全臣妾 永守事大之誠 來使旣非朝禮 當送法司如律令 其所進禮物 旣不依
節而至 勿納 更與高麗文書 必然願聽約束 前五年未進歲貢 馬五千匹·金
五百斤·銀五萬兩·布五萬匹 一發將來 乃爲誠意 方免他日取使者之兵至
彼 欽此 已將進獻禮物 不動原封盡數 責令原差來人裴仲倫等收領 於水路
回還 今再令差來人崔涓等四名齎文 陸路回還".

102

등 遼東의 北元勢力에 대한 경략을 본격적으로 시작하기 전에 高麗
와 우호적인 관계를 성립시켜 두어야 했기 때문이다.

明의 요구사항이 위와 같으므로, 高麗에 있어 남은 문제는 貢物의
양을 충당하는 것 뿐이었다. 高麗 집권세력에게는 禑王 즉위 후부터
10여 년간 계속된 明과의 군사적 긴장, 대립을 해결할 수 있는 보다
수월한 제안이었을 것이다. 貢物 외에는 明이 아무런 것도 문제삼지
않겠다는 소식을 접한 高麗政府는 다음 달 歲貢 문제를 의논하기 위
해 百官會議를 열었다. 여기에서는 '一遵帝旨'하는 것, 즉 明의 요구
를 수용하는 것으로 결론을 내렸다.63) 明이 요구한 貢物을 제공하여
관계를 정상화하는데 관료층 모두가 동의한 것이다. 두 나라 사이에
갈등이 계속되지 않게 하기 위해서는 明의 요구를 더 이상 거절할 수
없다고 판단한 듯하다.

이 결정에 따라 바로 進獻盤纏色을 설치하고64) 明이 요구한 歲貢
을 보내기 시작하였다. 禑王 10년 5월에 말 1,000필을 보내는 것을 시
작으로 하여 同 윤10월까지의 6개월만에 金 500斤, 銀 50,000兩, 布
50,000匹, 馬 5,000匹을 모두 보냈다. 金과 銀은 생산되지 않는 품목이
었으므로 부족한 분량을 말로 折價代納하였다. 金 50兩, 銀 300兩을
馬 1필로 환산하여 金 부족분 403斤 2兩을 馬 129匹로, 銀 부족분
31,000兩을 馬 104匹로 대납하였다. 貢物이 도착하자 明은 그동안 억
류하거나 大理로 유배했던 高麗使臣들을 바로 放還시키고 朝聘을 허
락하였다.65) 이들은 禑王 11년 4월에 귀환하였는데, 高麗는 바로 다음

---

63) 『高麗史』 권135, 禑王 9년 12월, [하915②], "禑令兩府百官議歲貢 皆以一遵
帝旨爲對 於是 置進獻盤纏色".
64) 『高麗史』 권77, 百官2 諸司都監各色 盤纏都監, [중693③], "辛禑八年 又置
盤纏色 令大小文武官吏出馬疋及苧麻布有差 以備朝廷歲貢 九年 又置進獻
盤纏色".
65) 『高麗史』 권135, 禑王 11년 4월, [하923③].

달에 책봉을 요청하였다.66) 明의 禑王 冊封使는 同 9월에 도착하였
다.67) 이로서 恭愍王 시해 후 12년간 끌어온 禑王 책봉 문제는 해결
되었다. 책봉을 받은 석달 후에 禑王 10년도분에 해당하는 貢物 馬
1000필, 布 10000匹과, 金 100斤, 銀 10000兩에 해당하는 馬 66필도
보냈다.68)

　禑王代 對明關係는 禑王 책봉 문제로 귀결된다고 할 수 있을 정도
로, 高麗는 禑王의 왕위 계승을 승인받기 위해 전력을 기울였다. 그
과정에서 高麗는 전대와 달리 막대한 물자를 수탈 당하였다. 이것은
국가재정이 곤란한 당시에 일반민 뿐 아니라 지배층까지 분담해야 했
던 과중한 부담이었다.

　恭愍王 5년(1356) 高麗는 反元改革을 단행하여 국내의 附元勢力을
축출할 뿐 아니라 1세기 가까이 지속되어온 元의 간섭과 경제적 수탈
에서 벗어날 수 있었다. 이후의 對元관계, 1368년 明이 건국한 후의
對明關係는 反元改革에서 얻어낸 성과를 기반으로 하여 이루어지고
있었다. 그런데 禑王의 왕위 계승을 승인받기 위하여 對明 외교가 진
행되는 과정에서 高麗는 反元改革에서 얻어낸 성과를 지킬 수가 없
었다. 전례에 없는 貢物을 요구받은 처음에는 物産의 부족과 국토의
협소함 등 외교적인 수사로 그 요구를 거절하거나, 혹은 액수를 감소
시켜 일부만 수용하려고 하였다. 이것은 이전처럼 對中國關係에서 자
율성을 확보하려는 노력이었다. 그런데 明은 元의 對高麗政策을 이어
억압적이고 수탈적이었다. 禑王代에는 貢物 요구로만 나타났지만, 이
어서는 영토와 인구 등의 다른 문제에서도 明의 요구는 계속될 것으
로 예상할 수 있었을 것이다.

66) 『高麗史』 권135, 禑王 11년 5월, [하923④~924③].
67) 『高麗史』 권135, 禑王 11년 9월, [하926③~927①].
68) 『高麗史』 권135, 禑王 11년 12월, [하929④].

禑王政權은 권력의 정당성과 안정을 明의 승인으로 확보하고자 하였다. 또 明이 중국을 통일하였을 경우에, 高麗와 明이 군사적으로 충돌하는 일을 미연에 방지하여야 하였다. 그러기 위해서는 국경에서 군사적 긴장이 조성되지 않도록 明과 우호적인 관계를 맺어야 했다. 明의 정권 승인과 국경에서의 안정을 토대로 국내 안정을 이룰 수 있었을 것이기 때문이다. 이러한 판단에서 明과의 관계 정상화에 걸림돌이 되는 貢物을 감내할 가치가 있는 것으로 판단하였다. 貢物은 과다한 양이어서 지배층까지 그 부담을 져야 했지만, 明의 요구를 수용하기로 결정하였다. 禑王 즉위 이후부터 歲貢을 3년에 良馬 50필로 감액시켜준 禑王 12년 7월까지 총 貢馬 9,849필, 금 100근 300냥, 은 12,000냥, 각종 細布 25,500필이 貢物로 수탈되었다.[69]

禑王 책봉을 둘러싸고 이러한 과정을 거쳤던 高麗로서는 이후의 對明關係에서 明의 물자 요구를 거절한다는 것은 매우 어려울 것이었다. 반대로 明은 어떤 요구를 단계적으로 관철시키는 전례를 만들었다. 결국 禑王 책봉까지 對明關係 12년간은 중국의 물자 수탈에 대하여 자율성을 확보하려는 高麗의 對中國政策과 元代의 물자 수탈 방법을 답습하려는 明의 對高麗政策이 충돌하는 과정이었다. 그 과정에서 정권의 정당성을 明의 지지와 승인에서 구한 집권세력은 明의 요구를 수용함으로써 정권 안정과 국방 안보를 기대하였다. 그 결과 反元改革의 성과는 明을 상대로 해서는 많은 부분 계승되지 못하였다. 그러나 貢物이 증액되었다고 해도, 공민왕 23년에 濟州馬 2,000필을 요구할 때처럼 고려 내지의 자산에 대한 연고권을 다시 주장하지 못한 것은 고려측의 외교적 성과라 하겠다. 禑王 책봉과 貢物 증액 문제를 중심으로 한 禑王代의 경험은 이후의 對明關係, 즉 朝鮮 건국

69) 김순자, 1995, 앞 논문, 126~128쪽.

후의 對明關係에 영향을 주게 되었다.

2. 鐵嶺衛 설치 문제를 둘러싼 高麗와 明의 영토 분쟁

1) 遼東을 장악하기 위한 高麗와 明의 대립

禑王 책봉을 빌미로 하여 明이 요구한 貢物을 보낸 결과 禑王은 王位에 오른 지 12년만에 明으로부터 책봉되었다.[70] 이보다 3달 앞서 정식으로 사신 왕래를 허용한다는 明의 입장도 전달되었으므로 高麗와 明은 12년만에 국교를 정상화할 수 있었다. 禑王은 책봉을 받은 그 달에 太廟에 고함으로써[71] 왕위 계승과정에서의 정통성 문제를 해결할 수 있었다.

그러나 책봉을 얻기 위한 대가로 明에 보내어진 貢物은 그 양이 과다하였으므로 국가재정에 큰 부담이 되었다. 禑王 13년에는 廣興倉이 비는 사태에 직면하여 百官의 祿俸을 줄여 지급할 수밖에 없게 되었다.[72] 高麗는 貢物量을 줄이기 위해 禑王 10년도분에 해당하는 貢物을 보낸 2개월 뒤에 歲貢 경감을 요청하였다.[73] 金, 銀은 국내에서 생산되지 않고 馬, 布도 그 수가 과중하다는 이유였다. 明은 歲貢을 3년에 良騎 50필로 경감해 주었다.[74]

이것은 종전의 明의 태도와 비교해 볼 때 의외의 결과였다고 생각된다. 明이 歲貢 경감에 대한 高麗의 요구를 수용한 것은 고려산 물자에 대한 수요와 그것을 공급받는 방법을 바꾸었기 때문이다. 納哈

---

70) 『高麗史』 권135, 禑王 11년 9월, [하926③~927①].
71) 『高麗史』 권135, 禑王 11년 9월, [하927③④].
72) 『高麗史』 권80, 食貨3 祿俸 禑王 13년 정월, [중760②③].
73) 『高麗史』 권136, 禑王 12년 2월, [하932①~③].
74) 『高麗史』 권136, 禑王 12년 7월, [하934①~935①].

出 공격을 목전에 두고 있던 明은 전쟁에 필요한 戰馬를 高麗에서 공급받고자 했다. 물자 수탈에 대한 高麗의 반발을 무마하고, 天子國으로 자임하면서 계속 물자를 수탈한다는 도덕적 부담에서 벗어날 필요가 있었을 것이다. 또한 禑王 책봉 과정에서 貢物 요구에 대한 자신들의 요구를 관철시킴으로써 明은 자신들이 우위에 서서 高麗의 對中國政策을 견제하고 조절할 수 있을 것으로 판단하게 되었던 것으로 보인다. 禑王 책봉이 완료된 뒤 高麗 물자에 대한 明의 요구는 교역의 형식으로 제시되었다. 禑王 12년 11월에 말 5,000필의 교역을 요구하고,[75] 이것이 진행 중이던 12월에 5,000필과 별도로 3,000필을 교역해 갔다.[76] 馬貿易은 교역의 형태를 취했으나 가격이나 규모를 明이 일방적으로 정한 또 다른 형태의 貢物이었다.[77] 馬貿易은 高麗-明 사이의 새로운 갈등요인이었다.

明은 洪武 18년(禑王 11, 1385)에 본격적으로 遼東 공략에 나서서 2년 후인 洪武 20년(禑王 13, 1387) 6월에 20만 軍을 동원하여 納哈出을 평정하고, 여세를 몰아 이듬해에는 脫古思帖木兒(元 順帝의 손자)가 이끄는 北元의 본거지를 토벌하여 10만여 명을 포로로 잡는데 성공하였다. 이로써 遼東의 北元 잔여세력이 철저히 무너졌을 뿐만 아니라 北元까지 완전히 제압하였다.[78] 明이 遼東을 장악하자 高麗는 明과 직접 국경을 맞대게 되었다. 明과 국경을 맞대게 되자 高麗는 明이 納哈出을 정복한 여세를 몰아 침략해 올지도 모른다는 위기의식을 갖게 되었다. 恭愍王 말년 이래 貢物 요구와 禑王에 대한 冊封權 행사에 있어서 元代의 방식을 답습한 明의 정책을 경험했던 高麗로서

---

75)『高麗史』권136, 禑王 12년 11월, [하936②].
76)『高麗史』권136, 禑王 12년 12월, [하936③④].
77) 이상은 金順子, 2000, 앞 논문 ; 본서 제6장 참조.
78) 朴元熇, 1995b,「명과의 관계」『한국사』22, 국사편찬위원회, 254~256쪽.

는 明의 군사적인 침략 가능성도 현실의 문제로 받아들였을 것으로 생각된다.

당시 高麗와 明 사이에는 군사적 위기감이 조성되어 있었고, 국경 지대에서는 양국 사이에 군사적인 첩보 활동도 매우 활발하게 이루어지고 있었다. 明은 이 문제에 대해 끊임없이 지적하면서 사신 파견을 거부하는 등의 방법으로 高麗를 압박하기도 하였다. 高麗는 明보다 더욱 위기의식을 가지고 있었던 것으로 보인다. 偰長壽는 高麗로 流入한 遼東民 4만여 戶를 추쇄하라는 明의 요구에79) 대한 陳情使로 파견되었었는데, 귀국해서 전한 宣諭聖旨에서 明의 洪武帝는 "그대들(高麗) 생각은 다만 이곳의(明의) 한 군대가 다른 곳(納哈出)을 모두 평정하고 나면 반드시 (高麗로) 정벌해 올 것이라고 생각하였다(괄호 안은 필자)"라고 하였다.80) 즉 高麗는 明이 納哈出을 정복한 뒤에 그 여세를 몰아 침입해 올 가능성을 우려하고 있었다는 것이다.

그런데 이러한 가능성을 공식적으로 언급한 것이 高麗가 아니라 明이라는 사실을 주목하여야 할 것이다. 納哈出을 평정하기 전 明 일각에서는 대규모로 전함을 동원하여 高麗를 공격하자는 의견도 제시되었다.81) 納哈出 평정 후 明의 遼東 경략은 순조롭게 진행되고 있었

---

79) 『高麗史』 권136, 禑王 12년 12월, [하936③④], "帝遣指揮僉事高家奴·徐質來 刷己亥年避寇東來瀋陽軍民四萬餘戶 因前元瀋陽路達魯花赤咬住等之誣告也".

80) 『高麗史』 권136, 禑王 13년 5월, [하939①②], "偰長壽還自京師 欽奉宣諭聖旨曰……當初我卽位之後 便差那里土人元朝火者官人 每去動問王 只想他是你土人 我這裏匙大椀小都知 道交仔細說與你 不想把一箇火者殺了 後頭王又弑了 爲這上不要來往 問甚三綱五常有無 敎他自理會 幾年家却只管要臣屬 疊疊的來纏 這箇意也有甚難見 只想道這一枝軍馬別處都定體了 必來征伐也 你都差猜了我的意 是實實的意 我的手詔 恰便是說誓的一般說道 若非肆侮于邊陲 朕安敢違上天之命云云……".

81) 『高麗史』 권135, 禑王 9년 10월, [하913③].

다.82) 明의 高麗 침입 가능성은 두 나라 사이에서 공식적으로 언급될
정도였고, 高麗에게는 국가 안보 차원에서 매우 절실한 문제였다. 高
麗는 건국 후 중국대륙의 정세 변동이나 반란의 여파로 적지 않은 외
침을 경험하였다. 가깝게는 2차에 걸친 紅巾賊의 침입으로 수도인 開
城이 점령당하였으며, 禑王 8년에는 胡拔都가 東北面을 침략하여 수
만 명을 노략해 가기도 하였다.83) 따라서 신흥강국으로서 중국을 통일
한 明이 '미래에 高麗를 침략할 수도 있다'고 할 때, 그것이 단순히 협
박에 그친다 하여도 高麗가 느끼는 위기의식은 심각하였을 것이다.
禑王 13년 5월에 遼東의 漕船이 西海道에 표류하였다. 이를 두고 '唐
船軍人이 장차 京城을 습격할 것이라'는 유언비어가 돌자 都城 전체
가 크게 놀랐다고 한다.84) 다음 달에는 李元吉이라는 자가 定遼衛에
서 도망 와서 "定遼衛에서 군사를 점검하여 장차 우리 나라로 향할
것이다."라고 하자, 禑王이 현재 開京에 와 있는 明使를 전송하지도
않은 채 갑옷을 입고 壺串으로 가버렸다.85) 定遼衛兵이 高麗로 향한

---

82) 納哈出을 정복할 때 明은 俘獲 20萬, 輜重 100餘 里에 달할 정도의 戰果를
  올렸다. 納哈出은 禑王 13년(1387) 6월 明에 항복한 후 그 府衆을 이끌고 雲
  南정벌에 참전하다가 다음 해 정월에 사망했다. 明은 納哈出의 아들을 瀋陽
  侯에 봉하여 襲爵토록 했다(『明太祖實錄』권193, 洪武 21년 8월 癸亥). 納哈
  出 死後에도 遼東에 남아있던 그 잔존세력이 계속 歸附하였으며, 다음 달에
  는 高麗와도 통교가 있던 北元 吳王도 明에 歸附하였다(『明太祖實錄』권
  193, 洪武 21년 8월 甲子). 이어서 15萬 大軍으로 北元追討에 나서서 4월에
  捕魚兒海(boir湖)에서 北元主 脫古思帖木兒가 거느리던 北元의 핵심세력을
  격파하고 男女 7萬 7千餘 명, 馬駝牛羊 등 15萬 필을 노획하였다(金龍德,
  1961, 앞 논문, 124쪽).
83) 金九鎭, 1973, 「麗末鮮初 豆滿江 流域의 女眞 分布」『白山學報』15, 122~
  124쪽에서 노략당한 숫자를 2만 명 이상으로 보았다.
84) 『高麗史』권136, 禑王 13년 5월, [하942④], "遼東漕船 漂泊西海諸島 時有人
  自宣義門馳入而呼曰 唐船軍人盡下岸 將襲京城 已至門矣 都城大駭 執其
  人訊之 乃訛言也".
85) 『高麗史』권136, 禑王 13년 6월, [하943①], "李元吉自定遼衛逃來曰 定遼衛

다는 첩보도 단순한 유언비어였을 가능성이 있다.86) 이러한 사실에서 알 수 있는 것은 納哈出이 정복되어 완충지대 없이 明과 국경을 맞대게 되자 高麗는 對明 위기의식을 심각하게 받아들였다는 것이다. 단순한 유언비어에도 朝野가 상황판단을 하지 못할 정도로 심리적인 공황 상태를 나타내고 있었다.

對明 위기의식은 明과 외교관계가 단절되어 더욱 증폭되었다. 외교 단절은 禑王 13년(1387) 2월에 통보되었다. 納哈出 정벌을 앞두고 있던 明은 자신들이 요구한 馬貿易을 高麗가 수용하지 않자, 高麗의 정탐 활동을 문제삼으면서 遼東路를 봉쇄하고 사신 왕래를 금지시켰다.87) 이 조치는 恭愍王 시해 뒤 단절되었던 高麗-明 관계에 있어, 明이 高麗의 사절 파견을 공식적으로 허용한 지 1년 10개월만에 취해진 것이었다.88) 明이 국교 단절을 무기로 하여 다시 高麗를 압박하자, 高麗는 馬貿易에 응하기로 하였다. 明이 요구하는 교역량 5,000필을 일거에 준비할 수 없었던 高麗는 兩府 관리에서부터 巫覡, 術士에게서까지 말을 징발하여 충당하였다.89) 5,000필 馬貿易을 독촉 중이던 禑王 12년 12월에 明은 다시 3,000필을 교역해 가고, 다음 해 9월에는 屯田牛 5,700頭를 매매해 갔다.90) 明이 요구한 교역량은 高麗가 일거에 조달하기 힘든 규모였고, 가격도 明이 일방적으로 정한 것으로서 당시 가격보다 현저히 낮은 것이었다.91) 그러나 明이 국교 단절로 高

點兵 將向我國 禑聞之 載兵甲如壺串 禑在壺串 都堂遣知申事權執經 請還
面送徐質 禑怒 囚兩侍中及內宰樞家奴各三十人".
86) 洪武帝는 자신 뿐만 아니라 후대에도 함부로 군사를 일으켜 외국과 전쟁을
일으키지 않도록 강조하였다(石原道博, 1962, 「皇明祖訓の成立」『清水博士
追悼記念 明代史論叢』).
87) 『高麗史』 권136, 禑王 13년 2월, [하937④~938④].
88) 『高麗史』 권135, 禑王 11년 4월, [하923③].
89) 『高麗史』 권79, 食貨2 科斂 禑王 13년 2월, [중746④].
90) 『高麗史』 권136, 禑王 13년 9월, [하944②].

110

麗를 압박하자 高麗는 明의 요구를 수용하여 관계를 정상화하고 明
과의 관계가 악화되는 것을 방지하려고 하였다.

　이와 같이 하여 馬, 牛 교역은 明의 요구대로 진행되고 있었다. 그
런데도 禑王 13년 윤6월에 파견된 聖節使가 明으로 들어간 것을 제외
하고는, 이후 高麗에서 파견한 사신은 明에 들어가지 못하고 돌아오
는 형편이었다. 明과 국교를 유지하는 것조차 어렵게 되어갔다. 高麗
는 단절된 對明關係를 정상화하기 위하여 禑王 13년 12월 朝聘을 허
용해 줄 것을 요청하는 사신을 파견하였다. 이 使行이 遼東에서 막혀
중도귀국하자 다음 달에 같은 목적의 사신을 다시 파견하였다. 이러한
상황에서 鐵嶺衛 설치에 관한 明의 요구가 전달되었다.

　鐵嶺衛 문제란 明이 元代에 雙城摠管府가 설치되었던 鐵嶺 이북
의 東北面에 대한 할양과 그곳 거주민에 대한 영유권을 주장하는 것
이다. 그 내용은 다음과 같다.

　　戶部에 명하여 高麗王에게 咨文을 보내게 했는데, "鐵嶺 이북, 이
　동, 이서의 땅은 전에 開元에 속했으니 거기에 토착하는 女直·韃
　靼·高麗人 軍民들은 遼東이 통치하고, 鐵嶺의 남쪽은 전에 高麗에
　속했으니 人民은 모두 本國에 속하여 관리하도록 하라. 疆境은 이
　미 정해져 있으니 각자 잘 지켜서 다시는 서로 침범하지 말라."고 하
　였다.92)

　이 내용은 東北面의 鐵嶺 이북·동·서 지방은 開元路에 속했기
때문에 그곳에 토착한 女眞·韃靼·高麗人 軍民은 明의 遼東(都司)

---

　91) 본서 제6장 1. 馬貿易의 규모와 교역 방법 참조.
　92)『明太祖實錄』권187, 洪武 20년 12월 壬申, "命戶部咨高麗王 以鐵嶺北東西
　　　之地 舊屬開元 其土着軍民女直·韃靼·高麗人等 遼東統之 鐵嶺之南 舊
　　　屬高麗人民 悉聽本國管屬 疆境既正 各安其守 不得復有所侵越".

에서 통솔하겠다는 것이었다. 明은 기본적으로 元代 遼陽行省의 판도를 회복하고 遼陽行省 주민에 대한 통치권을 회복하려고 하였다. 1387년 遼東의 최후 北元勢力인 納哈出을 정복하고 이어서 北元의 본거지까지 정복하였으나, 明이 확보한 遼東은 옛 遼陽行省에 비해 훨씬 축소된 범위였다.[93] 遼陽行省의 주요한 거주민인 女眞族 招諭는 아직 착수하지도 못한 상태였다. 그런데 元·明 교체의 혼란기에 遼陽行省에 거주하던 高麗人은 대개 高麗로 돌아왔으며, 女眞族은 遼陽行省의 통제력이 와해되자 각자 할거하고 있었다. 그들 중 두만강, 압록강 일대에 살던 부족들은 高麗에 귀부하기도 하고, 때로는 高麗 영토 안으로 이주해 가기도 하였다. 明이 女眞族을 招諭하여 元代 遼陽行省의 판도를 회복하기 위해서는 遼東地方과 女眞族에 대한 高麗의 영향력을 차단시키고, 流移人口를 추쇄할 필요가 있었다. 鐵嶺 이북을 회수하겠다는 주장은 이러한 의도에서 제기된 것이다.

이 문서는 高麗에도 그대로 전해졌다.[94] 鐵嶺衛 설치에 대한 결정은 禑王 13년 12월에 있었고, 高麗에 공식적으로 전해진 것은 聖節使로 파견되었던 偰長壽가 귀국한 禑王 14년 2월이었다. 鐵嶺 이북 지역의 할양을 요구하는 明의 근거는 이 지역이 元代에 開元路 관할이었다는 것이었다. 이것은 영토 문제에 있어서도 明의 對高麗政策이 元代의 질서에 준해서 제시되리라는 것을 의미하였다. 鐵嶺 이북의 지역만 문제삼은 것이 아니라 옛 開元路의 거주민에 대해서도 영유권을 주장하였다. 이것은 紅巾賊의 遼東 침입 이후로 高麗로 유입한 民戶 추쇄 문제도 아울러 제기될 것임을 예고하는 것이었다.

그런데 明이 할양을 요구한 高麗의 鐵嶺 이북 東北面은 明이 건국

---

93) 김한규, 1999, 『한중관계사Ⅱ』, 590~592쪽.
94) 『高麗史節要』권33, 禑王 14년 2월, [819③~820①] ; 『高麗史』권137, 禑王 14년 2월, [하948②③].

하기 전인 恭愍王 5년에 高麗가 군사를 동원하여 수복한 지역이었다.[95] 明이 遼東과 對高麗政策에 있어서 元代의 질서를 회복하겠다는 것은 恭愍王 5년 高麗가 反元改革을 통해 對中國(元)關係에서 이루어낸 성과를 부정하는 것이었다. 禑王의 책봉을 대가로 전례에 없이 막대한 貢物을 부담했던 高麗는, 영토와 民戶 지배 문제에서도 恭愍王 5년 反元改革의 성과를 무산시키는 요구를 받게 된 것이다. 高麗가 이 요구조건을 받아들인다면 恭愍王 5년의 反元改革의 성과는 완전히 포기되는 것이었다. 高麗는 對中國關係에서 자율성을 확보하지 못하고, 明의 간섭과 수탈은 元代에 준해서 제기될 것이었다.

2) 明의 鐵嶺衛 설치와 高麗의 遼東征伐

高麗는 明이 건국하기 전인 恭愍王 5년에 東北面을 수복하였고, 이 조치는 元으로부터 인정받았다. 鐵嶺衛 문제에 대하여 高麗가 어떻게 대응할 것인가의 문제는 전통적으로 영토 분쟁에 있어 高麗가 어떻게 대응해 왔는가 하는 연장선에서 살펴보아야 할 것이다. 역사적

---

95) 明이 鐵嶺衛를 설치하려고 한 鐵嶺의 위치가 어디인가에 관해서 연구자들 사이에는 적지 않은 이견이 있어 왔다. 한 가지는 高麗의 東北面 安邊都護府 남쪽에 있는 鐵嶺이라는 것이고(和田淸, 1934, 「明初の滿洲經略」『滿鮮地理歷史硏究報告』 14 ; 末松保和, 1941, 앞 논문 ; 金龍德, 1961, 앞 논문), 하나는 西北面의 江界라는 것이며(稻葉岩吉, 1934, 「鐵嶺衛の位置を疑ふ」『靑丘學叢』 18), 또 다른 하나는 압록강 以北의 어느 곳, 즉 黃城(皇城 : 輯安縣 通溝)이거나 奉集縣이라는 것이다(池內宏, 1917b, 「高麗辛禑朝に於ける鐵嶺問題」『東洋學報』 8-1/1963, 『滿鮮史硏究』 中世 第三冊 ; 金惠苑, 1999, 「高麗後期 藩王 硏究」, 이화여자대학교 박사학위논문). 최근 朴元熇는 明이 설치한 鐵嶺衛(군사조직)의 위치는 처음부터 고려 東北面의 鐵嶺(자연지형)이 아니었으며, 鐵嶺衛는 설치 직후부터 明의 전략 수정에 의해 3차례 이동하였다고 주장하였다(2006, 「鐵嶺衛의 位置에 관한 再考」『동북아역사논총』 13).

으로 高麗는 중국과의 관계에 있어 군사적으로 점령당하기 전에 영토를 할양한 적은 없었다. 오히려 국초 이래 여진족 거주지인 변경 지방으로 꾸준히 영토를 확장해 갔다. 영토가 침해당한 것은 몽골의 침입 시기 군사적 열세에서 雙城摠管府와 東寧府를 강점당한 것이 유일한 예이다. 영토 문제에 대한 高麗의 정책은 明과의 관계에서도 마찬가지였다.

鐵嶺衛 문제가 제기되기에 앞서 禑王 10년(1384) 北靑州에 침입한 明軍을 격퇴한 사실은 영토 문제에 관한 高麗의 대응책을 이해하는데 적절한 예이다. 高麗는 禑王 즉위 후 明과 외교관계가 정상화되지 않는 상태에서 北元과 외교관계를 맺고 있었다. 당시 北元과 納哈出은 여러 차례 定遼衛 협공을 제의하기도 하였다. 한편 明은 禑王 9년에 韃靼의 습격을 받아 渾河口子 屯田兵이 도륙당하였다.[96] 明은 高麗가 北元이나 遼東의 다른 세력과 연결되어 적대세력이 되는 것을 가장 우려하였다. 그래서 高麗에 대해 누차 北元과 외교관계 단절을 요구하였다.

이 시기 遼東지방 경영에 있어 明에게 가장 위협이 되었던 세력은 納哈出이었다. 그런데 納哈出은 때로 高麗의 변경을 침입하기도 했으나, 高麗와 긴밀한 관계를 맺고 있었다. 그는 高麗의 관직을 받기를 원하여 三重大匡·司徒에 임명되었고,[97] 여러 차례 사절로 파견되어 온 文哈剌不花는 判典客寺事에 임명되기도 하였다.[98] 明은 納哈出과 통교하는 것은 자신에 대한 事大에 어긋난다고 하면서 文哈剌不花를

---

96) 『高麗史節要』 권32, 禑王 9년 10월, [799①②], "泥城萬戶報 遼東摠兵官奏曰 韃靼遣文哈剌不花於高麗 欲與攻遼 請遣兵救之 帝命孫都督 領戰艦八千餘 艘 征我國 到遼東 將發船 會韃靼軍擊渾河口子 都督兵與戰 不克而還 禑命 備守邊鄙".

97) 『高麗史』 권42, 恭愍王 19년 2월 壬午, [상826④~827①].

98) 『高麗史』 권44, 恭愍王 22년 3월 癸丑, [상852①].

114

체포하여 인도해 줄 것을 요구하였다.99) 자신들의 요구가 관철되지 않자 禑王 9년 11월에 직접 女眞千戶를 北靑州까지 보내어 北元使(胡使)를 잡아가려고 하였다.100) 즉 明의 군대가 高麗의 영토를 침입한 것이다.

이러한 침략행위에 대해 都堂의 지시를 받은 北靑州 萬戶 金得卿은 明軍의 침입을 격퇴하였다. 이때는 禑王의 왕위 계승을 인정받기 위해 明이 요구한 馬, 金, 銀 등의 貢物이 明으로 수송되고 있던 중이었다. 그런 상황에서도 高麗는 다른 나라의 영토 침입을 허용하지 않았다. 그 상대국이 事大國인 明이라 하여도 마찬가지였다. 영토 침입에 대해서는 군사적으로 대응하여 간섭을 허용하지 않는 것이 高麗政府의 대응이었다.

당시 高麗와 明 국경 사이에는 적지 않은 군사적 충돌이 있었던 것으로 보인다.101) 高麗는 자체적으로 군비를 갖추어 영토 침입을 물리쳤다. 그러나 高麗가 이번 침입을 격퇴했다고 해서 明과 군사적으로 대결하겠다는 것은 아니었다. 明이 자신의 군사가 살해당한 것을 문제삼자 高麗는 그 의미를 축소시키면서 외교적으로 문제를 해결하고자 했다. 高麗는 北靑州 萬戶 金得卿의 개인 행동으로 의미를 축소시키면서 明의 항의를 무마하기 위해 金得卿을 明으로 압송하지 않을 수 없었다.102) 전면적인 대립을 피하기 위해 평화적 외교술을 병용하

---

99) 『高麗史』 권135, 禑王 9년 1월, [하906③④].
100) 『高麗史』 권135, 禑王 9년 11월, [하921①②], "遼東都司遣女眞千戶白把把山 率七十餘騎 奄至北靑州 萬戶金得卿引兵陽避之 乘夜焚其營 擊斬四十人 把把山遁歸 初李元紘等至遼東 知都司將遣兵 至哈剌雙城 邀截胡使 密遣人來報 都堂卽移牒 使得卿豫爲之備云".
101) 『高麗史』 권135, 禑王 9년 8월, [하908④~909①], "以門下贊成事趙仁璧爲東北面都體察使 判開城府事韓邦彦爲上元帥 門下贊成事金用輝爲西北面都巡察使 前版圖判書安思祖爲江界萬戶 時大明責事大不誠 屢侵邊境 故備之".

였다. 그렇다면 東北面 영토 할양 요구에 대한 高麗의 대응 방식도 이러한 선에서 이루어질 것을 예상할 수 있을 것이다.

納哈出이 평정되고 明과 국경을 맞대게 되자, 高麗는 鐵嶺衛 설치령이 공식적으로 통보되기 전에 이미 西北面의 방비를 군게 하는 등의 조치를 취하고 있었다. 西北面의 都巡問使와 都安撫使, 泥城·江界·義州의 萬戶에게 段子 1匹씩을 하사하여 사기를 진작시키는 한편,103) 各道에 元帥를 추가로 배정할 뿐 아니라 烟戶軍을 징발하였다. 또한 時散官에게서 품질에 따라 군량을 내게 하였으며 私田租의 반을 거두어 軍餉에 대비토록 하는가 하면,104) 漢陽山城을 수축하고 전함 수리를 耆老會議에서 의논하는 등의 조치를 취하였다.105)

또한 高麗는 단절된 明과의 관계를 정상화하기 위하여 노력하였다. 禑王 13년 12월 朝聘을 허용해 줄 것을 요청하는 사신을 파견하였으며, 이 使行이 遼東에서 막혀 중도귀국하자 다음 달에 같은 목적의 사신을 다시 파견하였다. 高麗는 외교 단절이나 遼東民 추쇄 등 현안문제를 정상적인 외교관계를 회복하여 평화적으로 해결하려고 노력했다. 그러나 이러한 노력이 성과를 거두지 못하자 위기 의식이 증폭된 것으로 생각되는데,106) 이러한 상황에서 鐵嶺衛 설치에 관한 明의 요

---

102) 『高麗史節要』 권32, 禑王 11년 2월, [805①②].
103) 『高麗史』 권136, 禑王 13년 11월, [하945③], "以遼東細作橫行 賜西北面都巡問使鄭熙啓·都安撫使崔元沚及泥城·江界·義州萬戶段子人一匹".
104) 『高麗史』 권82, 兵2 屯田 禑王 13년 11월, [중814④], "命收私田半租 以備軍餉";『高麗史』 권81, 兵1 兵制 五軍 禑王 13년 11월, [중790③], "以西北有變 加定各道元帥 分遣抄軍 每烟戶出軍一名 令時散品秩各出軍粮 且減中外兩班田地 以補軍須".
105) 『高麗史』 권136, 禑王 13년 11월, [하946①], "耆老會議築漢陽山城修戰艦".
106) 『高麗史』 권113, 列傳26 崔瑩, [하491②], "(禑王)十三年張方平等至遼東 不得入而還 左侍中潘益淳謂瑩曰 公先王所倚重 三韓所屬望 今國家危矣 盍力圖之".

구가 전달되었다.

遼東征伐이 단행된 배경을 이해하기 위해서는 앞에서 살펴본 對明 위기의식과 함께 禑王代 明의 물자 수탈에 대한 반발심을 고려해야 할 것이다. 明은 遼東 경영에 착수한 恭愍王 20년(1371)부터 高麗 내정을 간섭하고 濟州馬를 貢物로 요구하였다. 禑王 즉위 후에는 禑王의 王位 계승 인정과 책봉을 빌미로 막대한 양의 貢物을 수탈해 갔다. 그러면서도 明은 朝貢을 거부하기도 하고, 혹은 遼東을 폐쇄하여 貢路를 허용하지 않기도 하였다. 이는 朝貢冊封關係가 상호관계라 할 때, 冊封國의 힘과 권위를 이용하는 일방적이고 강압적인 것이었다. 歲貢은 高麗가 감당하기 어려울 정도로 대규모였으며 독촉은 매우 심하였다. 당시인들은 이러한 明의 태도를 '징발하는 데 있어 염치가 없다'고 하였다.107) 禑王 즉위 후 對明 유화정책을 썼다고 해도, 이전의 對中國關係와 다르게 일방적으로 貢物을 수탈하고 내정에 간섭하는 明에 반발하는 정서는 당시에 광범위하게 형성되어 있었던 것으로 보인다. 禑王 13년 6월에 明이 다시 高麗의 朝貢을 거부하여 遼東이 폐쇄된 이후에 파견된 사신은 모두 遼東에서 되돌아오게 되었다. 이때 遼東에서 도망온 자가 "明帝가 장차 處女, 秀才, 宦者 각 1,000명과 牛·馬 각 1,000필을 요구할 것이라"고 都堂에 알렸다. 그 사실 여부를 확인하기도 전에 당시 領三司事의 지위에 있던 崔瑩은 "만약 그렇다면 군대를 동원하여 공격하는 것이 나을 것이다."라고 하였다.108)

高麗에서 人物을 징발해 간다는 것은 원간섭기의 貢女 문제처럼 貢物 요구와는 내용이 본질적으로 다른 것이었다. 處女, 秀才, 宦者를

107) 『高麗史』 권113, 列傳26 崔瑩, [하487④], "(禑王六年) 時大明督進歲貢金銀·馬匹·細布 侍中尹桓等議自宰相至庶人 出布有差以辦 瑩曰 今士民多故 生業不遂 又令出布 其弊不貲 且徵求無厭 豈能盡從 宜先遣使請減貢額 不得已然後爲之".
108) 『高麗史』 권113, 列傳26 崔瑩, [하491②③], "如此則興兵擊之可也".

각각 1,000명씩 요구할 것이라는 소문은, 民에 대한 파장을 고려할 때 貢物 징발처럼 進獻盤纏色을 설치하여 처리할 수 있는 일도 아니었다. 뿐만 아니라 원간섭기 초기 貢女가 징발되던 역사적 경험을 되새겨 볼 때 지배층도 어떤 형태로든 연관될 것이었다. 이보다 뒤인 공양왕 3년에 明이 閹人 200명을 요구해왔을 때,109) 高麗는 20명만을 보낼 수 있었으며 고의로 거세하여 火者를 만드는 것의 어려움을 말하였다.110) 그 수가 1,000에 이른다면 高麗가 받아들일 수 없는 것은 당연하다 하겠다. 따라서 明이 인물을 징발할 것이라는 소문은 확인된 것은 아니었지만, 인물까지 수탈해 간다면 전쟁이라도 불사할 것이라고 반발하였던 것이다. 과다한 貢物 징발에 더하여 인물 요구와 영토 할양 요구가 연달아 제시되자 對明關係에서 高麗가 선택할 수 있는 대응책은 범위가 좁아졌을 것이다.

이에 관한 高麗의 대응은 明의 요구대로 鐵嶺衛 지역을 明에 할양하느냐 아니냐에 따라, 和議를 택하느냐 아니면 군사적 충돌을 택하느냐로 갈라질 것이다. 군사적 충돌을 선택한다면, 상황 전개에 따라 전면적인 전쟁으로 발전할 가능성도 고려되었을 것이다. 이 문제를 해결하기 위한 조정회의에서는 영토 할양은 불가하며, 동시에 전쟁을 반대하고 和議를 택한다는 두 가지 원칙을 정하였다.111) 明의 요구에 응하지 않을 때 明이 어떻게 나올 것인가에 대하여 다각적으로 논의하

---

109) 『明太祖實錄』 권208, 洪武 24년 3월 己丑, "詔於高麗 市馬一萬匹 幷索閹人 二百人".

110) 『高麗史』 권46, 恭讓王 3년 10월 己卯, [상901③④].

111) 『高麗史節要』 권33, 禑王 14년 2월, [819③], "崔瑩與宰相議攻定遼衛及請和 可否 皆從和議 時遼東都司遣李思敬等 渡鴨綠江 張榜日 戶部奉聖旨 鐵嶺 迤北迤東迤西 元屬開原 所管軍民漢人·女眞·達達·高麗 仍屬遼東 故有 此議";『高麗史節要』 권33, 禑王 14년 2월, [820①], "崔瑩集百官 議獻鐵嶺 迤北可否 皆以爲不可".

118

였을 것이다. 高麗는 우선 외교적으로 이 문제에 대처하기로 하였다. 그래서 密直提學 朴宜中을 陳情使로 파견하여 鐵嶺은 王京에서 겨우 300里 거리에 있고, 그 이북의 文·高·和·定·咸州에서부터 公嶮鎭까지는 睿宗 때 東女眞이 점거하기도 했으나, 역사적으로 高麗의 영토라는 것을 주장하였다. 또 이 지역은 元代에 開元路에 속하였으나 이미 恭愍王 때에 고려 영토에 들어왔음을 강조하였다.112)

鐵嶺 이북 지역이 恭愍王代에 이미 高麗 영역에 들어왔음을 강조한 이유는 다음과 같다. 恭愍王代에 明과 국교를 맺을 때 明은 高麗의 儀制服用과 법률체계에 대하여 本俗을 허락하고 舊章을 따르라고 했다.113) 즉 明은 高麗의 현 상태를 인정하고 국교를 맺었음을 되새긴 것이다. 恭愍王 19년(1370) 당시 東北面은 이미 高麗의 영토로 수복된 뒤였다. 즉 明이 국교 성립시에 高麗의 현질서를 인정했음을 들어 鐵嶺 이북에 대한 영유권 주장이 부당함을 항의한 것이다. 즉 高麗는 영토 문제에 관한 전통적인 정책선상에서나, 恭愍王 5년의 反元改革의 성과를 지켜내야 한다는 점에서나 영토 할양에 대한 明의 요구를 수용할 수 없었던 것이다.

陳情使를 파견함과 동시에 각 道의 兩班, 百姓, 鄕驛吏를 조사하여 兵籍을 만드는 한편, 5道의 城을 수리하는 등 對明경계를 강화하였

112)『高麗史』권137, 禑王 14년 2월, [하949①~④], "大明欲建鐵嶺衛 禑遣密直提學朴宜中表請曰……切照鐵嶺迆北 歷文·高·和·定·咸等諸州以至公嶮鎭 自來係是本國之地 至遼乾統七年有東女眞等作亂 奪據咸州迆北之地 睿王告遼請討 遣兵克復 就築咸州及公嶮鎭等城……今欽見奉鐵嶺迆北迆東迆西 元屬開元 所管軍民 仍屬遼東 欽此 鐵嶺之山 距王京僅三百里 公嶮之鎭限邊界非一二年 其在先臣幸逢昭代 職罔愆於侯度 地旣入於版圖 還及微軀 優蒙睿澤 特下十行之詔 俾同一視之仁 伏望陛下 度擴包容 德敦撫綏 遂使數州之地 仍爲下國之疆 臣謹當益感再造之恩 恒祝萬年之壽".
113)『高麗史』권42, 恭愍王 19년 5월 甲寅, [상828②~④] ; 권 135, 禑王 11년 9월, [하926②③].

다.114) 明의 대응이 어떻게 전개될지 알 수 없었으므로 만일의 사태에 대비하여 군비를 강화한 것이다. 그런데 明의 답변을 가진 朴宜中이 귀국하기 전에 鐵嶺衛를 설치하기 위해 遼東都司가 파견한 指揮 2인과 군사 1천여 명이 이미 압록강 이남인 江界에 도착하였다. 이 소식은 西北面都安撫使 崔元沚에 의해 즉시 정부에 보고되었다.115) 이 보고는 對明 위기의식과 저항의식에 불을 붙이는 역할을 하였던 것으로 보인다.

그러나 高麗 역사상 事大의 대상국인 中國을 선제공격한 전례가 전혀 없다. 신흥강국인 明을 상대로 선제공격한다는 것은 高麗에게는 국운에 관계된 중대사일 것이다. 영토 침범에 관한한 중국측의 부당한 요구를 수용할 수 없으며, 필요한 경우에 군사동원도 불가피하다는 인식을 지배층 일반은 받아들이고 있었다.116) 앞서 조정회의에서 明에 대한 和議論이 결정된 만큼 군사를 동원하는 것에는 반대여론이 적지

114) 『高麗史節要』권33, 禑王 14년 2월, [820①], "籍諸道兩班·百姓·鄕驛吏爲兵 無事力農 有事徵發 命修五道城 遣諸元帥西北鄙以備不虞".

115) 『高麗史』권137, 禑王 14년 3월, [하950②], "西北面都安撫使崔元沚報 遼東都司遣指揮二人 以兵千餘來至江界 將立鐵嶺衛 帝豫設本衛鎭撫等官 皆至遼東 自遼東至鐵嶺 置七十站 站置百戶". 그런데 金龍德, 1961, 앞 논문, 125쪽에 의하면, 鐵嶺衛指揮都司는 한반도 안이 아닌 遼東의 奉集縣에 설치된 것이며, 明측 기록에는 驛站 70을 설치한 기록이 없는 점으로 보아 崔瑩의 腹心인 崔元沚가 對明 반감을 조성하기 위해 사실을 과장하여 보고한 것이라고 하였다.

116) 당시의 기록에 의하면 군사동원은 禑王과 崔瑩만이 주도하여 반대여론을 억압한 것으로 되어 있다. 그러나 위화도회군 후 禑王이 회군 장수들에게 관리들 일반이 군사동원에 찬성했다고 한 것을 보면, 군사동원에 대한 의견은 찬성과 반대가 비등했던 것으로 판단된다. 『高麗史』권137, 禑王 14년 6월 甲辰, [하954④~955①], "禑遣前密直副使陳平仲 以書諭諸將曰……況復疆域 受於祖宗 豈可易以與人 不如興兵拒之 故我謀之於衆 衆皆曰可 今胡敢違 雖指崔瑩爲辭 瑩之捍衛我躬 卿等所知 勤勞我家 亦卿等所知……又遣偰長壽往軍前 賜諸將酒 欲知其意 諸將進屯都門外".

120

않았을 것이다.[117] 高麗의 선제공격에 明이 응전해 올 경우를 가정해
보았을 때, 전쟁은 국지전의 범위를 넘어서서 확대될 것이고, 전쟁이
확대될 경우에 대한 대비책도 마련되지 않았고 마련하기도 힘든 상황
이었다. 明을 대상으로 한 전쟁 위기에서 국론은 통일되지 않았다.

　군사적 행동 없이는 明의 요구를 물리칠 수 없다고 판단한 禑王과
崔瑩은 강경방침을 정한 뒤 鐵嶺衛 설치령에 관한 牓文을 전한 遼東
軍 중 일부를 살해하고 일부를 구류하였다.[118] 내부의 반대여론을 잠
재우기 위해 앞장서서 전쟁을 반대하던 李子松을 전격적으로 처형하
는 극단의 조치로써[119] 군대를 동원할 수 있었다. 遼東征伐軍이 위화
도에서 주둔하고 있던 기간에 泥城元帥, 江界元帥가 인솔하는 선봉
대는 遼東을 선제공격함으로써[120] 전쟁에 대한 의구심을 잠재우고 반
대의견을 잠재우고자 하였다.

　이상에서 살펴본 바에 의하면, 鐵嶺衛 설치 통보로 감행된 高麗의
遼東征伐은 鐵嶺衛 설치 문제에 촉발되어 단행되었지만, 그 원인을

---

117) 당시 공개적으로 遼東征伐을 반대한 자로는 崔瑩 집에 찾아가 遼東征伐을
　　극력 반대하다가 처형당한 李子松이 있다. 이 외에도 李仁任의 姻族이라 하
　　여 유배된 簽書密直 河崙, 密直副使 朴可興, 簽書密直 李崇仁과 陳情使로
　　파견된 朴宜中 등이 遼東征伐에 반대한 것으로 추정되고 있다(劉璟娥,
　　1996,「鄭夢周의 政治活動 硏究」, 이화여자대학교 박사학위논문, 28~29, 40
　　~42쪽 ; 姜芝嫣, 1996,「高麗 禑王代(1374년~88년) 政治勢力의 硏究」, 이
　　화여자대학교 박사학위논문, 93~94쪽).

118) 『高麗史節要』권33, 禑王 14년 3월, [821①②], "大明後軍都督府 遣遼東百
　　戶王得明來 告立鐵嶺衛 禑 稱疾 命百官郊迎 判三司事李穡 領百官 詣得明
　　乞歸敷奏 得明曰 在天子處分 非我得擅 崔瑩怒白禑 令殺遼東軍持牓文至
　　兩界者 死者凡二十一人 只留李思敬等五人 令所在羈管".

119) 『高麗史節要』권33, 禑王 14년 3월, [820④~821①], "殺公山府院君李子松
　　初瑩勸禑攻遼 子松詣瑩第 力言不可 瑩托以黨附堅昧 杖百七 擬流全羅道
　　內廂 尋殺之 子松淸廉 國人注意復相 及死 聞者莫不悲嘆".

120) 『高麗史』권137, 禑王 14년 5월 甲申, [하952④~953①], "泥城元帥洪仁桂 ·
　　江界元帥李薿 先入遼東境 殺掠而還 禑喜 賜金頂兒文綺絹".

鐵嶺衛 문제에서만 찾을 수 없음을 알 수 있었다. 高麗는 明 건국 후 일관되게 親明政策을 써왔고, 그 과정에서 과다한 물자를 수탈당했다. 따라서 遼東을 정벌하기 위해 출병한다는 것은 明의 영토를 선제 공격한다는 것으로써, 일반적인 대중국 외교노선에서 보아도 일탈적인 사건이었다. 高麗는 국초에 북진하여 영토를 개척하였어도 중국을 통일한 왕조의 영토로 북진한 적은 한번도 없었다. 역대 중국왕조와의 평화적인 관계는 현실적으로 保國의 방책이었으므로 事大와 그에 수반되는 경제적 부담은 정당화될 수 있었다. 그런데 小國인 高麗가 大國인 明을 상대로 전쟁을 도발한다면, 그 승패에 관계없이 정치적 책임을 져야 했을 것이다.[121]

高麗가 출병한 소식은 明 중앙정부에도 바로 보고되었다. 高麗의 擧兵 소식은 高麗의 對明政策 연장선에서 판단해 볼 때 예상외의 것으로 받아들여졌던 것으로 보인다. 遼東征伐軍의 출병 소식을 들은 洪武帝가 친히 전쟁의 길흉 여부를 宗廟에서 점쳤다는 것은 당황했던 明의 상황을 알려주는 것으로 이해된다.[122]

---

121) 이 遼東征伐이 이루어진 배경에 관해서는 다양한 견해가 있다. 먼저 국내 정치세력간의 대립에서 정국을 타개하기 위해 도발한 전쟁으로 이해하는 견해가 있다. 柳昌圭, 1994, 「高麗末 崔瑩 勢力의 형성과 遼東攻略」『歷史學報』 143에서는 崔瑩이 李仁任 제거 후 제도 개혁이 부진하여 民, 官의 지지를 받지 못하였고, 이런 상황을 극복하기 위해 鐵嶺衛 문제를 遼東征伐로 풀어가는 극단적인 방법을 택하였다고 하였다. 姜芝嫣, 1996, 앞 논문, 91~102쪽 ; 洪永義, 2005, 『高麗末 政治史 硏究』, 혜안, 359쪽에서는 禑王 14년 무렵 정국 운영 문제로 李成桂와 갈등을 빚고 있던 崔瑩이 李成桂를 제거하고 정국을 안정적으로 운영하기 위해 遼東征伐을 단행했다고 하였다. 朴元熇, 2007, 「鐵嶺衛 設置에 대한 새로운 觀點」『한국사연구』 136에서는 明의 의도는 이 지역의 인구를 확보하는 것이고, 高麗는 이것을 영토 문제로 이해하였다고 하였다.
122) 『高麗史』 권137, 禑王 14년 6월 丙午, [하956③], "時大明聞禑擧兵將征之 帝欲親卜于宗廟 方致齋 及聞還軍 卽罷齋".

鐵嶺衛 문제는 明이 鐵嶺 이북 東北面에 대한 영유권 주장을 철회
하고, 遼東征伐을 목표로 출병했던 高麗軍이 위화도에서 회군함으로
써 두 나라 사이에 군사적 충돌 없이 일단락되었다. 당시 明은 鐵嶺
이북에서 公嶮鎭까지의 지역을 高麗가 점거하고 있지만, 元이 統屬
했었기 때문에 마땅히 자기네가 統屬해야 한다고 했다. 그래서 高麗
의 주장은 '충분히 믿을 수 없다'고 생각했다.[123] 그러나 자신들의 의
도대로 鐵嶺 이북의 東北面을 회수할 수는 없었다. 왜냐하면 역사적
인 근거를 들어 자국의 영토라고 주장하는 高麗에 대해 논박할 근거
가 없었으며, 高麗가 군대를 동원하여 전쟁도 불사할 태세를 보이고
있었기 때문이다. 무엇보다도 明의 중국통치에 영향을 주지 않을 것
이고, 유사 이래 '東夷'의 땅이어서 중국이 직접 통치한 적이 없는 '작
은' 지역 문제로 高麗와 전쟁을 일으킬 의사는 없었던 것이다.

그러나 高麗에 대해 강압적이었던 기존 정책에서 볼 때 高麗측의
주장을 바로 추인해 줄 수도 없는 것이었다. 그래서 그들은 高麗의 주
장을 쉽게 믿을 수 없기 때문에 이 문제는 반드시 자세히 살핀 연후에
('必待詳察然後已') 처리한다고 유보해 두는 것으로 답변하였다.[124] 이
것은 開元路 영유에 대하여 明이 자신들의 입장을 高麗에 강요하지
못한다는 것, 달리 말하면 高麗의 주장을 반박할 근거가 없다는 것을

---

123) 『明太祖實錄』권190, 洪武 21년 4월 壬戌, "上諭禮部尙書李原名曰 數州之
　　地 如高麗所言 似合隷之 以理勢言之 舊旣爲元所統 今當統屬於遼 況今鐵
　　嶺已置衛 自屯兵爲守 其民各有統屬 高麗之言 未足爲信 且高麗地壤 舊以
　　鴨綠江爲界 從古自爲聲教 然數被中國累朝征伐者 爲其自生釁端也 今復以
　　鐵嶺爲辭 是欲生釁矣 遠邦小夷 固宜不與之較 但其詐僞之情 不可不察 禮
　　部宜以朕所言 咨其國王 俾各安分 毋生釁端".
124) 『高麗史』권137, 昌王 즉위년 6월, [하957④], "朴宜中還自京師 禮部咨曰 本
　　部欽奉聖旨 高麗表云 鐵嶺人戶事 祖宗以來 其文·和·高·定等州 本隷
　　高麗 以王所言 其地合隷高麗 以理勢言之 其數州之地 曩爲元統 今合隷遼
　　東 高麗所言 未可輕信 必待詳察然後已".

의미한다. 나아가 이는 실질적인 영유권 행사라는 관점에서 문제된 文·和·高·定等州를 高麗가 영유하는 것은 용인한다는 것을 의미하는 것이었다. 그래서 高麗는 明의 이 답변을 鐵嶺衛 설치령이 포기된 것으로 받아들였다.125)

'必待詳察然後已'라는 것은 明이 체면을 살리기 위해 사용한 외교적 수사로 보인다. 鐵嶺衛를 설치하였지만, 高麗가 점유하여 영유권을 행사하고 있는 東北面의 鐵嶺 이북을 회수하겠다는 것이 포기되었다는 것을 의미하는 것이었다. 그리고 明은 이후 다시는 이 지역과 거주민에 대해 영유권을 주장하지 않았다. 鐵嶺 이북 지역은 高麗가 실질적으로 영유하는 영토이기 때문에, 더 이상 이 문제로 양국 사이에 긴장을 조성하지 않는 것으로 방침을 바꾸었던 것으로 이해된다. 그러나 鐵嶺衛는 高麗 영역 안의 토지와 주민만을 대상으로 하는 것이 아니었다. 옛 開元路 지역의 女直·韃靼·高麗人을 대상으로 하는 衛所로 계획된 것이었고, 앞으로 女眞族 招諭의 전진기지 역할을 해야 할 것이었다.126)

遼東征伐은 李成桂가 주도하는 장수들이 회군하여 遼東征伐을 주장한 禑王과 崔瑩을 축출함으로써 마무리되었다. 위화도회군은 高麗와 明의 외교노선의 충돌이 당사자인 高麗−明 사이에서 해결된 것이 아니라, 高麗 내부에서 事大의 방법론을 둘러싼 권력투쟁의 양상으로 전개되었다. 따라서 回軍 후의 對明事大는 高麗가 그 이전에 추구해 온 事大와는 내용면에서 차이가 있을 것이었다. 李成桂는 遼東征伐

125) 『高麗史節要』 권33, 昌王 즉위년 6월, [828④], "(朴)宜中之行裝 無一物 遼東護送鎭撫徐顯索布 宜中傾囊示之 解所衣紵衣與之 顯嘆其淸高 以告禮部 帝引見 待之有加 又命禮部饗於會同館 序前元平章院使之上 遂寢鐵嶺立衛之議".
126) 明이 女眞族을 招諭하기 위해 설치한 衛所體制에 관하여는 김한규, 1999, 앞 책, 590~599쪽 참조.

을 4가지 이유로 반대하였다.[127] 그 중 첫 번째가 '以小逆大'였다. 遼東征伐은 事大에 어긋난다는 것이었고, 회군의 가장 중요한 명분이었다. 이제까지 살펴온 바에 의하면 禑王과 崔瑩을 비롯하여 高麗측에서는 누구도 明에 대한 事大 자체를 부정하지는 않았다. 그 방법론에서 차이가 있는 것이었다. 李成桂측이 주장하는 事大의 방법론은 회군 건의 이유 중에서 살펴볼 수 있다. 회군 건의는 3차례 있었다.[128] 2차로 회군을 건의할 때, 歲貢 문제에 있어서는 明의 요구를 수용한 결과 禑王의 책봉을 받아내었음을 긍정적으로 평가하였다.[129] 군사 동원에 관하여는 朴宜中을 파견하여 高麗의 입장을 啓禀한 방법이 정당하며, 明의 답변을 기다리지 않고 그 영토를 침범한 것은 국가를 위태롭게 하는 것이라고 비난하였다. 天子國인 明의 영토를 선제공격하는 것의 불가함은 3차 회군 건의에서도 강조되었다.[130]

　高麗와 중국의 대외정책 노선이 충돌할 때, 李成桂측의 대응 방법

---

127) 『高麗史』권137, 禑王 14년 4월 乙巳, [하951①], "禑至鳳州 初禑獨與瑩決策 攻遼 未敢顯言 是日 召瑩及我太祖曰 寡人欲攻遼陽 卿等宜盡力 太祖曰 今者出師 有四不可 以小逆大 一不可 夏月發兵 二不可 擧國遠征 倭乘其虛 三不可 時方暑雨 弓弩膠解 大軍疾疫 四不可 禑頗然之".

128) 당시 기록에는 回軍 건의는 2차례 있었던 것으로 기록되어 있다. 禑王 14년 5월 丙戌日(13일)과 乙未日(22일)이었다. 그런데 丙戌日 기록에 "近日 條錄 不便事狀 付都評議使司知印朴淳以聞 未蒙兪允"으로 기록되어 있어서, 丙戌日 이전에 1차로 回軍을 건의했음을 알 수 있다(『高麗史』권137, 禑王 14년 5월 丙戌, [하953①]).

129) 『高麗史』권137, 禑王 14년 5월 丙戌, [하953①②], "以小事大 保國之道 我國家 統三以來 事大以勤 玄陵 於洪武二年服事大明 其表云 子孫萬世 永爲臣妾 其誠至矣 殿下繼志 歲貢之物 一依詔旨 於是 特降誥命 賜玄陵之諡 冊殿下之爵 此宗社之福 而殿下之盛德也 今聞劉指揮領軍立衛之言 使密直提學朴宜中 奉表啓禀 策甚善也 今不俟命 遽犯大邦 非宗社生民之福也".

130) 『高麗史』권137, 禑王 14년 5월 乙未, [하953④~954①], "太祖……逐諭諸將曰 若犯上國之境 獲罪天子 宗社生民之禍立至矣 予以逆順上書 請還師 王不省 瑩又老耄不聽 蓋與卿等見王 親陳禍福 除君側之惡 以安生靈乎".

은 물자 요구는 수용한다는 것이었다. 禑王代의 경험에서 그 액수가
과중할 경우에도 합리화될 수 있다는 논리였다. 鐵嶺衛 설치령과 같
은 영토 할양 요구를 수용할 수 없을 경우에는 朝貢國인 高麗가 중국
을 선제 공격하는 것은 허용되지 않으며 외교적인 방법으로 대응해야
함을 강조하였다. 이것은 禑王측이 택한 영토를 지키기 위해서는 군
사를 동원하는 것도 정당하다는 방법론과 다른 것이다.

결과적으로 보면 遼東征伐에서 군대를 돌려 崔瑩과 禑王을 축출한
李成桂가 집권함으로써 국내에서는 정치세력에 큰 변화를 가져왔다.
그리고 李成桂가 回軍한 이후 明이 더 이상 鐵嶺 이북에 대한 영유권
을 주장하지 않았다는 점에서 영토 고수의 원칙도 달성되었다. 그 결
과는 영토 할양 불가와 對明和議를 결정한 조정회의의 원칙과 같다.
明과의 전쟁을 회피하고도 영토를 보전할 수 있었다는 점에서 遼東征
伐을 반대한 李成桂측의 입지가 강화되었다고 할 수 있다. 그러나 遼
東征伐이라는 군사 동원이 없었을 경우에도 明이 이 지역에 대한 영
유권 주장을 취소했을 것인가는 생각해 볼 문제이다.

위화도회군은 정치사적으로 보면 李成桂를 중심으로 하는 新興士
大夫가 집권하는 계기가 되어 朝鮮 건국의 제일보가 이루어졌다는 의
미가 있다. 遼東征伐로 高麗는 鐵嶺 이북 東北面을 영토로 보전하는
데 성공하였으며, 이 지역은 조선초에 압록강, 두만강선까지 국토를
개척할 수 있는 밑거름이 되었다.[131] 元代의 질서를 회복하려는 明의
對高麗政策은 영토문제에서는 高麗의 저항에 부딪쳐 수정되지 않을
수 없었다. 위화도회군의 명분은 朝鮮의 對中國政策의 기준으로 작용

---

131) 吳宗祿, 2003,「朝鮮前期의 北方經營과 疆域」『韓中關係史 硏究의 成果와
    課題』. 이와 달리 김한규, 1999, 앞 책, 597쪽에서는 禑王 14년 遼東征伐 시
    기에 전통적으로 遼東 범주에 들어가 있던 현 한반도 북부지역이 한국의 범
    주로 완전히 편입되었다고 하였다.

126

하게 되었다. 世宗代까지 진행된 明과의 馬貿易과 人口推刷 등의 문제에 있어 이러한 경향은 확인된다.

제3장 禮部咨文의 변조와 王朝 교체의 승인

1. 禑昌廢立과 禮部咨文의 변조

국내 정치가 안정되고 왕위 계승이 순조롭게 이루어질 때는 中國과의 朝貢冊封關係는 사신 왕래에 따른 의례적 절차와 예물 수준의 貢物과 回賜를 주고받는 것으로 이루어진다. 中國으로부터의 책봉은 제후국의 왕위 교체를 추인하는 절차로서의 의미가 있다. 따라서 책봉국은 국내 정치와 별다른 관련이 없다. 그러나 왕위 교체가 유교 규범상 비정상적으로 이루어지거나 정치세력이 급격하게 변동할 때 책봉국이 그러한 변화를 문제삼거나 어느 한 쪽 세력을 지원할 때는 朝貢冊封關係가 국내 정치 변화에 적지 않게 영향을 끼칠 수 있을 것이다. 위화도회군에서 조선 건국까지 500년 가까이 지속된 왕조를 무너뜨리고 이성계측이 새로운 정권을 구상할 때는 舊王朝와 新王朝 사이에서 어느 쪽을 지지하느냐에 따라 冊封國은 정치변동의 중요한 요인이 될 수도 있을 것이다. 이럴 경우 中國에 대한 '事大'라는 외교관계는 형식적 절차의 의미를 넘어 실질적인 힘으로 작용하게 될 것이다.

1) 昌王 즉위의 배경

麗末鮮初는 恭愍王代 辛旽 집권 기간에 成均館을 중심으로 성장

128

하기 시작한 新興士大夫가 朱子學에 근거하여 정치적, 경제적, 사회적 개혁을 시도하는 시기였다.[1] 기존의 집권세력인 權門世族과 격렬한 권력투쟁이 전개되었고 몇 차례 권력 이동이 있었다. 따라서 이 시기에 對明關係는 高麗 정치에 영향을 줄 가능성이 컸다. 위화도회군은 朱子學을 이념으로 삼은 新興士大夫들이 李成桂의 군사력을 기반으로 하여 高麗라는 구체제의 틀을 벗어버리고 자신들의 이상을 실현해 갈 수 있게 한 분기점이 되는 사건이었다.

위화도회군 후 요동정벌군의 左·右軍都統使였던 曺敏修와 李成桂는 각각 左侍中, 右侍中에 임명되었으나 실권은 이미 李成桂가 장악하였다.[2] 回軍하여 開京에 들어온 당일 遼東征伐의 책임을 물어 崔瑩을 高峰縣으로 축출하였다가 6개월 후인 다음 해 정월에 완전히 제거하였다. 그리고 禑王에게도 책임을 물어 퇴위시키는데 성공하였다. 그러나 鄭道傳과 같은 개혁파 新興士大夫와 이미 제휴해 있었던 李成桂勢力이 朱子學者로서의 이상을 반영한 정책을 수행해 가기 위해서는, 반대의 입장에 있는 정치세력을 축출하고 권력을 확고하게 장악해야만 했고, 뒤에 易姓革命이 불가피하다고 판단할 즈음에는 高麗의 遺臣들을 숙청할 필요가 있었다. 그러기 위해 몇 가지 과정이 필요하였다고 보인다. 먼저 양위한 뒤 前王으로 남아있는 禑王을 제거하기 위한 필요에서 나온 것이 廢假立眞論인데, 그 계기가 된 것이 金佇의 獄이다. 그리고 回軍派가 옹립한 恭讓王과 高麗王朝의 존속을 지지하는 세력을 제거하기 위한 필요에서 나온 것이 尹彛·李初의 獄이다.

위화도회군 후 권력을 장악한 회군파는 요동정벌을 주도한 禑王을

1) 閔賢九, 1968,「辛旽의 執權과 그 政治的 性格(下)」『歷史學報』 40, 74~92쪽.
2) 韓永愚, 1983a,『朝鮮前期社會經濟研究』, 31~32쪽.

왕위에서 축출하고 그 아들인 9살의 어린 王子 昌을 新王으로 옹립하
였다.3) 그러나 회군파에 의하여 옹립된 昌王은 왕위에 오른 지 1년 5
개월 만에 왕위에서 축출되었다가, 그 다음 달에 父王인 禑王과 함께
살해되었다. 禑王·昌王 폐위의 명분은 王氏가 아닌 辛氏이므로 왕
위 계승의 자격이 없어서 폐위하고 진짜인 王氏를 왕으로 옹립한다는
廢假立眞論이었다. 그리고 禑王·昌王이 辛氏라는 것이 공표됨과 동
시에, 禑王과 昌王의 즉위를 지지하였거나 재위시에 宰相을 지낸 자
들도 삭탈관직되어 유배되거나 혹은 庶人으로 폐하여지기도 하였다.
恭愍王 시해 후 후계자가 확고히 정해지지 않았던 상황에서 禑王을
王으로 옹립하는 데 주도적인 역할을 한 李仁任을 비롯하여, 회군 후
禑王의 아들인 昌을 王으로 옹립하자고 발의한 曺敏修와 그의 우익
이라는 李穡 등이 그 중 대표적인 사람들이었다.

회군파는 君命과 軍令을 어기고 회군할 때, 그것을 정당화하고 권
력을 어떻게 장악할 것인가에 대하여 대비했을 것이다. 그 중에서 가
장 중요한 것은 國王 문제였을 것이다. 禑王을 그대로 王位에 둘 수
없다면 누구를 새 王으로 옹립할까? 王子 昌을 비롯하여 定昌府院君

---

3) 당시의 기록에 의하면, 回軍 후 昌王 옹립은 曺敏修가 儒宗인 李穡의 지지
를 얻어 주장한 것이며, 李成桂(측)는 王氏를 復立하고자 했다고 되어 있다.
이런 기록을 근거로 回軍 후 李成桂측은 昌王 옹립을 반대하였으며 昌王
즉위에 전혀 관여하지 않은 것으로 이해한다. 그러나 이러한 이해는 王氏가
아니므로 왕위 계승 자격이 없는 昌王 옹립에 李成桂(측)는 전혀 관여하지
않았다는 점과, 辛氏인 昌王 옹립을 주장한 曺敏修와 李穡은 宗社의 죄인
이라는 점을 강조하려는 의도에서 쓰여진 기록들이 '당시의 사실'을 그대로
전해주는 것으로 비판 없이 받아들인 결과이다. 이 기록들은 廢假立眞論이
공식적으로 발표된 후 李成桂측의 행동을 합리화하기 위하여 기록된 것이
며, 史實을 그대로 전하는 것은 아니라고 생각된다. 회군 후 정치적 군사적
실권은 李成桂가 장악한 상태였다. 그런 상태에서 李成桂측이 반대하는 자
가 왕위를 계승할 수는 없었을 것이다. 昌王 옹립은 李成桂측이 먼저 주장
하지는 않았어도, 묵인하고 동조했다고는 해야 할 것이다.

130

王瑤 등 종실 중에서 여럿이 물망에 올랐던 것으로 보인다.[4] 당시 회군의 두 주역인 李成桂와 曹敏修도 역시 國王位에 관해 의견을 나누었을 것이다. 그러나 두 사람의 의견은 통일되지 않았던 것으로 생각된다. '前王之子'를 王으로 옹립해야 한다는 曹敏修와 李穡의 주장이 받아들여져[5] 王子 昌이 國王으로 즉위하였다고 기록되어 있다.

회군 직후 昌王을 옹립할 때, 禑王을 퇴위시키는 이유로서 '異姓＝非王氏'라는 주장은 전혀 고려되지 않았던 것으로 생각된다. 왜냐하면 曹敏修와 李穡이 '當立前王之子'라고 주장하여 昌王이 즉위할 수 있었다는 것은 당시에 '국왕'으로서의 禑王의 정당성이 부정되지 않았다는 것을 의미하기 때문이다.[6] 이것은 昌王을 즉위시키는 定妃(恭愍王妃 安氏)敎書와 昌王의 즉위를 통보하기 위해 明에 보낸 表文에서도 확인된다. 定妃敎書에는 회군파의 입장이 담겨있다고 할 것이다. 여기에 의하면 禑王의 퇴위나 昌王의 계승이 姓氏 여부와는 아무런 관련이 없으며, '世子＝정당한 왕위 계승권자'로서의 지위가 인정되고 있었다.[7] 또 昌王의 왕위 계승을 明에 알리는 表文에는 '洪武二十一

---

4) 『高麗史節要』 권34, 恭讓王 2년 2월, [872①②], "遣司議吳思忠·執義李 皐·糾正田時 鞫李穡于張湍 命之曰 毋令穡驚動 若不服 當更稟旨 穡不服 曰 倡立辛昌 非穡所知 請與曹敏修對辨 思忠遣時以啓 王命加栲訊 時還宣 旨 使獄卒 執杖立左右 竟日通夜逼之 且示敏修昌寧獄詞 穡曰 回軍議立之 際 敏修問穡 宗親與子昌孰當".

5) 『高麗史節要』 권33, 禑王 14년 6월 辛亥, [827①②], "曹敏修 以定妃敎 立禑 子昌 太祖 於回軍之時 與敏修議復立王氏之後 敏修亦以爲然 及是日 太祖 欲擇立王氏 敏修念仁任薦拔之恩 謀立仁任外兄弟李琳之女謹妃之子昌 恐 諸將違己意立王氏 以韓山君李穡爲時名儒 欲藉其言 密問於穡 穡亦欲立昌 乃曰 當立前王之子".

6) 劉璟娥, 1996, 「鄭夢周의 政治活動 硏究」, 이화여자대학교 박사학위논문, 77 ~80쪽.

7) 『高麗史』 권137, 禑王 14년 6월 辛亥, [하957②③], "咨爾世子 夙興夜寐 小 心敬畏 禮大臣 尊師傅 勤學好問 從善納諫 毋遠耆德 毋邇頑童 去聲色 絶

年六月初八日 令臣男昌 權行句當'이라 하여 禑王과 昌王이 父子관계로서 正統의 왕위 계승자라고 주장하였다.[8] 그리고 明은 父王(禑王)을 쫓아내고 子王(昌王)을 옹립한 행위를 유교적 윤리도덕에 어긋나는 것으로 문제삼았을 뿐, 禑王·昌王의 王氏로서의 정통성과 父子간에 왕위를 전한 것을 문제삼지는 않았다.

'當立前王之子'라는 주장이 관철되었다는 것은 당시에 禑王의 왕위 계승의 정통성이 부정되지 않았다는 것을 의미한다. 曺敏修는 回軍 후 李成桂와 함께 각각 左·右侍中이 되었다지만 실권은 거의 없었다. 私田개혁에 반대한다는 이유로 趙浚의 단 한 차례의 탄핵으로 귀양을 가게 되기 때문이다.[9] 曺敏修가 귀양가는 시기는 회군 후 채 2개월이 되지 않았을 때이며, 禑王의 양위와 昌王의 계승 사실 및 崔瑩의 죄를 논하는 외교문서를 가진 사신이 이제 막 明으로 출발한 직후이다.[10] 儒宗이라는 李穡이 王子 昌의 옹립을 주장했다 하여도, 회군 후 실권을 李成桂측이 장악하고 있던 상황에서 君主로서의 정통성이 문제되었다면 그 아들에게 王位를 계승시킨다는 것은 불가능했을 것이다. 반대파에 의해 '儒宗'으로 지칭된 李穡이 정통성에 문제가 있는 王子 昌을 國王으로 옹립할 수 없었음은, 그가 당시에도 사실성에 의문이 제기되던 金佇獄辭에 연관되었다는 이유로 변변한 해명 한 번 하지 못하고 유배 가는 상황에서도 명백하다.

遊畋 毋嗜酒以亂神心 毋聽讒以害忠良 于以修己德 于以立國政 庶可以上不負天子 下不負宗社".

8) 末松保和, 1941, 「麗末鮮初に於ける對明關係」 『城大史學論叢』 2/1965, 『青丘史草』 1, 381쪽.

9) 『高麗史節要』 권33, 昌王 卽位年 7월, [833①②], "流曺敏修于昌寧縣 敏修 當林廉之誅 恐禍及已 凡攘奪民田 悉還其主 既得志 稍稍還奪 復肆貪婪 沮革私田 大司憲趙浚劾而逐之".

10) 干支는 기록되지 않았으나 禑王遜位·昌王襲封 表文을 가진 사신이 파견된 기사 바로 뒤이어 曺敏修 유배에 관한 기사가 나온다.

132

그렇다면 새 국왕을 옹립할 때 李成桂측이 자신들과 정치적으로 대
립관계에 있는 禑王의 아들 王子 昌을 국왕으로 옹립하는 것을 수용
하지 않을 수 없었던 이유는 무엇이었을까? 왕권을 지지해 줄 외척세
력도 갖지 못했고,[11] 더구나 군사력을 장악하고 있는 李成桂측과 대
립하고 있던 禑王의 아들이 왕위를 계승할 수 있었던 이유는, 李成桂
측이 거부할 수 없는 명분 외에는 달리 찾을 것이 없을 것이다. 이것
은 禑王의 國王으로서의 정통성이 문제되지 않았다는 점 외에는 없다
고 생각한다. '前王'인 禑王은 "함부로 군사를 일으켜 上國의 영토를
침범함으로써 事大의 禮를 어겼으며 그로 인해 백성들을 도탄에 빠뜨
린 不德한 君主"로서 퇴위당했으나,[12] 왕위 계승권은 그 아들에게 있
는 것으로 인정되었다는 것이다. 李成桂측은 회군 후의 군사적 분위
기에서 정치적 군사적 실권을 장악하고 있으면서도 昌王의 왕위 계승
을 반대하지 못했다는 것이다. 이것은 회군하여 昌王을 옹립할 당시
만 해도 禑王과 昌王의 姓氏에 관한 논란은 전혀 없었다는 것을 의미
한다. 이 점은 이미 朝鮮朝에 李肯翊이 지적한 바 있다.[13] 李成桂가
당시에 曺敏修와 함께 '復立王氏'를 의논했다거나,[14] 尹昭宗이 辛氏
인 禑王을 축출하고 '復立王氏'를 권하기 위해 군영에 찾아가 李成桂
에게 霍光傳을 바쳤다는 기록들은[15] 『高麗史』를 편찬할 때 새로이

---

11) 昌王의 外祖父인 李琳은 재상직에 있었으나 李成桂勢力과 비교할 바는 아
니었다.

12) 李佑成, 1996, 「牧隱에게 있어서 禑昌問題 및 田制問題」『牧隱 李穡의 生涯
와 思想』, 4~11쪽.

13) 李肯翊, 『燃藜室記述』권1, 太祖朝 古事本末 高麗政亂 王業肇基, "或曰 牧
隱革命之時 不卽致命……然以當立前王子之說觀之 其不敢必其非王氏可
見". 尹斗守, 1990, 「禑昌非王說의 研究」『考古歷史學志』5·6합집, 東亞大
博物館, 236쪽에서는 禑王朝와 昌王朝에 어느 누구도 王氏가 아니므로 그
밑에서 仕宦할 수 없다고 한 사람은 없었다고 지적하였다.

14) 주 5) 참조.

'서술'된 부분이다. 禑王과 昌王을 축출한 뒤에 李成桂측이 자신들의 정치적 행동을 정당화하기 위하여 첨가한 부분이라고 이해된다.16)

　이러한 추론은 퇴위당한 禑王에 대한 고려정부의 대우를 살펴보면 타당하다. 禑王이 黃驪府로 축출된 지 1년 뒤 禑王 생일이 되자 李成桂, 判三司事 沈德符, 判開城府事 裵克廉, 門下評理 鄭地等 등 회군의 주역들이 직접 黃驪府까지 가서 禑王을 향응했다.17) 이때는 禑王, 昌王이 異姓이라는 明의 禮部咨文이 도착하기 2개월 전이며, 異姓으로서 王이 되었다는 이유로 昌王이 폐위되기 4개월 전이다. 이미 1년 전 회군 당시에 異姓 운운하는 것이 李成桂측 세력 인물들 사이에서 공식적으로 발설되었고, 머지 않아 異姓이기 때문에 王位를 찬탈했다는 이유로 단죄될 사람이었다면, 회군의 주체이며 실권을 장악하고 있었던 그들이 직접 黃驪府까지 가서 향응한다는 것은 있을 수 없는 일이기 때문이다. 禑王은 이보다 앞서 강화에 물러나 있던 시기에도 조정의 정중한 예우를 받고 있었고, 父王으로서 아들 昌에게 자상하고도 경건한 태도로 교훈의 글을 보내기도 하였다.18)

2) 廢假立眞論의 근거 - 明의 禮部咨文

　禑王 폐위는 事大의 禮를 어겼다는 명분으로 이루어졌다. 그러나 그 아들인 昌王은 왕위에 있었다. 現王의 父王으로서 禑王이 王京에서 멀지 않은 곳에 존재한다는 사실은 회군파에게 정치적으로 큰 부담이 되는 일이었다. 그러나 회군 직후의 군사쿠데타적인 분위기에서

15)『高麗史』 권120, 列傳33 尹紹宗, [하623②], "我太祖回軍 紹宗詣軍前 因鄭地求見 懷霍光傳以獻 其意欲復立王氏也".
16) 李相佰, 1949,『李朝建國의 硏究』, 72~88쪽.
17)『高麗史』 권137, 昌王 원년 7월 癸酉, [하965①].
18) 李佑成, 1996, 앞 논문, 9쪽.

도 禑王의 정통성을 부정할 수 없었다면, 회군 후 1년여가 경과한 시점에서 禑王과 昌王을 축출할 명분을 어디에서 찾을 수 있을까? 그것은 국가의 안위에 관련되거나 왕위 계승의 정통성에서 찾을 수밖에 없었을 것이다.

그러나 이러한 명분을 쉽게 찾을 수는 없었을 것이다. 李成桂세력과 그와 연합한 士大夫들은 정국을 주도하기 위해 먼저 田制改革論을 전개하여 반대세력을 공격하였다. 李成桂의 천거로 司憲府 大司憲이 된 趙浚은[19] 昌王이 즉위한 지 1달여 만에 장문의 상소를 올려서 田制의 문란을 지적하면서 개혁의 불가피성을 역설했다.[20] 이른바私田문제였다.[21] 田制改革論이 가장 먼저 시작된 이유는 田制의 문란이야말로 당시 高麗 사회의 경제적, 사회적 모순의 근본 원인이라고 믿어졌기 때문이다. 田制改革論은 전국적인 量田事業과 동시에 추진되어야 하는 것으로서 시급한 國用 부족과 관리들의 收租地 분급, 祿俸 문제를 해결할 수 있는 유일한 방법이었으며, 이의 추진은 구세력의 경제력을 박탈하는 합법적인 방법이었다. 李成桂는 趙浚을 천거하여 大司憲에 앉혀 여론을 주도하게 하였다. 田制改革이 주장되면서 가장 먼저 탄핵을 받아 숙청되는 사람이 회군의 주역인 曹敏修였다.

그러나 田制改革은 구세력의 경제적 기반을 송두리째 박탈할 수 있는 것이었으므로 다른 어떤 현안보다 반대는 강하고 집요했다. 私

---

19) 『太宗實錄』 권9, 太宗 5년 6월 辛卯, "我太上王仗義回軍 執退瑩 欲大革積弊 一新庶政 雅聞浚有重望 召與論事 大悅 擢知密直司事兼司憲府大司憲 事無大小 悉以咨之 浚感激思奮 知無不言……又請革私田 以厚民生 世家巨室怨謗沸騰 浚論執益力".

20) 『高麗史』 권78, 食貨1 田制 祿科田 禑王 14년 7월, [중714④~718③].

21) 李景植, 1983, 「高麗末期의 私田問題」 『東方學志』 40/1986, 『朝鮮前期土地制度研究』.

田租를 관리들에게 주지 않고 거두어들이기로 결정하였다가 며칠만에 반만 거두어들이기로 번복하고, 다시 전량을 거두어들이기로 결정되는 과정이 그러한 사정을 말해 준다 하겠다. 계급적 기반을 박탈당하고, 그에 따라 정치적 권력까지 상실할 위험에 처한 구세력의 반대는 田制改革論이 제기된 당시뿐만 아니라 앞으로도 집요하게 계속될 것이었으며, 정황에 따라서는 李成桂측이 실각할 위험성도 있었다. 따라서 李成桂측에서는 반대파를 압박하고 제거할 합당한 명분이 필요했다. 관료층에게서는 물론 지배계층 일반으로부터도 인정받을 수 있는 절대적 권위가 필요하였다. 그러한 권위를 바탕으로 李成桂측은 자신들의 정치적 경제적 개혁을 추진해 갈 수 있을 것이고 정당화할 수 있을 것이었다. 그런 권위를 어디에서 찾을 것인가?

禑王의 왕위 계승의 정통성에 문제를 제기한 것이 廢假立眞論이다. 廢假立眞이란 假＝辛氏인 禑王·昌王을 폐하고 眞＝王氏를 國王으로 옹립한다는 것으로서, 禑昌非王說 혹은 異姓論으로 말해지기도 한다.[22] 禑王, 昌王이 王氏가 아닌 異姓이라고 공식적으로 처음 언급된 것은 昌王 원년(1389) 6월에 昌王의 親朝를 요청하기 위해 明에 파견되었던 尹承順, 權近이 同 9월 귀국할 때 가져온 明의 禮部咨文이다.[23] 이때는 昌王이 異姓이라는 이유로 왕위에서 축출당하기 대략 40～50일 전이다.[24]

---

22) 李相佰, 1949, 앞 책, 70～83쪽.
23) 『高麗史』 권137, 昌王 원년 9월, [하968①②].
24) 『高麗史』 권133～137, 叛逆傳 중의 禑王傳, 昌王傳은 年, 月 다음의 日에 대한 干支가 기록되지 않은 것이 많다. 그런데 尹承順, 權近의 귀국 일자는 기사 순서상 昌王 원년 9월말경의 일로 추정되고, 禑王이 黃驪縣에서 江陵府로 쫓겨나는 것이 同 11월 14일(昌王이 王位에서 물러난 날짜는 기록되지 않았으나 禑王이 江陵府로 쫓겨나는 날짜와 같다고 생각된다.)이고, 다음날 恭讓王이 즉위하므로 이와 같이 추정하였다.

  그런데 그 선행사건으로 일어난 것이 黃驪縣에 쫓겨나 있던 禑王이 力士를 고용하여 李成桂를 제거하려 하였다는 金佇의 獄이다. 崔瑩의 조카인 前大護軍 金佇와 前副令 鄭得厚가 黃驪縣으로 몰래 禑王을 찾아가자, 다가오는 八關會에서 禮儀判書 郭忠輔와 함께 李成桂를 제거하라고 밀지를 내렸다는데, 郭忠輔가 李成桂측에 고발하여 관련자들이 붙잡힌 사건이다.[25] 사건이 발생한 지 8일만에 주모자로 지목된 金佇가 巡軍獄에서 죽어버렸는데, 혹독하게 취조받는 중에 前判書 趙方興과 邊安烈, 李琳, 禹玄寶, 禹仁烈, 王安德, 禹洪壽가 禑王 복위를 공모하였다고 진술하였다. 바로 그 다음날 李成桂는 判三司事 沈德符, 贊成事 池湧奇 등 뒤에 恭讓王 옹립 9공신이 되는 사람들과 함께 興國寺에서 군사시위를 하면서 "禑昌本非王氏 不可以奉宗祀 又有天子之命 當廢假立眞"이라는 명분을 내세우면서, 폐하여 庶人으로 삼아 禑王을 江陵府로, 昌王을 江華로 내쫓았다.[26] 다음날 恭愍王妃인 定妃의 敎書를 받드는 형식으로 神宗의 7대손인 定昌府院君 王瑤를 새 왕으로 옹립하였다.[27]

  金佇의 獄事 처리 과정에서처럼 禑王이 몇몇 사람과 공모하여 李成桂를 제거하고 복위하려 했는지, 혹은 供招에서 거론된 자들이 정말 관여하였는지, 아니면 金佇의 獄事는 李成桂측이 반대세력을 제거하기 위해 조작한 것인지에 관하여는 당시에도 그러하였고 지금까지

---

25) 『高麗史』 권137, 昌王 元年 11월 乙亥, [하968④~969①], "前太護軍金佇·前副令鄭得厚 潛往黃驪 謁見禑 佇 崔瑩甥也 隨瑩日久 頗用事 得厚 亦瑩族黨 禑泣謂曰 不堪鬱鬱居此 斂手就死 但得一力士 害李侍中 吾志可濟也 吾素善禮儀判書郭忠輔 汝往見圖之 仍遺一劍于忠輔曰 今八關日可擧事 事成 妻以妃妹 富貴共之 佇來告忠輔 忠輔陽諾 奔告太祖".

26) 『高麗史』 권137, 昌王 元年 11월 戊寅, [하969①], "遷禑于江陵 放昌于江華 廢爲庶人".

27) 『高麗史節要』 권34, 昌王 원년 11월 己卯, [854④~855②].

도 연구자들 사이에 이견이 있어 왔다.[28] 주모자의 한 사람인 金佇가
심한 고문 끝에 죽어버렸으므로 사건의 진실을 밝힐 수 없었으나 당
시에도 이 사건에 관해 의문이 제기되었다.[29] 金佇獄事 사건은 단순
히 禑王 복위 운동으로 보이나 그 핵심은 田制改革 문제였고, 私田改
革에 반대하는 세력을 辛氏를 세우려 한, 즉 王氏의 단절을 도모한
죄인으로 몰아 숙청할 수 있었다고 지적되었다.[30]

　이 獄事의 사실 여부보다 필자가 주목하고자 하는 것은 이 사건을
계기로 하여 禑王, 昌王이 王氏가 아니므로 廢假立眞한다는 異姓論,
즉 廢假立眞論이 공식적으로는 처음 제기되었다는 점이다.[31] 그런데
廢假立眞論에 따라 그들을 庶人으로 폐하여 江陵府, 江華로 쫓아내
는 근거를 '天子之命'이라고 한 점을 주목하고자 한다. 즉 明의 洪武
帝가 王氏가 아니라는 점을 확인했다는 점이다. 이 '天子之命'이란 金
佇의 獄事가 발생하기 1개월여 전에 尹承順, 權近이 明에서 귀국할
때 가져온, 明의 禮部에서 高麗 都評議使司에 보낸 咨文을 가리킨다.
咨文이란 明·淸代 平行文의 일종으로 2품 이상의 아문 사이에 行移
되었던 公文이다. 禮部(정2품아문), 遼東都司(정2품아문)와 조선국왕
사이에 行移되었다.[32] 이 문서는 이후 高麗의 정국 전개과정에서 매

---

28) 朴天植, 1996, 「이성계의 집권과 고려왕조의 멸망」『한국사』19, 국사편찬위
　　원회, 211~212쪽에서는 昌王을 중심으로 한 私田改革 반대세력을 제거하는
　　계기로 이용하였다고 하였다. 劉璟娥, 1996, 앞 논문, 81~88쪽에서는 이 獄
　　事를 사실로 인정하였다.
29)『高麗史』권45, 世家 恭讓王 원년 11월 丙戌, [상870①], "金佇暴死獄中 斬
　　尸于市 時 佇辭多連巡軍官 故人皆疑之 於是 流門下評理鄭地·李居仁·
　　前判厚德府事柳惠孫·李乙珍·前密直李惟仁·柳蕃·趙瑚·安柱等二十
　　七人 以與佇謀也".
30) 劉璟娥, 1996, 앞 논문, 81~88쪽.
31) 尹斗守, 1990, 앞 논문, 228쪽.
32) 김경록, 2005, 「朝鮮後期 事大文書의 종류와 성격」『한국문화』35, 서울대 한
　　국문화연구소 ; 김경록, 2006, 「조선시대 사대문서의 관리체계」, 한국사연구

우 중요한 역할을 하였으므로 전문을 세밀하게 검토할 필요가 있다.

　　尹承順·權近還自京師　禮部奉聖旨　移咨都評議使司曰　洪武二十
二年八月初八日　本部尙書李原明等官　於奉天門　欽奉聖旨　高麗國中
多事　爲陪臣者　忠逆混淆　所爲皆非良謀
　　ⓐ 君位自王氏被弑絶嗣後　雖假王氏　以異姓爲之　亦非三韓世守之
良法
　　ⓑ 古有弑君之賊　由君惡貫盈　凡弑君者雖在亂臣賊子　亦有發政施
仁　以回天意　以安有衆　今高麗陪臣等　陰謀疊詐　至今未寧　設使以逆
得之　以逆守之　可乎　若以逆爲常　則逆臣繼踵而事之　皆首逆者敎之
又何怨哉
　　ⓒ 禮部移文前去　童子不必赴京　果有賢智陪臣在位　定君臣之分於
上　造妥民之計於國　雖數十歲不朝　亦何患哉　連歲來朝　又何厭哉　又
命勿送處女[33](ⓐ, ⓑ, ⓒ 첨부, 단락 구분은 필자)

　咨文의 내용은 高麗에는 恭愍王이 시해된 이후로 王氏의 후손이
끊어져 異姓이 왕위를 계승하고 있으므로 三韓을 지키는 좋은 계책이
아니며(ⓐ), 그러나 옛부터 임금을 시해한 자라도 정치를 할 때 仁을
베풀어 하늘의 뜻에 합당하고 백성을 안정시킨다면 용납되지만 현재
高麗는 그렇지 않다는 것과(ⓑ), 君臣之分을 바르게 하고 민심을 안정
시킨다면 굳이 수십 년 동안 朝貢하지 않아도 무방하다는 것(ⓒ), 즉
昌王의 親朝 요청을 거절한 것으로 나누어 볼 수 있다. 이 咨文에서
중요하게 취급된 부분은 禑王, 昌王을 異姓이라고 한 ⓐ 부분이다. 그
래서 이 咨文을 '責異姓爲咨'라 부르기도 했다.[34]

_____

　　회 254차 연구발표회 발표문.
33) 『高麗史』권137, 昌王 원년 9월, [하968①②].
34) 末松保和, 1965, 앞 책, 378쪽. 그런데 이 禮部咨文은 『吏文』卷之二에는 실
　　려 있지 않다.

尹承順과 權近은 이 해 6월에 昌王의 親朝를 요청하고 明이 요구한 처녀 징발 문제를 해명하기 위해 파견되었던 사신이다. 요동정벌과 위화도회군이라는 사건 자체가 明과 관련되는 것이었기 때문에 회군후 새로운 정부가 들어서면 明과의 관계부터 정상화해야 했을 것이다. 그런데 젊고 건강한 父王을 축출하고 그 아들을 王으로 세운 것은 유교 정치윤리상 용납되기 힘든 것이었기 때문에, 高麗는 어떤 형식으로든 明에 해명 사절을 파견할 것이었다. 昌王의 親朝가 실현된다면, 그것은 明이 昌王을 고려왕으로 승인한다는 의미이며 따라서 회군파의 정치 행위도 인정한다는 의미로 받아들일 수 있을 것이다. 삼국시대를 이어 고려전기까지 한반도에 있었던 왕조의 국왕이 中國에 직접 親朝한 적은 없었다. 몽골과 강화할 즈음 元宗이 고려 太子로서 親朝한 것이 역사상 처음이었다. 고려국왕의 親朝는 중국으로부터 왕위를 인정받고 대내외적 현안을 해결하는 데 유용한 정치 행동이었다. 이러한 의미를 이해하고 있었으므로 즉위 4개월만인 昌王 즉위년 11월에 이미 昌王의 親朝에 관해 明의 의향을 문의한 적이 있었다.[35]

그런데 明은 신하로서 아버지를 쫓아내고 그 아들을 세워 親朝하겠다는 것은 "윤리가 크게 무너지고 君道가 전혀 없을 뿐 아니라 不臣의 거스름이 매우 큰 것"이라면서 거절하였다. 또한 王을 옹립하든 축출하든 모두 高麗의 일이므로 관여하지 않겠다고 통보하였다.[36] 새 정부는 어떻든 明의 승인을 받아야 했으므로 3개월 뒤인 이 해 6월에 위에 언급된 바 親朝 요청 사신을 다시 파견하였다. 이들이 귀국할 때

---

35) 『高麗史』 권137, 昌王 즉위년 11월, [하962④~963①], "遣密直使姜淮伯·副使李芳雨如京師 請朝見".

36) 『高麗史』 권137, 昌王 원년 3월 丁亥, [하964①②], "姜淮伯等還自京師 禮部奉聖旨回咨曰 高麗限山負海 風殊俗異 雖與中國相通 離合不常 今臣子 逐其父立其子 請欲來朝 盖爲彝倫大壞 君道專無 不臣之逆大彰 諭使者歸 童子不必來朝 立亦在彼 廢亦在彼 中國不與相干".

위에서 거론된 禮部咨文이 전달되었다.

위의 禮部咨文에서 주목되는 것은 ⓐ 중에서도 '異姓' 2글자이다. 咨文에 의하면 高麗王位는 恭愍王 이후 후사가 끊어졌으며 禑王, 昌王은 '假王氏＝異姓'이라는 것이다. 禮部咨文이 전달된 이후 발생한 정치적 사건에서 異姓說, 明의 禮部咨文과의 연관성을 정리하면 <표 3-1>과 같다.

<표 3-1> 金佇의 獄 이후 정치적 사건과 禮部咨文과의 관계

일시	정치적 사건	근거 혹은 명분	비고
창 즉. 7	昌王告卽位使 파견		
창 원. 6	昌王 親朝 요청		사신 - 尹承順, 權近
창 원. 9	禮部咨文 도착	"君位自王氏被弑絶嗣後 雖假王氏 以異姓爲之"	
창 원.11	金佇의 獄 발생	禮儀判書 郭忠輔가 李成桂에게 밀고	前判書 趙方興, 邊安烈, 李琳, 禹玄寶, 禹仁烈, 王安德, 禹洪壽를 관련자라고 진술함
창 원.11	禑王·昌王 쫓아내어 庶人으로 함	"有天子之命 當廢假立眞"	左侍中 李成桂, 判三司事 沈德符, 贊成事 池湧奇 등 9공신 주동
창 원.11	恭讓王 즉위	"欽奉聖旨 節該 高麗君位 自王氏被弑絶嗣後 雖假王氏 以異姓爲之 非三韓世守之良謀"	
공양 원.11	인사 이동	李穡 - 判門下府事, 沈德符 - 門下侍中 李成桂 - 守門下侍中 등	9공신(+趙仁璧)과 李穡, 邊安烈, 王安德 3인
공양 원.11.22	金佇가 옥중에서 갑자기 죽음		金佇의 獄 관련자 鄭地, 李居仁 등 27인 유배
공양 원.11.26	恭讓王告卽位使	"大小宗戚·臣僚·閑良·耆老等 欽奉聖旨事意 共議於國 權臣李仁任等所立辛禑 父子 實爲異姓"	禮部咨文의 ⓐ '雖假王氏 以異姓爲之'는 高麗의 주장으로 되어 있음

공양 원.12.4	司憲府가 權近 탄핵	咨文을 사적으로 열어보았다는 죄명	寧海에 유배
공양 원.12	曹敏修 국문		昌王 옹립을 李穡이 주도한 것으로 몰아가려 함
공양 원.12.5	諫官 左司議 吳思忠·門下舍人 趙璞 等 상소 ① 禑·昌 誅殺 건의 ② 李穡, 李仁任等 탄핵 ③ 邊安烈 등 탄핵		李穡, 李宗學, 李崇仁, 河崙, 宦官 李芬 - 유배 李仁任宅 潴 曹敏修 - 廢庶人,三陟으로 移配 權近 - 金海로 移配 文達漢 - 職牒 회수
공양 원.12.14	禑王, 昌王 살해		司宰副令 尹會宗이 죽일 것을 상소
공양 원.12.18	恭讓王 즉위 교서 반포	"上奉天子明命"	
공양 원.12.29	太祖廟에 고하는 祝文	"欽奉聖旨 高麗君位絶嗣 雖假王氏 以異姓爲之 非 三韓世守之良謀"	
	9공신 책봉	王氏 中興, 恭讓王 옹립한 공	李成桂·沈德符·鄭夢周·趙浚·朴葳·鄭道傳 외
공양 2.4.9	回軍功臣 책봉		
공양 2.5.1	恭讓王告卽位使 귀국		尹彝·李初 사건 시작

　禑王, 昌王을 假王氏＝異姓이라 한 明의 禮部咨文은 昌王 원년 9월에 전달되었다. 그런데 이 문서는 전달되고도 어떤 연유인지 2개월여 공개되지 않았다. 禮部咨文이 高麗에 전달될 때 사신으로 갔던 權近이 都堂에 제출하기 전에 며칠 동안 사적으로 보관하다가 昌王의 外祖인 李琳에게 먼저 보였다고 하여 문제되는데, 그것은 禑王, 昌王이 왕위에서 축출된 뒤의 일이다.[37] 昌王 원년 11월에 禑王의 복위를

---

37) 『高麗史節要』 권34, 恭讓王 원년 12월, [857①].

모의한다는 金佇의 역모사건이 밀고된 바로 다음날 이미 2개월 전에 전달된 明의 禮部咨文이 공표되었다. 그것을 근거로 廢假立眞論이 주장되고, 昌王은 바로 왕위에서 축출당했다. 그리고 李成桂측이 주도하여 恭讓王을 새 왕으로 옹립하였다.

이후 高麗 정국은 급변하였다. 사건의 주모자는 사건 발생 며칠 만에 혹독한 고문 끝에 옥중에서 갑자기 죽어버렸다. 禑王을 옹립한 죄로 당시 이미 죽고 없던 李仁任의 집이 파헤쳐지고, 昌王을 옹립했다는 曺敏修는 庶人으로 강등되어 昌寧으로 유배되었다. 또한 禑王, 昌王 옹립시에 儒宗으로서 이를 지지했다 하여 李穡이 유배되고, 아울러 그 아들 李宗學과 제자인 李崇仁, 河崙, 權近이 유배되었다.[38] 또한 昌王의 外祖인 李琳과 그 아들인 李貴生, 사위인 柳琰, 宋濂, 외손사위 盧龜山, 조카 李懃을 귀양보냈으며, 金佇의 음모에 관여하였다고 하여 門下評理 鄭地・李居仁, 前判厚德府事 柳惠孫・李乙珍, 前密直 李惟仁・柳藩・趙瑚・安柱 등 27人이 유배되었다.[39] 무장 출신으로 위화도회군에 동참했던 鄭地, 李乙珍과, 恭讓王 즉위 직후의 인사에서 李成桂, 沈德符, 鄭夢周 등 恭讓王 옹립 9공신과 함께 정부의 요직을 차지했던 邊安烈, 王安德도 유배되거나 살해되었다.[40] 이런 과정을 거쳐 정부는 李成桂의 집권을 지지하는 이른바 급진적 士大夫가 장악하게 된다.

이 모든 정치 행위에 권위를 부여한 것은 위의 <표 3-1>에 나타나는 바와 같이 明의 禮部咨文 한 가지였다. 禑王, 昌王을 假王氏＝異

---

38) 朴天植, 1996, 앞 논문, 212쪽.

39) 『高麗史』 권45, 恭讓王 원년 11월 丙戌, [상870①], "時佇辭多連巡軍官 故人皆疑之 於是 流門下評理鄭地・李居仁・前判厚德府事柳惠孫・李乙珍・前密直李惟仁・柳藩・趙瑚・安柱等二十七人 以與佇謀也".

40) 『高麗史』 권137, 禑王 14년 4월, [하951③~952①] ; 권45, 恭讓王 원년 11월 庚辰, [상869②③] ; 권126, 列傳39 邊安烈, [하751③~753②].

姓이라고 한 禮部咨文의 ⓐ 부분은 이후 '天子之命' 혹은 '聖旨辭意'
로 표현되면서 禑王, 昌王을 축출하고 살해할 때, 恭讓王을 책봉하는
定妃의 교서, 恭讓王 卽位敎書, 恭讓王 9功臣 冊封文, 혹은 李穡, 禹
賢寶, 鄭地 등을 탄핵하여 숙청하는 臺諫의 상소문에서 전혀 가감없
이 그대로 인용되어 李成桂측의 정치적 행위를 정당화하는 전거로 이
용되었다. 즉 외교문서가 내정문서로서 중요한 역할을 한 것이다.[41]

그런데 이와는 대조적으로 高麗에서 明에 보내는 외교문서에는 이
부분이 다르게 표현되고 있는 점이 주목된다. 恭讓王의 즉위를 알리
는 사신은 恭讓王이 즉위한 후 처음으로 明에 파견된 사신이며, 金佇
의 獄事가 일단락되고 새로이 尹彝·李初의 사건이 발생하기 전까지
는 高麗에서 明에 파견된 유일한 사신이다. 이때 高麗는 禑王, 昌王
폐위를 明에 통보하였다. 그 내용을 위의 禮部咨文과 비교해 볼 필요
가 있을 것이다.

> 遣順安君昉·同知密直司事趙胖如京師 告卽位 奏曰 高麗國定昌
> 府院君臣王瑤 謹奏 臣係本國始祖王建正派 神王晫七代之孫 世襲前
> 項名分 別無才德 就懼自處 期盡天年 洪武二十二年十一月十五日
> 大小宗戚·臣僚·閑良·耆老等 欽奉聖旨事意 共議於國 以恭愍王
> 無子薨逝之後 權臣李仁任等所立辛禑父子 實爲異姓 而王氏之祀 不
> 可無主 乃以臣於宗族之屬爲近且長 啓奉恭愍王妃安氏之命 俾臣權
> 國 以承祭祀 臣進退俱難 措身無地 竊見 洪武七年 李仁任等擅立異
> 姓以來 政敎乖方 習俗浮薄 臣願使之漸磨聖化 以復眞淳 欽望聖慈
> 許臣親朝面奏 以安一國之民 幷進啓本于皇太子 又都評議使司申禮
> 部 請奏啓施行[42]

---

41) 末松保和, 1965, 앞 책, 377쪽에서 '이 外交文書는 內政文書로서 중요한 역
   할을 수행하기에 이르렀다'고 지적하였다.
42) 『高麗史』 권45, 恭讓王 원년 11월 庚寅, [상870①~③].

144

위의 奏文에서 '聖旨事意'로 표현된 부분은 明의 禮部咨文 전체를 가리키는 것으로 해석해야 할 것이다.[43] 高麗에서 이 咨文을 인용할 경우에는 그 중에서도 ⓐ 부분을 반드시 가리켜야 할 것이다. 그런데 위의 告奏文에서 '聖旨事意'란 포괄적이며 추상적으로 되어 있다. 禑王, 昌王을 異姓이라고 했다는 ⓐ 부분을 가리키지 않는 것은 명백하다. ⓐ 부분은 '權臣李仁任等所立辛禑父子 實爲異姓'으로 되어 있는 바 이는 '辛禑父子는 異姓이라'는 사실을 高麗가 明에 통보하는 형식으로 되어 있다.

이 문서에 나타난 바에 따르면 禑王, 昌王이 異姓이라는 것은 高麗 측에서 '그렇다'고 주장한 것이다. 明의 禮部咨文에서 언급한 것이 아니다. 高麗는 恭愍王妃 定妃의 명령으로 大小宗戚·臣僚·閑良·耆老等이 종친 중에서 定昌府院君 王瑤를 國王으로 추대하였다는 것을 明에 통보하고, 왕위 계승을 승인해 달라고 요구하였다. 즉 이 奏文의 내용은 이보다 앞서 高麗에 전달된 禮部咨文이 국내에서 사용될 때와는 전혀 다른 것이다.

이와 관련하여 廢假立眞論의 근거가 된 禮部咨文이 高麗에 전달되기 이전에 明이 禑王의 왕위 계승에 있어 그 정통성에 의문을 제기했는지를 살펴볼 필요가 있을 것이다. 궁궐 밖에서 출생하여 宮人 韓氏 소생이라고 한 10세의 江寧府院大君 禑는 辛旽이 죽은 뒤 궁중으로 들어왔다. 恭愍王이 시해되기 전 오래지 않은 때였으므로[44] 恭愍王의 母后인 明德太后로부터도 왕위 계승자로서 인정받지 못하였다.[45] 따라서 恭愍王이 죽은 뒤 北元은 恭愍王에게 아들이 없다 하면

43) 末松保和, 1965, 앞 책, 381쪽.

44) 『高麗史』 권133, 禑王 序, [하865②③], "旽旣誅 王召牟尼奴 納明德太后殿……仍召侍中慶復興·密直提學廉興邦·政堂文學白文寶 議封禑江寧府院大君 使文寶及田祿生·鄭樞等 傳之".

45) 『高麗史節要』 권29, 恭愍王 23년 9월 丁亥, [747①], "太后及侍中慶復興欲

서 藩王 暠의 孫子인 脫脫不花를 高麗王으로 임명하였었고,[46] 明도
고려사신에게 禑王이 누구 소생인가에 관하여 질문하였다 한다.[47] 이
것은 恭愍王이 생존했을 때 明이나 北元에 왕위 계승권자로서 禑王
이 알려져 있지 않았다는 것을 의미한다.

그러나 恭愍王 시해와 明使 살해 후 교착 상태에 빠졌던 高麗와 明
사이의 외교가 정상화된 뒤 明은 禑王이 恭愍王의 왕자로서 왕위를
계승하였다는 것에 대하여 아무런 문제를 제기하지 않았다. 禑王 11
년(1385) 恭愍王의 시호를 하사하고 禑王의 왕위 계승을 인정할 때 高
麗에 전달된 表文에는 禑王을 '爾王禑'라 호칭하여 禑王이 王氏임을
인정하였다.[48] 즉 禑王 11년까지 明은 禑王의 王氏 여부를 전혀 문제
삼지 않았다는 것이다. 恭愍王이 시해된 뒤 明 중앙정부의 외교문서
가 高麗에 처음 전달된 것은 恭愍王 시해 후 6년 만인 禑王 5년 3월

立宗親 侍中李仁任欲立禑 議猶豫未決 都堂相視 莫敢發言 判三司事李壽
山曰 今日之計 當在宗室 永寧君瑜·密直王安德等希仁任意 大言曰 王以
大君爲後 捨此何求 仁任率百官 遂立禑 年十歲".

46)『高麗史』권133, 禑王 원년 정월, [하867①], "納哈出遣使來 問曰 前王無子
今誰嗣位耶 時北元以恭愍無嗣 乃封藩王暠孫脫脫不花爲王 故有是問".

47) 明이 禑王을 책봉하기 전에 누구 所生인가 질문한 것은 다음의 2회이다.
『高麗史』권134, 禑王 5년 4월, [하888①], "護軍周謙至自京師曰 帝令周姐
姐見我 又問 你國王是前王子耶 謙對曰 前王正妃魯國公主無後 今王乃宮
人所出也";『高麗史節要』권32, 禑王 11년 5월, [806③④], "初庚至京師 帝
責曰 向者汝國殺吾使臣 又弑汝君 其權臣爲誰 庚以李仁任對 帝引庚于內
誘之曰 汝先國王無子 朕所知 今王誰之子也 庚不之辨明 日本國臣者崔安
至興聖寺 紿謂庚從者段得春曰 汝主所出 庚已奏帝 汝何諱耶 得春曰 庚言
妄矣".

48) 末松保和, 1965, 앞 책, 381쪽.
『高麗史』권135, 禑王 11년 9월, [하926③④], "周倬·雒英等來 冊禑爲國王
制曰 爾高麗 地有三韓 生齒且庶 國祖朝鮮 其來遐矣 典章文物 豈同諸夷
今者臣服來賓 願遵聲敎 奏襲如前 然繼世之道 列聖相承 薄海內外 凡諸有
衆 德被無疵 古先哲王 所以嘉尙 由是茅土奠安 襲封累世 爾王禑 自國王王
顓逝後 幼守基邦 今幾年矣……".

146

인데, 여기에서 明은 禑王을 단지 '嗣王'으로 표현하였을 뿐[49] 그 王氏 여부를 문제삼지 않았다. 禑王이 누구 소생인지 洪武帝가 물었다는 2차례의 기록은, 明이 禑王을 恭愍王의 아들이라는 것을 부정해서 한 질문이 아니라, 高麗의 親明政策을 주관하던 恭愍王이 불의에 시해되고 그 후계자는 明이나 北元에 아직 알려지지 않았던 상황에서 나온 질문인 것으로 이해해야 할 것이다.[50]

禑王의 왕위 계승의 정당성에 관해 공개적으로 문제가 제기된 것은 회군파가 金佇의 獄事 이후 異姓論을 제기한 것이 처음이다. 이미 언급한 것처럼 禮部咨文이 高麗에 전달된 것은 昌王 원년 9월인데, 이보다 6개월 전인 同 3월에 昌王의 親朝를 요청하러 파견되었던 姜淮伯 등이 귀국할 때 가져온 明의 禮部咨文에서는 禑王, 昌王에 관해 '今臣子逐其父立其子'라고 표현되어 있을 뿐이다. 異姓 운운하는 부분은 전혀 없다.[51] 그리고 이보다 1개월 후인 同 4월에 賀正使 兼 王官監國奏請使로 明에 갔던 李穡이 귀국하였는데, 그때 明에서는 昌王 즉위를 '逐父立子'라고 하였다.[52] 이것은 恭讓王 즉위 후 李穡이

---

49) 『高麗史』 권134, 禑王 5년 3월, [하886③~887④].

50) 『明史』 卷320, 列傳208 朝鮮 洪武 7년의 "是歲顓爲權相李仁人所弑 顓無子 以寵臣辛旽之子禑爲子 於是仁人立禑" 기사는 明이 禑王을 辛旽의 아들로 알고 있었던 근거로 이용되기도 한다. 그러나 이 기사의 앞 부분 '是歲顓爲權相李仁人所弑'는 사실 자체가 틀린 것이다. 따라서 뒷 부분 '以寵臣辛旽之子禑爲子'만 인용하여 사실이라고 이용해서는 곤란하다. 뒤에서 살펴볼 것처럼, 明은 昌王 원년 高麗에서 金佇의 獄事가 발생하여 禑王, 昌王을 몰아내고 恭讓王을 王氏라는 명분으로 옹립한 회군파측이 明에 사신을 보내어 禑昌非王說을 주장하기 전까지 王氏, 혹은 辛氏 여부에 관해 입장을 밝힌 적이 없다.

51) 『高麗史』 권137, 昌王 원년 3월 丁亥, [하964①②].

52) 李穡은 昌王 즉위년 10월에 賀正使 겸 王官監國과 明 國子監에 子弟의 入學을 요청하는 사신으로 파견되었다(『高麗史』 권137, 昌王 즉위년 10월, [하962③④]).

左司議 吳思忠·門下舍人 趙璞等으로부터 禑王, 昌王 옹립을 지지
하고 金佇의 모의에도 가담하였다는 혐의로 유배되었다가 국문받는
중에 한 말이다. 당시 明의 禮部尙書 李原名(『高麗史』에는 李原明)은
父王(禑王)을 쫓아내고 그 아들(昌王)을 세운 것(汝家逐父立子 天下
安有是理)과 禑王과 崔瑩이 구금되어 있는(王與崔瑩 皆被拘囚) 등
高麗의 내정에 관해 2가지를 힐문하였으며, 李穡은 귀국 후 이 문제
를 李成桂와 의논하였다.[53]

위에서 언급한 姜淮伯 使行과 李穡 使行 2회는 親朝要請使인 門
下評理 尹承順, 簽書密直司事 權近이 출발하기 전에 모두 귀국했다.
그 사이에 聖節使, 千秋節使를 1회씩 파견한 것 외에는[54] 禮部咨文
이 도착하기 전까지 다른 사절은 전혀 파견되지 않았다. 이 두 사행에
서 明은 禑王, 昌王의 왕위 계승에 관해 어떤 의문도 표시하지 않았
으며 '異姓'으로 표현하지도 않았다. 단지 '臣子逐其父立其子' 혹은
'逐父立子'한 사실만을 문제삼았다. 그 이후 高麗와 明 사이에 외교사
신이 전혀 왕래하지 않았는데 5개월 후에 明에서 귀국한 사신이 가져
온 문서에는 禑王, 昌王의 왕위 계승의 정당성 자체를 부정할 수 있는
異姓論이 언급되었다는 것이다.

3) 禮部咨文의 변조와 사용

禑王의 양위와 昌王의 왕위 계승을 '逐父立子'라고 한 것과 禑王,
昌王을 異姓이라고 하는 것은 그 결과를 고려할 때 완전히 다른 의미
를 갖는다. 전자는 昌王의 왕위 계승을 인정하지 않는 것, 따라서 회
군파가 禑王을 방출하고 昌王을 옹립한 행위만을 부정한 것을 의미한

---

53) 『高麗史節要』 권34, 恭讓王 2년 2월, [872①~④].
54) 『高麗史』 권137, 昌王 원년 6월, [하964④~965①].

148

다. 반면 禑王, 昌王을 王氏가 아니라 異姓이라고 한 것은 王朝시대에 있어 禑王, 昌王이 본래부터 왕위를 계승할 자격이 없었다는 것이기 때문에 禑王, 昌王을 축출한 행위는 정당하며 고려에 忠한 행동으로 평가한다는 의미이다.

그런데 이미 살펴본 것처럼 高麗에 전달된 외교문서에는, 禮部咨文이 전달된 시점을 경계로 해서 두 가지의 입장이 모두 나타난다. 따라서 高麗의 정치변동에 대한 明의 인식이 昌王 즉위를 전후하여 그 전과 후에 판이하게 변하게 되는 까닭은 무엇인지, 혹은 그 의미가 판이하게 해석되는 기록의 진실성에는 문제가 없는지 검토해 볼 필요가 있을 것이다.

이 禮部咨文은 앞에서 언급한 것처럼 高麗에 전달되고 2개월 여동안 공표되지 않았다. 現王인 昌王 자신을 異姓이라 하여 하루아침에 왕위에서 축출할 수 있을 정도로 정치적으로 중요한 외교문서가 昌王 재위 중에 2개월이나 공표되지 않았다는 것은 의문이다. 이 문서는 전달 과정에도 문제가 있었다.[55] 權近이 咨文을 都堂에 제출하기 전에 며칠 동안 사적으로 보관하다가 먼저 개봉해 보았다는 이유로 司憲府의 탄핵을 받아 유배되었다.[56] 그래서 이 문서 중 ⓐ 부분은 변조되었을 것이라고, 즉 李成桂 일파가 改書增入했을 것이라고 추측하기도 하였다.[57]

---

55) 麗末鮮初 시기 明의 외교문서 전달에서 그 내용이나 과정에 문제가 있었던 것은 이 경우가 유일한 예이다.

56)『高麗史』권45, 恭讓王 원년 12월 戊戌, [상870③],『高麗史節要』권34, 恭讓王 원년 12월, [857①].

57) 稻葉岩吉, 1935,「李氏朝鮮の革命工作」『世界歷史大系』11 — 朝鮮・滿洲史, 142~143쪽에서 禮部咨文 중 ⓐ 부분은 변조된 것이라고 하였다. 근거는 뒤에 살펴볼『明太祖實錄』권199, 洪武 23년(1390) 정월 癸未조의 내용에 禮部咨文의 ⓐ 부분이 없는 점, 아비인 禑王을 쫓아내고 그 아들을 옹립한 것에 대한 明측의 문책(ⓑ부분)은 革命派에게 치명적이라는 점에서 그렇다고 하

문서를 근거로 禑王·昌王의 왕위 계승의 정당성이 부정되고, 그에
따라 禑王·昌王정권의 성립과 유지에 참여한 정치세력이 대거 숙청
된 사실을 고려할 때, 그러한 행위가 어떤 근거에서 정당성을 가질 수
있었는지 밝히는 것은 중요한 일이 될 것이다. 만약 변조된 문서라면,
李成桂측은 변조된 외교문서를 근거로 明이라는 책봉국의 권위를 이
용하여 반대세력을 숙청하고 國王을 축출한 것이 되는 것이다.

이 禮部咨文의 진실성 여부를 판명하기 위해 『明實錄』의 관련 기
록과 대조해 볼 필요가 있다. 일반적으로 明에서 조선에 외교문서를
발급하는 방식은 원본문서를 보여주고 조선사신이 이를 옮겨 적어 내
용을 전달하는 방법, 정식으로 사신을 조선에 差定하여 발급하는 방
법, 조선사신이 돌아오는 편에 발급하는 방법, 明代 遼東都司, 淸代
盛京 등 관아를 통하여 발급하는 방법 등이 있었다.[58] 위의 禮部咨文
은 '禮部가 聖旨를 받들어 (고려국) 都評議使司에 移咨한다(禮部奉聖
旨 移咨都評議使司)'고 하였으므로 세 번째 방식으로 발급된 것이다.

앞서 서술한 것처럼 高麗에서는 恭讓王 즉위 직후 明에 그 사실을
통보하였다. 高麗에서 사신이 오자 明의 洪武帝와 禮部尙書 李原名
이 나눈 대화가 기록되어 있는데, 이 대화는 高麗에 전달되었던 禮部
咨文의 진위를 판별하는 데 중요한 단서를 제공해 준다.

① 高麗遣使來言 國王王昌 非王氏後 實辛旽子禑之子 國中人民多不
    信服 故別求王氏宗親定昌國院君王瑤 迎立嗣位 以續王氏之後
    伏望朝廷允所請
② 上諭禮部尙書李原名曰 高麗限山隔海 其人多詐 今云廢黜異姓 擇

였다. 末松保和, 1965, 앞 책, 379쪽에서는 이 논문을 인용하여 咨文 일부가
변조되었을 가능성을 언급하였다.

58) 김경록, 2006, 앞 발표문.

150

立王氏宗親 則前者來言童子入朝 吾不聽者 意必執國政者所爲
今其情見矣 且其眞僞莫知 若果爲本國臣民所推 亦聽 其自爲儻
陰謀詐立 一旦變更 盡爲虛妄 必將禍起不測 皆自取也 爾宜備咨
其國人之知[59] (단락 구분, 번호는 필자)

告恭讓王卽位使는 恭讓王 원년(1389) 11월 庚寅(26일)에 파견되었
고, 이 대화는 다음 해(恭讓王 2년, 洪武 23년) 정월 癸未(19일)에 있었
다. 본문 중 ① 부분은 高麗의 奏文 내용이고 ② 부분은 이에 대한 洪
武帝의 생각이다.

이 대화에 의하면, 昌王이 王氏의 후손이 아니라 辛旽의 아들인 禑
王의 아들이라는 것, 즉 辛氏⇒異姓이라는 것은 洪武帝나 禮部尙書
李原名 등 明측의 주장이 아니라 高麗의 주장이다. 그리고 禑王, 昌
王이 異姓이기 때문에 축출한 것도 단지 高麗의 주장일 뿐(今云廢黜
異姓) 洪武帝나 禮部尙書 李原名은 간여한 적이 전혀 없다. 異姓 여
부에 관해 洪武帝는 '그 진위 여부를 알 수 없다'고 하였다. 그리고 洪
武帝는 이러한 사태가 모두 高麗 집정자의 소행이라고 단정하였다.

이러한 내용은 앞서 검토한 禮部咨文의 ⓐ 부분과 완전히 다른 것
이다. ⓐ 부분 서두에 "洪武 22年 8月 8日에 禮部尙書 李原明等이 奉
天門에서 聖旨를 欽奉하여……"로 시작하고 있으므로 그 咨文은 洪
武帝의 지시에 따라 작성된 것이다. 明의 공문서 생산, 발급체계에서
볼 때 이 외교문서는 文書房에서 생산한 뒤 황제의 御覽을 거친 후에
高麗 都評議使司로 발급되었을 것이다.[60] 明의 국제관계에서 중요한
비중을 차지하였을 高麗의 왕위 교체, 그것도 신하에 의해 국왕 2명이
축출된 민감한 사안에 대하여 洪武帝가 언급한 것이 있다면, 본인은

59) 『明太祖實錄』 권199, 洪武 23년 정월 癸未.
60) 김경록, 2006, 앞 발표문, 20~21쪽.

물론 禮部尙書 李原名이 그 내용을 몰랐을 수 없다. 그렇다면 洪武帝와 李原名 사이에 이러한 대화는 이루어질 수 없었을 것이다. 이 대화에 의하면 明은 ⓐ 부분에 관해서는 적어도 高麗에서 告恭讓王卽位使가 도착한 洪武 23년(恭讓王2, 1390) 정월까지는 전혀 모르고 있었던 것이다. 그것은 곧 咨文의 ⓐ 부분은 明이 작성한 문서의 내용이 아니라는 것이다.

高麗가 天子國으로 事大하는 明의 문서를 국내 정치 사정상 변조하는 것이 있을 수 있는 일이었을까에 관해서는 의문이 제기되어 왔다. 明帝의 詔旨를 날조하지 못하는 것은 상식적으로 판단할 수 있다는 지적이 그것이다.[61] 禮部咨文은 황제 문서인 詔, 制, 勅보다 등급이 낮은 문서이지만, 황제의 뜻을 전하는 문서이므로 고려에서는 '天子之命', '聖旨'로 표현하면서 최고의 권위로 다루었다. 어쨌든 禮部咨文을 접수하는 주체는 고려국왕이어야 한다. 즉 현재 국왕인 昌王이 접수하여야 하며, 그 내용에 문제가 있을 경우에도 국왕 중심으로 대책이 강구되었어야 했을 것이다. 그런데 어떤 이유에서인지 咨文은 고려에 전달되고 두 달 동안 국왕에 의해 접수되어 공표되지 않았다. 오히려 2개월 후 이 문서가 공개되면서 '異姓'이라는 이유로 왕위에서 축출되었다. 이 문서를 가져온 權近이 昌王의 외조부이자 侍中인 李琳의 집에서 먼저 개봉했다는 죄목으로 탄핵받은 사실에서 판단해보면, 두 달 동안 이 외교문서를 접수하여 확보하고 있었던 것은 李成桂 측이었던 것으로 보인다.

이상에서 살펴본 바에 의하면, 昌王 즉위 후 李成桂측이 정적을 숙청하는 근거로 이용한 明의 禮部咨文의 ⓐ 부분은 변조된 것으로 판단된다. 그러면 변조된 시기는 언제일까? 尹承順과 權近이 明에서 귀

---

61) 李相佰, 1949, 앞 책, 90쪽.

국하여 이 문서를 都堂에 제출하기 전이거나, 아니면 都堂에 전달되고 異姓論이 공표되기 전 2개월 동안일 것이다. 그런데 전자보다는 후자일 가능성이 있어 보인다. 왜냐하면 전자일 경우 외교문서는 사신 일행인 尹承順이나 權近이 변조했어야 하는 것인데, 李穡의 제자로서 당시 李成桂측과 대립하게 된 權近은 '咨文을 사적으로 개봉했다'는 죄목으로만 탄핵받았기 때문이다. 正使인 尹承順이 李成桂측 인물이 었는지 아니면 權近과 같은 李穡계열이었는지는 확인되지 않는다. 尹承順은 이보다 앞서 禑王 5년에 집권자인 李仁任, 林堅味에 의해 무장인 楊伯淵 일파로 지목되어 杖刑을 받고 戍卒로 유배된 적이 있으며 그 외에는 정치적 행적이 나타나지 않는다.62) 그는 權近이 禮部咨文을 都堂에 바로 전달하지 않고 侍中인 李琳의 집에서 사적으로 개봉했다고 진술하여 權近이 탄핵받은 것으로 보아63) 權近측 인물로는 생각되지 않는다. 따라서 禮部咨文이 사신들에 의해 변조되었으리라고 추측할 근거는 없다. 그렇다면 이 문서는 尹承順과 權近이 귀국한 지 2달여 뒤에 咨文이 공표되기 전 언제인가 이것을 확보하고 있던

---

62) 『高麗史』권114, 列傳27 楊伯淵, [하515②〜516①], "伯淵恃功頗驕矜 李仁任·林堅味等惡之 嗾憲司 劾伯淵潛通妻弟又奪前判事李仁壽宅 又夜遣數十騎圍故密直成大庸母家 强奸大庸側室爲尼守節者 遂削職流陜州 是夕 宦者林甫·韓蕆矯旨召還 使者爲巡綽官所捕 瑩白禑曰 上護軍全天吉嘗語臣云 伯淵謀害兩侍中 欲自爲首相 請按治黨與……復鞫天吉 辭連石璘及知門下尹承順·判密直金用輝·同知密直柳曼殊等 卽下四人獄 禑謂瑩曰 毋以堅人妄語 枉害諸相……杖石璘·承順·曼殊·毅·貴·希甫有差 配戍卒".

63) 『高麗史』권107, 列傳20 權㫜 附 權近, [하365④〜366②], "恭讓朝憲府上疏曰 今以權近私拆咨文之故 問尹承順 承順言 與近復命 約明朝謁侍中李琳 翌日將往琳第 道遇近 近曰 吾已謁 然旣相遇 更與之進 旣見琳 予以病在家 近將咨文藏聖旨筒 置於其家 開見後 乃付都堂 臣等謂此咨本國宗社存亡所關 宜直付都堂 會宰相同拆 近累日私藏 私自開拆 隱密謀議 漏洩天機 陰謀難測 不忠莫甚 請更究問 依律決罪 王命勿問遠配寧海 郎舍尹紹宗等上書 復論私拆之罪 請正典刑 命杖一百 徙流興海 臺諫復交章請罪 又移金海".

李成桂측 세력에 의해 일부, 즉 ⓐ 부분이 변조되었던 것으로 추정된다.

　그러면 이 禮部咨文 전달 과정에서 사적으로 개봉했다 하여 權近이 탄핵받은 이유는 과연 무엇일까? 咨文과 같은 외교문서를 전달하는 사신은 그 내용을 검토하여 本國에 불리한 내용이나 사실 관계에 잘못된 부분이 있으면 상대국에 항의하기도 했다.[64] 그러므로 權近은 변조되기 전 禮部咨文의 내용을 알고 있었을 것이다. 혹은 禮部咨文이 전달된 후 李成桂측에 의해 문서가 변조되는 과정을 알고 있었을 가능성이 있다. 이 문서는 都堂에 전달된 후 2개월 동안 공표되지 않았다. 즉 禑王, 昌王을 異姓이라고 단정했다는, 國紀에 관련된 외교문서가 어떤 연유인지 공표되지 않았다는 것이다. 그 2개월 후 金佇가 禑王의 복위를 모의했다는 것이 밀고되면서 비로소 공표되었다. 異姓論이 제기되자 權近은 禮部咨文의 ⓐ 부분 "君位自王氏被弑絶嗣後 雖假王氏 以異姓爲之 亦非三韓世守之良法"이라는 부분에 관해 의문을 제기했을 것으로 추측해 볼 수 있을 것이다.

　고려와 조공책봉관계에 있는 中國으로부터 전달되는 외교문서를 접수할 때에는 그 외교문서의 종류(등급)에 따라 접수 절차가 엄격하게 정해져 있었던 사실에서 판단해보면[65] 副使인 權近이 侍中인 李琳의 집에서 사적으로 먼저 개봉한 것은 죄가 될 수 있을 것이다. 그

---

64) 稻葉岩吉, 1935, 앞 논문, 140쪽.

65) 中國(宋, 遼, 金, 明 등)으로부터 고려에 전달되는 외교문서를 접수하는 절차는 엄격하게 규정되어 있었다. 『高麗史』 권65, 禮7, 賓禮조에는 迎北朝詔使儀, 迎大明詔使儀, 迎大明賜勞使儀, 迎大明無詔勅使儀 등 사신의 종류(사신이 휴대한 외교문서의 종류)에 따라 의식 절차가 엄격하게 규정되어 있다. 昌王 원년의 이 禮部咨文의 경우와 같이 中國에서 직접 사신이 파견되지 않고 문서만 전달되는 경우에도, 明이 洪武帝의 지시에 따라 발급한 문서가 직접 전달되는 것이므로 문서 등급에 따라 접수하는 절차 역시 엄격하게 규정되어 있었다. 김경록, 2006, 앞 발표문.

154

러나 明에서 발급한 咨文 자체를 국왕이 접수하지 못했던 당시의 현실을 생각해보면 그가 탄핵된 진짜 이유는 개봉 절차 때문이 아니라 咨文의 처음 내용을 알고 있다는 사실 때문이었을 것이다.

유교정치사상에서 신하가 國王을 왕위에서 축출한다는 것은 上·下의 신분질서 윤리를 어긴 것으로서 반역죄에 해당한다. 그렇다면 李成桂측에서는 國王을 부정할 수 있는 권위를 가질 수 있다면, 자신들의 정치적 행위를 정당화할 수 있었을 것이다. 그 명분을 現王인 昌王과, 現王의 生父이며 前王인 禑王이 非王氏라는 데에서 찾고, 따라서 禑王·昌王을 폐위시킨 것은 반역이 아니라는, 더 나아가서는 高麗에 대한 忠이라는 논리의 역전에서 찾을 필요가 있었다. 그리하여 정통론상 禑王과 昌王은 왕위를 계승할 자격이 원천적으로 없었다는 것을 내세웠다. 그 권위를 동아시아 세계의 정점에 있는 책봉국인 明에게서 찾았던 것이다.

李成桂勢力은 자신들의 행위를 정당화해 줄 수 있는 유일한 근거인 明의 禮部咨文이 자신들에 의해 변조된 것이라는 사실이 유포되는 것을 어떻게든 막아야 했을 것이다. 이후의 정치 일정에 관해 개혁파 세력 사이에는 합의된 사항이 있었을 것인데, 그들이 그러한 정치 과정의 유일하며 절대적인 권위로 이용하는 문서에 대해 변조설이 제기되는 것을 허용할 수 없었을 것이다. 이러한 이유로 權近은 明에서 귀국 보고를 한 지 2달 뒤에 咨文私拆之罪라는 절차상의 문제로 숙청되었다.[66]

이상에서 禑王, 昌王을 王位에서 축출한 廢假立眞論은 明의 禮部咨文을 근거로 하여 이루어졌음과, 그 禮部咨文의 일부 기사는 변조되었음을 추정해 보았다. '변조'의 실상은 '改書增入'보다는 원문서는

66) 末松保和, 1965, 앞 책, 380쪽.

공개하지 않은 채 '異姓' 부분(본문의 ⓐ 부분)을 포함한 채로 내용만
공개되었을 것으로 추정된다. 왜냐하면 高麗가 明 황제문서를 변조할
수 없었을 것이기 때문이다.『高麗史』나『吏文』에 明과 주고받은 당
시의 모든 외교문서가 수록된 것은 아니지만, 이 禮部咨文 역시 수록
되어 있지 않다.

禮部咨文을 변조하기로 결정한 것은 그 내용이 高麗에 알려진 다
음이었다. 明과 고려의 관계가 유교적 질서윤리에 의해 上·下國, 天
子國·諸侯國으로 설정되어 있는 사회에서 황제문서의 내용을 변조
한 것은 회군 후의 국내 정치 사정과 對明關係에서 이해해야 할 것이
다. 위화도회군으로 권력을 장악한 회군파는 그것에 참여한 禹仁烈과
偰長壽를 明에 파견하여 禑王의 퇴위와 昌王의 계승을 승인해 줄 것
을 요청하였다.[67] 이에 대해 明은 이 모든 것을 李成桂의 소행이라고
지목하고 있었다.[68] 이것은 李成桂측에게는 정치적으로 매우 부담스
러운 문제였다. 李成桂측으로서는 昌王의 왕위 계승을 明으로부터 인
정받을 필요가 있었다. 그것은 자신들의 정치적 행동에 대한 추인을
의미하며 정당화하는 것이다. 그래서 昌王 親朝를 요청하였다. 昌王
의 親朝가 이루어진다면, 國王으로서의 昌王의 지위가 인정받는 것이
면서 동시에 昌王 옹립을 비롯한 회군파의 행동을 정당화할 수 있었
을 것이다. 이 使行은 昌王 즉위년 11월에 출발하였다.[69]

明은 昌王의 親朝 요청을 거절하면서 '臣子逐其父立其子'하고서
親朝를 요청하는 것은 윤리도덕이 크게 무너지고 君道가 전혀 없는
것이라고 비난하였다. 昌王의 親朝를 허용하는 것은 高麗에서 일어난

---

67)『高麗史』권137, 昌王 즉위년 7월, [하959④~960②].
68)『明太祖實錄』권194, 洪武 21년 10월 庚申, "高麗國王王禑遣其臣禹仁烈等
　　上表 請遜位于其子昌 上曰 前者聞其王被囚 今表請遜位 必其臣李成桂之
　　謀".
69)『高麗史』권137, 昌王 즉위년 11월, [하962④~963①].

정변을 합리화해 주는 것이다. 그러나 儒敎主義를 治國의 근본으로 삼고 있었던 明으로서는[70] 上下 신분질서 윤리에 어긋나는 이러한 정치행위를 인정할 수 없었을 것이다. 明이 '逐其父立其子'를 지적한 것은 회군파가 禑王을 폐위한 것을 승인하지 않았다는 것을 의미한다. 또한 明은 禑王을 폐위시킨 정치 행위를 李成桂의 소행으로 지목하고 있었다. 君命과 軍令을 어긴 회군파가 禑王과 崔瑩의 죄목을 事大에 충실하지 않았다는 데에서 찾았던 것처럼, 책봉국인 明이 高麗 정변의 주모자로 李成桂를 지목했다는 것은 이성계측에 있어서는 어떻게든 극복해야만 하는 상황이었을 것이다. 회군파의 입장에서는 回軍과 禑王 폐위를 정당화해 줄 수 있는 논리와 권위가 필요했다. 그래서 '臣者逐父立子'라는 정치적 부담에서 벗어나고 明과의 관계를 정상화할 수 있을 것이기 때문이다.

그런 반면 現王인 昌王은 회군파가 축출한 禑王의 親子王으로서 언제든지 李成桂측과 대립할 소지가 있었다. 왕위에서 물러난 禑王이 黃驪縣에 있다는 사실도 정치적으로 부담스러운 일이었다. 이때 禑王이 力士를 얻어서 李成桂 제거를 모의하였다는 金佇 사건이 발생하였다. 前王에 의한 반격 시도는 이들에게는 위기로 받아들여지지 않을 수 없었을 것이다. 신하로서 국왕을 몰아낸 것이 아니라, 본래 국왕으로서 자격이 없는 것, 즉 君主로서의 존재 그 자체를 부정할 수 있다면 오히려 국면을 전환하는 기회로 이용할 수도 있는 것이었다.

이러한 사정에서 李成桂측은 明 禮部咨文의 일부를 변조하게 된 것이라고 판단된다. 이후 정치변동 과정에서 이 문서의 권위는 절대적이었다. 禑王, 昌王을 왕위에서 축출할 때, 恭讓王을 옹립할 때, 혹은

---

70) 吳金成, 1989, 「明・淸時代의 國家權力과 紳士」『講座 中國史』Ⅳ, 215~217쪽 ; 山根幸夫, 1971, 「'元末の反亂'と明朝支配の確立」『岩波講座 世界歷史』12(中世6 東洋篇5), 39~41쪽.

당시의 儒宗으로서 李成桂측과 대립하던 李穡 등을 숙청할 때 한자의 가감도 없이 그대로 인용되고 있었다. 君命을 어긴 '叛'의 위치에서 異姓을 축출한 '忠'의 위치로 자리를 옮긴 명분이었다.

2. 朝鮮王朝의 성립과 明의 승인

1) 王朝 교체와 朝鮮 국호의 승인

明의 禮部咨文을 근거로 禑王, 昌王은 異姓으로 규정되어 폐위되고 이어서 살해되었다. 1389년 11월 恭讓王이 즉위한 지 12일만에 왕위 교체를 통보하기 위해 明에 파견되었던 順安君 王昉과 同知密直司事 趙胖은 6개월만인 이듬해 5월에 귀국하였다. 이들의 귀국 보고에 의해 尹彝・李初사건이 시작되었다.[71] 高麗人 坡平君 尹彝와 中郎將 李初라는 사람이 明帝에게 李成桂가 자기 친척인 王瑤를 王으로 세웠다는 것과, 장차 군대를 동원하여 明을 침범하려 하므로 유배중인 재상들이 자기들을 보내어 알리게 했다는 것이었다.[72] 연관되었다고 이름이 언급된 李穡 이하 曹敏修・李琳・邊安烈・權仲和・張夏・李崇仁・權近・李種學・李貴生・禹玄寶・禹仁烈・鄭地・金宗衍・尹有麟・洪仁桂・陳乙瑞・慶補・李仁敏 등은[73] 계속되는 臺諫

---

71) 이들의 歸國復命에는 恭讓王의 즉위에 관한 明측의 답변은 전혀 없다.
72) 『高麗史』 권45, 恭讓王 2년 3월 癸巳, [상880④~881①], "王昉・趙胖等還自京師 啓曰 禮部召臣等曰 爾國人有尹彝・李初者 來訴于帝 言高麗李侍中立瑤爲主 瑤非宗室 乃其姻親也 瑤與李<太祖舊諱> 謀動兵馬 將犯上國 宰相李穡等以爲不可 卽將李穡等十人殺害 將禹玄寶等九人遠流 其在貶宰相等潛遣我等 來告天子 仍請親王動天下兵來討 乃出彝・初所記穡等姓名 以示之曰 爾速還國 語王及宰相 將彝書內人等 詰問來報".
73) 『高麗史節要』 권34, 恭讓王 2년 5월, [877②~878②].

158

의 탄핵으로 관직이 박탈된 뒤 유배되었다.74) 尹彛·李初사건은 李成
桂가 즉위하는 데 장애가 되는 마지막 반대세력들을 숙청하는 계기가
되었다.75)

高麗에서는 明의 외교문서를 근거로, 혹은 明과 관련되어 제기되는
사건으로 정치세력이 대거 숙청당하는 등 정치변동이 진행되고 있었
다. 그동안 明에서는 거의 사신을 파견하지 않았다. 恭讓王 즉위 후
明에서 파견되어 온 첫 사신은 3년 4월에 도착하였다. 明은 1만 필의
馬貿易과 閹人 200명을 보낼 것을 요구하였다.76) 高麗에서는 明의 馬
貿易 요구가 전달된 지 39일만에 1차로 1,500필을 遼東都司로 운송하
면서 馬價를 받지 않겠다는 뜻을 전달하였다.77) 이어서 8월에 2차분
2,500필을 운송하였다.78) 明이 요구한 馬貿易은 1만 필이나 되어서 앞
서 禑王 12년에 5,000필과 3,000필을 요구했을 때보다 대규모였다. 그
런데 이에 대하여 아무런 이의를 제기하지 않았다. 明의 요구가 전달
된 지 39일만에 1,500필을 운송하였다는 것에서 고려정부가 明의 요
구를 신속하게 수용하였다는 것을 알 수 있다.79)

그 후 恭讓王은 아둔하여 君道를 잃고 인심이 떠난 반면, 門下侍
中·都摠中外諸軍事인 李成桂에게 민심이 돌아갔다고 선전하면서
定妃(恭愍王妃)의 교서에 의해 1392년 7월 李成桂는 즉위하였다.80)

---

74) 趙啓纘, 1987,「朝鮮建國과 尹彛·李初事件」『斗溪李丙燾博士九旬紀念韓
   國史學論叢』, 438~443쪽.
75) 李相佰, 1949, 앞 책, 106쪽.
76) 『高麗史』 권46, 恭讓王 3년 4월 壬午, [상891①②].
77) 『高麗史』 권46, 恭讓王 3년 6월 己未, [상894④~895①].
78) 『高麗史』 권46, 恭讓王 3년 8월 癸酉, [상899②].
79) 말 운송은 恭讓王 4년까지 모두 8,000필이 보내어지고, 李成桂 즉위 후에 나
   머지 2,000필이 보내어졌다(南都泳, 1996, 『韓國馬政史』, 161쪽, 247쪽 ; 본서
   제6장 1. 馬貿易의 규모와 교역 방법).
80) 『高麗史』 권46, 恭讓王 4년 7월 辛卯, [상910②③].

그러나 李成桂의 즉위는 선전과는 달리 민심의 지지를 받지 못했던 것으로 보인다. 李成桂의 즉위를 정당화하기 위해 성씨인 '李'를 破字하여 '木子가 돼지를 타고 三韓의 경계를 바르게 한다'라든가 書雲觀에서 소장한 秘記 중에 '建木得子之說'과 '王氏滅李氏興之語'가 있었다는 등의 말이 공표되기도 하고,[81] 李成桂가 즉위하자 가뭄 끝에 비가 왔다는 등[82] 기상 변화를 이용하기도 하였다. 그러나 易姓革命이 민심의 지지로 안정되기 위해서는 대내적으로는 田制改革을 비롯한 제반 개혁을 성공하여 민생을 안정시키고, 대외적으로는 明의 승인을 받아야 하였을 것이다.

恭愍王이 시해되고 禑王이 즉위하였을 때 明은 禑王의 왕위 계승을 승인하지 않았다. 12년 동안 막대한 양의 馬, 金, 銀, 布 등 공물을 수탈하고 외교적 갈등 뒤에 誥命과 印信을 보내었다. 위화도회군 후 明에 대한 군사행동의 책임을 물어 요동정벌을 주장한 禑王을 축출하고 昌王을 옹립했을 경우에는 '臣子逐其父'하였다면서 昌王의 왕위 계승을 승인하지 않았다.[83] 李成桂측에서 昌王을 축출하고 恭讓王을 옹립한 뒤에는 禑王·昌王이 王氏가 아닌 辛氏라는 禑昌非王說로써 高麗王朝에 대한 忠의 논리로 합리화하려 했지만, 明은 모든 정치과정을 李成桂의 소행으로 단정하고 관여하지 않겠다고 통보할 뿐이었다.[84] 恭讓王의 즉위는 世子를 明에 入朝시킴으로써 明이 어쩔 수 없이 기정사실로 인정한 듯 보였지만, 王氏 운운하는 高麗의 주장을 인정한 것은 아니었다. 이와 같은 역사적 경험에서 明이 李成桂의 즉위와 王朝의 교체라는 큰 변화를 쉽게 승인하리라고 기대하기는 어려웠

---

81) 『太祖實錄』 권1, 太祖 원년 7월 丙申.
82) 『太祖實錄』 권1, 太祖 원년 7월 丁酉.
83) 『高麗史』 권137, 昌王 원년 3월 丁亥, [하964①②].
84) 『明太祖實錄』 권199, 洪武 23년 정월 癸未.

을 것이다.

李成桂는 즉위한 다음날 明에 사신을 파견하였다.[85] 明은 禑王의
즉위에 대하여 元代의 고려정책을 계승하여 국왕책봉권을 실질적으
로 행사하려고 하였다.[86] 明의 對高麗政策 노선이 그렇다 할 때 李成
桂의 易姓革命에 대한 승인을 얻어내는 것은 昌王, 恭讓王의 즉위를
승인받는 것과는 본질적으로 다른 문제였다. 朝鮮 개국세력측에서는
고려가 禑王 14년(1388) 明의 영토를 침범하려는 것을 미연에 방지한
것이 李成桂의 공이라고 회군의 업적을 내세우고, 반면 恭讓王과 鄭
夢周는 遼東을 공격하려 했다고 무고하였다.[87]

그러나 朝鮮측의 우려와는 달리 明은 朝鮮의 건국을 바로 승인하
였다. 李成桂의 즉위 사실을 통보하기 위해 파견되었던 사신은 3개월
만에 귀국하였는데, 都評議使司에 보내온 明의 禮部咨付에서는 李成
桂가 王氏를 대신하여 즉위한 것을 "上帝의 명령이 아니면 되지 않는
것이라"고 하고, "臣民이 이미 李氏를 높이고 백성들에게 兵禍가 없
으며 사람마다 각기 하늘의 즐거움을 즐기는 것도 上帝의 명령이라"
고 승인하였다.[88] 더구나 이러한 정치변동이 天命에 의해 이루어질

---

85) 李成桂가 卽位한 것은 7월 丙申(17일)이고 趙胖을 파견한 것은 다음날인 丁
酉(18일)이다(『太祖實錄』 권1, 太祖 원년 7월 丁酉). 이때는 朝鮮 건국을 정
식으로 통보한 것은 아니었다. 表文을 갖추어 정식으로 통보한 것은 개국하
고 40여 일이 지난 8월 戊寅(29일)이었다(『太祖實錄』 권1, 太祖 원년 8월 戊
寅).
86) 金順子, 1995, 「고려말 대중국관계의 변화와 신흥유신의 사대론」『역사와 현
실』 15 ; 본서, 제2장 1절 '貢物 증액과 禑王 책봉을 둘러싼 明과의 갈등'.
87) 『太祖實錄』 권2, 太祖 원년 10월 癸酉 ; 권3, 太祖 2년 6월 乙亥 奏文 ; 권4,
太祖 2년 8월 乙亥 奏文 ; 권5, 太祖 3년 2월 己丑.
88) 『太祖實錄』 권2, 太祖 원년 10월 庚午, "知中樞院事趙胖回自京師 上率百官
迎于宣義門外 胖奉傳禮部咨付 曰 禮部咨付高麗國都評議使司……主生民
者 巨微莫知其幾何 或興或廢 豈偶然哉 其三韓自王氏亡 李氏運謀 千態萬
狀 已有年矣 今確然爲之 乃王氏昔有三韓之報亦然矣 此豈王氏昔日之良能

수 있었다고 함으로써 易姓革命을 上帝의 권위로 정당화해 주었다. 뿐만 아니라 국호 개정을 촉구하였다.[89]

李成桂는 즉위 후 고려의 제도를 유지한다고 공표하고, 明에 보내는 외교문서에는 權知高麗國事를 칭했다.[90] 비록 易姓革命을 했지만, 5세기 가까이 존속해 온 고려왕조를 일거에 부정하는 것이 민심과 역대 중국왕조와 고려와의 朝貢冊封關係를 고려할 때 부담스러웠다는 것을 의미한다. 그런데 李成桂측에서 요청하기 전에 明측에서 먼저 국호 개정을 거론함으로써 정치적 부담을 줄여주는 효과가 있었을 것이다. 李成桂측에서는 바로 2가지의 국호를 골라 明에 문의하였으며, 2개월 반만에 사신이 귀국하여 국호는 朝鮮으로 결정되었다.[91] 이로써 朝鮮 건국과 李成桂 즉위에 대한 대외적인 승인은 절차상 마무리되었다고 하겠다.

明이 李成桂측의 易姓革命에 별 문제를 제기하지 않고 선선히 인정해 준 것은 이전의 高麗-明 관계의 경험에서나, 같은 시기 明이 朝鮮 아닌 다른 국가에서의 易姓革命에 대하여 취한 입장과 다르다. 朝鮮보다 1년 늦은 洪武 26년(1393) 安南에서는 國相인 黎季犛가 陳朝를 무너뜨리고 왕위를 찬탈한 일이 발생하였다.[92] 이에 대해 明은 安

李氏今日之善計 非帝命不可 其三韓臣民旣尊李氏 民無兵禍 人各樂天之樂 乃帝命也 雖然 自今以後 愼守封疆 毋生謠詐 福愈增焉".

89) 朝鮮은 개국한 지 40여 일이 지난 8월 戊寅(29일)에 前密直使 趙琳을 파견하여 朝鮮王朝의 성립을 明에 정식으로 통보하였다(『太祖實錄』 권1, 太祖 원년 8월 戊寅). 趙琳은 3개월만에 귀국하였다. 가져온 明의 禮部咨文에서 국호를 개정하는 대로 속히 통보해 줄 것을 요구하였다(『太祖實錄』 권2, 太祖 원년 11월 甲辰).

90) 『태조실록』 권1, 태조 원년 8월 戊寅.

91) 國號改定을 요청하기 위해 사절을 파견한 것은 太祖 원년 11월 丙午(29일)이고, 國號를 朝鮮으로 정한다는 明의 禮部咨文이 도착한 것은 이듬해 2월 庚寅(15일)이다(『太祖實錄』 권2, 太祖 원년 11월 丙午(29일) ; 권3, 太祖 2년 2월 庚寅(15일)).

南의 朝貢을 금지시켰다. 다음 해 安南이 다른 경로로 朝貢하자 다시 거부하였다.[93] 洪武 24년에 占城國에서도 왕위 찬탈이 발생했는데, 明은 安南 경우에서처럼 이를 문제삼아 朝貢을 거절하였다.[94] 그러나 朝鮮의 易姓革命에 대하여는 아무런 문제를 제기하지 않았으며, 오히려 上帝의 권위로 정당화해 주었다. 유교주의를 治國의 근본으로 삼은 明에 있어서 易姓革命은 上下의 질서를 부정하는 것이다. 그러나 明이 아무런 문제를 제기하지 않고 이례적으로 승인한 것은 李成桂 집권 후 李成桂측의 對明政策에 대한 평가와 기대에서 연유했으리라고 생각된다. 告卽位使 귀국편에 보내온 禮部箚付에서 '백성들에게 兵禍가 없으며……'라고 언급한 것은 스스로 회군함으로써 明과의 전쟁을 피한 이성계의 공적을 인정한 것이라 하겠다.

明은 李成桂가 집권함으로써 조만간 정치세력이 재편되리라는 것을 예상하였을 것이다. 빈농에서 출발하여 농민반란군의 지도자가 되고, 이어서 中國 통일왕조의 皇帝 자리에 오른 洪武帝 당시에는 권력의 변동이나 王朝 교체의 가능성을 쉽게 예상할 수 있었을 것이다. 李成桂는 明의 鐵嶺衛 설치 요구, 즉 영토 할양 요구에 대하여 전쟁도 불사하는 강경론자인 禑王과 崔瑩을 축출하고, 明에 대한 事大를 명분으로 회군하였다. 당시 李成桂측에서 주장한 事大의 방법은, 鐵嶺衛 설치 기도처럼 高麗와 中國의 영토정책이 충돌할 때에도 전쟁을 피한다는 것이었다. 이러한 정치는 洪武帝의 대외정책과도 흡사한 것이었다.[95]

---

92) 『明太祖實錄』 권227, 洪武 26년 4월 甲午.

93) 『明史』 권321, 外國2 安南 洪武 27년조.

94) 『明太祖實錄』 권214, 洪武 24년 11월 己丑, "占城國遣太師陶寶加直奉金表・犀牛・番奴及布 上謂禮部臣曰 此皆簒逆之臣 其勿受 先是占城臣閣勝者殺其王自立 故命絶之".

95) 朴元熇, 2007, 「鐵嶺衛 設置에 대한 새로운 觀點」 『한국사연구』 136.

이와 같이 李成桂政權에서 표방하는 明과의 관계, 즉 事大의 방법
은 明이 회군 이전 高麗에 요구하던 것과 부합하는 것이 적지 않았다.
高麗의 정권 교체 결과 자신들의 요구사항이 수용된다면, 明으로서는
高麗 국내의 정치변동과 왕위 교체 등의 문제에 간여할 필요가 없을
것이었다. 昌王・恭讓王代 明이 高麗에 직접 사신을 파견해 온 것은
昌王代 1회, 恭讓王代 2회 뿐이다. 昌王 재위 17개월 동안 단 한번 파
견되어온 사신은 馬와 閹人을 요구하고 항복한 韃靼親王을 濟州에
안치시키려는 계획을 통보하기 위한 것이었다. 恭讓王 재위 3년 동안
에는 1만 필의 馬貿易과 閹人 200명 요구건으로만 2회 사신을 파견해
왔다. 그 사이 高麗에서는 明의 禮部咨文을 근거로 하여 廢假立眞論
이 공표되어 侍中인 李穡이 귀양갈 뿐 아니라, 李成桂의 권력장악을
반대하는 고위관료 수십 명이 유배되거나 죽음을 당하였다. 또 明도
연관되어 일어난 尹彝・李初의 獄事에서는 李成桂에 반대하는 李穡,
邊安烈 등 수십 명의 관리가 다시 형벌을 받고 유배도 갔다. 이러한
정치과정을 모르지 않았을 明은 불간섭을 표방하며 昌王과 恭讓王의
親朝 요청을 거절하고 왕위 계승도 승인하지 않았다. 恭愍王, 禑王 때
왕위 계승을 문제삼거나 내정의 구체적인 것까지 거론하며 간섭했던
것과 비교할 때 현저히 달라진 대고려 태도였다.

恭讓王 3년 明의 요구로 이루어진 1만 필에 달하는 馬貿易은 교역
의 형식을 취하였으나, 교역량과 馬價를 明이 결정하여 통보한 강제
적 교역이었다. 高麗(朝鮮 건국 후에 완료)는 교역이 아니라 貢物의
일종으로 받아들였다. 1만 필에 달하는 마필 수를 단기간에 채우기 위
해 전국의 모든 신분, 계층에서 말을 징발하여 '中外가 소란스럽다'고
표현될 정도였다.96) 또 閹人을 200명 보내라고 요구하였는데, 이것은

---

96)『高麗史』권46, 恭讓王 3년 9월 甲辰, [상899④~900②] 諫官許應等上疏.

164

高麗가 元에 공납한 수와 비교해도 훨씬 많은 수이다. 貢女와 閹人처럼 사람을 공납하도록 요구하는 것은 '징발'로 인한 고통과 그에 대한 반감이 물자 징발의 경우보다 직접적이었다. 元代에 貢女 징발의 반인륜성에 대하여 여러 번 진정한 이유도 이에 기인한다.

그런데 李成桂政權은 明의 요구에 신속하게 대응하였다. 馬貿易을 요구받은 그해에 1,000필 단위로 4,000필의 말을 遼東으로 운송하였고, 火者 20인도 보내었다.97) 朝鮮은 對明관계를 신속하게 안정시킴으로써 정권의 정당성을 확보하려고 한 것으로 보인다.98) 한편 明은 李成桂측이 추진하는 정치변동에 불간섭주의를 고수함으로써 그것을 방조하였다. 朝鮮의 건국을 天命論으로 정당화하고 국호 개정을 촉구함으로써 왕조 교체를 도와준 셈이다. 10,000필의 말과 閹人을 신속하게 明으로 보낸 것은 明의 협조에 대한 보상이라고 할 수 있을 것이다.

2) 表箋文 사건과 誥命·印信 문제의 해결

高麗에서 朝鮮으로의 王朝 교체와 국호 개정 문제는 明의 승인으로 쉽사리 해결되었다. 그런데 明은 李成桂의 즉위를 승인하면서도 誥命과 印信을 주지 않았다. 遼東의 北元勢力을 제압하는 데 성공한 明은 다음 단계로 두만강 일대에 거주하는 女眞族을 招撫하기 시작하였다. 元代까지 종족적 특성을 유지하면서 세력을 유지해 오던 女眞族은 元의 통제력이 와해되고, 恭愍王 18~20년에 걸쳐 高麗가 3차

97) 『高麗史』 권46, 恭讓王 3년 10월 己卯, [상901③④].
98) 신석호, 1959,「조선 왕조 개국 당시의 대명관계」『국사상의 제문제』1, 104쪽. 末松保和는 1965, 앞 책, 374쪽에서 李成桂집권 후 高麗의 대외정책은 事大事明으로 결정된 것이며, 이로써 高麗의 對明 관계는 완전히 탄력성을 상실했다고 평가하였다.

레 遼東 공격을 단행하자 高麗에 귀부하거나, 일부는 高麗 내지로 이
주해오기도 하였다. 당시 두만강 일대의 女眞族으로는 吾音會(會寧)
의 吾都里, 建州衛의 兀良哈, 그 북쪽의 兀狄哈 등 3종족이 대표적이
었다.99) 이들이 麗末에 이르러 高麗에 귀부한 것은 恭讓王 3년 李成
桂의 女眞 招撫에 의해서이다. 이들은 다음 해부터 高麗에 來朝하였
다.100) 高麗에 복속한 후에는 李成桂의 휘하 군대에 편입되어 출전하
고 있었다. 明이 女眞族 招撫를 시작한다는 것은 이들에 대한 관할
문제로 朝鮮과 갈등이 생긴다는 것을 의미하였다. 女眞族 관할 문제
는 遼東에 대한 지배권 문제였다.101)

朝鮮이 女眞과 연결되는 것을 明은 심각한 위협으로 받아들였다.
女眞 관할 문제를 둘러싼 明의 朝鮮에 대한 불만은 朝鮮 건국 직후에
표명되었다. 太祖 2년(1393) 5월 明은 이른바 生釁侮慢 5개사를 항의
하였는데,102) 5개사 중 가장 중요한 문제는 朝鮮이 遼東의 女眞人
500인을 유인하여 압록강을 넘어갔다는 것이었다.103) 明은 朝鮮이 유
인해 간 女眞人을 전부 송환한다면 군사를 동원하여 정벌하지 않을
것이라고 하였다. 遼東 지배권을 확보하지 못한 明은 이 지역에 미치
는 朝鮮의 영향력을 견제하기 위해 군사동원까지 언급하면서 朝鮮을
견제하려고 하였다.

明이 朝鮮을 압박하는 방법은 表箋文 사건으로 나타났다. 表箋文

---

99) 朴元熇, 1991,「永樂年間 明과 朝鮮間의 女眞問題」『亞細亞硏究』85.
100)『高麗史』권46, 恭讓王 4년 2월 丁丑, [상904③].
101) 朴元熇, 1995b, 앞 논문, 324쪽.
102)『太祖實錄』권3, 太祖 2년 5월 丁卯.
103) 生釁侮慢 5개사의 나머지 4개사는 ① 중국의 소식을 朝鮮에 전한 兩浙의 不
良한 수십 家를 살육하였다는 것, ② 布帛과 金銀으로 遼東 邊將을 유인하
였다는 것, ③ 朝貢한다고 하면서 작고 쓸모 없는 말을 보낸다는 것, ④ 국
호를 개정하여 주었는데도 아무런 소식이 없다는 것 등이다.

166

사건이란 외교문서에 쓰인 문자가 不敬하다고 하여 明이 문제삼은 것
이다. 太祖 연간에 3차례 제기되어 朝鮮－明 사이 가장 중요한 외교
현안이었다. 제1차 表箋 문제는 太祖 4년 10월에 파견된 賀正使 表奏
文에 '경박하고 우롱하는(輕薄戲侮)' 문구가 있다고 하여 明이 賀正使
를 억류시킴으로써 발생하였다.104) 이 소식은 다음 해 2월에 알려졌는
데, 明은 문서 작성자인 鄭道傳을 지목하여 압송하라고 요구하였다.
제2차 表箋 문제는 太祖 4년 11월에 太祖의 誥命과 印信을 요청하기
위해 보낸 奏請文에서105) 殷 紂王의 고사를 인용한 것이 무례하다는
이유로 奏請使를 억류함으로써 발생하였다. 이 소식은 다음 해 3월에
알려졌는데, 明은 문서 작성과 교정에 관련된 자를 모두 압송하라고
요구하였다.106) 제3차 表箋 문제는 太祖 6년 8월 千秋使가 가지고 간
啓本이 문제가 되었다. 明은 이번에도 역시 啓本 작성에 관여한 자들
을 압송하라고 요구하였다.107)

　表箋 문제는 明初 중국에서 광범위하게 발생한 文字獄의 일환인
것으로 이해되고 있다.108) 文字獄은 洪武帝가 상소문 등에 쓰인 文字
가 자신을 모욕하는 것이라 하여 관련자들을 대거 숙청한 明初의 옥
사인데 洪武帝의 개인적 열등감에서 비롯된 것으로 이해되고 있다.
表箋 문제는 遼東의 女眞族 招撫와 연관되어 발생하였는데, 明은 이
를 빌미로 朝鮮과 분쟁을 만들어 외교적으로 압박함으로써 遼東으로
의 진출을 방지하는 데에 이용하고 있었다. 3차의 表箋 문제에서 모두
사신을 억류하고, 그들의 진술을 토대로 表箋 작성과 교정에 관계된

---

104) 『太祖實錄』 권8, 太祖 4년 10월 庚子.
105) 『太祖實錄』 권8, 太祖 4년 11월 辛未.
106) 『太祖實錄』 권9, 太祖 5년 3월 丙戌.
107) 이상 表箋問題에 관하여는 朴元熇, 1975a, 「明初 文字獄과 朝鮮表箋問題」
　　『史學研究』 25 참조.
108) 朴元熇, 1975a, 위 논문, 94～100쪽.

사람들을 압송할 것을 집요하게 요구하였다. 이어서는 억류된 사람들의 가족까지 보낼 것을 요구하였다.[109) 朝鮮은 鄭道傳을 제외하고는 明이 요구하는 관련자를 모두 明으로 보내었다. 그중 제2차 表箋 사건에 관련된 鄭摠·金若恒·盧仁度 등은 돌아오지 못하고 明에서 죽었다.[110)

明이 압송을 요구한 表箋 작성 관련자들을 明으로 보내는 데는 반대의견도 제시되었다.[111) 그러나 이 경우에도 明이 요구하는 관련자를 일단 파견하여 변명하는 것이 事大의 방법이라는 데에는 동의하였다. 朝鮮은 위화도회군 당시 李成桂측에서 주장한 事大의 방법, 즉 외형상으로 上國인 明의 요구를 수용하는 것이 정당한 事大의 방법이라는 것에 따라 鄭道傳을 제외하고 明이 요구한 관련자들을 모두 보내었다. 明이 관련자의 압송을 집요하게 요구한 배경에는, 軍政 개혁과 軍備 강화에 힘쓰며 對明 강경책을 쓰던 鄭道傳을 제거하려는 의도가 있었던 것으로 이해된다. 洪武帝는 鄭道傳을 禍의 근본이라고 지목하면서 李成桂가 그를 중용하는 것을 비난하였다.[112) 明은 의도적으로 表箋 문제를 확대시켜 朝鮮을 압박하였다. 앞서 恭愍王이 시해 뒤 明은 집정자의 來朝를 요구하였지만 禑王政權에서는 이를 수용하지 않았다. 이와 같이 鄭道傳에 대한 압송 요구도 朝鮮이 받아들일 수 없는 것이었다. 表箋 문제는 洪武帝 사망 후 사면령이 내려서 해결되었다.[113)

表箋 문제가 계속되어 明과의 관계를 악화시키지 않기에 급급했던 朝鮮은 太祖代에는 다시 李成桂의 誥命과 印信을 요청하지 못하였

---

109)『太祖實錄』권9, 太祖5년 4월 乙未.
110)『太祖實錄』권12, 太祖 6년 11월 戊寅.
111)『太祖實錄』권14, 太祖 7년 5월 壬戌 ; 7년 윤5월 戊寅.
112)『太祖實錄』권11, 太祖 6년 4월 己亥.
113)『太祖實錄』권15, 太祖 7년 10월 乙巳.

다. 그러나 國王으로서의 李成桂의 지위는 明으로부터 誥命, 印信을 획득한 다음에야 명실상부하게 인정되는 것이며, 朝鮮 건국에 대한 대외적인 승인을 완성한다는 의미도 있었다.

洪武帝가 사망하고 그 손자인 建文帝가 즉위한 뒤 明에서는 洪武帝 당시 지방에 분봉한 藩王들의 兵權을 회수하는 문제로 갈등이 일어나 燕王(洪武帝의 4子, 뒤의 永樂帝)이 建文帝를 상대로 황제위 계승 전쟁을 일으켰다. 燕王에 비해 군사력이 열세이던 建文政府측에서는 내전에 필요한 戰馬를 공급받기 위해서 朝鮮의 협조가 절실했다. 이러한 상황을 이용하여 定宗 2년(1399) 9월에 誥命, 印信을 요청하였다.114) 定宗이 太宗에게 양위함에 따라 다시 太宗의 誥命과 印信을 요청하였다.115) 국내에서 燕王과 대립하고 있던 建文政府는 燕王 후방에 있는 朝鮮의 요청을 거절할 수 없었다. 建文政府에서는 太宗의 誥命과 印信을 주는 한편,116) 그 3개월 뒤에 戰馬로 쓰겠다고 말 1만 필의 교역을 요구하였다. 이로써 朝鮮은 건국 이래의 숙원이던 誥命과 印信을 획득할 수 있었다. 그러나 建文帝는 황제위 계승 전쟁에서 패하여 실종되었다.

朝鮮은 새로 즉위한 永樂帝 정부와 새로운 朝貢冊封關係를 맺어야 하였다. 朝鮮은 建文帝가 준 誥命, 印信을 반납하면서 고쳐줄 것을 요청하였다.117) 이것은 朝鮮이 永樂帝를 중국의 정당한 天子로 인정한다는 것이었다. 적장자가 아니었으며 帝位 계승 과정에서 정통성에 결함이 있었던 永樂帝는 朝鮮의 요청을 바로 수락하였다. 새로운 誥命, 印信은 해를 넘긴 太宗 3년(1403) 4월에 도착하였다.118) 太宗代

---

114) 『定宗實錄』 권5, 定宗 2년 9월 庚辰.
115) 『太宗實錄』 권1, 太宗 원년 2월 己未.
116) 『太宗實錄』 권1, 太宗 원년 6월 己巳.
117) 『太宗實錄』 권5, 太宗 3년 4월 丁卯.
118) 『太宗實錄』 권5, 太宗 3년 4월 甲寅.

에 이르러 誥命, 印信 문제가 해결된 것은 朝鮮이 상대하는 永樂帝 이후 명의 對朝鮮政策이 洪武帝 당시와 달랐다는 점도 영향을 주었다. 이로써 朝鮮 건국에 대한 국제적 승인 절차는 완료되었다.

朝鮮은 定宗 때부터 賀正使, 聖節使, 千秋節使의 1年 3使를 제도화하였으며, 그 외에 각종 명목의 임시사절을 파견하였다. 太祖~世宗代의 국초 58년간 총 399회 사절을 파견하였으므로 1년 평균 6.7회 사신을 파견하였다. 반면 明은 총 95회, 1년 평균 1.6회 사신을 파견하였다.[119] 사신 왕래의 횟수와 절차, 貢物과 回賜 등의 문제에 있어 朝鮮-明의 관계는 의례면에서 역사상 가장 정형화된 朝貢冊封關係로 완성되었다.[120]

사신 왕래 회수에서 보면 明보다는 朝鮮측에서 明과의 朝貢冊封關係를 유지하는 데 보다 적극적이었다. 신흥한 朝鮮은 王朝의 정통성을 明과의 朝貢冊封關係를 통해 얻으려 하였다.[121] 朝鮮의 1年 3使는 明의 對琉球·安南·日本과의 관계와 비교해 볼 때 특수한 외교관계였다.[122] 이후 朝鮮과 明 사이에는 宗系辨誣 문제,[123] 女眞族 招諭

---

119) 李鉉淙, 1977,「朝鮮初期의 對外關係-對明關係-」『한국사』9, 국사편찬위원회, 351쪽. 成宗朝 이후에는 朝鮮은 明에 1년 평균 3.7회, 明은 朝鮮에 1년 평균 0.3회 사신을 파견하였다.

120) 李鉉淙, 1961,「明使接待考」『鄕土서울』12 ; 金龍基, 1972,「朝鮮初期의 對明朝貢關係考」『釜山大學校論文集』14(人文·社會科學篇).

121) 김한규, 1999,『한중관계사Ⅱ』, 581쪽.

122)『大明會典』권105, 禮部 63 朝貢1에 정해진 규정에 의하면 琉球는 2년에 1貢, 安南과 暹羅는 3년에 1貢, 日本은 10년에 1貢으로 규정되어 있다. 김한규, 1999, 위 책, 576~577쪽.

123) 宗系辨誣 문제는 明의 洪武帝가 제정한 皇明祖訓 안에 李成桂가 高麗權臣 李仁任의 후손으로 기록되어 있는 것에 대해 朝鮮이 수정을 요구함으로써 발생한 문제이다. 皇明祖訓의 기록은『大明會典』에 그대로 옮겨졌다. 이 내용이 朝鮮에 처음 알려진 것은 太祖 3년(1394)이었다. 朝鮮은 귀국하는 明使 편에 李成桂가 李仁任의 후손이 아니라는 辨明奏本을 보냈다. 宗系辨誣使

문제와 朝鮮으로 유입한 遼東民 추쇄 문제, 世宗代까지 계속된 馬貿易 문제 등에서 이해가 충돌하여 갈등이 조성되기도 하였으나, 기본적으로는 明이 중심이 되는 동아시아의 질서체제 안에서 朝鮮-明의 관계는 안정되어 갔다고 할 수 있다.

를 정식으로 파견한 것은 그로부터 9년 후인 太宗 2년(1402)이다. 宗系辨誣 사건은 朝鮮王室의 존엄에 관계된 중대한 사안이다. 그러나 본 논문에서 다루는 世宗朝까지에는 위의 太宗 2년 외에는 다시 辨誣使를 파견하지 않았으므로 여기에서는 다루지 않는다. 宗系辨誣에 관하여는 朴元熇, 1995b, 앞 책, 328~329쪽 ; 김한규, 1999, 앞 책, 579~581쪽 참조.

제4장 麗末鮮初의 華夷論

朝貢冊封關係에서 朝貢國인 高麗/朝鮮은 夷, 冊封國인 中國은 華가 된다. 華는 漢族의 중국왕조를 가리키는 것이지만, 10세기 이래의 契丹遼, 金, 元처럼 漢族 주변의 이민족이 중국 본토를 차지하여 中國이 됨에 미쳐서는 원래 夷였던 그들이 華로 인정되기도 하였다. 이와 같이 華와 夷의 관계는 시대가 변함에 따라 변하며, 그에 따라 華와 夷에 대한 인식도 변하게 된다. 華夷論은 동아시아 세계를 이해하고 각국이 자신의 위치를 규정하는 인식체계라고 하겠다.

華夷論에서 華와 夷를 구분하는 근거는 형세와 문화를 중시하는가, 아니면 원래 漢族인가 아닌가 하는 종족적 측면을 중시하는가에 따라 형세·문화론적 華夷論과 종족론적 華夷論으로 나뉜다.[1] 원간섭기에 고려인들은 元이 형세를 장악했다는 현실을 인정하고 형세를 기준으로 元을 華로 인정하고 元의 문화를 中華세계의 그것으로 인정하였다.[2] 형세 위주로 볼 때 元의 조공국이자 부마국인 고려는 夷이지만, 華의 문화인 유학을 통해 中華세계와 대등한 문화를 누리고 있기 때문에 스스로 小中華로 자처하기도 하였다.[3]

---

1) 朴志君, 1990, 「宋代 華夷論 研究」, 이화여대 박사학위논문.
2) 도현철, 1994, 「14세기 전반 유교지식인의 현실인식」『14세기 고려의 정치와 사회』.
3) 채웅석, 2003, 「원간섭기 성리학자들의 화이관과 국가관」『역사와 현실』49.

麗末鮮初는 중국에서 몽골족의 元이 쇠퇴하고 漢族의 明이 들어선 시기이다. 고려의 事大 대상국도 元에서 明으로 바뀌었다. 元·明의 교체는 華夷論적 세계 인식에서 중심인 華의 주체가 바뀐 것이다. 이러한 변화를 당시인들은 어떻게 이해하고 합리화했을까? 元과 明에 대한 華夷論적 인식과 그 변화는 대중국정책에 반영되었을 것이다. 고려/조선의 외교노선이 親明·反元, 혹은 親北元·反明 등으로 나타나는 것과 華夷論은 연관되어 있다.

1세기에 걸친 원간섭기의 질서를 부정하고 親明政策을 선택했을 때, 祸王 즉위 후 明과 北元 두 나라 모두와 朝貢冊封關係가 양립되던 때, 또 北元이 멸망한 후 조선과 明과의 관계를 어떻게 인식하고 있었는지 등의 문제를 살펴보아야 할 것이다.[4] 그러한 대중국 인식이 국가정책에 어떻게 반영되었는지를 이해하기 위해 국가정책에 반영되었거나 조정회의와 같은 공개석상에서의 발언, 정책건의서 등에 사용된 용어로 정리하여 그 의미를 분석함으로써 접근하려고 한다.[5]

---

4) 기존의 연구에서는 麗末鮮初 朱子學者들에게는 두 계열의 華夷論이 모두 나타났던 것으로 이해하고 있다. 李穡을 중심으로 하는 士大夫들은 元代 이래의 형세·문화론적 華夷論을 가지고 있었던 데 반해, 뒤에 조선개국의 중심이 되는 鄭道傳·趙浚계열의 士大夫들은 漢族王朝인 明을 華로 인정하는 종족론적 華夷論에 기울어 있었다고 하였다. 都賢喆, 1999, 『高麗末 士大夫의 政治思想研究』, 102~119, 195~201쪽.
두 계열 주자학자들의 華夷論 인식을 차별성이 있는 것으로 이해하는 것은 정치·경제 등 개혁방안에서 사상적 지향성에 차이가 있었다고 이해하는 것과 같은 선상에 있는 연구이다. 韓永愚, 1973, 『鄭道傳思想의 研究』는 두 계열의 朱子學者 중 급진개혁파, 혹은 新法派로 분류되는 鄭道傳을 본격적으로 다룬 첫 연구이다. 이후 李景植, 1986, 『朝鮮前期土地制度研究』는 두 계열 주자학자의 경제사상과 경제정책에서의 차이를, 都賢喆, 1999, 윗 책은 그 사상적 차이를 탐구한 연구이다.
5) 여기에서는 明이나 北元에 보내는 외교문서에 사용된 지시어와, 공개적인 자리에서 발설되지 않은 용어는 가능한 제외하였다. 전자의 경우 朝貢冊封關係의 관례상 사용되는 용어들이어서 외교적 수사의 성격이 강하다. 후자

麗末鮮初의 華夷論은 1368년(恭愍王 17) 明 건국 후 北元과 양립
하던 시기와 1388년 이후 北元이 멸망한 이후의 두 시기로 나누어 살
펴보려고 한다. 중국에서 天子國을 자처하는 北元과 明이 양립하고
있었을 경우에, 고려는 어느 한 쪽, 혹은 양쪽을 모두 華로 인정하였
을 것이다. 이럴 경우 元代처럼 하나의 강력한 中國을 華로 인식한
경우와는 차이가 있었기 때문이다. 고려의 대중국정책 노선의 변화에
주목해서는 1368~1388년까지의 앞 시기에서 親明政策 입장에서 北
元을 철저히 배격하던 恭愍王代와 禑王 즉위 후 明과 北元 두 나라
모두를 상대로 朝貢冊封關係에 있었던 시기를 나누어 검토할 것이다.

1. 明 건국 후 恭愍王代의 華夷論

明이 건국하여 元을 북으로 몰아내고 中國에서 새로운 강자의 자
리를 차지하자, 고려는 근 1세기 가까이 지속해 온 元에 대한 事大를
부정하고6) 明에 대한 事大를 결정하였다. 朝貢冊封關係에서 고려가
책봉국을 선택한 것이다. 이 당시 明에 대한 인식은 明의 건국과 朱元
璋의 皇帝 즉위를 축하하는 表文에 나타나 있다.7) 朱元璋이 明을 건

의 경우 어느 개인의 인식은 국가의 대외정책에 영향을 줄 가능성이 있지만,
때로 관념과 현실 사이의 괴리가 적지 않을 수 있으므로 제외하였다.
6) 고려는 1356년(恭愍王 5) 反元改革으로 국내의 附元輩를 숙청하고 雙城摠管
府를 수복하며, 元 간섭으로 격하되었던 제도를 간섭 전 文宗官制로 복구한
뒤에도 明이 건국하는 1368년(공민 17)까지 對元 事大를 지속해 왔다. 김순
자, 1995, 「고려말 대중국관계의 변화와 신흥유신의 사대론」 『역사와 현실』
15 ; 본서 제1장 2. 恭愍王代의 反元改革과 그 성과 참조.
7) 『高麗史』 권41, 恭愍王 18년 5월 甲辰, [상823④~824①], “遣禮部尙書洪尙
載·監門衛上護軍李夏生 奉表如金陵 賀登極 仍謝恩 其表曰 秉籙膺圖 復
中國皇王之統 體元居正 同萬邦臣妾之心 景命有歸 懽聲旁達 皇帝陛下文
明邁舜 勇智躋湯 雷厲風飛 集大勳於戡定 鼎新革古 熙洪號以創垂 典章文

국한 것은 天命(景命)을 받은 것으로서, 그리하여 中國 皇王의 정통을
이었다고 인정하였다. 이것은 明이 元을 대신한 中國의 정통왕조라는
것을 天命論으로 인정한 것이다. 明을 天子國으로 인정함으로써 고려
는 새로이 明과 朝貢冊封關係를 맺는다는 것을 의미하였다.

그런데 明은 元을 몰아내기 위해 北伐을 단행할 때 元朝를 夷로 단
정하고 漢族인 자신들이 中華를 회복한다고 표방하였다(驅逐胡虜 恢
復中華).[8] 元은 비록 中國을 지배했으나, 본디 漢族과 종족이 다른(元
非我類) 夷로 규정함으로써 정통왕조로서의 위치를 華夷論으로 부정
하였다.[9] 이러한 明의 입장은 건국을 통보하는 외교문서를 통해 고려
에 처음부터 알려졌다.[10]

　　物之粲然 華夏蠻貊之率俾 臣邈處東表 顯望北辰 雖未叅稱賀之班 願恒貢
　　蘄傾之懇".

8) 相田洋, 1970,「'元末の反亂'とその背景」『歷史學硏究』361. 明은 몰락한 빈
　농 반란군을 기초로 하여 江南의 地主들을 포섭하는 가운데 성립된 정권으
　로 이해하고 있다. 紅巾賊의 반란시기에는 地主들이 주요한 공격목표였으
　나, 朱元璋이 권력을 장악한 뒤 江南의 地主들이 참여하게 되었으며, 北伐
　시기에는 계급적 모순보다는 민족적 모순을 부각시켜 "胡虜를 驅逐"한다고
　선전하였다.

9) 『高麗史』권41, 恭愍王 18년 4월 壬辰, [상823①~③], "大明皇帝遣符寶郎偰
　斯 賜璽書及紗羅段匹 摠四十匹 王率百官出迎于崇仁門外 其書曰 大明皇
　帝致書高麗國王 自有宋失馭 天絶其祀 元非我類 天命入主中國百有餘年
　天厭其昏淫 亦用隕絶其命 華夷擾亂十有八年".

10) 그러나 明이 北伐을 단행할 때 자신을 華로, 元을 夷로 설정한 華夷論을 시
　종일관 고수한 것은 아니다. 明은 中原을 장악한 뒤 정통왕조로서의 元의
　지위를 부정하지 않았으며, 朱元璋 자신도 본래 元의 百姓이었다고 인정하
　였다. 『高麗史』권42, 恭愍王 19년 7월 乙巳, [상835②~836④], 洪武帝詔
　書;『高麗史』권133, 禑王 4년 8월, [하883①②], "周誼·柳藩 還自京師 禮
　部尚書朱夢炎錄帝旨 以示我國人曰 朕起寒微 實膺天命 代元治世 君主中
　國 當卽位之初 法古哲王之道 飛報四夷酋長 使知中國之有君 當是時 不過
　通好而已 不期高麗王王顓卽稱臣入貢 斯非力也心悅也 其王精誠數年 乃爲
　臣所弒 今又幾年矣".

그러나 北元은 中國의 주인이라는 자리에서는 물러났으나 遼東지방에는 北元의 잔여세력이 여전히 독자적인 세력을 유지하면서 明과 대립하고 있었다. 고려는 기왕에 1세기 가까이 元의 부마국으로서 大元帝國 안에서 특별한 위치를 차지하고 있었으며,[11] 遼東은 고려와 바로 연결되어 있었으므로 北元의 영향력은 적지 않았다. 1388년 明이 北元 잔여세력을 최종적으로 토벌하기까지 고려는 明과 각축하고 있는 北元에 대하여 어떻게 인식하고 있었으며, 明과의 상대적인 관계를 어떻게 생각하고 있었을까?

親明 외교노선은 明이 중국의 형세를 장악했다는 상황 판단에서 결정되었다. 앞에서 언급한 바와 같이 고려는 明의 건국과 朱元璋의 皇帝 즉위를 축하하는 表文에서 明은 天命을 받아 中國 皇王의 정통을 이었다고 하였다. 이것은 새로운 강국으로 등장한 明을 華로 인정한 것이고, 그에 따라 對중국 외교노선을 明으로 바꾸게 되었다. 이러한 親明政策은 李穡 문하에서 朱子學을 공부하고, 恭愍王 16년 이후 成均館을 중심으로 성장해 온 신흥사대부들의 지지를 받았다.[12] 이들의 華夷論은 恭愍王이 시해된 뒤 北元에서 보내온 외교사절을 받아들이는가의 문제로 관리들의 의견이 둘로 나뉘었을 때 鄭夢周, 朴尙衷 등의 상소문에서 읽을 수 있다. 鄭夢周와 朴尙衷은 經術之士로 일컬어졌으며 恭愍王 16년 成均館이 重營될 때 金九容, 朴宜中, 李崇仁 등과 함께 學官을 겸했던 사람이다.[13] 그 중 鄭夢周는 위화도회군 후에

---

11) 주채혁, 1989,「몽골-고려사 연구의 재검토-몽골·고려사의 성격문제-」『국사관논총』8, 27~38쪽.

12) 閔賢九, 1968,「辛旽의 執權과 그 政治的 性格(下)」『歷史學報』40, 101쪽 ; 이익주, 1995,「恭愍王代 개혁의 추이와 신흥유신의 성장」『역사와 현실』15, 38~51쪽.

13)『高麗史節要』권28, 恭愍王 16년 5월, [723①], "命重營國學 令中外儒官隨品出布 以助其費 又以判開城府事李穡兼大司成 增置生員 又擇經術之士金

176

는 이성계정권에 참여하여 恭讓王을 옹립한 9공신에 참여하고, 李芳
遠에 의해 제거되기 전까지 개혁적 사대부의 대표적인 인물로 활동하
였다. 禑王 원년 당시 成均大司成이었던 鄭夢周는 北元(北方)을 격노
시키지 않기 위해 北元使를 받아들여야 한다는 李仁任政權의 논리를
비난하면서 '小敵'인 北元에 事大하는 것은 '天下之兵'인 明을 적대하
는 것이라고 하였다.[14] 明, 北元에 대한 외교노선 선택은 힘의 강약에
따른 형세에 근거하여야 한다는 논리였다.[15]

　鄭夢周가 중국을 지배하는 왕조로서의 元과 明을 어떻게 인식했는
지는 두 나라를 가리키는 용어 사용에서 드러난다. 元은 北方, 元氏,
元氏遺種으로, 明은 大明, 天子(國), 上國으로 대비하였다. 두 나라를
대비하는 용어에서는 明을 정통의 天子國으로, 元을 정당성이 없는
대상으로 인식하였음을 알 수 있다. 고려가 중국을 禮事한 것은 天下
의 '義主'임을 보았기 때문이라고 하였다. 이어서 元이 북으로 파천하
고 天命을 받은 大明이 일어났다고 하였으므로, 여기의 '義主'란 明을
가리키는 것이 분명하다. 그러면 恭愍王이 明에 事大하기로 한 것은
明이 天命을 받은 義主이기 때문이며, 단순히 明이 중국의 형세를 잡

　　九容・鄭夢周・朴尙衷・朴宜中・李崇仁等 皆兼學官".
　14)『高麗史節要』권30, 禑王 원년 5월, [750④～751③], "成均大司成鄭夢周等上
　　書曰 吾東方 僻在海外 自我太祖起於唐季 禮事中國 其事之也 視天下之義
　　主而已 頃者 元氏自取播遷 大明龍興 我上昇王 灼知天命 奉表稱臣 皇帝嘉
　　之 封以王爵 錫貢相望……今北使之來 議遣大臣 禮接境上 乃曰不欲激怒
　　北方以緩師也……欲緩小敵之師 實動天下之兵也 此理甚明 人所易曉".
　15) 劉璟娥, 1996,『鄭夢周의 政治活動 研究』, 65～67쪽에서는 鄭夢周가 역사적
　　사실을 의리의 관점에서 평가하고 있으면서도 그의 華夷論은 형세론적 道
　　統論이라고 하였다. 필자는 앞서 이 부분을 언급할 때 鄭夢周의 華夷論을
　　명분론적 華夷論으로 이해하여 형세론적 華夷論과 차이가 있다고 하였다
　　(1995, 앞 논문, 131쪽). 여기에서 수정한다. 반면, 都賢喆은 鄭夢周의 華夷論
　　을 종족・명분・의리・도덕을 중시하는 명분론적 華夷論으로 이해하였다
　　(1999, 앞의 책, 195～201쪽).

은 새로운 강자이기 때문은 아니라는 것이다. 즉 明에 대한 고려의 事大를 도덕적 판단에 근거하여 義主, 정통의 天子國으로 인정한 것이다. 여기에서 '義主'인 明에 상대개념으로 설정된 元은 도덕적으로 天下의 주인이 될 자격이 없는 '不義한' 존재로서 규정된다. 도덕적 판단을 기준으로 하여 事大의 대상국, 천자국을 설정하였으므로 정몽주에게 있어서 華夷論은 단순히 中國 中原의 형세를 장악했는가의 여부에 의해서만 결정되는 것은 아니었던 것으로도 보인다.

그런데 여기의 '義主'란 明만을 가리키는 것은 아니다. 상소문 서두에서 "고려 太祖가 唐季에 일어난 이래로 中國을 禮事한 것은 義主"였다고 한 다음에, 고려가 元과의 관계를 끊고 明에 事大한 것을 긍정적으로 평가하였다. 따라서 이 '義主'란 일차적으로 明을 가리키지만, 동시에 국초 이래 고려가 事大한 역대 중국왕조를 포괄적으로 가리키고 있다. 鄭夢周는 北元의 사신을 맞아들여 北元과의 외교관계를 재개하려는 이인임정권의 대외정책을 비난하는 입장에서 도덕적 판단을 내세워 對明事大를 옹호하였지만, 그러면서도 元이 중국을 통일하였던 시기 고려의 對元事大까지 부정한 것은 아니었다. 그는 고려가 事大한 역대 중국왕조를 전반적으로 긍정적으로 평가하였다. 또한 '小敵'인 北元과 事大관계를 재개하는 것은 '天下之兵'인 明을 적대하는 것이므로 北元을 事大해서는 안 된다는, 힘의 강약에 따른 형세도 인정하였다. 역대 고려의 事大관계를 종합적으로 살펴볼 때, 당시의 형세를 장악한 漢族王朝 明에 대한 事大를 긍정하는 것에는 아무런 문제가 없었을 것이다. 그러나 漢族王朝가 아닌 北方 夷族王朝인 契丹, 金, 元에 대한 事大까지 인정하였다고 할 때, 그의 華夷論은 기본적으로 形勢論의 범주에 포함되는 것이다.

이 논리는 鄭夢周와 함께 北元 사신의 영접을 반대한 判典校寺事 朴尙衷에게서도 나타난다. "이치를 따져볼 때 順을 따르면 吉하고 逆

178

을 좇으면 凶한 것이며, 형세를 따져볼 때 南(明)은 강하고 北(北元)은 약한 것을 누구나 아는 것이다.……강한 자를 배반하고 약한 자에게 향하는 것은 옳은 계책이 아니다(괄호 안은 필자)"라고 하였다.[16] 여기에서 朴尙衷은 高麗가 北元을 배척하고 親明策을 선택해야 하는 이유를 힘의 강약으로 설명하였다. 형세에 따라 對明事大가 결정되어야 하는 것으로 말했으며, 종족적 혹은 도덕론적으로 그것을 주장하지는 않았다. 明과 北元을 '南'과 '北'으로만 구별하였으며 華와 夷로는 구분하지 않았다. 明과 元을 대등하게 방위를 나타내는 南·北으로 지시한 것은 明의 존재를 天子國으로서 절대시하거나, 對明事大를 朱子學的 도덕론으로 긍정한 것은 아니다. 우리(고려)를 중심에 두고, 그 상대개념으로서 다른 나라, 즉 南=明, 北=元으로 인식한 것이다.

이러한 인식은 당시에 보편적이었던 것으로 보인다. 恭愍王 시해 후 北元이 瀋王인 脫脫不花를 고려왕으로 임명했다는 소식이 전달되었다. 禑王이 정당한 계승자라는 것을 주장한 百官連名書를 北元 中書省에 보내게 되었는데 連名書에 서명하지 않았던 左代言 林樸, 典校令 朴尙衷, 典儀副令 鄭道傳들도 같은 인식을 가지고 있었다. 이에 의하면 恭愍王이 南(明)에 事大하기로 결정하였으므로 北(北元)에 事大할 수 없다고 하였다(決策事南 今不當事北).[17] 明과 北元이 南과 北으로만 구별되었는데, 그 근거는 오로지 先王之政이었다.

鄭夢周와 朴尙衷에게서 나타나는 華夷論은 明이 元을 북으로 몰

---

16) 『高麗史』 권112, 列傳25 朴尙衷, [하461④], "以理而言 則惠迪吉從逆凶 以勢而言 則南强北弱 人之所共知者也 夫弃信而從逆 天下之不義也 背强而向弱 今日之非計也".

17) 『高麗史節要』 권30, 禑王 원년 4월, [750②③], "李仁任與百官連名爲書 將呈北元中書省書曰 伯顔帖木兒王遺命元子禑襲位 遣判密直金湑申達訃音 今來 乃知脫脫不花妄生異心 欲要爭襲 乞賜禁約 左代言林樸 典校令朴尙衷 典儀副令鄭道傳 以先王決策事南 今不當事北 不署名".

아내고 대세를 장악했다는 形勢論的 華夷論이라 할 것이다. 이들은 1368년 明이 元都를 함락하고 새로운 天子國임을 선포하자 中國의 형세를 明이 장악했다는 상황 판단 아래 恭愍王의 親明政策을 지지했다. 明의 위상을 도덕론적으로 '華'의 위치로 인정하는 경향이 보이지만, 이는 어디까지나 중국의 형세를 장악했다는 전제 위에서 '義主'라는 것을 인정하는 수준이었다. 明을 '華'로 인정할 때 反元親明노선은 정당화되는 것이었다.

2. 禑王代 明・北元 공존기의 華夷論

親明政策을 주도하던 恭愍王이 시해되고, 明使가 살해되어 고려가 이를 해명해야 했을 때 禑王初의 집권자들은 이 문제에 효과적으로 대응하지 못했다. 고려의 대중국정책은 明과 元(北元) 사이에서 혼선이 빚어지고 있었다. 明과는 사신 왕래가 중단된 반면, 고려에 접근하기 위해 적극적으로 유화책을 쓰는 北元과는 사신 왕래가 재개되어 禑王이 책봉받기도 하였다. 恭愍王代 새로 天子國으로 인정한 明과 이전의 天子國이었던 北元 두 나라 모두와 관계를 유지하게 되었을 때, 漢族王朝인 明과 그에 대한 事大, 또 몽골족왕조인 元과 그에 대한 事大를 어떻게 인식하였을까? <표 4-1>은 明과 北元이 양립하던 禑王 14년(1388)까지 각각에 대한 지시어를 정리한 것이다.

당시 고려는 明을 大明, 혹은 上國으로 표현하기도 하여 事大의 종주국으로서의 위치를 인정하였다. 그러나 이것은 明의 존재를 절대시한 것은 아니다. 明과 北元을 '大明'과 '大元'으로, 혹은 南(明)과 元으로 병렬하여 표시했다. 이것은 明과 北元을 대등하게 인식하고 있었다는 것을 나타낸다. 또한 明을 '隣國'으로 표현하였는데, 이것은

<표 4-1> 禑王 1년~14년 明·元 지시어

시기	明 지시어	元 지시어	자료 출처
禑王 3 - 2	南	元(使) ②	池奫일파 제거 기사
3 - 9	大明	大元 ②	왜구 금지를 요청하기 위해 일본에 보낸 외교 문서
6 - 12	大明	大元 ②	禑王의 迷行을 간하는 憲府 상소
8 - 6	南國 (혹은 上國)		諫官 상소　　　　　　　* 上國(절요)
9 - 6		上國 ①	禑王의 迷行을 간하는 臺諫 상소
9 - 8	大明		동서북면 外官 인사 배경을 설명하는 기사
9 - 8	隣國		左司議 權近의 시국에 관한 상소
9 - 10	隣國		禑王의 迷行을 간하는 臺省 상소
11 - 9	上國		明使 입국에 대비하여 李成桂, 崔瑩을 出屯시킨 기사

*元 지시어 중 ①은 明이 건국하기 전인 1368년(恭愍王 17) 이전의 元, ②는 明 건국 후의 (北)元을 나타낸다.

我(고려)를 중심으로 하여 주변의 나라들을 인식할 때 쓰는 표현이다. 단순히 '우리 이웃의 나라'라는 것으로서, 이 표현은 明과 고려의 관계를 華와 夷로, 상하질서 속의 차별적인 존재로 인식하지 않았다는 것을 나타낸다. 明은 夷인 고려에 대한 華로서가 아니라, 고려의 안보에 위협이 되기도 하는 '이웃 국가'로 설정되고 있다.

이 중에서 明과 北元에 대한 고려의 인식이 잘 나타나는 사례는 禑王 6월 12월 憲府 상소이다. 이 상소는 禑王이 기본적인 호위도 갖추지 않고 미행을 일삼자 憲府가 이를 간한 것이다.

　　憲府가 상소하기를 '오직 우리 先王은 宵衣旰食으로 조심하며 敬畏하여 날마다 大臣과 함께 理道를 강론하였습니다. 출입할 때나 평상시에도 혹시 경솔하지 않도록 반드시 날짜와 방위를 가려서 儀衛를 갖춘 연후에 행하였습니다. 근래에 倭寇가 쳐들어와서 國家가 다난합니다. 大元은 가까이 북쪽 변경에 있고 大明은 遼·藩에 屯兵을 설치

하여 조석으로 우리 사정을 엿보고 있습니다'라고 하였다.[18]

이 기록에는 대외관계에 수반되는 외교적 수사가 전혀 가미되지 않았을 것이다. 따라서 당시 고려관리들의 대중국인식이 그대로 나타났다고 생각된다. 여기에 의하면 北元과 明은 '大元'과 '大明'으로 대등하게 취급되고 있다. 고려와의 관계에 대하여는 두 나라 모두 朝夕으로 고려의 허실을 엿보는, 적대관계의 나라로 설정되고 있다. 두 나라 중 어느 쪽도 上國, 혹은 華로 표현되지 않았다.

禑王 6년 당시 北元은 天子國의 위치에서 禑王을 책봉한 나라이다. 반면 明은 당시에 明使 살해, 禑王 책봉과 같은 외교현안으로 고려와 갈등관계에 있었으나, 先王인 恭愍王을 책봉했을 뿐 아니라, 禑王 즉위 후에도 고려로부터 책봉국으로서의 지위가 부정된 적이 없는 중국 왕조였다. 그리고 고려는 이들에 대하여 朝貢의 儀禮를 지키기 위해 노력하였다. 事大가 원래 事大字小의 쌍방향 외교의례라 할 때, 고려 입장에서 본다면 明은 억압적이고 수탈적이었으며 北元은 오히려 고려의 지원을 얻기 위해 간청한다고 표현될 정도였다. 禑王 8년 6월에 諫官인 鄭釐, 朴宜中 등이 禑王의 출입을 신중히 하는 것에 관해 상소했을 때 '南國'이라 지칭된 明은 고려와 통호하지 않고 우리의 국경을 엿보는 존재로서 나타난다.[19] 책봉국으로서의 上國, 혹은 중국의

---

18) 『高麗史』 권134, 禑王 6년 12월, [하898④~899①], "憲府上疏曰 惟我先王 宵衣旰食 惕厲寅畏 日與大臣 講論理道 出入起居 罔敢或輕 必諏日擇方 整備儀衛然後行 近年以來 倭寇侵陵 國家多難 大元近居北鄙 大明屯兵遼瀋 朝夕覘我事情 將然之患 不可測也 殿下就畏勵精 非禮勿動之時也 而日率群少 輕出遊戲 閭巷險隘 無所不至 恐有顚蹶之虞 不測之變也".

19) 『高麗史』 권134, 禑王 8년 6월, [하903③④]；『高麗史節要』 권31, 同條, [789③④], "諫官鄭釐等上疏曰 人主一身 萬化之源 宗社之安危 生民之休戚 係焉 古之人君 克愼威儀 非禮勿動 有所行幸 必備儀衛 動必以時 出必端門 行必黃道 殿下但率一二僕 從晝夜馳騁閭巷 竊念鑾車在前 屬車在後 猶恐

182

정통왕조로서의 정통성 인정 등의 측면은 전혀 인정되지 않는 존재였다.

이러한 면은 禑王 3년 9월 왜구 금지를 요청하기 위해 일본에 보낸 외교문서에도 나타난다.[20] 고려는 자기(本國)를 중심으로 해서 北으로 大元과, 西로 大明과 접하고 있다고 하였다. 北元과 明은 단순히 지리적인 방위개념으로만 구별되었다.[21] 전대의 중국 정통왕조인 元(北元)이든, 漢族이 세운 신흥의 明이든 어느 나라에 대해서나 고려는 '자기'를 중심에 두고 두 나라를 대등하게, 고려와의 관계에 대하여는 적대적인 관계로 인식하였음을 알 수 있다.

이상의 사례에서 나타나는 고려의 華夷論은 형세 위주의 것이었음을 알 수 있다. 당시의 정세를 고려해 볼 때 明이 동아시아의 최고 강국이라는 상황, 즉 형세를 위주로 하여서 인식되고 인정되었다는 것이다. 禑王代는 중국의 형세를 明이 확고하게 장악하고 있었으며 이러한 정세에 대하여는 고려의 지배층도 숙지하고 있었다. 당시의 정세에서 北元이 다시 中國의 지배자가 되리라고는 어느 모로도 생각할 수

有銜橛之虞 況以一二僕從 不限晨夜 馳驚街曲 萬有驚蹶之患 其可悔乎 矧今南國 不許通好 屯兵近境 倭賊深入州縣 又有草賊竊發其反閒者 窺覘京都 屢見獲焉 由此觀之 安知不有姦人·刺客之變耶 此舉國臣民 所共寒心也 伏惟殿下深慮 動必以禮 出入有節 宗社幸甚 禑不聽".

20) 『高麗史』권133, 禑王 3년 9월, [하880①②], "遣前大司成鄭夢周報聘于日本 且請禁賊 書曰 竊念本國 北連大元 西接大明 常鍊軍官 以充守禦 迺於海寇 只今沿海州郡 把截防禦 賊徒偵侯 乘間入侵 燒毁民廬 奪掠人口 及覘官軍 隨 卽騎船逃匿 爲害不小 今蒙大將軍言及諄諄 又於弘長老 備諳厚意 其益圖之".

21) 이 문서는 고려가 일본이라는 他國에 보낸 외교문서이기 때문에 고려의 國勢를 어느 정도 과장하였을 가능성도 고려해 볼 수 있다. 그러나 華夷論은 유교사상의 중요한 한 측면으로서 고려의 지배계층에게 많든 적든 영향을 끼쳤을 것을 고려한다면, 동아시아의 새로운 질서에 대한 고려의 華夷論적 인식이 어느 정도 반영되었을 것으로 판단하여 이용하였다.

없는 상황이었다. 明은 遼東의 北元 잔여세력에 대한 공략을 진행할
뿐 아니라 漠北의 北元 중심지[和林]까지 정벌하여 北元主를 죽이고
그 妃와 아들을 사로잡고 남은 무리를 수습할 정도로 결정적인 성과
를 거두고 있었다.[22] 이러한 형세에서도 고려의 지배층은 북으로 쫓겨
난 北元까지도 明과 같이 華로 인정하였다. 이것은 당시 고려 지배층
이 華와 夷를 구분하는 데 있어 어느 종족인가 여부는 중요하게 고려
하지 않았다는 것을 의미한다. 신흥강국인 明이 중국의 형세를 장악
하였다는 점에 대하여도 절대시하지 않았음을 나타내는 것이다. 고려
에 있어 華夷論이란 국가의 보존을 위하여 받아들이지 않을 수 없는
외교적 의례이며 현실이었을 뿐이다. 이들 주변국가에 대한 고려의 대
응은 철저하게 형세 위주로 선택될 뿐이었다.

　그런데 위에서 살펴본 恭愍王代의 華夷論과 禑王代의 華夷論은
기본적으로 형세 위주의 인식이면서도 차이점이 드러난다. 鄭夢周 상
서에 나타나는 華夷論은 禑王代의 그것보다 도덕론적, 명분론적 성격
을 띤다는 점이다. 이러한 점은 禑王代의 사실에서는 거의 나타나지
않았다. 禑王代는 明 건국 초인 恭愍王代보다 明의 중국지배라는 현
실이 보다 확고해진 시기이다. 北元은 元 황실의 후손임을 자임했다.
그러나 잔여세력은 끊임없이 明 北征軍의 정벌과 회유에 따라 北元
에서 이탈해 가고 있었다. 반면 明은 漢族王朝로서 중국에 대한 통치

---

22) 明은 洪武 20년(1387, 禑王 13) 정월에 大將軍 馮勝이 20만 병을 거느리고
　　대대적으로 북벌을 시작하였다. 그 결과 6월에 納哈出이 항복하였다. 9월에
　　北元 본거지를 토벌하기 시작하여 다음 해 7월에 北元主의 妃와 次子를 南
　　京으로 압송하고 8월에 개선하였다. 정벌의 결과 8월에는 北元의 吳王도 무
　　리를 거느리고 明에 귀부하였다. 1388년까지 明의 北元 정벌은 완료되었다
　　고 할 수 있으며, 요동의 北元세력을 축출한 성과를 바탕으로 1387년 12월에
　　女眞族 招撫에 착수하였다. 『明太祖實錄』 권183～권194, 洪武 20년～21년
　　해당 月日條 참조.

권을 내외에 확고하게 굳혀가고 있었다. 고려의 지배층, 그 중에서도 朱子學者들은 漢族의 明이 주도하는 새로운 세계질서를 긍정적으로 받아들이고 고려의 對明事大를 朱子學的 명분론을 근거로 합리화했을 것이다. 元代에는 형세 위주의 華夷論을 불가피하게 수용했다 하더라도, 明代에 이르러서는 漢族王朝, 漢族의 문화를 華로 긍정하는 경향으로 수용될 상황이었다. 그런데 위에서 살핀 것처럼 禑王代의 華夷論은 明 건국 초인 恭愍王代의 그것과 비교해 볼 때 華로서의 明의 지위를 절대화하지 않았으며, 심지어 北元과 대등하게 인식하는 경우도 있었다.

元이 지배하는 동아시아 질서에서 고려는 독립왕조로서 국체를 유지할 수 있었을 뿐 아니라 元 皇室의 부마국으로서 특별한 위치에 있었다. 이러한 고려의 위상에 대하여는 당시의 지식인들도 자부하고 있었다. 고려가 親明政策을 채택한다는 것은 元이 지배하는 세계질서와 그 속에서의 고려의 지위를 스스로 부정하는 것이었다. 달리 표현하면 1세기 동안 지속되어 온 동아시아의 질서와 그 질서체계에서 누려온 위상을 스스로 부정한다는 의미이다. 그런데 元의 권위는 元宗代 이래 1세기 가까이 준수되어온 질서였으므로 사람들 인식 속에 하나의 규범으로 자리잡았을 것이다. 규범화되면 그 자체로 준수할 가치가 있는 것으로 받아들여졌을 것이다.

이러한 질서, 권위를 부정하기 위해서는 부정을 위한 논리, 권위가 필요했을 것이다. 단순히 중국의 정세가 변하고 있다는 '현실'만으로는 부정하기 쉽지 않았을 것이다. 당시의 현실로서는 중국의 형세를 明이 장악하였지만, 그러한 형세가 앞으로 얼마나 지속될지 예상하기 어려웠을 것이다. 유학적 인식체계에서 元의 권위, 元代의 질서를 부정할 수 있는 권위를 찾아야 하였다. 恭愍王과 親明政策을 지지하는 신흥사대부들은 그 권위를 華夷論에서 찾았다. 明은 중국을 차지한 신흥의 강국으로서 夷에서 華로 전화한 몽골족의 元에 비할 바가 아니었다. 元이 중국 천하를 잃은 것은 不義했기 때문이며, 반면 明이 새로이 중국 천하를 차지한 것은 義主이기 때문이라는, 天이 승인했다는 유교적 天命論으로 승인하였다. 따라서 고려의 親明政策은 유교적 天命思想에 부합하는 것이며, 明은 종족적으로나 도덕적으로나 華에 적합한 존재인 것이다.

그런데 親明政策을 주도하던 恭愍王은 불의에 시해되었다. 親明政策을 지지했던 朱子學者들은 恭愍王 사후에도 元代의 질서로 돌아가는 것을 부정하고 親明政策의 정당성을 보장받기 위해 명분을 분명히 내세울 필요가 있었다. 明과 元 중에서 어느 나라에 事大할 것인가 하는 문제는 고려의 국운에 관련되는 중대한 사안이었다. 親明政策은 국운을 걸고 반드시 선택해야 하는 정책이었다. 집권세력인 李仁任政權이 恭愍王代의 외교정책을 부정하고 元과의 관계를 회복하려 할 때, 親明 외교노선이 왜 필요하며 정당한지를 분명히 해서 안으로는 관리들의 동요를 막고 先王인 恭愍王의 정치를 유지, 계승해야 했다. 밖으로는 明에게 고려의 親明政策에 대한 확신을 주어서 국경에서 군사적 긴장이 고조되거나 분쟁이 야기되는 것을 미연에 방지해야 하였다. 恭愍王代의 親明政策이 계속된다면 대외정책에서의 정당성을 근거로 하여 대내적으로는 자신들의 정치적 입지를 강화할 수 있었을 것이다.

이런 상황에서 단순히 형세론적 華夷論으로서는 親明政策 유지의 정당성을 확인하기에 부족했을 것이다. 이들은 親明事大의 정당성을 도덕적으로, 명분적으로 강조할 필요가 있었을 것이다. 더구나 禑王 즉위 후 明이 고려에 대하여 고압적인 자세를 가지고 있었기 때문에 더욱 그러하였다. 鄭夢周 상서에서 나타나는 華夷論이 禑王代의 그것보다 보다 명분론적이고 도덕론적인 경향을 보이는 것은 이런 사정에서 이해된다. 그러나 그들의 華夷論은 禑王代의 그것과 같이 기본적으로는 형세 위주의 華夷論이었다.

　그런데 禑王 즉위 후 北元의 사신을 맞아들이고, 이어서는 朝貢冊封關係를 맺을 수도 있다는 것이 전망될 때, 이것은 대외적으로는 事大노선의 변경을 의미하는 것이지만, 대내적으로는 恭愍王代의 개혁정치를 부정하는 것으로 될 수도 있는 것이었다. 따라서 鄭夢周, 朴尙衷, 鄭道傳을 비롯한 朱子學者들에게 있어서 北元의 사신을 받아들이는가의 문제는 단순히 외교 문제만은 아니었다. 따라서 이들은 親明事大의 정당성에 대한 명분과 동시에 北元을 배척해야 할 당위론도 선명하게 제시해야 했던 것이다. 이러한 필요에서 華夷論은 禑王代의 그것보다 명분과 도덕적 원칙을 더 강조하게 되었던 것으로 보인다. 그러나 이런 필요성이 없어진다면 고려의 입장에서는 漢族 우월주의를 인정하는 종족론적 華夷論을 강조할 필요는 없을 것이었다. 禑王代 明과 北元을 대등하게 받아들이고, 철저히 형세 위주의 華夷論을 견지하는 이유는 이런 것이라고 생각한다.

3. 北元 멸망 후의 華夷論

　다음으로 北元이 완전히 멸망하고 明이 명실상부하게 중국의 유일한 정통왕조가 되는 1388년 이후의 華夷論은 이전 시기와 비교하여 어떤 차이점이 있었는지 살펴보아야 할 것이다. 元(北元)은 존재하지 않지만, 明을 華로 긍정할 때 그 상대 개념으로 비교되는 경우가 빈번했는데, 그 비교에서 明에 대한 인식을 이해할 수 있다. 비교하는 방법은 앞에서처럼 明과 北元에 대한 지시어를 검토하는 것이다. 아래 <표 4-2>는 1388년 이후의 그것을 정리한 것이다. 검토하는 기록의

<표 4-2> 1388년 이후 明·元 지시어

시기	明 지시어	元 지시어	자료 출처
禑王 14-3	大明	大元①,②	明의 철령위 설치령이 통보된 뒤 禑王이 '大元 冠服을 입으라'고 명령할 때
14-4		胡 ①,②	요동정벌 때 國人에게 胡服을 입으라는 명령
14-5		胡(兵) ① 亡元 ②	回軍요청 중 崔瑩의 군사정책을 비판하는 기사
14-5	上國		이성계가 諸將에게 回軍의 정당성을 말할 때
14-6	大明	胡(服) ①,②	회군 이후 洪武 연호를 재사용하고 胡服 금지, 明의 衣冠을 복구할 때
昌王 즉-8	華	元朝, 戎, 胡(服) ①	大司憲 趙浚 時務 중 衣冠禮樂에 관한 조항
1-10	大明		權近 상소문-李崇仁이 使行時 무역한 것을 변명할 때
恭讓 1-12		元 ①	大司憲 趙浚等 상소 중 軍制개혁안
3-5	天朝		郞舍 許應等 상소 중 商販금지건
3-5	上國		互市 금지 상소
3-10	天朝	元 ②	經筵에서 李詹의 발언
太祖 2-3	中國		이성계와 鄭道傳의 대화
3-11	中國		司譯院 운영에 관한 司譯院提調 偰長壽의 상소문. *'中國'은 明만을 가리키는 것이 아니라 일반 칭호
6-6	天朝		趙浚이 鄭道傳, 南誾의 擧兵을 반대할 때
7-윤5	上國		2차 表箋文 사건 때 表箋 작성자를 明에 보내지 말라는 卞仲良 상소
定宗 1-5		殘元 ①	門下府 時務10事 중 擊毬를 하지 말라는 조항
太宗 7-4	華	元 ①	親試 終場의 時務策에서 衣冠法度를 논하는 부분
7-6	異土		三省 건의 중 조선과 明의 국경문제를 언급한 부분
7-10	彼土, 中國		平壤府尹의 便宜事目 중 국외 行商 금지건에 대한 정부의 의논
9-7	大國		進獻色 상소 * 조선을 '小國'으로 대비
世宗 5-8	明	北狄 ②	明의 馬 1만 필 교역 요구에 대한 吏曹判書 許稠의 의견

*元 지시어 중 ①은 明이 건국하기 전인 1368년(恭愍王 17) 이전의 元, ②는 明 건국 후의 (北)元을 나타낸다.

188

하한은 조선과 明 사이의 冊封朝貢關係가 안정되는 世宗代 전반까지다. 1388년 이후 朱子學者들이 明과의 관계에서 단순히 형세를 강조하는 점에서 華와 夷의 上·下관계로 인정하였는지, 혹은 강국으로서의 明이라는 대상을 종족적인 측면에 대한 강조까지 포함하는 의미의 華夷論으로 변화, 발전시켰는가?

1388년 이후의 中國에는 明만이 유일한 정통왕조였다. 北元의 잔여세력이 明의 북방 변경을 침략하기는 하였으나, 元의 계승자로서의 위치가 아니라 단순히 明의 통제 밖에 있는 夷狄의 한 부류라는 정도의 의미였다. 따라서 고려나 조선으로서는 明이 中國의 형세를 장악했다는 현실인식에 아무런 의문이 없었다. 더구나 明은 漢族이 세운 왕조였기 때문에 형세로서나 혈통적으로도 '中華'에 합치했다.

<표 4-2>에 나타난 바를 보면, 明은 大明, 上國, 中國, 華 혹은 天朝 등의 용어로 나타난다. 이것은 明을 華, 天子國으로 인정한 것을 나타낸다. 또한 異土, 彼土 등으로도 지칭하였다. 이것은 '우리(我)'에 대한 상대국이란 의미로 사용된 것이다. 그런가 하면 禑王 14년 6월의 大司憲 趙浚의 상소에서는 明을 華로 인정한 반면, 明이 건국되기 이전의 元을 胡라고 지칭하였다. 이것은 北元은 물론 1370년(恭愍王 19) 對明事大를 시작하기 이전의 元까지 夷로 단정한 것이다. 明, 元(北元)에 대한 지시어를 검토하면 그들에 대한 華夷論적 인식이 통일되지 않았던 것으로 나타난다.

이 중에서 禑王 14년의 사례들은 遼東征伐을 주장한 禑王, 崔瑩측과 李成桂측의 입장이 충돌하는 과정에서 사용된 지시어이다. 5개의 기사 중에서 3월, 4월의 것은 明의 鐵嶺衛 설치령에 반발하여 요동정벌군을 일으킬 때의 것이다. 따라서 反明 분위기에서 明과 北元을 대등하게 보려는 경향이 나타난다. 그러면서도 北元을 '胡(服)'라고 표현한 데에서 華로서의 明과 대비시키고 있었다. 5월과 6월의 3개 기사는

이성계측에서 요동정벌을 비판하거나 회군의 정당성을 옹호하기 위하여, 혹은 회군 후 집권에 성공한 뒤 親明政策을 다시 추진하는 과정에서 사용된 것이다. 이성계가 遼東征伐을 반대하는 명분인 4不可論 중에서 小國인 고려가 大國인 明을 상대로 군사행동을 감행하는 것은 事大에 어긋난다는 점을 첫째로 꼽았다.[23] 따라서 회군을 전후한 시기의 기록들은 회군을 정당화하기 위해 明을 華로, 元(北元)을 夷로 규정해야 했을 것이다. 그렇게 해야만 君命과 軍令을 어기고 회군한 자신들의 행위가 明에 대한 事大를 명분으로 합리화될 것이고, 집권한 후 親明政策을 재추진할 때에도 반대의견을 누를 수 있을 것이기 때문이다. 각 정치세력의 정치적 필요에서 華夷論의 '華'가 가리키는 대상은 明, 혹은 明과 北元으로 차이가 있었다. 그러나 어느 경우에도 華로서의 明의 지위는 인정되고 있었다. 이 경우에 華와 夷를 구분하는 근거가 오로지 형세를 중요시하는 것이었는지는 분명하지 않다.

한편 위의 사례에서 明과 北元을 華夷論의 華와 夷로 확연히 구분하여 차별한 경우는 昌王 즉위년 8월의 趙浚 상소이다. 그는 大司憲으로서 26조에 달하는 장문의 時務策을 건의하였는데, 아래의 내용은 그 중 衣冠禮樂에 관한 부분이다.

(趙)浚이 또 同列을 거느리고 時務를 조목조목 진술하기를……"祖宗의 衣冠 禮樂은 모두 唐의 제도에 따랐는데 元朝에 이르러서 당시에 지배적이던 제도에 눌려 中華의 제도를 변경하여 戎賊의 제도를 쫓았으므로 위아래가 분별되지 못하며 民志가 정해지지 못했습니다. 玄陵[恭愍王]께서는 위아래의 구분이 없는 것을 분하게 여겨 단연코 中華의 제도로써 胡族의 제도를 고쳐서 祖宗의 盛代를 다시 회복하

23) 4不可論은 ① 以小逆大, ② 夏月發兵, ③ 舉國遠征 倭乘其虛, ④ 時方暑雨 弓弩膠解 大軍疾疫이다.『高麗史』권137, 禑王 14년 4월 乙巳, [하951①~③].

190

고자 하는 뜻이 있어 天朝에 表를 올려 胡服을 고칠 것을 청하였습니다. 얼마 안되어 上이 승하하셨고 上王이 그 뜻을 이어 청한 바를 이루게 되었으나 중간에 執政이 다시 고쳤습니다. 殿下가 즉위하오매 친히 華制를 服用하여 온나라의 臣民으로 더불어 밝게 새출발을 시작하였사오나 아직 그 品制를 따르지 않아서 維新의 政事가 저해됩니다. 원컨대 憲司로 하여금 날을 정해 법을 세우고 그 令을 쫓지 않는 자는 다 규탄하여 다스리소서." 하였다.24)

고려의 衣冠禮樂은 본디 唐制를 모범으로 삼았는데, 元의 간섭을 받게 됨에 이르러 어쩔 수 없이 '華를 변경하여 戎을 따르게 되었다'는 것이다. 恭愍王이 對明事大를 하고 비로소 夷制를 변경하여 夏制를 쓰게 되었다고 하였다. 이에 의하면 趙浚은 고려가 1세기 동안 事大한 元朝의 제도는 북방족인 몽골의 제도로서 夷制라고 하고, 漢族인 明의 제도를 夏制(華制)라고 하였다. 明과 元을 華(夏)와 夷(戎)로 명확하게 구분하였으며, 元朝의 중국 통치시기의 제도, 즉 고려가 事大하던 元朝의 제도를 夷制라 단정함으로써 극복해야 할 대상으로 규정하였다. 漢族 華의 문물제도를 기반으로 하여 몽골족인 元의 제도를 개혁할 것을 주장하였다. 제도적인 측면에서 元의 제도는 華가 될 수 없다는 주장이다.

그러면서도 동아시아의 형세를 강조하는 점에서는 元의 중국지배를 인정하였다. 恭讓王이 즉위한 후 상소하여 兵制개혁을 논하는 중에 고려가 "元을 섬긴 이래 평화의 날이 길어져"라고 하여25) 元이 중

---

24) 『高麗史』 권118, 趙浚傳, [하592②③], "浚又率同列 條陳時務曰……祖宗衣冠禮樂 悉遵唐制 迨至元朝 壓於時王之制 變華從戎 上下不辨 民志不定 我玄陵慎上下之無等 赫然有志於用夏變夷 追復祖宗之盛 上表天朝 請革胡服 未幾上賓 上王繼志得請 中爲執政所改 殿下卽位 親服華制 與一國臣民渙然更始 而尙猶不順其品制 以梗惟新之政 願令憲司定日立法 其不從令者 一皆糾理".

원의 형세를 장악했던 시기의 고려의 對元 事大를 긍정적으로 이해하
였다. 즉 문화적인 측면에서는 元朝의 제도를 부정하였지만, 국가 안
보의 측면에서는 북방 이민족왕조인 元과 그에 대한 事大를 긍정한
것이다.

趙浚의 華夷論은 禑王 14년의 경우나, 혹은 앞서 살펴본 禑王代의
그것과는 차이가 있다. 그런데 李詹의 華夷論은 趙浚의 그것과 달랐
다. 恭讓王 3년 10월 左代言이던 그는 경연에서『貞觀政要』를 강론할
때, 唐이 高句麗를 원정한 부분에서 우리 나라가 대대로 국가를 보전
할 수 있었던 것은 事大관계에서 臣國으로서의 절도를 잘 지켰기 때
문이라고 설명하였다.[26] 그 중에서 이 시기의 華夷論과 관련하여 주
목되는 부분은 "元末에 이르러 元이 북으로 천도했을 때도 안부 묻기
를 더욱 근면하게 했다(奔問猶謹)"이다. 元이 明에 쫓겨 북으로 옮겨
갔다. 禑王 즉위 후 恭愍王 시해와 明使 살해라는 문제로 明과 외교
분쟁이 있었지만, 北元으로부터 책봉받은 시기에도 궁극적인 事大 대
상국으로서 明의 존재를 부정한 적은 없었다.[27] 그런데 북으로 쫓겨
난 北元을 상대로 고려는 事大를 더욱 근면히 하여 臣國으로서의 臣
節을 지킨 것이 保國에 긍정적인 역할을 한 것이라고 평가하였다. 고

---

25)『高麗史節要』권34, 恭讓王 원년 12월, [860②~④] ;『高麗史』권118, 趙浚
   傳, [下597④~598②].

26)『高麗史節要』권35, 恭讓王 3년 10월 甲戌, [903②③], "御經筵 講貞觀政要
   至唐太宗欲重討高麗 房玄齡上表諫之之語 左代言李詹白王曰 我國 自古能
   守臣節 昔梁武帝 爲侯景所逼 而我遣使往朝 至則市朝鞠爲茂草 使者見而
   泣 侯景執之以問 答曰 不如古昔盛時 是以泣 侯景義而釋之 唐玄宗 被祿山
   之禍 西幸蜀道 而我使往蜀 玄宗喜 親製詩賜之 此皆載在簡編 昭然可觀 至
   若元末 北遷上都 而奔問猶謹 此臣等所親見也 故固守臣節 他國莫及 況今
   堂堂天朝 安敢稍違臣節 知門下金士衡曰 我國僻在遐陬 山川險阻 若能謹
   修侯度 誰敢侮之 王深納其言".

27) 김순자, 1995, 앞 논문, 125쪽.

려가 明과 朝貢冊封關係를 맺는다는 것은 明을 새로운 華로 인정한 것이며, 따라서 明과 적대관계에 있는 元(北元)은 華의 세계를 침범하는 夷인 것이다. 그런데 華의 질서를 어지럽히는 北元에 대한 事大를 긍정했을 뿐 아니라, 北元을 明과 함께 華로 인정하였다.

위에서와 같이 중국에서 서로 적대관계에 있는 明과 北元 두 국가를 동시에 華로 인정하고, 양국에 대한 事大를 동시에 긍정적으로 평가하는 것을 주자학적 명분론으로 어떻게 합리화했을까? 이러한 인식은 고려의 국가 안보를 기준으로 하여 유연하게 정세를 인식했기에 가질 수 있었던 華夷論이었다 하겠다. 이것은 앞서 살펴본 趙浚의 華夷論과는 전혀 다른 것이다.

李詹과 같은 성격의 華夷論은 조선건국 후에도 나타난다. 조선건국 후 동아시아의 정세에서 對明事大를 재고할 만한 정세는 전혀 전개되지 않았다. 李成桂政權은 정권의 정당성을 對明事大에서 찾았으므로 對明事大 자체는 조선이라는 국가의 성립에 정당성과 명분을 부여하는 한 수단이기도 하였다. 조선의 지배층은 이러한 대내외적 상황을 華夷論으로 인정하고 발전시켜 가면 되었을 것이다. 그런데 오히려 이 시기 明에 대한 인식에서는 恭愍王代, 禑王代보다 종족적 측면을 덜 강조하고 있다.

禑王代부터 明은 한반도에서 교역의 형식으로 많은 양의 말을 가져가고 있었는데, 世宗 3년부터 5년 사이 2년 동안에 2만 필을 교역해 갔다. 조선에서는 급격한 말의 유출로 국내의 마필이 감소할 뿐 아니라, 明의 요구에 응하기 위해 중앙의 관리들은 물론 지방에 거주하는 일반 민까지 말을 징발당하여 전국이 피해를 받고 있었다. 아래의 기사는 세종 5년 8월에 明이 다시 1만 필의 馬貿易을 요구하자, 그에 대한 대책을 논의하는 중에 나온 吏曹判書 許稠의 의견이다.

(이조판서) 許稠는 또 아뢰기를 "중국이 지난 해에 말 1만 필을 청구하고 지금 또 1만 필을 청구하니, 본국의 말은 예전에 비하여 줄어들었고 또 강하지도 않습니다. 지난날에 士大夫 집에는 말이 두서너 필이상 있었고, 庶民들도 모두 충실한 말이 있었으나, 지금은 士人의 집에도 한 필에 지나지 않고 또한 모두 쇠약하니 하물며 庶民이겠습니까. 軍政에는 말보다 급한 것이 없는데, 충실한 말 2만 필을 바치게되면 이는 2만 명의 騎兵이 감소되는 결과가 됩니다.……부득이 다 바쳐야 한다면 내년을 기다려 바치는 것이 옳겠습니다. 지금 황제의 하는 일이 도리가 아닌 일이 많사온데, 北狄이 크게 소란하여 전쟁이 그치지 않게 되면, 褊少한 우리 나라로서 어떻게 그 한정 없는 요구에 응하겠습니까? 만일에 천명이 이미 다하여, 이 무리(北狄)들의 뜻대로된다면, 끝까지 (明에게) 신하의 절개를 지킬 수 없습니다. 이를 계승한 나라도 반드시 이만한 수효로 청구하기를 마지 않을 것이니, 신의어리석은 생각으로는 지금 아뢰어 줄이지 않으면 만세의 걱정이 될것입니다."라고 하였다.[28]

許稠는 明의 1만 필 馬무역 요구에 대하여 그 반인 5,000필만을 보낼 것을 건의하였다. 明과 北狄[韃靼]이 전쟁을 계속하고 있는 상황에서 天命이 어디로 갈지 모른다는 이유로 明의 요구를 모두 수용할수 없다고 주장하였다. 이에 대하여 兵曹判書 趙末生뿐만 아니라 함께 있던 6代言이 모두 찬성하였다. 그러므로 許稠의 의견은 조선 관

---

28) 『世宗實錄』권21, 세종 5년 8월 庚戌, "(吏曹判書許)稠又曰 中國去年求馬一
    萬匹 今又求一萬匹 本國之馬比舊爲減 又未强壯 往時士大夫家有馬 不下
    數匹 庶民皆有實馬 今士人之家 不過一匹 亦皆疲弱 況庶民乎 軍政莫急於
    馬 而擇實馬二萬匹以獻 卽是減二萬騎兵也 此臣所以中夜不寢而憂慮者也
    我太祖在高皇帝朝 無獻馬三四千之時 臣以爲奏請減半 只進五千匹爲便 不
    得已而畢獻 則待來年而獻可也 今皇帝之所施爲 多非有道之事 北狄大亂
    征戰不已 則以我國褊少 其能應無已之求乎 萬有天命已去 此輩得志 則不
    可終守臣節 繼是 必以此數徵之不已 臣愚以爲今不奏減 則萬歲之患也".

리들의 보편적인 인식을 나타내는 것으로 이해해도 될 것이다.

여기에서 주목되는 것은 天命에 관한 부분이다. 明의 북쪽 변경을 침략하는 韃靼이 北狄으로 지칭되어서 조선과 事大관계에 있는 華의 세계 明과 대비되고 있다. 許稠는 조선이 明의 징발에 계속 응한다면 혹시 있을지도 모르는, 明을 이어 중국을 차지한 나라도 明이 조선에 했던 것처럼 징발할 것이라는 점을 우려하였다. 이러한 우려는 멀지 않은 시기에 경험했던 것이었다. "만약 明에게서 天命이 이미 떠나고 北狄이 이어서 뜻을 얻는다면(萬有天命已去 此輩得志)", 즉 韃靼이 중국을 차지할 경우를 가정하였다. 이것은 明이 현재는 中國의 형세를 장악했지만 그것은 언제라도 바뀔 수 있는 것으로 생각하고 있었다는 것이다. 明은 '지금 당시'만 中國이라는 것, 형세는 언제라도 바뀔 수 있다는 것, 그 다른 세력으로서는 明이라는 中華의 세계를 침범하는 夷狄인 北狄=韃靼도 될 수 있다는 것을 인정한 것이다.

상황 변화에 따라서는 조선은 새로운 강자인 韃靼과 朝貢冊封關係를 맺어야 할 것으로 인정하고 있었다. 따라서 明을 '華'로서 인정하는 것은 明이 중국의 형세를 장악했을 때만으로 한정되는 것이었다. 明이 이전의 몽골족 元과는 달리 漢族으로서 華의 위치에 있다는 것이 그 위치를 절대화, 정당화하는 명분이 되지 않았음을 의미한다. 또한 明의 중국 지배가 확실한 상황에서 그 형세의 가변성을 고려하고 있었다는 점에서도 明의 華로서의 지위는 항구적인 것이 전혀 아니었다. 이들의 華夷論은 형세를 기본으로 하는 것이며 漢族王朝 明을 절대화하는 것은 아니었다. 이것은 元간섭기 고려의 지배층이 수용한 華夷論과 같은 성격의 것이라고 할 수 있을 것이다.

이상에서 살펴본 바에 따르면, 北元이 멸망하고 明이 중국의 유일한 정통왕조로서의 지위를 확립한 1388년 이후 明에 대한 지칭어는 大明, 華, 天朝, 上國 등으로 나타난다. 이들 지시어는 明을 중국을 지배하는 정통왕조로서의 華로 인정하는 것이다. 華인 明에 대해 고려, 조선은 夷로 자리잡게 되는 것이다. 따라서 明과 고려, 明과 조선은 朱子學的 상하관계로 서열이 지워진다. 그런데 동시에 異土, 혹은 彼土라고도 지칭했다. 이것은 조선을 我로 본 상태에서 단지 '우리'의 상대국이라는 의미로 생각한 것이다. 또한 조선과 明을 小國과 大國으로 대비함으로써 단순히 힘의 우열에 따라 구분하기도 하였다. 동시에 趙浚과 같은 朱子學者는 종족적 측면을 강조하여 漢族의 문화만을 華로 인정하기도 하였다. 이러한 지시어 사용에서 조선과 明의 관계를 華夷論의 상하관계보다는 힘의 우열에 의한 對敵관계, 혹은 '我'를 중심으로 볼 때 조선과 관계를 맺고 있는 '다른 한 국가'로 인식하는 경향이 보편적이었으며, 일부는 종족론적 문화론적 華夷論을 수용하기도 하였음을 알 수 있다.

한편 1368년 이전의 元과 북으로 옮겨간 이후의 北元에 대한 인식은 禑王代의 그것에 비해 볼 때 夷로 인정하는 경향이었다. 趙浚의 경우에는 1368년 이전의 元朝의 제도를 夷制라고 분명하게 배척하였다. 이와는 달리 李詹은 1368년 明이 중국을 지배하게 된 이후의 北元에 대한 事大까지 긍정하였다. 이러한 인식은 禑王代에도 거의 나타나지 않았던 대중국인식이었다는 점에서 주목할 만하다. 이러한 경향은 世宗朝에도 이어지고 있었던 것으로 보인다. 明을 天命을 받은 天子國인 華로 인정하고, 明과 전쟁 중인 韃靼을 北狄이라 하여 明이 주도하는 세계질서에 들어오지 않는 夷로 인정하면서도, 현재 '天命'이 明에게 있는 현실은 변할 수 있다고 생각하였다. 이것은 明=華가 주도하는 중국의 형세를 가변적으로 이해하고 있었기 때문에 華=明, 夷=朝鮮의 관계도 항구적인 것으로서가 아니라 가변적으로 보고 있었다. 漢族王朝인 明의 중국지배, 漢族의 문화를 華夷論으로 정당화하고 명분을 부여하는 것과는 거리가 먼 인식이다. 당시 조선의 華夷

論의 기본 성격은 철저하게 형세를 위주로 한 것이었다고 하겠다.

4. 麗末鮮初 형세론적 華夷論의 성격

麗末鮮初 元·明 교체시기 새로운 지배층으로 등장하던 朱子學者들의 대중국인식, 華夷論은 기본적으로는 형세를 중심으로 華와 夷로 인식하는 것이었다. 그런 점에서 원간섭기의 華夷論과 같은 성격이라고 할 수 있다. 趙浚, 鄭夢周와 같은 일부는 華인 明은 漢族이어서 夷인 元과 다르다고 종족적 차이를 거론하기도 하여서, 朱子學者들 사이에도 차이는 있었다. 그런데 이들의 華夷論도 종족적 측면에서 華와 夷로 인식한 것이라기보다는, 고려·조선의 事大 대상국인 明이漢族王朝였기 때문에 그 측면도 더불어 강조한 것으로 보인다. 麗末鮮初에도 특별한 정치적, 국제적 상황 전개에 따라 정치적 입장을 선명하게 부각시키고 정당화하기 위한 의도에서 강조하는 점이 달랐다. 朱子學者를 개혁적 사대부(新法派)와 개량적 사대부(舊法派)로 나누어 이해할 때, 같은 정치세력에 속한 경우에도 그들의 대중국인식, 華夷論이 통일되어 있었던 것은 아니다. 정치적 지향은 같았으나 화이론적 인식은 차이가 있었다. 종족적 측면을 강조하는 華夷論이 수용되었어도 그것은 제한적이었다. 당시 朱子學者들의 일반적인 華夷論은 夷로 설정되는 우리(我 : 고려·조선)와 상대되는, 對敵관계에 있는 强國 華=明이라는 형세론적인 것이었다. 朱子學者들이 수용한 華夷論이 형세 위주의 것이었다는 것은, 한반도의 우리와 중국의 관계라는 것은 본디 保國의 논리상 형세를 중시하지 않을 수 없다는 안보 논리에서 수용된 것이기 때문에 당연한 결과라 할 것이다. 이 시기의 朱子學이 내면화하여 질적으로 사상계의 변화를 가져온 것은 아니라

는 이해와도 합치하는 것이다.

華夷論이란 발생 단계에서부터 中國 중심적, 漢族 중심적 사상이었다. 그러므로 중국에서는 漢族문화의 우월성, 漢族王朝의 명분을 강조하는 방향에서 華夷論이 발전할 가능성은 언제나 존재하였다고 할 수 있다. 그러나 우리에게 있어서는 기본적으로 군사적 정치적 힘의 우열에서 파생되고 수용된 생존논리였다. 지배층의 기본 정치사상이 儒學이었고, 따라서 小國과 大國 사이의 관계를 事大之禮라는 개념으로 규정하였지만, 그 자체가 이념으로 수용되기보다는 당면 현실을 긍정하고 국가와 종족을 보전하기 위한 保國之道라는 수단의 측면에서 정당성을 갖는 것이었다. 따라서 우리에게 있어서 華夷論은 종족적 측면을 강조한다고 해도 기본적으로는 형세 위주로 인식할 수밖에 없었을 것이다.[29] 小中華를 자처하는 16세기 이후 조선 朱子學이 내면화하고 발전한 결과 나타나는 華夷論과는 명확하게 구별된다.

북방 夷族인 契丹, 女眞, 몽골(元)이 중국의 형세를 장악했을 때 고려는 생존의 논리로서 그들과 朝貢冊封關係를 맺지 않을 수 없었다. 그럴 때 필요했던 것이 자기합리화의 논리였다. 이것은 중국에서도 마찬가지였다. 元代 중국에서 南宋代 종족·혈통을 강조하는 華夷論을 계승 발전시킨 것이 아니라, 文化를 정통의 기준으로 내세우는 許衡의 正統論이 대세를 이룬 것도 자기합리화의 논리였다. 14세기 중엽 이후 중국의 형세를 장악한 明은 漢族王朝였다. 그러나 明의 대고려정책, 이어서는 대조선정책은 元을 계승한 왕조로서 元代의 그것을 답습하는 것이었다. 이전의 遼, 金, 宋과의 관계보다 훨씬 억압적이고 수탈적이었다. 우리가 상대해야 하는 책봉국이 북방족이 세운 元이든

---

29) 柳根鎬, 1980, 「근세조선의 국제인식」 『조선조의 정치사상』, 126~141쪽 ;
　　1987, 「朝鮮朝 對外觀의 特質－儒敎思想의 傳統과의 關聯에서－」 『조선조
　　정치사상연구』, 204~205쪽.

198

漢族이 세운 明이든 그들의 요구를 받아들이는 고려·조선의 입장에서는 같은 것이었다. 따라서 그들에 대한 인식이라는 측면에 있어서 고려·조선이 元과 明을 다른 성격의 華로 인정할 이유는 없었다고할 것이다.

고려와 조선이 대외관계의 내용과 형식을 결정하는 기반으로서 형세를 중시하는 華夷論에 입각할 때 대중국관계는 탄력성을 발휘할 수 있었다. 元의 중국 지배가 아직은 의심받지 않던 때, 몽골족이라는 이민족의 지배를 받는 중국 본토에서 漢族 사회가 元의 중국 지배를 반대하여 본격적으로 저항을 시작하기 전에 고려는 이들보다 먼저 反元을 단행하였다. 元제국 안에서 독립국을 유지하면서 부마국으로서 특별한 위치를 차지했던 고려였으므로 이러한 조치는 元제국 안에서 매우 주목되었을 것이다. 고려가 어떤 다른 지역, 사회보다 먼저 정세변화를 인식하고 변화에 앞장서 대응할 수 있었던 것은 그들의 인식이 명분보다는 형세를 중시하는 것이었기에 가능했을 것이다. 이와 같이 형세를 중시하는 인식기반 위에서, 元·明의 급격한 교체에도 華夷論을 새롭게 적용할 수 있었다. 이러한 성격의 華夷論은 麗末鮮初는 물론 조선 건국 후까지 이어지고 있었다. 형세 변화를 중시하는 華夷論 기반 위에서 능동적이고 탄력적으로 대중국관계를 전개해 갈 수 있었다.

제5장 遼東人口 확보를 위한 明과의 대립

1. 遼東人口의 유입과 明의 推刷 요구

北元이 明에 밀려 漠北으로 밀려나고 明의 영향력이 아직 확고하게 되기 전 遼東에는 확고한 정치적 군사적 세력이 없었다. 중국 본토와 한반도 사이의 변경이라 할 수 있는 遼東은 元·明 교체라는 변화로 가장 큰 피해를 입은 지역이었다.[1] 元軍에 쫓긴 紅巾賊이 유린하였으며, 納哈出 등 北元 잔여세력이 明과 대립함으로써 전쟁은 끝나지 않았다. 1388년 納哈出이 明에 항복한 이후에는 韃靼으로 불리는

---

[1] 역사상 '遼東'개념에는 협의의 遼東 개념과 광의의 遼東 개념 등 두 종류가 있다. 전자는 遼河 부근에 위치한 遼東城이나 遼東郡 등 행정단위나 구역을 가리키고, 후자는 山海關 이동, 현 한반도 북부 이서의 광범위한 공간을 의미하였다(金翰奎, 1996, 「歷史上 '遼東'槪念과 '中國史'範疇」『吉玄益敎授停年紀念論叢』, 6~14쪽). 여기에서 사용하는 '遼東'개념은 광의의 개념이다. 朝鮮初에도 遼東 개념은 遼河 이동, 이서를 포함하여 압록강까지를 가리키는 것으로 이해하고 있었다(『龍飛御天歌』 권1, 第9章의 註 '實欲攻遼也'의 細註, 81~82쪽(亞細亞文化社 1973년 影印本)). 그런데 우리의 영토가 압록강, 두만강을 경계로 하는 현재의 한반도로 정해진 것은 朝鮮 世祖代 이후이다. 麗末鮮初에는 압록강, 두만강 일대는 高麗나 朝鮮의 영토로 확정되지 않았으며, 韓族과 女眞族이 함께 거주하고 있었다. 이들은 지금의 국가, 국경 개념과 관계없이 정세의 변동과 생산 활동, 賦稅 체계 등의 요인에 영향을 받아 한반도 북부를 포함하는 遼東지역에서 이동하고 있었다. 따라서 여기에서 다루는 遼東民 범주에는 압록강, 두만강 이남의 女眞族까지 포함된다.

北元의 잔여 세력이 침입하였고, 15세기에 들어서는 建文帝(明 2대 황제)와 燕王(뒤의 永樂帝, 明 3대 황제) 사이에 帝位 계승 전쟁(靖難 의 役)이 일어나 다시 전쟁에 휩싸였다. 高麗는 元·明 교체로 인한 세력 공백을 이용하여 恭愍王 18~20년에 3차례 遼東征伐을 단행하 였다. 遼東征伐의 주요한 목적 중의 하나는 이곳에 거주하는 民戶를 초유하는 것이었다.[2] 1차 공격에서 亏羅山城의 항복을 받고 2차 공격 때는 遼城을 함락시켰다. 元에서 明으로의 왕조 교체 시기에 遼東에 는 高麗가 군사적 정치적으로 강력한 영향을 줄 수 있다는 것이 확인 되었고, 그에 따라 거주민 사이에 高麗의 위상이 높아졌던 것으로 보 인다.

전쟁과 세력 교체로 인한 불안정을 피하여 遼東民들은 대규모로 이 동하였다. 流離人口 중 많은 부분은 상대적으로 안정된 高麗로 유입 하였다. 高麗로 이주해 오는 民戶는 원간섭기에 遼陽, 瀋陽지방으로 이주했던 高麗人과, 전통적으로 高麗의 羈縻를 받던 女眞族이 대부 분이었다. 女眞族은 주로 高麗의 東北面 북부에서부터 元代의 東寧 府에 분포되어 있었다. 이들이 高麗로 이주하여 정착하는 데는 高麗 의 民戶 유치정책이 중요한 역할을 하였다. 高麗는 遼東民이 이주해 오도록 권장하였고, 이주해 오는 民戶에게는 官이 양식을 공급하여 농민으로 정착시켰다.

遼東民이 처음 국내로 이주한 것은 紅巾賊이 침입한 恭愍王 8년 (1359) 11월이었다. 恭愍王 8년과 10년 두 차례 紅巾賊이 遼東을 유린 할 때 遼陽, 瀋陽 일대는 그 통로에 위치하고 있어서 큰 피해를 입었 다. 당시 遼·瀋의 民 2,300여 戶가 來投하였는데,[3] 이를 시작으로 遼

---

2) 朴焞, 1985, 「高麗末 東寧府 征伐에 대하여」『中央史論』4, 121~124쪽.

3) 『高麗史』권39, 恭愍王 8년 11월 甲辰, [상783②], "遼瀋流民二千三百餘戶來 投 分處西北郡縣 官給資糧 先是 本國人亦有渡鴨綠江居者 以兵亂皆自還".

東民은 계속 유입되었다. 遼東民의 한반도 유입은 크게 4차례 이루어
졌다. 첫 번째는 恭愍王 8년에 紅巾賊의 침입을 피하여 유입한 경우
이다. 두 번째는 恭愍王 18~20년에 있었던 3차례의 遼東征伐의 결과
로 이 지역 주민이 高麗에 귀부한 경우이다. 이들은 크게 두 부류로
나누어진다. 하나는 압록강 이북의 于羅山城에서 이동해 온 李吾魯帖
木兒 管下人 경우처럼 元代에 遼東地方으로 이주했던 高麗人이 다
시 이동해 온 경우이다. 다른 하나는 遼東地方에서 高麗의 정치적 군
사적 영향력이 강화되자 高麗에 귀부한 女眞族들 중 일부가 東北面
의 咸興, 定平 등지로 이주해 온 경우이다.

  세 번째는 禑王 11년(1385)의 女眞族 이동이다.[4) 禑王 8년 胡拔都
가 東北面을 침입하여 인구를 노략해가자, 노략을 면한 女眞族들이
자신들의 본거지를 버리고 東北面의 남부 해안지대로 이주해 왔다.
당시 胡拔都는 적어도 2만 명 이상을 잡아간 것으로 추정하기도 한
다.[5) 네 번째는 朝鮮 건국 후인 太宗 2년(1402)경에 한반도로 유입한
漫散軍의 이동이다. 洪武帝 사후 帝位를 계승한 建文帝와 燕王(洪武
帝의 4男, 北平지방을 分封받음)이 帝位 계승 전쟁을 일으키자, 燕王
軍에게 패한 建文帝측 정부군이 흩어지면서 일부가 朝鮮으로 유입하
였다. 遼東衛, 東寧衛 소속의 패잔병들이 대거 유입하였으며, 전화를
피하려는 高麗人, 女眞族이 함께 이동해 왔다. 그 규모는 기록에서 확
인되는 것만도 2만여 명 이상이다. 그런데 太宗 15년(1415)까지 송환

4) 이보다 앞서 禑王 4년에 高家奴는 管下의 4만 명을 거느리고 江界로 來投
  하였다(『高麗史』 권133, 禑王 4년 12월, [하884④]). 그러나 이들은 高麗의 民
  戶로 편입된 흔적이 없으며, 禑王 12년 이전 어느 때인가 다시 이동해갔다.
  따라서 유입 인구 수에는 포함시키지 않았다(『高麗史』 권136, 禑王 12년 12
  월, [하936③④]).
5) 金九鎭, 1973, 「麗末鮮初 豆滿江 流域의 女眞 分布」『白山學報』15, 122~
  124쪽.

된 인구 수는 17,467명에 달했던 사실에서 유추하면 朝鮮으로 유입한
漫散軍의 수는 기록된 수보다 훨씬 많았던 것으로 생각된다.

　麗末鮮初에 한반도로 유입한 인구로서 기록에서 확인되는 것은 다
음 <표 5-1>과 같다. 그러나 관련기록은 대규모로 이주한 것만 기록
한 것으로 보이기 때문에, 소규모 家戶 단위로 유입한 경우는 기록되
지 않았던 것으로 추정된다. 아래의 표에 나타난 것에 의하면, 가장
규모가 큰 18,600口를 비롯하여 2,300여 戶, 혹은 수백 戶 규모의 이동
이 이어졌다. 적은 경우에도 수십 戶 규모였다.

<표 5-1> 恭愍王～太宗代 遼東人口 유입 실태[6]

연도	유입인구수	원거주지	이주지	비고
恭愍 7. 5	兵 1,800인	海陽		來投
恭愍 8.11	2,300餘戶	遼藩	西北郡縣	禑王 12년 明이 推刷 요구할 때 '瀋陽軍民 4萬餘戶'고 함
恭愍 19. 1				于羅山城 일대 頭目 20餘人 관할의 1萬餘 戶가 歸附.
	300餘戶	東寧府	吉州	李吾魯帖木兒 管下 高麗人. 위 1萬餘 戶 중 移住한 일부
恭愍 20. 2	100餘戶			女眞族 李芝蘭 管下
禑王 12	(500餘戶)	北靑	預原, 和州, 高原	
恭愍 21	20餘戶	端川	咸興, 定平	女眞族 童甫河 管下
	300餘戶	縣城	咸興, 定平	女眞族 殷阿里 管下
禑王 4			江界	高家奴 管下 40,000명이 來投

---

6) 이 <표 5-1>에서 禑王 11년 사례는 金九鎭, 1973, 앞 논문, 124쪽 참조. <표
　5-1>은『高麗史』와『朝鮮王朝實錄』에서 확인되는 것을 정리한 것이다. 禑
　王 11년(1385)에 安邊, 洪原으로 이주한 女眞族의 경우는 世宗 19년(1437) 8
　월 당시 中樞院副使로 있던 殷阿里의 보고에 의한 것이다. 따라서 禑王 11
　년 당시 女眞族의 유입 상태를 소상하게 알려주고 있다. 반면 朝鮮 건국 이
　전의 인구 유입은 상대적으로 소략하게 기록된 것으로 판단된다. 朝鮮 건국
　후의 경우에도 수십 명 단위의 유입은 누락된 것이 적지 않게 확인된다. 따
　라서 인구 유입 실태를 정확하게 알 수 없다.

禑王 11	30餘戶	吉州	安邊	女眞族 金高時帖木兒 管下
	10餘戶	吉州	安邊	女眞族 許難頭 管下
	40戶	咸興	洪原	女眞族 朱仁 管下
	40戶	咸興	洪原	女眞族 朱萬 管下
	20餘戶	咸興	洪原	女眞族 劉阿郎哈 管下
	10餘戶	吉州	洪原	女眞族 金波寶下 管下
	20餘戶	吉州	洪原	女眞族 劉所羅 管下
太宗 2. 2 이전	90명 150戶	遼東	義州 泥城	
太宗 2. 3	2,000餘명		諸道에 분산 배치	漫散軍
太宗 2. 4 이전	90餘명			漫散軍
太宗 2. 4	18,600戶	東寧衛	諸道에 분산 배치	漫散軍. 東寧衛千戶 林八剌失里 가 거느리고 歸附함 *戶를 '口'로 정정해야 함

高麗 영역 안으로 이주하지 않고 원거주지에 있으면서 귀부하는 경우도 적지 않았다. 恭愍王 7년 海陽人 군사 1,800인의 경우와 恭愍王 18년 12월 1차 東寧府 공격 당시 于羅山城 일대의 頭目 20여 人이 관할하는 10,000여 戶가 이에 해당한다. 이들이 어느 종족이었는지는 알수 없지만, 女眞族이 대부분이었다고 생각된다. 이들은 원거주지에 그대로 거주하면서 高麗에 귀부한 것이었지만, 胡拔都의 寇掠을 피한 女眞族들이 禑王 11년에 東北面 남부 해안지대로 대거 이동해 온 것처럼, 정세 변화에 따라서는 高麗 내지로 이동해 올 가능성도 있는 사람들이었다.

이들이 이동한 중요한 계기는 정세 변동으로 인한 전쟁이었다. 즉 정치적 군사적 요인이 인구 이동의 주요인이었다. 이것은 對元 강화 이후 국내에서 대토지소유가 발달하여 생산기반에서 유리된 농민들이 가중되는 賦稅 수탈을 피하여 遼陽路, 瀋陽路, 開元路 등지로 이동해 간 것과 다르다.[7] 즉 원간섭기에는 한반도에서 遼東地方으로 賦稅 수탈을 피하려는 경제적인 이유로 인구가 유출된 반면, 麗末鮮初에는

204

정치적 군사적 혼란을 피하여 遼東地方에서 한반도로 인구가 유입되고 있었다.

　遼東을 장악하기 위해서는 流民을 수습하여 정착시키는 것이 무엇보다도 중요한 일이었다. 明은 遼東에 세력을 뻗치기 시작하면서부터 高麗를 상대로 하여 元末 이후 高麗로 유입한 遼東民戶를 추쇄하겠다는 의지를 밝혔다. 明이 遼東民에 대한 추쇄를 요구함으로써 인구 추쇄 문제는 高麗·朝鮮과 明 사이의 새로운 외교현안으로 되었다. <표 5-2>는 明 건국 후 高麗/朝鮮에 대하여 추쇄를 요구한 대상과 그에 따라 송환한 인구 수를 정리한 것이다.

　明이 처음으로 인구 추쇄를 요구한 것은 禑王 2년(1376) 6월에 전달된 高家奴書에 의해서이다.8) 恭愍王 21년(1372) 明에 귀부한 高家奴는 당시 遼東衛指揮使司에 속해 있었다. 그는 忠肅王 6년(1319) 이후 高麗로 유입한 인구의 名簿를 보내달라고 요구하였다. '定遼衛高家奴書'로 되어 있는 것으로 보아 明 중앙정부의 요구는 아니었던 것으로 보인다. 明 중앙정부가 인구 추쇄를 요구한 것은 禑王 5년이 처음이다. 이 해 1월과 3월 두 차례 明은 恭愍王 19년(1370) 遼東 공격 당시 高麗로 유입한 遼東人口 수만 명을 高麗가 구류하고 있다고 하면서 송환을 요구하고,9) 그 중에서 東寧府 同知 李兀魯思帖木兒等 33人을 지목하였다.10) 禑王 12년에도 明은 紅巾賊이 遼東地方을 침략할 당시 瀋陽路 軍民 4만여 戶가 高麗로 유입하였다고 추쇄를 요구하였다.11)

<hr/>

7) 梁元錫, 1956, 「麗末의 流民問題」 『李丙燾博士華甲紀念論叢』, 283~293쪽 ; 김순자, 1994, 「원 간섭기 민의 동향」 『14세기 고려의 정치와 사회』, 367~380쪽.
8) 『高麗史』 권133, 禑王 2년 6월, [하870①②].
9) 『高麗史』 권134, 禑王 5년 1월 乙亥, 3월, [하886①] [하887③].
10) 『高麗史』 권134, 禑王 5년 3월, [하887④~888①].

朝鮮 건국 후에는 대규모의 것으로는 두 차례 인구 추쇄를 요구하였다. 첫 번째는 麗末에 한반도로 유입한 인구에 대한 추쇄 요구이며, 太祖 2~5년 사이에 이루어졌다. 東北面 출신인 脫歡不花가 자신의 본디 管下人民을 추쇄하려는 목적으로 太祖 2년(1393) 4월 朝鮮에 왔다.[12] 이를 시작으로 인구 추쇄 문제가 다시 양국간 외교현안으로 떠올랐다. 이어서 다음 달에는 女眞人 500인을 유인하여 압록강을 넘게 하였다고 항의하면서 여진인 호구의 추쇄를 요구하였다.[13]

<표 5-2> 明이 추쇄를 요구한 대상과 송환인구 수

연도	明이 추쇄를 요구한 대상	송환인구 수	대책과 경과
禑王 2. 6	己未年(1319, 忠肅 6) 이후 遼陽에서 도피한 民戶의 名簿를 보내줄 것	不明	*明 중앙정부의 요구가 아니고 高家奴 개인의 요구로 추정됨
5. 1	恭愍 19년 11월 高麗軍이 잡아간 遼陽官民 男婦 1,000人, 各衛軍人으로 도망간 자		
5. 3	明 중앙정부 : 구류한 遼東民 數萬을 송환. 遼東都司 : 同知李兀魯思帖木兒等 33人 黃城等處에서 移來한 人民		李兀魯思帖木兒는 추쇄에 응하지 않고 吉州에 그대로 거주
11. 7	元末 流民 李朶里不歹等 47人	金原貴,銀得顯等 家小를 송환	
13. 2 이전		李朶里不歹 等 358명 송환	
12.12	己亥年(恭愍 8) 紅巾賊 피하여 高麗로 유입한 瀋陽軍民 4만여 戶		明의 요구는 前元 瀋陽路 達魯花赤 咬住의 주장에 근거했다고 추정 禑王 13년 2월 陳情使 파견

---

11) 『高麗史』 권136, 禑王 12년 12월, [하936③④].
12) 『太祖實錄』 권3, 太祖 2년 4월 丁丑.
13) 『太祖實錄』 권4, 太祖 2년 5월 丁未.

太祖 2. 4	東北面 출신 脫歡不花 管下人民		
2. 5	압록강을 넘은 女眞人 500여 인 전체		女眞 가속 5백여 명을 꾀어 압록강을 건넜다고 힐문 당함
2. 5~5.10		5회 총 554명+ 脫歡不花 管下民	高麗人 122戶 388인 포함
太宗 1. 1	逃軍 王和貴 등	王和貴 등 36명	
2. 5~3. 1	漫散軍 송환 요구(2회)		漫散軍 현황 조사 요구
3. 1~3.12		11,210명	
4.12		28명	
5. 3	豊海道 거주 미송환 漫散軍 4,940명		同 6년 4월에 다시 독촉
6. 8		443+419 명	明이 지목한 4,949명은 豊海道에 없다고 해명
6.12	全者逶 등 4,940口+千戶 高勵의 家人 14명 외 요구		
7. 3~8. 9		5,336명	
13~16년		31명	

朝鮮과 明 사이에 인구 추쇄 문제가 다시 제기되는 것은 靖難의 役 당시 한반도로 유입한 漫散軍 추쇄 문제가 제기되면서이다.[14] 漫散軍 이란 용어가 처음 보이는 것은 太宗 2년(1402) 3월이다.[15] 明의 帝位 계승 전쟁에서 중앙정부군인 遼東衛·東寧衛軍이 燕王軍에 패하여

---

14) 漫散軍 대부분은 洪武 15년(禑王 8, 1382) 胡拔都가 東北面에 침입하여 인구 를 노략해 갈 때 포로로 잡혀가서 遼陽지방에 거주하며 東寧衛의 軍丁으로 편입되어 있다가 靖難의 役 때 다시 朝鮮으로 도망쳐 왔다(『太宗實錄』 권 14, 太宗 7년 8월 壬辰 ; 朴元熇, 1991, 「永樂年間 明과 朝鮮間의 女眞問題」 『亞細亞硏究』 85, 245쪽).
15) 『太宗實錄』 권3, 太宗 2년 3월 己酉.

漫散軍의 형태로 太宗 2년 2월부터 4월까지 朝鮮으로 들어왔다. 그
규모는 世祖 때 梁誠之의 상서문에 의하면 4만 명 규모였다고 하지
만,16) 이보다는 조금 더 많았던 것 같다.17) 대규모로 유입한 경우는
太宗 2년 3월에 2,000여 인, 2년 4월에 林八剌失里가 거느린 18,600口
등이었다.18) 이들에 대하여 明 左軍都督府는 太宗 2년 5월 처음으로
추쇄를 요구하였다.19) 이어서 太宗 3년 1월, 5년 3월, 6년 4월과 12월
총 5회에 걸쳐 송환을 요구하였다. 동시에 漫散軍의 현황 조사를 요
구하기도 하였다.20)

---

16) 『世祖實錄』 권34, 世祖 10년 8월 壬午, "同知中樞院事梁誠之上書曰……一
護軍丁 臣竊惟 平安道境連遼藩 撫綏之方 不可不慮……或有僧人 代父兄
而行者 以之破産 以之逃入遼盖者 不知幾千萬人 臣見遼東志 東寧衛所屬
高麗人 洪武間三萬餘人 及永樂時漫散軍亦四萬餘人 今遼東戶口 高麗人
居十之三 西自遼陽 東至開州 南至海盖諸州 聚落相屬 此誠國家汲汲軫慮
者也".

17) 金九鎭, 1989, 「麗・元의 領土分爭과 元代에 있어서 그 歸屬問題」, 『國史館
論叢』 7, 74쪽, 주53)에서는 漫散軍의 수가 5만 명이 넘는다고 하였다.

18) 林八剌失里가 거느리고 온 인구가 18,600戶였는지 혹은 18,600口였는지 분
명하지 않다. 18,600戶는 西北面敬差官이 林八剌失里를 잡아 가둔 뒤에 復
命한 기사 중에 기록된 것이다(『太宗實錄』 권3, 太宗 2년 5월 己丑). 그러나
여기의 '戶'는 '口'의 잘못으로 생각된다. 東寧衛千戶인 林八剌失里가 朝鮮
으로 귀부하겠다고 하자, 朝鮮에서는 義州千戶 咸英彦을 보내어 상황을 파
악하여 보고하게 하였다. 咸英彦은 林八剌失里가 거느리는 戶數를 3천여
戶, 1만여 명이라고 보고하였다(『太宗實錄』 권3, 太宗 2년 4월 丁巳). 조정에
서는 明의 官軍인 林八剌失里 무리를 받아들이는 것이 타당한가에 관하여
회의한 후 받아들이기로 결정하였다. 그 때의 기록에도 그가 거느리는 무리
를 '3천여 戶'라고 기록하였다(『太宗實錄』 권3, 太宗 2년 4월 戊辰). 1戶의
口數를 4~5인으로 계산하면 그가 거느린 戶數를 18,600戶로 볼 경우 口數
는 74,400~93,000명에 이른다. 이것은 1433년 東寧衛의 戶口數 15,634(『遼東
志』 권2, 戶口)와 현격하게 차이가 있다. 당시 義州千戶의 상황 보고가 정확
했다고 판단되므로 18,600戶는 18,600口의 誤記로 보인다.

19) 『太宗實錄』 권3, 太宗 2년 5월 乙未.

20) 『太宗實錄』 권5, 太宗 3년 1월 壬辰.

208

이상과 같이 元·明 교체기에 遼東地方의 혼란을 피하여 한반도로 유입한 인구에 대한 추쇄 문제는 禑王初부터 太宗代에 걸쳐 50년 가까이 高麗·朝鮮과 明 사이의 외교현안이었다. 明은 禑王 12년 12월에 遼東衛의 指揮僉事 高家奴와 徐質을 보내어 己亥年(恭愍王 8, 1359) 紅巾賊 침입 당시 高麗로 유입한 瀋陽軍民 4만여 戶의 송환을 요구하였다. 유입한 인구가 4만여 戶에 달하였다는 것은 前元의 瀋陽路達魯花赤였던 咬住의 주장에 근거한 것인데, 高麗는 이를 근거 없는 무고라고 생각했다.21) 恭愍王 8년(1359)은 明이 건국하기 10년 전이다. 明은 元末에 官이 파악한 호구 수를 기준으로 인구 지배를 달성하겠다는 것이었다. 인구 추쇄에 관한 明의 정책은 元代를 기준으로 삼고 있었다.

元代의 호구를 기준으로 民을 파악하겠다는 明의 입장은 이보다 앞서 禑王 11년 7월에도 표명되었다. 추쇄 대상으로 '元季流民 李朶里不歹等 47人'을 지목하였는데,22) 禑王 12년 12월의 경우 역시 明 건국 이전에 유이한 民戶를 대상으로 하는 것이다. 즉 明은 元末에 파악한 遼東民의 상태를 근거로 인구 추쇄를 요구한 것이다. 明이 遼東을 장악한 것은 禑王 13년(1388)이며 明 건국으로부터는 20년이 경과한 시점이었다. 明은 元末·明初 과도기의 변화를 인정하지 않겠다는 것이라고 하겠다. 이 점은 禑王 5년 1월 明 중앙정부에서 처음 인구 추쇄를 요구할 때 표명된 것이었다. 당시 明은 恭愍王 19년 11월 2차 遼東征伐 당시 포로로 잡혀온 遼陽官民 1천 명과 各衛 군인으로 도망간 자들을 돌려보낼 것을 요구하였다.

---

21) 『高麗史』 권136, 禑王 12년 12월, [하936③④]. 당시 기록에는 遼瀋民 2,300여 戶가 유입한 외에는(『高麗史』 권39, 恭愍王 8년 11월 甲辰, [상783②]) 인구 유입에 관한 기록이 보이지 않는다. 유입 인구가 4만여 戶라는 것은 실제와 달리 과장되었다고 생각된다.
22) 『高麗史節要』 권32, 禑王 11년 7월, [808①].

恭愍王 18~20년 사이에 있었던 高麗의 3차에 걸친 遼東征伐은 東寧府(于羅山城)에서 遼陽까지 걸치는 것이었다. 高麗는 원간섭기에 遼陽, 瀋陽을 비롯하여 이 지역으로 유이해 간 高麗民을 중심으로 女眞族 등 民戶를 招諭하고 北元의 영향력을 단절하기 위해 3차에 걸쳐 遼東征伐을 단행하였다. 高麗는 明의 영향력이 미쳐오기 전에 먼저 군사행동을 단행하여 군사적 정치적 실력을 시위하였으며, 그 결과는 高麗人 招諭와 女眞族의 귀부라는 성과로 나타났다. 뿐만 아니라 納哈出 등 北元세력도 高麗에 사신을 파견해 오는 등 高麗와 우호적인 관계를 유지하기 위해 노력하게 되었다. 高麗는 3차례의 군사행동을 마친 뒤에 定遼衛에 咨文을 보내어 東寧·遼陽은 明에 귀부하지 않았다고 지적했다.[23] 高麗는 明에 귀속되지 않은 戶口를 招諭한 것이므로 이들에 대하여 明이 귀속권을 주장할 수 없다는 주장을 알린 것이다. 이렇게 통보함으로써 고려는 이들 高麗民, 女眞族들이 고려 영향권, 혹은 고려 지배권에 있다는 사실을 기정사실화하려는 것이었다고 하겠다.

그런데 明은 이때 高麗가 招諭한 官民을 돌려보낼 것을 요구하였다. 즉 遼東民 귀속권이 明에 있다고 주장한 것이다. 元 지배권 안에 있던 遼東民은 明의 戶口이며, 元末·明初에 발생한 인구 이동과 귀속관계 여부는 인정하지 않겠다는 것이다.

이보다 앞서 高麗와 元 사이에는 양국 사이에서 이주하는 民戶의 귀속을 판명하는 기준이 있었다. 高麗와 元의 강화가 결정된 高宗 46년(1259) 2월을 기준으로 하여 그 이전에 이동한 자는 거주지 소속으로 인정하지만, 그 이후 이동한 자는 속인주의 원칙에 따라 원거주지

---

23) 『高麗史』 권43, 恭愍王 21년 3월 庚戌, [상844③④], "移咨定遼衛曰……竊詳 東寧·遼陽 未曾歸附朝廷 卽是梗化之人 況與我構隙 理宜防備 已令把守 要害 待變勦捕 如獲奇賽因帖木兒 起遣前來".

로 송환되어야 했다.[24] 明과 조선 사이의 인구 이동에 있어서는 요동지방의 民戶가 고려 영역 안으로 이동한 것이 문제였다. 遼東에 있어서 영토보다는 民戶 확보에 관심이 있던 明이 인구 추쇄를 주장할 것은 예상할 수 있었을 것이다.[25]

朝鮮 건국 후 漫散軍에 대한 추쇄 문제는 元末에 유입한 民戶에 대한 추쇄 문제와는 성격이 달랐다. 漫散軍은 明의 軍籍에 올라 있는 사람들이므로 明이 송환을 요구한다면 朝鮮은 거부할 명분이 없었다. 明은 漫散軍 발생 초기에 이들 중 많은 수가 朝鮮으로 유입하는 것을 알고 있었으며, 바로 송환을 요구하였다.[26]

漫散軍 송환이 거의 완료되어 가던 太宗 8년에 이르러 洪武 5년(恭愍王 21, 1371) 納哈出이 女眞地面을 침입하였을 당시 高麗의 慶源 · 定州 · 咸州 등지로 유입한 奚官萬戶府 察罕 등 12戶와 建州衛의 指揮僉事 馬完者와 阿合出의 管下人口 송환을 요구하였다. 이들 인구는 漫散軍과는 별개로 두만강 안팎에 살던 女眞族이다. 그러나 遼東地方까지 영토로 확보한 明이 元 · 明 교체기에 한반도로 유입한 女眞族을 새삼 추쇄하겠다고 나선 것은 1403년(太宗 3)부터 본격화된 明의 女眞 招諭에 따른 성과에 기인한다. 建州衛의 兀良哈, 吾音會(會寧)의 吾都里, 두만강 이북의 兀狄哈 등 대표적인 女眞 3개 종족은 明에 귀부하기 전 高麗 · 朝鮮에 羈縻되고 있었다.[27] 明이 적극적으로 이들을 招撫하자 太宗 3~5년 사이에 이들은 明에 귀부하였다.[28] 그러나 女眞酋長 管下民戶는 원거주지에 그대로 거주하는 경우가 적지 않았다. 明은 朝鮮에 남아 있는 이들에 대한 추쇄를 요구하였다.

24) 김순자, 2006, 「고려, 원(元)의 영토정책, 인구정책 연구」 『역사와 현실』 60.
25) 朴元熇, 2007, 「鐵嶺衛 設置에 대한 새로운 觀點」 『한국사연구』 136.
26) 『太宗實錄』 권3, 太宗 2년 5월 乙未.
27) 『太宗實錄』 권5, 太宗 3년 6월 辛未.
28) 朴元熇, 1995b, 「명과의 관계」 『한국사』 22, 국사편찬위원회, 320~324쪽.

이것은 두만강 일대에 거주하는 女眞族까지 明이 지배권에 넣겠다는
것이며, 이들이 明에 귀부하기 전 朝鮮의 羈縻 아래 있었던 사실을
부정하는 것이라고 할 수 있다. 女眞族 招諭는 필연적으로 朝鮮과 이
해가 상충되는 부분이었다.

　인구 추쇄 문제는 遼東의 각 지방세력들의 이해와 직접 관련되는
문제였다. 遼東의 각 세력들은, 그들이 北元 잔여세력이든 女眞族이
든 民戶 지배를 근거로 세력을 형성하고 있었다. 民戶가 유리해 버린
다면 세력을 유지할 수 없을 것이다. 따라서 元・明 교체의 변동기에
인구 이동의 중심지가 遼東이었다는 사실은 지방세력가들에겐 위기
였다. 따라서 明 중앙정부의 인구 추쇄책과 관계 없이도 이들은 고려
로 이주해 간 民戶를 추쇄해야만 자신들의 세력기반을 유지할 수 있
었을 것이다. 앞에서 언급한 高家奴의 경우가 이에 해당한다. 그는 忠
肅王 6년(1319) 이래 遼陽에서 高麗로 유입한 民戶의 名簿를 보내줄
것을 요구하였다. 당시 高家奴는 遼東衛指揮使司의 指揮僉使의 직책
에 있었다. 그는 2년 뒤인 禑王 4년에 江界로 來投하였으므로 明에
귀부한 것도 임시적인 것이며, 상황 전개에 따라 행방은 다시 변할 수
있었을 것이다. 그는 明의 관직을 이용하여 元末 이래 高麗로 유입한
民戶를 추쇄함으로써 세력기반을 회복하려고 했다. 朝鮮 太祖 2년의
脫歡不花 경우도 이와 같다. 그는 '東北面人'이었다고[29] 한 것으로 보
아 본디 東北面에 살면서 高麗에 羈縻되던 女眞族이었다. 1388년에
明으로 귀부했는데 그 管下人民 중 일부는 그대로 東北面에 거주하
고 있었다.[30] 역시 明의 권위에 의지하여 東北面에 정착한 옛 管下民
戶를 추쇄하려고 한 것이다.

　이상에서 살펴본 바에 의하면, 明은 고려와 국경지대에서 이동한

---

29) 『太祖實錄』 권3, 太祖 2년 4월 丁丑.
30) 『太祖實錄』 권3, 太祖 2년 6월 乙亥.

인구의 귀속을 결정하는 데 있어서도 영토 문제에서와 마찬가지로 元代의 질서를 회복하려고 하였다. 건국 후부터 遼東地方을 장악하기까지의 20년 동안 이 지방에서의 인구 이동 등의 변화를 부정하였다. 여기에 遼東의 각 지방세력의 이해가 관련되어 明은 禑王代 이래 계속하여 인구 추쇄를 요구하고 있었다.

2. 人口 推刷 요구에 대한 대응

元代의 人口 소속관계를 기준으로 하는 明의 인구 추쇄 정책은 원간섭기에 遼陽, 瀋陽 지방으로 이주한 高麗人을 招諭하여 내지에 정착시키려는 高麗의 인구정책과 대립하는 것이었다. 1368년 明이 건국한 후 高麗가 遼東에 영향력을 확대하는 문제는 明과의 사이에서 갈등이 되는 문제였고, 明이 遼東을 장악한 禑王 13년 이후에도 女眞族 招諭와 관련하여 갈등은 계속되었다. 遼東民 추쇄는 遼東지역의 향방과도 관련되어 있었다.

明의 인구 추쇄 요구에 대한 高麗의 입장은 禑王 13년(1387) 2월의 陳情表에서 살필 수 있다. 이 입장은 朝鮮 건국 뒤 漫散軍 송환 요구에 대한 朝鮮의 입장으로 연결된다.

知密直使 偰長壽를 京師에 보내어 陳情하였다. 表에 말하기를 "……① 간절히 살피옵건대 前元 己亥·辛丑年에 賊兵이 遼東·瀋陽 지역에 들어와서 싹슬이하듯 노략질하여 (民이) 사방으로 흩어졌으니, 그 중에서 혹 한둘이 (高麗에) 와서 사는 자는 있을지라도 어찌 능히 4만 명이 될 정도로 많겠습니까? 현재 여기에 李朶里不歹 등이 기거하고 있는데, 본인 등과 家小 358名을 명령에 의거하여 보낸 것을 제외하면 土人이 귀환한 것이니 실은 舊業을 회복한 것입니다. ② 臣

은 聖朝의 戶律 안에서 1款을 살폈는데, 무릇 民戶가 도망하여 이웃
州縣에 거주하면서 差役을 회피한 자와 洪武 7년 10월 이전에 他郡
으로 流移하여 거기에서 籍을 붙여 差役한 자는 논하지 말라고 한 것
을 받들었습니다. ③ 또 洪武 18년 9월 16일에 이르러 臣의 襲爵에 관
한 詔書를 받들었는데, 그 개략은 一視同仁하여 化·外를 분별하지
않는다고 하였나이다. 다행히 (이로) 인하여 聲敎를 고루 받게 되었으
니 비록 流徙했다고 해도 또한 (황제의 통치권) 범위 안에 있는 것입
니다. ④ 하물며 저들이 진술한 것은 그 實情에 벗어남이오리까?"(괄
호 안, 번호는 필자)31)

이 陳情은 앞서 禑王 12년 12월에 明이 紅巾賊의 遼東 침입 때 瀋
陽路民 4만여 戶가 高麗로 유입하였다고 주장하면서 추쇄하겠다고
한 것에 대한 답변이다. 여기에서 高麗는 4가지 근거를 들어 明의 요
구에 이의를 제기하였다. 첫 번째는 高麗로 유입한 인구는 본디 高麗
人으로서 瀋陽等地에 기거하다가 本土로 돌아온 것이라는 것, 따라서
明이 추쇄할 근거가 없다는 것이었다. 두 번째는 明의 戶律에 의거하
여도 추쇄 요구가 부당하다는 것이었다. 즉『大明律』戶律에 의하면,
民戶가 인접 州縣으로 流移한 경우에 洪武 7年(恭愍王 23, 1374) 10
月 이전에 流移하여 役을 지고 있는 경우는 추쇄하지 않는 것이 원칙
이었다.32) 그런데 明이 추쇄 대상으로 지목한 瀋陽路民의 경우, 그 규

---

31)『高麗史』권136, 禑王 13년 2월, [하937①~③], "遣知密直事偰長壽如京師
陳情表曰……① 切詳前元當己亥·辛丑之歲 賊兵入遼東·瀋陽之間 俘掠
一空 分離四散 或有一二之來寓 安能四萬之得多 見有李朶里不歹等前來寄
居 除將本人等連家小三百五十八名 欽依發遣外 惟土人之還歸 實舊業之是
復 ② 臣會驗到聖朝戶律內一款 節該 凡民戶逃往隣境州縣躱避差役者 其
在洪武七年十月以前流移他郡 曾經附籍當差者 勿論 欽此 ③ 又會到洪武
十八年九月十六日 欽奉詔書爲臣襲爵事 節該 一視同仁 不分化外 欽此 幸
彙緣得霑聲敎 雖流徙 亦在範圍 ④ 況彼所陳 過於其實".
32)『大明律』권4, 戶律 戶役條, [逃避差役], "凡民戶逃往鄰境州縣躱避差役者

214

모의 사실성 여부는 차치하고라도, 明이 건국하기도 전인 恭愍王 8년
(1359)의 紅巾賊 침입 때 高麗로 유입하였다. 따라서 明의 戶律에 의
거하여도 추쇄 대상이 아니라는 것이다. 세 번째는 高麗는 明의 책봉
을 받은 諸侯國이므로 高麗의 영토도 明 天子의 敎化가 미치는 지역
이다. 洪武帝는 '化·外를 차별하지 않는다'고 여러 차례 밝힌 바 있
으므로, 설혹 遼東民이 高麗로 유입하였다 하여도 역시 황제의 통치
권 범위 안에 있는 것이므로 추쇄할 필요가 없다는 주장이다. 마지막
으로는 4만여 戶라는 숫자는 실상과 달리 과장된 숫자라고 하였다.

陳情表에서 高麗는 遼東에서 高麗로 유입한 인구는 본디 高麗民
이므로 元末에 遼東의 官籍에 등재되어 있었는가의 여부는 문제되지
않는다고 주장하였다. 元代에 高麗에서는 雙城摠管府, 遼陽, 瀋陽 등
지로 인구가 유입해 가고 있었다.[33] 이들에 대한 추쇄는 世祖舊制에
의거하여 高宗 46년(1259, 己未年) 2월을 기준으로 하였다.[34] 그러나
民 추쇄는 지방세력의 이해와 관계가 있는 것이어서 流民 추쇄가 시
행되는 데에는 어려움이 있었다.[35] 遼陽行省 영역으로 이동한 고려
流民을 추쇄할 때는 元의 中書省, 遼陽行省, 征東行省이 함께 조사하
여 새로운 戶計를 작성했는데, 이를 三省照勘戶計라고 했다.[36] 三省
照勘戶計는 流移한 상태를 반영하여 작성되었던 것으로 보인다. 高麗
는 원간섭기에 流民이 되어 떠났던 고려인은 물론, 요동지방의 여러
여진족까지 초유하여 내지에 民戶로 정착시키는 정책을 쓰고 있었고,

杖一百 發還元籍當差……其在洪武七年十月已前流移他郡 曾經附籍當差者
勿論 限外逃者 論如律".
33) 梁元錫, 1956, 앞 논문, 293~299쪽 ; 김순자, 1994, 앞 논문, 380~388쪽.
34) 김순자, 2006, 앞 논문.
35) 김순자, 1987, 「高麗末 東北面의 地方勢力硏究」, 연세대학교 석사학위논문,
22~23쪽.
36) 『高麗史』 권38, 恭愍王 4년, [상768③④].

明에 대하여도 이들이 高麗人이라는 점을 내세웠다. 高麗는 遼東에 거주하던 고려인이나 고려에 귀부하거나 내지로 이동해 온 여진족과 같이 자국의 이해관계에 있는 民戶에 대하여는, 元代의 귀속 여부에 구애되지 않고 현재의 귀속 상태를 기준으로 삼겠다는 것이었다.

高麗는 明의 인구 추쇄 요구를 明의 戶律과 天下 관념을 근거로 부당하다고 주장하였다. 漫散軍 송환이 완료되어 가던 太宗 8년(1408) 6월에 이르러 明은 洪武 5년(恭愍王 21, 1372) 慶源·定州·咸州 등지로 유입한 奚官萬戶府 소속 察罕 管下 12戶와 建州衛 指揮僉事 馬完者와 阿合出의 管下人口 중 兀連, 紅肯, 失里地面에 살고 있는 男婦 19口를 송환시키라고 요구하였다.[37] 朝鮮은 察罕 등의 管下民이 流移하여 籍에 붙여 差役한 것은 『大明律』 戶律에서 추쇄 상한으로 정한 '洪武 7년' 이전인 洪武 5년이므로 추쇄 대상이 아니라고 하였다. 洪武帝 역시 이전의 中國 황제들처럼 天下의 중심, 지배자임을 자임하면서 '不分化外 一視同仁'을 표방해 왔다. 이것은 明이 주변 제후국의 협조 아래 조공책봉관계의 정점에서 동아시아 질서를 유지하려는 정치적, 외교적 명분론이라 할 수 있다. 高麗는 明측의 명분론을 근거로 들어서 인구 추쇄 요구가 스스로 자임하는 天下觀念에 어긋난다고 지적함으로써 인구 추쇄 요구의 부당성을 지적하였다. 이들이 朝鮮에 거주하거나 明으로 추쇄되거나 간에 天子의 백성이므로 굳이 추쇄할 필요가 없다는 논리다.[38] 太宗 9년 朝鮮의 논리는 앞서 언급한

---

37) 『太宗實錄』 권15, 太宗 8년 6월 壬辰.
38) 『太宗實錄』 권17, 太宗 9년 정월 甲子, "遣知議政府事偰眉壽如京師 賀聖節也 就賚移禮部咨二道而去……其一曰……洪武五年壬子 因那哈出到來女直地面鬪亂 根同萬戶股實向國出來於慶源·定州·咸州等處 附籍安業當差 又於各官地面及紅肯等處 究問馬完者及阿哈出等戶下男婦人口 並無咨內開來名字 相同人氏具呈 得此狀啓 據此看詳上項事理 所據察罕等戶下人口 欽檢到聖朝戶律內一款節該 凡民戶逃往隣州縣躱避差役者 杖一百 發還原

禑王 13년 2월의 陳情表의 내용과 같은 것이다.

3. 流入人口 정책과 송환인구

한반도로 이주해 오는 流民의 주요 구성원은 高麗人이었다. 鮮初에 遼東 戶口의 3/10은 高麗人으로 이루어져 있다고 하였다.[39] 이들은 西北面 등지에서 조세를 피하여 越境한 것으로 인식하고 있었다. 恭愍王 8년 紅巾賊의 침입으로 民戶가 유입하였을 때에는 이들을 西北面 郡縣에 분산하여 배치하였다.[40] 朝鮮 太宗 2년 漫散軍이 유입하였을 때는 江原道와 東北面뿐만 아니라 下三道까지 포함하는 전국 郡縣에 분산 배치하였다.[41] 漫散軍 송환 요구가 전달된 뒤인 太宗 2년 5월에 869명을 豊海道에 분산 배치하고,[42] 同 9월에는 4,224명을 諸道에 분산 배치하였다.[43] 그들 중 일부는 군인으로 편입되기도 하였다. 太宗 13년 당시 軍器別軍 17인은 漫散軍 출신이었다.[44] 高麗·朝鮮은 국경지방인 東·西北面뿐만 아니라 江原道와 下三道 등 전국

籍當差 其在洪武七年十月以前流移他郡 曾經附籍當差者 勿論 又欽蒙太祖高皇帝累降聖旨 不分化外 一視同仁 欽此 衆照上項故察罕等戶下人民男婦共五十口 旣於壬子年間流移本國 准請十處地面久安生業附籍當差 如蒙奏達 伏望聖慈 特賜明降 仍使安業 一國幸甚".

39) 『世祖實錄』 권34, 世祖 10년 8월 壬午.
40) 『高麗史』 권39, 恭愍王 8년 11월 甲辰, [상783②].
41) 『太宗實錄』 권3, 太宗 2년 3월 丁酉, "分置遼東逃來人等於江原道及東北面 初遼東人男女九十名逃來義州 又民一百五十戶乘桴越江到泥城 云 燕軍大興 衛領軍楊大人棄城降于燕 故畏而逃來 上令議政府分置之給糧 又移西北面各州安置 己卯年(定宗 원년, 1399)以後向國逃來人 於下三道各州 給糧".
42) 『太宗實錄』 권3, 太宗 2년 5월 壬子.
43) 『太宗實錄』 권4, 太宗 2년 9월 丁酉.
44) 『太宗實錄』 권25, 太宗 13년 정월 丁未.

의 郡縣에 이들을 분산 배치하고, 식량과 농업에 필요한 종자까지 공급하여 정착시켰다.

太宗 2년부터 朝鮮으로 유입한 漫散軍은 明의 軍籍에 올라 있는 군인이었다. 朝鮮이 이들을 받아들이는 것은 내란 상태에 있는 明의 民戶를 隱占한 것이 될 터이므로 외교분쟁이 될 여지는 쉽게 생각해 볼 수 있었을 것이다. 그래서 漫散軍이 처음 도강하려고 할 때에 받아들이지 말 것을 주장하는 의견도 강하게 제기되었다.[45] 본디 高麗人이지만 우리를 배반하고 遼東으로 갔다가 이제 다시 중국을 배반하고 우리에게 오는 자들이므로 春秋義理에 어긋나며, 또 중국의 民戶를 받아들이는 것은 事大義理에 어긋난다는 주장이었다. 2품 이상 耆老 회의에서 의논한 결과 받아들이는 데에 반대하는 자가 찬성자의 2배에 달했다.[46] 이들은 明의 軍籍에 올라 있어도 본디 朝鮮 百姓이라는 인식과, 이들을 내치는 것은 곤궁한 百姓을 사지에 몰아넣는 것이라는 인정론에 따라 수용하였다.[47]

朝鮮이 漫散軍 송환 요구를 반대하는 것은 당연한 일이었다. 그러나 明이 추쇄 대상을 明記하여 송환을 요구할 경우에는 외교상의 여러 측면을 고려할 때 응하지 않을 수 없었다. 明은 女眞族 송환 문제를 제기한 太祖 2년 遼東을 경유하는 貢路를 다시 폐쇄하고, 3년에 1使만 내라고 통보하는 등의 방법으로 朝鮮을 압박하였다.[48] 易姓革命

---

45) 『太宗實錄』 권3, 太宗 2년 4월 癸丑, "內書舍人李之直·左正言田可植上疏論事……— 招亡納叛 春秋所貶 今遼藩之民 托以飢饉 亡命來附 此輩雖是本朝之民 曩旣叛於我 今又背於彼 其反覆難信可知也 且今臣事大國 而復納叛 有乖事大之義 願自今逃驅來附者 卽令捉拿還遣 勿許入境".

46) 『太宗實錄』 권3, 太宗 2년 4월 戊辰. 2품 이상의 耆老 회의에서는 漫散軍 수용에 찬성자가 12명, 반대자가 23명이었다.

47) 『太宗實錄』 권3, 太宗 2년 5월 庚寅.

48) 『太祖實錄』 권4, 太祖 2년 5월 丁未. 이때 明이 다시 貢路를 폐쇄하고 3년 1使만 하라고 통보한 것은 인구 추쇄에 대한 불만에서만 결정된 것은 아니

에 대한 天子國 明의 지지가 필요했고, 李成桂의 즉위를 합리화해 줄
誥命, 印信을 받아야 했던 朝鮮으로서는 인구 추쇄 문제로 明과의 관
계가 악화되는 것을 피하거나 적어도 완화해야 했다. 그래서 明이 요
구하는 인구를 송환하기로 결정하였다.

漫散軍 송환은 太宗 2년(1402) 12월 林八剌失里의 송환을 시작으로
하여 太宗 16년(1416)까지 14년 동안 계속되었다. 총 20회 이상 17,467
명이 송환되었다. 그 중에서 明이 처음 송환을 요구한 1년 동안(太宗
3)에 11,210명이 송환되었는데, 이것은 太宗 16년까지 이루어진 총 송
환자의 64%이다. 그 뒤 太宗 6~8년 3년 동안 6,198명이 송환되었는
데, 이 수는 太宗 3년에 송환된 수와 합하면 전체 송환자의 99.7%에
해당한다. 太宗 9년 이후 송환된 인구 수는 31명뿐이다.[49] 漫散軍 송
환이 시작된 첫 해에 전체 송환자의 64%가 송환되는 등 비교적 이른
시기에 대규모로 송환이 이루어졌다.

당시 明은 한반도로 유입한 漫散軍의 실태를 정확하게 파악하고
있지 않았다. 그에 따라 明이 구체적으로 지목한 자만 송환하는 방침
을 정하였다.[50] 朝鮮이 협조하지 않으면 明이 추쇄를 달성할 방법은

다. 明은 朝鮮에 대하여 浙東·浙西의 백성을 꾀여서 정보를 캐간다는 것,
遼東邊將을 布帛, 金銀으로 꾀인다는 것, 女眞 家眷 5백여 명을 유인해 갔
다는 것, 입으로 事大한다고 하면서 貢馬가 매번 駑下하여 쓸 수 없다는 것,
國號를 朝鮮으로 정하여 주었는데도 아무런 답변이 없다는 것 등 이른바 生
釁侮慢 5개事를 들고 나왔다(『太祖實錄』권3, 太祖 2년 5월 丁卯). 貢路 폐
쇄와 3년 1使 결정은 여기에 기인한 것이다. 이 문제는 인구 추쇄 요구와 동
시에 제기되었다.

49) 그런데 이 수치는 『朝鮮王朝實錄』의 기록을 토대로 계산한 것이다. 이에 의
하면 '漫散軍'이란 용어는 太宗 2년 3월에 처음 사용되었으며 그들의 유입은
2월부터 기록에 나타난다. 그리고 송환은 太宗 2년 12월에 처음 이루어졌다.
따라서 朝鮮으로 유입한 漫散軍의 숫자나 明으로 송환한 漫散軍의 숫자나
전체를 기록한 것은 아니다. 따라서 여기에 제시한 송환인구 수도 정확하지
는 않을 것이다.

없었기 때문이다. 禑王 5년 3월의 경우 추쇄 대상으로 '同知 李兀魯思
帖木兒等 33人과 黃城等處에서 移來한 人民'을 지목하였다. 그런데
추쇄 대상을 구체적으로 지목하지 못하고 '黃城等處에서 移來한 人
民'이라고 포괄적으로만 언급하였다. 추쇄대상으로 명확하게 지목한
것은 '李兀魯思帖木兒等 33人'뿐이다. 그런데 東寧府 同知였던 李兀
魯思帖木兒는 高麗의 于羅山城 공격 당시 300여 戶를 거느리고 吉州
로 이주하였는데, 鮮初까지 계속 이 지역에 거주하고 있었다.[51] 太宗
2년 漫散軍의 송환을 요구할 때 그 현황 조사를 요구한 것도 漫散軍
의 실태가 어떠한지에 관한 정보가 없었다는 것을 나타내는 것이라
하겠다.[52] 그래서 明은 먼저 송환된 사람들의 진술에 의해 얻는 정보
를 근거로 송환을 요구할 수밖에 없었는데, 朝鮮의 각 州縣에 분산 배
치된 漫散軍의 실상을 파악하기에는 한계가 있을 수밖에 없었다. 단
지 朝鮮에서 해당 郡縣을 조사하여 송환되지 않은 漫散軍을 빨리 송
환하라고 독촉하는 정도로 물러설 수밖에 없었다.[53]

朝鮮은 유입 인구를 民戶로 정착시킨다는 원칙을 세워 추진하였다.
따라서 漫散軍 현황 조사는 거부하였으며,[54] 송환할 때에도 明이 이
름을 明記한 자만 송환한다는 방침을 정하였다.[55] 朝鮮이 女眞人 500
인을 회유하여 도강하게 했다는 明의 항의에 대하여 해명하면서, "本
國의 軍民이 계속하여 遼東으로 도망해 가서 軍丁에 충당되었다."고
하고, 그러나 이들도 明이 요구한대로 왕왕 遼東都司로 돌려보낸 경

50) 『太宗實錄』 권5, 太宗 3년 2월 丁卯.
51) 『高麗史』 권42, 恭愍王 19년 정월 甲午, [상826②] ; 『世祖實錄』 권42, 世祖
    13년 8월 乙巳. 그는 世祖 때 동북면에서 반란을 일으키는 李施愛의 祖父이
    다.
52) 『太宗實錄』 권5, 太宗 3년 정월 壬辰.
53) 『太宗實錄』 권12, 太宗 6년 12월 丁未.
54) 『太宗實錄』 권5, 太宗 3년 정월 壬辰.
55) 『太宗實錄』 권5, 太宗 3년 2월 丁卯.

우가 있다고 하면서, 이번에도 明의 요구에 따라 本國사람인 朴龍 등 122戶 388명을 돌려보낸다고 하였다.56) 漫散軍 송환이 진행 중이던 太宗 7년 8월 송환에 대한 朝鮮의 입장을 다시 한번 통보하였다. 그에 의하면 漫散軍은 원래 高麗에서 役을 지다가 禑王代 胡拔都·高鐵頭 등이 압록강 일대를 노략할 때 잡혀가서 遼陽지방에 거주하다가 뒤에 東寧衛 軍丁으로 편입된 것이며, 또 일부는 도망가서 스스로 軍役에 편입되기도 하였다고 하였다.57) 즉 明이 추쇄를 요구하는 民戶란 본디 高麗民으로서 遼東地方으로 이주한 자들로 인식하고 있었으며, 따라서 이들을 高麗, 朝鮮이 받아들인 것은 본래의 民이 원거주지에 귀향한 것이라고 주장하였다.

이상에서 살펴본 바와 같이 14세기 후반 元·明이 교체하는 동아시아의 정세 변동과정에서 遼東은 그 중심에 위치하고 있어서 거주민의 이동이 심했다. 이들 중에서 원간섭기에 遼陽, 瀋陽지방으로 流移해 간 高麗人을 비롯하여 女眞族 일부는 상대적으로 안정된 高麗로 유입하였다. 明의 流民政策은 元代의 民戶 지배 상태를 회복하는 것을 목표로 삼고 있었다. 그에 따라 高麗·朝鮮으로 유입한 遼東民의 추쇄를 요구하였다. 그러나 高麗·朝鮮은 유입 인구가 본디 高麗人이었으므로 이들을 高麗 내지에 정착시키고 民戶로 편성하는 정책을 쓰고 있었다. 한반도로 유입한 인구에 대한 高麗·朝鮮과 明의 정책은 충돌하고 있었다. 明이 遼東을 장악하고 이어서 女眞族에 대한 招撫에 나서자, 조선과 明이라는 강대국의 역학관계에 따라 유입 인구의 상당부분은 遼東으로 還本되었다. 그러나 高麗·朝鮮은 이들을 자국의

---

56) 『太祖實錄』권4, 太祖 2년 8월 壬寅.

57) 『太宗實錄』권14, 太宗 7년 8월 壬辰, "遣戶曹叅議具宗之如京師 咨禮部曰 ……得此狀啓 據此照得 上項漫散軍餘 原係小邦有役人民 曩因胡拔都·高鐵頭等到來鴨綠江邊裏虜 前去遼陽地面居住 後充東寧衛軍丁 亦有爲事逃往自充軍役者 近於革除年間 逃還本國 幽僻山谷閒藏躲".

民戶로 파악하여 정착시키는 정책을 포기하지 않았기 때문에 遼東 人口 추쇄는 제한된 범위에서만 이루어졌다.

제6장 麗末鮮初 明과의 馬貿易

麗末鮮初 明은 고려·조선으로부터 말을 수입해 갔다. 馬貿易은 이 시기 양국 사이의 公貿易 중에서 절대적인 비중을 차지하였다. 禑王代부터 世宗代까지 64년 동안 明은 73,945필의 말을 수입하였다. 총 11회에 걸쳐 이루어진 馬貿易은 朝貢冊封關係에서의 朝貢과 回賜의 형식을 취한 공무역이 아니라, 明이 말을 구입하고 가격을 지불하는 매매였다.[1] 고려시대에 의례적인 貢物과 回賜의 범위를 넘는 대규모 교역이 이루어진 적이 있지만,[2] 이때의 馬貿易은 전근대 우리 역사상 단일 품목으로는 유례가 없는 대규모의 교역이었다. 또한 일회성

---

[1] 중세 무역의 형태는 국가 혹은 개인 중 누가 무역의 주체가 되는가에 따라 朝貢貿易, 官貿易, 公貿易, 國家貿易, 私貿易, 個人貿易, 公認貿易 등으로 분류되어 왔다. 그 용어는 통일되어 있지 않으며, 어떤 용어를 사용하는가에 따라 연구자마다 개념도 다르게 사용하였다. 全海宗, 1979, 「中世 韓中貿易 形態 小考」(『韓國과 中國』)에서는 官貿易·附帶貿易·公認民間貿易·密貿易으로, 朴漢男, 1993, 「高麗의 對金外交政策 研究」(성균관대학교 박사학위논문)에서는 官貿易·使臣貿易·民間貿易으로, 이정희, 1997, 「고려전기 對遼貿易」(『지역과 역사』 4, 부산경남역사연구소)에서는 使行貿易·公貿易·私貿易·密貿易으로 분류하였다.

[2] 고려시대에 이루어진 貢物과 回賜 형식의 공무역 중에서 관례와 다른 대규모 교역은 光宗 때 後周에 銅 5만 근을 수출한 것과(『高麗史』 권2, 世家 光宗 10년 冬 ; 『五代史』 권74, 列傳 四夷附錄3, 高麗), 顯宗 때 女眞으로부터 무기인 楛矢 117,600대와 58,600대를 공물로 받은 것이 있다(『高麗史』 권2, 顯宗 21년 4월 戊子, 5월 乙卯).

224

에 그친 것이 아니라 장기간에 '매매' 형식으로 이루어졌다는 점에서
도 의례적인 공무역과는 다른 것이었다.

그런데 이제까지 전근대 역대 中國王朝와의 공무역을 상업적 의미
의 교역으로 분석한 적은 거의 없다. 對淸關係에서 貢物과 回賜品을
분석한 외에는3) 교역으로서 그 규모를 계량하거나 매매가격을 분석한
연구는 없었다. 관련 자료를 찾기 어려운 것이 주요한 이유이다. 또
貢物과 回賜를 朝貢國, 冊封國이라는 上·下國 사이의 차별적 물품
수수로서보다는 자발적인 교역이라고 규정하면서도 그 경제적 의미
분석은 애써 외면하였기 때문이었다.

11회의 馬貿易에서 明은 대개 馬價를 지불하였다. 반면 高麗와 朝
鮮은 馬貿易을 '교역'의 의미보다는 對明關係에 수반되는 貢物의 일
종으로 받아들였다. 馬價를 지불받으면서도 貢物의 한 형태로 생각하
게 된 이유는 교역이 이루어진 배경과 가격 지불 방법, 馬貿易에 대한
高麗·朝鮮측의 대응 자세 등에서 찾을 수 있다.

麗末鮮初의 對明 馬貿易에 관해서는 다른 공무역 경우보다 관련자
료가 상대적으로 많이 남아있다. 그 규모와 가격을 비교, 분석할 수
있다면 이 시기 中國과의 경제 교류의 구체적인 내용을 이해할 수 있
을 것이다. 나아가 朝貢冊封關係라는 차별적 국제질서가 경제교류에
어떤 영향을 주었는지에 관한 실증적 연구가 될 것이다. 이러한 문제
의식하에 먼저 이 시기 馬貿易의 규모를 정리하고 明이 지불한 馬價
를 시기별, 지역별로 비교, 분석하겠다.4) 馬價를 비교, 분석하는 자료
로는 『高麗史』, 『朝鮮王朝實錄』 등 관찬사서의 기록과 함께 고려말

3) 全海宗, 1966a, 「淸代 韓中朝貢關係考」『震檀學報』 29·30 ; 1970, 『韓中關係史研究』.
4) 馬貿易의 규모에 관해서는 南都泳, 1960, 「麗末鮮初 馬政上으로 본 對明關係」『東國史學』 6 참조.

외국어학습서로 편찬된 『老乞大』의 馬價 기록, 아울러 『明實錄』과
『弇山堂別集』을 이용하였다.

1. 馬貿易의 규모와 교역 방법

1) 高麗 · 朝鮮 - 明 사이 馬貿易의 규모

恭愍王이 시해되고 濟州馬 징발차 파견되어 왔던 明使가 귀국길에
살해되면서 고려와 明은 외교적으로 대단히 어려운 시기에 접어들었
다. 고려는 禑王의 즉위를 승인받기 위하여 계속 노력하였고, 明은 그
것을 빌미로 고려에게서 1년에 馬 1,000필, 布 10,000필, 金 100斤, 銀
10,000兩씩(金, 銀 일부는 馬로 환산하여 보냄) 5년분을 한꺼번에 수탈
해 간 다음인 禑王 11년(1385) 9월에 이르러 禑王의 왕위 계승을 승인
해 주었다.[5] 이어서 禑王 11년 12월에 禑王 10년분 공물까지 마저 수
탈한 다음에, 高麗는 3년마다 1번 조공, 良騎 50필을 바치는 것으로
明과 합의가 이루어졌다.[6] 이 원칙은 朝鮮 건국 후에도 적용되었다.

明은 元을 축출하고 대륙을 차지하였으나 전쟁이 일거에 종식된 것
은 아니었다. 和林으로 도망간 北元은 遼東지방 金山의 納哈出 등 잔
여세력과 연대하여 遼東과 장성 안팎의 광범위한 지역에서 실제적인

---

5) 禑王 즉위 후 禑王 책봉을 빌미로 明이 수탈해 간 貢物에 관하여는 김순자,
1995, 「고려말 대중국관계의 변화와 신흥유신의 사대론」 『역사와 현실』 15
; 본서 제2장 2. 高麗의 禑王 책봉 요청과 貢物의 증액 참조.

6) 『高麗史』 권136, 禑王 12년 7월, [하934②~935①], "禮部咨曰……且歲貢之
設 中國豈倚此而爲富 不過知三韓之誠詐耳 今誠詐分明 表至 云及用夏變
夷 變夷之制 在彼君臣力行如何耳 表至 謂歲貢 云及生民孔艱 使者歸 朕再
與之約 削去歲貢 三年一朝 貢良騎五十匹 以資鍾山之陽 牧野之郡 永相保
守……".

226

위험이 되고 있었다. 明이 納哈出을 정벌하고 明에 항복한 北元勢力의 협조를 얻어서 北元의 본거지를 정복한 것은 洪武 20～21년간의 일이다. 그러나 이후에도 北元勢力의 북방변경 침입은 끊이지 않았다. 洪武 말년 이후에는 새로 결집한 타타르(韃靼), 오이라트(瓦剌) 두 세력이 明의 서쪽과 서북쪽 변경을 위협하고 있었다.[7] 남쪽에서는 安南이 明의 통제에 응하지 않고 있었다. 따라서 明은 전쟁을 수행하기 위해 계속적으로 軍馬가 필요하였으나, 중국에서는 옛부터 말이 부족하였다.[8] 초원지대가 없는 중국은 明 이전 宋代에도 契丹, 女眞 등지에서 계속 말을 수입하였다.[9]

明은 말 부족을 해결하기 위하여 말이 많이 생산되는 몽골, 女眞을 상대로 馬市를 개설하여 운영하였다. 遼東 지방의 開元, 廣寧, 撫順 3곳에 馬市를 개설하여 烏梁海 등 女眞族을 상대로 布, 絹, 米 등과 교역하고, 서쪽 諸藩은 중국차에 대한 수요가 컸으므로 茶馬司를 설치하여 茶와 교환하였다.[10] 茶馬司가 설치된 지역은 陝西의 河州, 秦州와 四川의 碉門, 雅州 등지였다. 貴州에서는 綿布를 지불하고 말을 사들였다.[11] 馬市를 운영하는 것은 부족한 말을 국외에서 충당한다는 경제적인 이유뿐만 아니라, 변방을 침입할 수도 있는 몽골과 女眞을 말교역을 매개로 하여 통제한다는 군사적인 목적도 가지고 있었다.[12]

---

7) 朴元熇, 1995a,「15세기 동아시아 정세」『한국사』22, 국사편찬위원회.
8) 王世貞 編,『弇山堂別集』권89, 市馬考(『四庫全書』史部5 雜史類, 臺灣商務印書館 景印. 이하 같음), "高帝時 南征北討 兵力有餘 唯以馬爲急 故分遣使臣 以財貨於四夷市馬".
9) 이정희, 1997,「고려전기 對遼貿易」『지역과 역사』4, 부산경남역사연구소, 11～15쪽.
10)『明史』권92, 兵4 馬政. 馬市의 숫자는 永樂년간 이후 주변 종족에 대한 통제가 어려워지고 그에 대한 수요가 증가하자 늘어나기도 하였다(曹永祿, 1977,「入關前 明·淸時代의 滿洲女直史」『白山學報』22, 45～51쪽).
11)『弇山堂別集』권89, 市馬考.

馬市에서의 교역은 明의 지방군사기구인 衛所官의 칙서를 가진 자에게만 허락되었고 그외의 私的 교역은 엄격히 금지되었다. 몽골과 女眞을 비롯하여 중국의 물자가 필요한 변경의 종족들은 쉽게 明에 귀부하였다. 뿐만 아니라 馬市에서는 변경을 위협하는 주변 종족의 동향을 탐지하고 회유할 수도 있었다. 永樂 4년(1406)에 烏梁海 등지에 기근이 들자 馬市를 열어 米, 絹을 지불하고 말을 사들인 것은[13] 식량 부족으로 女眞族이 明을 침입하는 것을 미연에 방지하고 통제하기 위한 조처였다. 그 2년 후에는 元室의 후예인 本雅失里가 몽골족의 可汗으로 추대되어 明의 서북 변경의 안전이 문제시되자, 馬市를 열어 그곳의 정세를 탐지하였다.[14] 이때의 馬市는 규정 외에 개설된 것이었다.

明이 高麗·朝鮮에서 말을 수입한 것은 이와 같이 부족한 말을 국외에서 수입하여 충당하는 정책의 일환으로 취해진 것이다. 明이 처음으로 말을 '사겠다'는 의사 표시를 한 것은 禑王 12년(1386) 7월 '3년 1朝 貢馬 50필' 방침을 전달할 때가 처음이다. 明은 이때 濟州의 말을 사겠다고 요구하였다.[15] 4달 뒤 高麗 사신이 귀국하는 편에 明은 段子, 綿布를 보내어 말 5,000필을 사겠다는 의사를 통보해 왔다.[16] 馬 1필의 가격을 어떻게 책정할 것인지도 함께 알려 왔다. 이렇게 하여 시작된 對明 馬貿易은 朝鮮 건국 후 世宗 말년까지 60여 년 동안 이루어졌다. 麗末에 3차례, 朝鮮 건국 후에 8차례 모두 11회였다. 그것을 정리하면 <표 6-1>과 같다.

---

12) 曺永祿, 1977, 앞 논문, 45~51쪽.
13) 『明太宗實錄』권62, 永樂 4년 12월 甲寅 ;『弇山堂別集』권89, 市馬考 永樂 4년.
14) 『明太宗實錄』권75, 永樂 6년 정월 甲子.
15) 『高麗史』권136, 禑王 12년 7월, [하934①②].
16) 『高麗史』권136, 禑王 12년 11월, [하936②].

<표 6-1> 明과의 馬貿易 규모[17]

회차	시 기(년 월)	기간	무역 요구량	무역량	비고
(1)	우왕 13. 3 ~우왕 13. 6	4개월	5,000필	5,000필	5運으로 운송
(2)	우왕 12.12 ~우왕 13. 1	2개월	3,000필	3,040필	
(3)	공양 3. 6 ~太祖 元.11	18개월	10,000필	9,880필	8運으로 운송
(4)	太祖 3. 6 ~太宗 원. 2	6년 9개월	10,000필	6,000필	9運으로 운송
(5)	太宗 원.10 ~太宗 3. 6	21개월	10,000필	9,548필	8運으로 운송.明이 직접 운송 해감
(6)	太宗 7. 9 ~太宗 8. 2	6개월	3,000필	3,000필	9運으로 운송
(7)	太宗 9.11 ~太宗 10. 2	4개월		10,000필	19運으로 운송
(8)	世宗 3.10 ~世宗 3.11	2개월	10,000필	10,000필	18運으로 운송
(9)	世宗 5. 8 ~世宗 5.10	3개월	10,000필	10,000필	11運으로 운송 退換馬 보충까지 17運
(10)	世宗 9. 5 ~世宗 9. 6	1개월	5,000필	5,000필	9運으로 운송
(11)	世宗 32.正~ 世宗 32.3 이전	3개월이내	2~3만필 이상	2,477필	5運까지 보내고 明이 교역 중 지를 통보하여 중단 운송처 : 北京. 다른 경우 遼東 인 것과 차이
합	11회			73,945필	

(1)은 위에서 언급한대로 禑王 12년 7월에 처음 이루어진 교역이다.
明이 교역할 마필 수와 가격에 관해서는 의견이 통일되어 있지 않았
던 듯하다. 처음에는 段子 10,000匹, 綿布 40,000匹을 보내어 馬 5,000

---

17) 馬貿易의 규모는 이미 南都泳의 연구에서 밝혀졌다. 南都泳 1960,「麗末鮮
初 馬政上으로 본 對明關係」『東國史學』6, 55~56쪽 ; 1996,『韓國馬政史』,
247~251쪽 참조. 단, 마필 수에 있어서는 본고의 계산과 차이가 있다.

필을 사겠다 하고, 宰相馬와 官馬·百姓馬의 가격을 다르게 책정하
여 통보하였다.[18] 몇 번의 왕래 끝에 5,000필에 등급을 상등, 중등, 하
등으로 나누어 교역하였다.[19] 말은 다음 해 3월부터 6월까지 4개월간
5運으로 나뉘어 각 運 1,000필씩 운송되었다.

(2)는 (1)이 진행 중이던 禑王 12년 12월에 遼東의 元 세력으로서 明
에 귀부한 高家奴 등이 紅賊의 遼東 침입시 高麗로 유입한 瀋陽流民
을 추쇄하러 왔을 때 전달되어 이루어졌다.[20] 처음 요구한 규모는
3,000필이었으나 3,040필이 무역되었다. 高家奴 등이 明으로 돌아갈
때 직접 인솔해 간 듯 禑王 13년 3월에 이미 遼東에 도착하여[21] 완료
되었다.[22]

(3)은 恭讓王 3년(1391) 4월에 明이 禮部咨文을 보내어 馬 10,000필
의 교역을 요구하면서 시작되었다.[23] 明의 요구가 있은 지 2달 후부터
高麗·朝鮮은 8회에 걸쳐 말을 遼東으로 보냈다. 恭讓王 때 8,000필
을 보내고, 朝鮮 건국 후 2,000필을 마저 보냈다. 馬價는 10,000필의
말을 전부 운송한 뒤에 遼東에 와서 받아가라고 통보되었다.[24]

(4)는 太祖 3년(1394) 4월에 明이 左軍都督府의 咨文을 보내어 馬
10,000필의 교역을 요구함으로써 시작되었다.[25] 6,000필을 보낸 것으

---

18) 『高麗史』 권136, 禑王 12년 11월, [하936②].
19) 『高麗史』 권136, 禑王 13년 6월, [하943①②].
20) 『高麗史』 권136, 禑王 12년 12월, [하936③④].
21) 『高麗史』 권136, 禑王 13년 2월, [하936④~937①] ; 『明太祖實錄』 권181, 洪
    武 20년 3월 癸酉, "指揮僉使高家奴等市馬高麗……勅至遼東 適高麗送馬
    三千四十匹至 勝宗如勅償其直".
22) 필자가 1998년 7월 4일 한국중세사연구회가 주최한 발표회에서 「麗末鮮初
    對明 馬貿易」이란 제목으로 초고를 발표하였을 때에는 마필 수 통계에서 (2)
    의 3,000필을 계산하지 않았다. 이곳에서 정정한다.
23) 『高麗史』 권46, 恭讓王 3년 4월 壬午, [상891①②].
24) 『太祖實錄』 권3, 太祖 2년 6월 庚辰條.
25) 『太祖實錄』 권5, 太祖 3년 4월 癸酉.

로 기록되어 있으며, 중단 여부에 관한 기록은 없다. 그런데 太宗 원년 2월 己未일에 馬 500필을 보내고[26] 6개월만에 다시 10,000필의 말을 교역하자고 요구해 왔다.[27]

(5)는 明의 建文帝와 燕王(뒤의 永樂帝)이 帝位 계승 전쟁인 靖難의 役 당시 建文帝측에서 요구한 것이다.[28] 8개월 동안 7運으로 7,000 필을 보낸 상태에서 燕王이 승리하여 중단되었다가[29] 永樂帝 즉위 후에 남은 말 3,000필을 요구하여 13개월 후인 太宗 3년(1403) 6월에 그 중 2,548필을 보냈다.[30] 이 경우는 몇 가지 점에서 다른 경우와 차이가 있는데, ① 말을 보내기도 전에 먼저 馬價를 보내왔으며, ② 말을 '時價대로 교환하겠다'고 한 점이다. 그리고 ③ 高麗가 遼東까지 말을 운송한 것이 아니라 明이 朝鮮에 와서 직접 운송해 갔다는 점이다.

(6)은 計稟使로 파견되었던 偰眉壽가 귀국할 때 明에서 禮部咨文을 보내어 3,000필의 교역을 요구하여 이루어졌다.[31] 용도가 무엇인지

---

26) 『太宗實錄』 권1, 太宗 원년 2월 己未.
27) 南都泳은 (4)와 (5) 사이에 3,000필이 더 무역된 것으로 보았다(南都泳, 1960, 앞 논문, 55~56쪽 ; 1996, 앞 책, 248쪽). 그것은 (5)의 太宗 원년 9월 丁亥에 (『太宗實錄』 권2, 太宗 원년 9월 丁亥) 明이 10,000필의 馬貿易을 요구할 때 보내온 兵部咨文에 근거한 추정이다. "朝鮮國에 馬匹이 많이 산출되어 전일에 국왕이 좋은 생각으로 말 3,000필을 바쳤는데, 이미 遼東都司에 명하여 官軍에게 주어서 타게 하였다."로 되어 있다. 그러나 이것은 (4) 이후에 太宗 원년 2월에서 10월 사이에 3,000필을 추가로 무역한 것인지, 아니면 (4)의 6,000필 중의 일부를 말하는 것인지 분명하지 않다. 實錄에 明이 馬貿易을 요구한 기록이 없는 점과, 그 기간이 2월에서 8월 사이로 짧다는 점을 고려하면 (4)의 6,000필 중에서 明이 이미 수령한 것을 가리키는 것으로 보는 것이 타당할 것이다.
28) 『太宗實錄』 권2, 太宗 원년 9월 丁亥.
29) 『太宗實錄』 권3, 太宗 2년 5월 癸未.
30) 『太宗實錄』 권5, 太宗 3년 6월 己酉.
31) 『太宗實錄』 권14, 太宗 7년 9월 庚申.

밝히지는 않았지만 이 직전에 明軍은 왕위 계승문제로 갈등을 빚은 安南을 정벌한 뒤였다. 朝鮮은 禮部咨文이 도착하기 열흘 전에 明이 馬貿易을 요구한다는 사실을 알고 있었다. 明의 요구가 공식적으로 전달되기도 전에 먼저 進獻官馬色을 설치하고 馬貿易을 준비했다.[32]

　(7)은 明이 黎渠河에 세력을 형성하고 있는 韃靼皇帝 本雅失里를 공격하기 위해 太宗 9년(1409) 10월에 요구함으로써 시작되었다.[33] 明은 전투에 참전한 禁衛兵이 전부 사로잡혔을 뿐 아니라,[34] 北京이 위협받을 정도로 사정이 급박하였다.[35] 永樂帝는 다음 해 2월에 친정하기로 계획을 세우고 부족한 말을 朝鮮에서 공급받고자 하였다.[36] 明은 요구하는 마필의 수를 밝히지는 않고 형편에 따라 보내주길 원한다고 했으나, 연이어 사신을 보내어 말을 독촉하였다. 朝鮮에서 1만 필을 운송한다는 奏本을 보내고 나서 말이 운송되는 도중에도 2회나 더 독촉하였다.[37] 교역량 10,000필을 보내기로 한 것은 朝鮮이 결정한 것이다.[38] 4개월만에 10,000필을 보내느라 시일이 매우 촉박했으며, 17·18·19運 각각 423필, 384필, 287필 합계 1,094필은 같은 날에 遼東으로 출발하였다.[39]

　(7) 이후 10여 년 동안은 明으로부터 馬貿易 요구가 없었다. 그러다가 世宗 3년(1421) 9월에 이르러 明은 다시 馬貿易을 요구하였다.[40] (8)이 그것이다. 明은 國用에 쓰기 위해 10,000필의 말이 필요하며, 馬

---

32) 『太宗實錄』 권14, 太宗 7년 8월 庚戌.
33) 『太宗實錄』 권18, 太宗 9년 10월 己未.
34) 『太宗實錄』 권18, 太宗 9년 10월 庚戌.
35) 『太宗實錄』 권18, 太宗 9년 11월 甲戌.
36) 『太宗實錄』 권18, 太宗 9년 10월 庚戌.
37) 『太宗實錄』 권18, 太宗 9년 11월 甲戌.
38) 『太宗實錄』 권18, 太宗 9년 10월 己未.
39) 『太宗實錄』 권19, 太宗 10년 2월 甲子.
40) 『世宗實錄』 권13, 世宗 3년 9월 辛巳.

232

價를 치르겠다고 했다. '三衛의 達賊이 遼東을 침입했다'는 정세 보고로 보아[41] 韃靼에 대비하기 위한 군사용이었다고 생각된다. 40만 명의 韃靼兵이 瀋陽路에 주둔하고 있었으며, 明으로 수송하는 朝鮮의 易換馬 400여 필이 강탈당할 정도로 明의 遼東 지배가 위협받는 정세였다.[42] 明은 馬貿易을 재촉하였고, 단 2개월만에 10,000필을 모두 보낼 정도로 급하게 진행되었다.

(9)는 위 (8)의 10,000필을 보낸 지 1년 8개월만에 다시 10,000필을 요구한 것이다. 韃靼을 정벌하기 위한 軍馬用으로 교역을 요구하였다.[43] 이번 경우도 明의 독촉으로 매우 서둘러 진행되었다. 단 3개월만에 11運으로 나누어 10,000필을 전부 보냈다. 그러나 退換馬 2,324필을 보충한 것까지 합하면 모두 17運으로 운송하였다.[44]

(10)은 世宗 9년(1427) 4월 國用에 사용하기 위해 5,000필의 말을 즉시 보내라고 요구하여 이루어졌다.[45] 朝鮮은 5~6월 사이 불과 35일만에 退換馬 49필까지 보충하여 모두 운송하였다.

(11)은 韃靼으로부터 遼東을 침략받아 군사 1,000명과 馬 8,000필이 사로잡히는 위기를 당하여,[46] 朝鮮에 협공을 촉구하는 한편,[47] 2~3만 필 이상의 말을 보내라고 요구하여 이루어졌다.[48] 朝鮮은 2~3만 필을 보낼 수는 없어서 5,000필의 말을 보내기로 하고 여러 道에 나누어 할당하는 단계까지 마친 상태였다.[49] 5運까지 2,477필을 보낸 상태에

---

41) 『世宗實錄』 권14, 世宗 3년 11월 辛巳.
42) 『世宗實錄』 권14, 世宗 3년 12월 辛丑.
43) 『世宗實錄』 권21, 世宗 5년 8월 己酉.
44) 『世宗實錄』 권23, 世宗 6년 3월 壬辰.
45) 『世宗實錄』 권36, 世宗 9년 4월 己卯 ;『明史』 권320, 外國1 朝鮮 宣德 2년 3월조.
46) 『世宗實錄』 권125, 世宗 31년 8월 戊申.
47) 『世宗實錄』 권125, 世宗 31년 9월 丙戌.
48) 『世宗實錄』 권127, 世宗 32년 정월 辛巳.

서50) 明으로부터 마필 進獻을 중지하라는 통보가 와서 그쳤다.51) 明
의 馬貿易 요구는 이후 중단되었다.

2) 교역 방법-운송과 退換馬 처리

위에서 살펴본 바와 같이 明은 禑王 13년(1387)~文宗 즉위년(1450)
까지 64년간 총 11회에 걸쳐 73,945필의 말을 사 갔다. 이들 마필은 高
麗·朝鮮이 遼東까지 운송하여 遼東都司에 인계하였다. (5)의 경우
洪武帝의 뒤를 이어 황제위에 오른 建文帝측이 燕王(뒤의 永樂帝)과
帝位 계승 분쟁으로 軍馬가 급히 필요하여 漢陽으로 직접 와서 운송
해 갔고, (11)의 경우 遼東이 韃靼의 침입을 받아 遼東에서 수령할 수
없다고 北京까지 운송해 줄 것을 요구하여 北京까지 운송한 것이 예
외이다. 총 11회에 걸쳐 1회당 3,000~10,000필 규모의 마필이 5~19運
으로 나누어져 상당한 기간 동안 운송되었다.

이 중에는 보충된 마필 수도 포함되어 있다. 遼東都司에서 말이 왜
소하다거나 약하다는 등의 이유를 들어 수령을 거부하기도 하였다. 이
럴 경우 수령을 거부한 말은 退換馬로 돌아오게 되었는데, 明의 요구
에 따라 易換馬란 이름으로 그 수를 채워 다시 운송하였다. 退換된
馬匹 수는 <표 6-2>와 같다.

표의 11회 중 (2), (6), (7), (11) 4회의 경우는 退換馬가 없었던 것으
로 보이고, 나머지의 경우 退換馬의 수는 위의 표에 나타난 바와 같
다. 아래에서 살펴볼 경우는 (1), (3), (4), (5), (8) 5회이다.

---

49) 『世宗實錄』 권127, 世宗 32년 정월 己丑.
50) 『世宗實錄』 권127, 世宗 32년 정월 丁酉 ; 『文宗實錄』 권1, 文宗 즉위년 4월
　　壬寅 ; 권2, 文宗 즉위년 7월 辛酉.
51) 『文宗實錄』 권1, 文宗 즉위년 4월 壬辰.

<표 6-2> 退換馬

회차	무역량	退換馬匹數	비 고
(1)	5,000필	?	추정할 수 없음
(2)	3,040필	0	
(3)	9,880필	920 필	추정치
(4)	6,000필	60 여필	
(5)	9,548필	1,525 필	추정치
(6)	3,000필	0	
(7)	10,000필	0	
(8)	10,000필	241 필 이상	추정치
(9)	10,000필	2,324 필	
(10)	5,000필	49 필	
(11)	2,477필	0	
합	73,945필		

먼저 (1)의 5,000필에 대해 退換馬 수가 얼마였는지는 알 수 없다. 5,000필은 5運으로 나뉘어 각각 1,000필씩 운송되었다. 그런데 제5運 기사에 의하면 "五運馬 1,000匹과 아울러 退還改換馬를 押領하여 遼東으로 보냈다"로 되어 있다.[52] 이는 그전 제4運까지 退換馬가 있었다는 것을 의미한다. 제5運 당시 운송한 退換馬는 제4運 1,000필에 대한 것이라고 추정된다. 그러나 기록이 없어서 몇 필이었는지 알 수 없다.[53]

---

52) 『高麗史』 권136, 禑王 13년 6월, [하943①②].

53) 池內宏은 「高麗末に於ける明及北元との關係」(1917a, 『史學雜誌』 29-1, 2, 3, 4/1963, 『滿鮮史研究』 中世 第三冊), 316쪽에서 "第5運 1千은 전부 돌려져 改換되고……" 라고 하였으나, 어떤 기록을 참조했는지 명기하지 않았다. 『高麗史』와 『高麗史節要』의 당시 기록에서는 第5運馬 전부가 改換된 기록을 찾을 수 없다. 논문에서 윗 부분에 이어 "押馬官과 함께 點選해서 3등급으로 하여 段子 2,670匹, 布 30,186匹만큼 지불되었다."라는 기록을 근거로 한 것으로 생각된다. 그 기록은 다음과 같다. 『高麗史』 권136, 禑王 13년 6월, [하943①②], "遣判司宰寺事朴之介 押五運馬一千匹 并退還改換馬如遼東 都司・延安侯・定元侯・武定侯 同押馬官 點選分爲三等 上等給價段二匹布八匹 中等段一匹布六匹 下等段一匹布四匹". 이 기록은 第5運馬 1,000

(3)의 경우는 明으로 운송한 10,000필에 대해 9,880필의 馬價만을 보내왔으므로 그 차이인 120필이 退換馬인 것으로 보인다. 그러나 이는 결과일 뿐이고, 退換된 총 마필 수는 이보다 훨씬 많았다. 洪武 26년(太祖 2, 1393)에 遼東都司에서 朝鮮 都評議使司에 보낸 문서에 따르면,[54] 退換馬匹은 제7運 1,000필 중에서 64필, 제8運 1,000필 중에서 120필이었다. 그런데 제7運 64필은 보충되었고 제8運은 보충되지 않았기 때문에 결과적으로 明은 총 10,000필 중에서 120필을 뺀 9,880필의 馬價만을 지불하였다. 그렇다면 기록에서 확인되지는 않았지만, 제1運~제6運 8,000필 중에서도 退換馬는 있었을 것이다. 그 수치를 정확하게 알 수 없지만, 제7運, 제8運의 합 2,000필에서 184필이 退換되었던 것을 평균으로 하여 환산하면 920필이 된다. 그러나 明이 退換시키는 기준이 일정하지 않았으므로 이 추정치를 신뢰할 수는 없다.

(4)의 경우는 기록에서는 60여 필만이 退換된 것으로 나타난다. (5)의 경우 退換馬도 추정치이다. 제7運까지 7,000필을 보내고 남은 3,000필에 해당하는 것으로 제8運으로 보낸 2,548필을 보냈다.[55] 그런데 太宗 3년(1403) 10월 甲子에 明이 보내온 兵部咨文에 의하면 明이 수령한 마필은 雜色馬 2,141필이었다.[56] 따라서 그 차이인 407필이 退換馬였다고 추정할 수 있을 것이다. 이것은 2,548필에 해당하는 것이다. 따라서 제7運까지의 7,000필 마필에 대한 것을 이 비율로 환산하여 합하면 9,548필 중 退換馬로 보충된 수는 1,525필 정도였을 것으로 추정된다.[57]

필을 退還改換馬와 함께 보내었다는 뜻이며, 第5運馬 1,000필이 전부 改換되었다는 것은 아니다.

54) 前間恭作 遺稿/末松保和 編, 1975, 『訓讀吏文』, 國書刊行會, 64~66쪽, 「第七運第八運馬匹依數解來事」.
55) 『太宗實錄』 권5, 太宗 3년 6월 己酉.
56) 『太宗實錄』 권6, 太宗 3년 10월 甲子.

(8)의 경우 退換馬는 241필로 나타난다. 그런데 실제 退換馬는 이것보다 훨씬 많았던 것으로 추정된다. 朝鮮에서 10,000필의 말 운송을 마친 것은 교역이 이루어진 世宗 3년(1421) 11월이다. 遼東까지 수송 중이던 12월 중에 瀋陽路에 주둔하고 있는 韃靼兵에게 易換馬 400필을 빼앗겼다. 이 400필은 위의 241필과는 다른 것이다. 18運 중에서 어느 회차 몇 필에 대한 易換인지 확인할 수 없다. 그러나 전체 退換馬가 두 기록에 나타난 것보다 훨씬 많은 수였음을 추정할 수 있다.

위에서 살펴본 바와 같이 접수 거부된 馬匹 수는 회차마다 차이가 크다. 말을 운송하는 과정에서 草料, 馬糧 공급 여건은 기후에 크게 영향을 받았다. 遼東까지 수천 리 길을 말 운송하는 데에는 겨울일 경우 추위로 땅과 물이 얼고 장마가 지면 草料의 공급이 원활하지 못하기도 하고, 馬糧도 제때에 공급되지 않아서 말이 병드는 일도 흔히 있을 수 있는 일이었다. 그래서 출발할 때는 충실한 말이었으나 遼東에 도착했을 때는 빈약한 말이 되기도 하였다. 그런데 동절기에 운송된 (6), (7), (8)의 경우를 보면, (6), (7)의 경우는 각각 3,000필, 10,000필 중 退換馬가 전혀 없었으나, 같은 조건인 (8) 10,000필의 경우는 241필이 넘는 수가 退換되었다. 한편 (9)의 경우 遼東의 장마도 끝난 8~10월의 가을에 운송되었으나 10,000필 중 2,324필이 退換된 반면, (10)의 경우는 하절기인 5~6월에 운송되었으나 5,000필 중에서 단지 49필만이 退換되었다.

여기에서 明이 말을 退換시키는 기준이 일정하지 않았음을 알 수 있다. 그때그때 말을 수령하는 관리가 어떤 기준에 따라 수령하는가에 영향을 받았던 것으로 추정된다. 그래서 말을 退換하기로 결정했다가 朝鮮이 이의를 제기하면 취소하는 경우도 있었다. 이에 대해 高麗와

---

57) 『太宗實錄』 권6, 太宗 3년 9월 壬寅條에 의하면 28필을 보충하였다. 이 28필이 여기에 포함되는지 여부는 확인할 수 없다.

朝鮮은 明 중앙정부에 정식으로 문제를 제기하지는 않았다. 단지 遼東에서 말을 수령하는 현지 책임자에게 문제를 제기하는 선에서 그쳤고, 退換된 숫자만큼 다시 그 수를 채워 보냈다.

遼東까지 말을 운송하는 데에는 馬糧, 草料, 馬押送官 등 부대비용도 적지 않았다. (7)의 경우 4개월 동안 10,000필을 19運으로 운송했는데, 말을 운송하는 데 필요한 인력은 다음과 같았다.[58]

```
押送官, 護送軍   813명
炊飯軍          70명
騎卜馬         408필
驅人          408명
牽馬軍        5000명
```

10,000필의 말을 운송하기 위해 7,000명 이상이 동원되었다. 이러한 인력 부담보다 더욱 긴요한 것은 말먹이로 드는 馬料였다. 말무역이 진행되던 시기 遼東까지 말을 운송하는 데 드는 馬料가 어느 정도였는지 평균치를 계산하기는 쉽지 않다. (9)의 경우 10,000필을 운송하기 위한 준비로 콩 1만 1천 석을 비축하게 한 경우가 참고되지만[59] 위의 11회 사례에 일반화하여 적용하기는 어렵다. 그러나 부대비용은 高麗와 朝鮮에서 말을 숫자대로 모으는 기간, 운송 기간, 운송되는 시기의 차이에 따른 여정의 험난과 馬料 공급에 드는 노력의 차이 등에 따라 일정하지 않았다. 따라서 (7)의 경우를 기준으로 하여 산술적으로 일반화하기도 어렵다.

---

58) 『太宗實錄』 권19, 太宗 10년 5월 己巳.
59) 『世宗實錄』 권21, 世宗 5년 8월 壬戌.

3) 朝鮮의 馬匹 규모와 징발 방법

(1) 전국의 보유 馬匹 규모

말은 여러 가지 용도로 사용되었다. 국방용 戰馬, 驛의 驛馬, 외교
상 공물인 貢馬로 사용되는 외에도, 농사의 노동력, 食用, 무역용, 乘
用, 賞賜用, 擊毬用 등으로 사용되었다.[60] 그 중에서도 戰馬, 驛馬 용
도는 국가를 유지하는 데 항상 중요한 것이었고, 麗末鮮初에는 明에
보내는 공물로서의 기능이 무엇보다 중요하였다. 그러면 高麗·朝鮮
이 明의 요구에 따라 이같이 말을 계속 보낼 수 있을 정도로 말을 많
이 가지고 있었을까? 高麗·朝鮮이 보유한 전국의 馬匹을 추정해 보
고 馬匹 무역량이 결정될 때 그 수를 채우는 방법도 살펴보려고 한다.

이 시기 전국의 馬匹에 관한 통계기록은 남아 있지 않다. 특히 高
麗末에 어느 정도의 말을 보유하고 있었는지 추정할 수 있는 기록은
거의 없다. 이와 관련하여 高麗末 騎兵의 숫자를 참고할 수 있을 것
이다. 禑王 2년(1376) 전국의 군사를 점검했을 때 騎兵은 14,700명이었
다.[61] 禑王 14년(1388) 遼東征伐을 단행할 때 동원된 군사는 38,830명
인데 그때 동원된 말은 21,682匹이었다.[62] 遼東征伐은 高麗의 입장에
서는 明을 상대로 한 국운을 건 군사 작전이었다. 따라서 그때 동원된
말의 규모는 高麗가 징발할 수 있는 최대치에 가까웠다고 보아도 크
게 틀리지 않을 것이다.

朝鮮初期의 마필 수에 관하여는 몇몇 기록을 참고할 수 있다. 世宗
28년(1446) 濟州의 말은 9,780필이었다.[63] 成宗 원년(1470) 司僕寺에서
濟州道를 제외한 지역에서 馬籍에 올라있는 마필 수를 13,599필로 보

---

60) 南都泳, 1996, 앞 책, 133쪽.
61) 『高麗史』 권81, 兵1 兵制 禑王 2年 8月, [중786④].
62) 『高麗史』 권137, 禑王 14년 4월 丁未, [하951③~952①]).
63) 『世宗實錄』 권111, 世宗 28년 3월 癸酉.

고하였다.64) 그 50여 년 뒤인 中宗 17년(1522)에 成宗 때의 馬籍을 참
고하여 마필이 4만여 필이었던 것으로 보고하였다.65) 燕山君 8년
(1502)에는 3만 필, 中宗 17년에는 2만 필로 기록되었으며, 肅宗 4년
(1678)에 제작된 「牧場地圖」에 의하면 전국의 마필은 20,213필이다.66)
濟州 이외 지역의 馬匹(牛 포함)은 7,955필이고, 제주의 마필은 12,258
필이다. <표 6-3>은 이를 정리한 것이다. 이에 의하면 마필 수는 成
宗 때 가장 많아서 4만여 필에 이른 것을 알 수 있다. 그 이후 점차 감
소하여 中宗 때 2만 필 규모가 되며, 이 규모는 임란 이후 朝鮮後期까
지도 계속되는 것을 알 수 있다.

<표 6-3> 전국의 마필 수

연 도	마필 수		비고
	제주 이외 지역	제주	
世宗 28년(1446)		9,780필	
成宗 원년(1470)	13,599필		
成宗代(1470~94)	40,000여 필		中宗 17년 기록에 의거
燕山君8년(1502)	30,000여 필		
中宗 17년(1522)	20,000여 필		
肅宗 4년(1678)	7,955필	12,258필	「牧場地圖」에 의거. 牛 포함

對明 馬貿易은 世宗 32년(1450)을 마지막으로 하여 중단되었다. 明
이 1372년 처음으로 濟州馬 2,000필을 요구했을 때 高麗는 일시에
2,000필이라는 수를 채울 수 없었다. 濟州에서 징발한 말은 300필뿐이
었으므로67) 나머지 1,700필을 채우기 위해 宗親·宰樞·代言 이상의

64) 『成宗實錄』 권2, 成宗 원년 정월 癸未.
65) 『中宗實錄』 권44, 中宗 17년 2월 丁亥, "御朝講……特進官高荊山曰 考成宗
    朝馬籍 則其數至四萬餘匹 今則纔二萬餘匹 而亦無可用之馬……濟州三邑
    之馬視古亦半減……". 『燕山君日記』 권43, 燕山君 8년 3월 乙未條에도 成
    宗 때의 마필을 4만 필로 보고하였다.
66) 南都泳, 1996, 앞 책, 236~237쪽에서 재인용.

관리에게 할당하여 각각 1필씩 징발하는 형편이었다.[68] 그런데 禑王의 왕위 계승을 明으로부터 인정받는 禑王 11년 7월까지 高麗는 1년에 1,000필에 해당하는 말을 貢馬라는 명목으로 明에 보내어야 했다. 그리고 禑王 12년에 이르러 明이 5,000필과 3,000필의 馬貿易을 요구했을 때((1), (2)), 高麗는 각각 4개월, 2개월만에 그 숫자를 채울 수 있었다. 물론 요구량을 채우기 위해 兩府 대신부터 巫覡·術士까지 모든 신분, 계층에서 말을 징발하였다.[69] 이것은 당시 정부 소유 馬場이나 屯田 등에서 보유하고 있는 말이 5,000필, 또는 3,000필을 채울 정도로 충분하지 않았다는 것을 의미한다.

禑王 5년 이래 高麗는 明의 요구에 따라 해마다 貢馬 1,000필씩을 明으로 보내야 했다. 말에 대한 수요가 증가함에 따라 국가 차원에서든 민간 차원에서든 말 사육이 증가했을 것이다. 恭愍王 22년 濟州에서 징발할 수 있는 말이 2,000필보다 현저히 적어서 牧胡가 공물 부담 때문에 반란을 일으킨 것은 아닌 것으로 생각되지만, 불과 13년이 지난 禑王 12년에 이르러 단기간에 8,000필을 징발할 수 있었던 것은 恭愍王代 이래 對明 貢馬量의 증액이라는 수요 증가에 발 맞추어 말 사육이 증가했기 때문일 것이다.

이후 60여 년간 明은 계속하여 馬貿易을 요구했다. 국내에서는 말 사육이 크게 늘어난 것으로 보인다. 太宗·世宗代인 (7)~(10) 4회의 경우에는 2~4개월만에 10,000필에 달하는 말을 징발하였다. 그런데 世宗 32년을 고비로 갑자기 明과의 馬貿易이 중단되자 국내의 마필은 일시적으로 증가했을 것이다. 그 결과 成宗代의 마필 수는 麗末鮮初 이래 최고에 달했던 것으로 보인다. 세조대 여진족 정벌 이후로는

---

67) 본서 79쪽 주 19) 참조.
68) 『高麗史』권44, 恭愍王 23년 8월 壬子, [상866③].
69) 『高麗史節要』권32, 禑王 13년 2월, [813④].

전쟁이 없었으며, 明의 말 수입도 중단되자, 수요 감소로 인해 말 사육은 점차 감소하여 간 것으로 이해된다.

그런데 이 기록들에서는 明으로 말이 계속 유출되고 있던 世宗 32년까지의 전국의 마필 수를 알 수 없다. 世宗 28년의 기록은 濟州道의 목장에 속한 마필만을 기록한 것이기 때문이다. 濟州道의 마필 숫자가 전국 마필 숫자에서 차지하는 비중은 肅宗 4년(1678)의 경우 61%이다. 濟州道는 원간섭기 이래 목장이 가장 발달했던 지역이다. 그러나 이 비율을 일반화하여 世宗代, 혹은 成宗代에 적용할 수는 없을 것이다. 만약 世宗代에 이 비율을 적용한다면 世宗 28년의 경우 濟州의 마필이 9,780필이므로 전국의 마필 數는 16,032필이 되어야 할 것이다. 이런 규모라면 앞에서 살펴본 것처럼 2개월, 혹은 3개월이라는 비교적 짧은 기간에 1만 필을 明으로 수출할 수 없었을 것이기 때문이다. 또 마필이 가장 많았다는 成宗代에도 4만여 필에 불과하였다면, 明으로는 中馬 이상이 수출되었으며 말은 3~4년 이상 길러야 건장한 中馬 이상이 된다는 점을 고려하면,70) 위의 표에 나타나는 수치가 전국의 마필 수 전체를 나타내는 것은 아니라고 보아야 할 것이다.71)

그런 점에서 위의 기록에 나타난 마필 수는 국유목장에 속한 것만을 대상으로 하였다는 점을 유의해 보고자 한다. 개략적으로 그 수치를 표현한 成宗代, 燕山君 8년, 中宗 17년의 경우 외에, 실지 조사를 토대로 한 기록으로 보이는 世宗 28년, 成宗 원년, 肅宗 4년의 경우 모두 목장에 속한 마필만을 계산한 것이다. 민간에서도 乘用이나 농사의 노동력 등의 필요에서 적지 않은 말을 소유하고 있었을 것이다. 그런데 여기에는 전혀 포함되어 있지 않다. 또한 이들 목장이 국유인

---

70) 『世宗實錄』 권37, 世宗 9년 9월 丁亥.
71) 南都泳, 1996, 앞 책, 232~237쪽에서는 이를 전국의 마필 數로 보았다.

242

지 사유인지에 대해서는 전혀 언급되지 않았다. 그러나 사유목장이라면 어떤 식으로든 소유주를 나타내는 방법이 취해졌을 것으로 생각되므로, 이들 자료는 국유목장에 속한 숫자만을 계산한 것이라고 생각된다.

이 시기 사유마와 국유마의 비중이 어느 정도였는지 알 수 없으나 전국의 마필은 4만 필보다는 훨씬 많았던 것으로 추측할 수 있다. 그러나 10만 필을 넘을 정도였던 것으로는 생각되지 않는다. (7)의 교역이 끝난 朝鮮 太宗 11년에 司諫院에서 올린 時務 중 "비록 말 한 필이 있는 자라도 모두 官에 바치니,……"라거나,[72] (9)가 진행 중일 때 "지난날 士大夫家에는 말이 두서너 필 이상이 있었고, 庶民들도 모두 충실한 말이 있었으나, 지금은 士人의 집에도 한 필에 지나지 못하고, 또한 모두 빈약하다"는[73] 지적 등은 과장되었을 수 있다는 점을 감안해도 당시의 현상을 반영하고 있다고 보여지기 때문이다.

高麗 때 明이 요구한 (1), (2), (3)과 朝鮮 건국 후인 (4) 이후 11회 중 (11)을 제외하고는 무역량은 언제나 明이 요구한대로 결정되었다. 明이 끊임없이 말무역을 요구하자 그 수를 채우기 위하여 牧馬業은 계속 발전해 왔던 것으로 생각된다. 그러나 국외로 수출되는 양이 생산량보다 많았기 때문에 국내의 마필 수는 감소 추세에 있었다고 보인다. 그러다가 世宗 32년 이후 馬貿易이 갑자기 중단되자 일시적으로 마필 수는 증가하게 되어 成宗代에 최고에 이르렀다가 그 이후 점차 감소되었을 것이다.

(2) 道別 할당

말을 수집하는 방법에 관해서는 위의 (1)~(11) 중에서 몇 경우에 기

---

[72] 『太宗實錄』권18, 太宗 9월 11월 壬午.
[73] 『世宗實錄』권21, 世宗 5년 8월 庚戌.

록이 남아 있다. 明이 마필의 무역을 요구하면 먼저 進獻官馬色을 설치하고 무역할 마필 수를 정한다. 무역할 마필 수를 정하는 데에는 1차적으로 明의 요구액이 고려되고, 그 다음 軍政的인 면, 보유 마필 수 등이 고려되었다. (9)의 世宗 5년(1423) 경우, 해를 연달아 2만 필을 요구하자 士大夫로부터 庶民에 이르기까지 충실한 말이 없게 되었고, 또 明의 요구를 일방적으로 계속 들어줄 수는 없다 하여 액수를 반감해 줄 것을 요구하는 방안이 논의되기도 하였으나, 事大의 禮에 충실해야 한다는 명분으로 요구액을 충족시키는 방향으로 정해졌다.[74]

그 다음에는 道別로 마필 수를 할당하고 일정한 기한 내에 징발하도록 하였다. 전국에 퍼져 있는 목장말은 물론, 서울이나 외지에 있는 時散官으로부터 經師·무당·富居人·工人·商人·軍人·良民 등 모든 신분계층이 징발대상에 포함되었다.[75] 각 道는 할당받은 마필을 먼저 道內에 있는 品官에게 할당하고, 부족하면 軍이나 民戶에까지 할당하였다.[76]

各道에 할당한 마필 수의 몇 가지 예를 보면 <표 6-4>와 같다.

<표 6-4> 道別 馬匹 할당[77]

道別\회차	서울	개성	경기	충청도	전라도	경상도	황해도	함길도	평안도	강원도	합계
(8)	2,047	240	660	1,203	1,808	2,172	894	546	856	1,042	11,468필
(9)	2,050	250	650	1,200	1,350	2,200	800	500	600	800	10,400필
(11)	1,100	100	300	700	1,000	1,400	200			300	5,100필

74) 『世宗實錄』 권21, 世宗 5년 8월 庚戌.
75) 南都泳, 1996, 앞 책, 182쪽.
76) 『世宗實錄』 권13, 世宗 3년 9월 辛巳.
77) (8) :『世宗實錄』 권13, 世宗 3년 9월 辛巳 ; (9) :『世宗實錄』 권21, 世宗 5년 8월 壬子 ; (11) :『世宗實錄』 권127, 世宗 32년 정월 己丑.

244

(8)의 경우 할당된 마필 수를 합하면 11,468필이다. 이는 무역해야할 10,000필보다 1,468필이 많은 숫자이다. (9)의 경우 3개월만에 10,000필을 중국으로 보냈는데, 각도에 할당한 마필 수는 10,400필이다. (11)의 경우 明은 2~3만 필의 馬貿易을 요구했으나, 그중에서 5,000필만 무역하기로 결정하였다. 할당된 마필 수를 합하면 5,100필이다. 마필 수가 정해진 수보다 많게 할당되는 것은 退換馬가 있을 경우에 대비해서 미리 초과 마필을 준비하려고 한 것으로 보인다.

위의 세 경우를 보면, 마필 할당은 대개 道別로 일정한 비율이 있었던 듯하다. 道勢를 기준으로 했을 것으로 보인다. (8)과 (9)는 모두 10,000필씩인데 전라도의 경우만 450여 필 정도 차이가 있고, 나머지 道는 할당액이 거의 비슷하다. 이는 (9)가 (8)에 준해서 결정되었기 때문이다.[78] 그에 비해서 5,000필인 (11)의 경우 서울, 京畿, 下三道의 경우 징발 마필 수는 (8), (9)의 대략 1/2에 가깝다. (11)에서는 平安道, 咸吉道가 빠져 있는데, 이 지역은 국경지대이고 특히 평안도는 遼東까지 마필 수송으로 가장 큰 피해를 보고 있는 지역이어서 경우에 따라 마필 징발 대상에서 빠지도록 배려했던 것으로 보인다. (7)의 경우 東北面을 제외시킨 예를 참조할 수 있다.[79] 어느 경우나 서울에서 가장 많이 징발되었다. 이는 서울이 양반지배층의 집단 거주지이기 때문에 그들에게 속한 마필이 많아서였을 것이다.

또 한 가지 주목되는 것은 원간섭기 이후 마필 사육이 국내에서 가장 발달한 곳이었던 濟州道가 할당에서 빠져 있는 점이다. 貢馬를 제주에서 조달하는 것이 가장 손쉬운 방법이었을 것이다. 明이 처음 마필의 교역을 요구한 禑王 12년 7월에 濟州馬를 지목하였다.[80] (7)의

---

78) 『世宗實錄』 권21, 世宗 5년 8월 壬子.
79) 『太宗實錄』 권18, 太宗 9년 11월 乙亥.
80) 『高麗史』 권136, 禑王 12년 7월, [하934①②].

경우 道別로 마필이 어떻게 할당되었는지 기록을 찾을 수 없지만, 이 시기에 濟州에서 2,000필을 선별하여 육지로 보내온 기록이 보인다.[81] 濟州道가 馬匹을 道別로 할당할 때 다른 道와 구별되어 독립적으로 할당을 받았다면 할당에 나타날 것이다. 그런데 濟州는 道別 할당에서 빠져 있으므로 全羅道에 속해서 해당 분량을 분담했을 것이다. (8)과 (9)는 모두 10,000필을 道別로 할당했는데, 道別 할당액이 全羅道만 차이가 있다. (8)의 경우 (9)보다 450여 필이 많게 할당된 것은 (8)에서는 全羅道에 濟州馬가 포함되었고 (9)의 경우 濟州가 빠져 있어서 나타나는 차이가 아닌가 생각된다. 濟州에서는 明에 대한 마필 운송이 끝난 직후에도 品馬라는 명목으로 마필이 육지로 차출되고 있었다.[82]

4) 明의 馬貿易에서 高麗·朝鮮馬의 비중

明이 高麗·朝鮮에서 수입한 말은 전체 수입馬에서 어느 정도의 비중을 차지하였을까? 明의 王世貞이 편찬한『弇山堂別集』市馬考에는 1374~1571년까지 明이 국외에서 매입한 마필 수와 馬價가 기록되어 있다. 市馬考의 기록은 정확하지는 않다. 高麗·朝鮮의 경우 (1)~(11)의 11회 馬貿易 중에서 6회는 기록되고 5회는 누락되어 있다. 기록의 정확성 문제는 高麗·朝鮮과 明 사이의 馬貿易에만 해당되는 것은 아니며, 다른 지역과 馬貿易을 행한 경우에도 비슷했던 것으로 생각된다. 따라서 明의 馬貿易에서 高麗·朝鮮과의 馬貿易이 차지하는 비중을 추정하는 데는 큰 문제가 없으리라고 생각한다. 市馬考에는 1571년까지의 馬貿易이 기록되어 있지만, 朝鮮의 對明 馬貿易은

---

81)『太宗實錄』권18, 太宗 9년 12월 辛亥.
82)『太宗實錄』권19, 太宗 10년 4월 戊戌.

1450년에 끝나므로 1450년까지 한정해서 馬貿易 규모를 정리하면 아
래와 같다. <표 6-5>는 『弇山堂別集』 市馬考를 정리한 것이다.

<표 6-5> 明의 말 수입량 : 1374~1450년

연도(년)	수입 마필수	지불 수단	교역 대상지 혹은 주관기관
1374	250	鹽	納溪·白度鹽馬司
	?	綺·紗羅·陶器외	琉球
1375	?		廣東
1378	1,691	茶	河州·秦州茶馬司
	1,912	銀	慶遠裕民司
1381	181	茶	河州·秦州茶馬司
	200	鹽·布	納溪·白度鹽馬司
	135	鹽	洮州茶馬司
	181	銀·鹽	慶遠裕民司
	584		河州·秦州·洮州茶馬司, 慶遠裕民司
	565		廣東·四川布政使司
1384	1,300	綿布	貴州
	500		貴州
	560		河州·秦州茶馬司
	400		貴州
	596	茶	四川 碉門茶馬司
1385	6,729		河州·秦州茶馬司, 西南지방 각 衛
1386	2,807	鈔	陝西 河州 등지
	5,000	綺·段·布匹	高麗
1387	3,040		高麗
	170 餘		四川 雅州·碉門茶馬司
1388	300	白金	四川 烏撒軍民府의 貢馬
	302	白金·鈔	回回
	213	鈔	故元勢力
	8,484	鈔	故元新附番軍
1390	670		
	7,060	鈔	陝西都指揮司
1391	10,000		高麗
	110		貴州
1392	10,340 餘	茶	河州茶馬司

1396	1,095	鈔	回回
1397	1,560	綿布	西藩
1398	13,518	茶	西藩
1403	190		回回
	4,740		哈密
	?		湖廣 · 四川 · 雲南 · 廣西, 西北諸夷
	?		烏梁海
1405	?		遼東 · 開原 · 廣寧 馬市
1406	?	米 · 絹 · 布	烏梁海
1410	10,000		朝鮮
	7,714	茶	陜西 河州
1412	447	絹 · 布 · 鈔	
1420	900		韃靼
1427	5,000		朝鮮
1450	2,477		朝鮮

1374년부터 1450년까지 77년 동안 明은 총 111,921匹의 말을 사들였다.[83] 주요한 교역 대상지는 高麗 · 朝鮮을 비롯하여 明의 西藩 · 西北藩으로 불리던 回回 · 韃靼 여러 종족과 西南의 貴州, 東北으로 女眞族 烏梁海 등이었다. 琉球에서도 말을 사들인 것으로 보아 明은 국내의 말 부족을 해결하기 위하여 말을 사들일 수 있는 모든 지역에서 말을 수입하였다. 明의 부족한 마필 수가 어느 정도였는지 알 수 없지만, 洪武 28년(1395)에 증가한 孳生 馬駒는 9,407필에 불과하였다.[84] 그런데 기록에 나타난 것에 한정하여 보아도 1391년, 1392년, 1398년, 1410년에는 1만 필 이상을 수입하고 있어서 국내에서 생산되는 규모보다 수입되는 마필 수가 더 많았음을 알 수 있다. 또 대규모로 말을 수입하는 주요한 지역은 高麗 · 朝鮮이었다.

---

83) 이 계산에는 교역량이 기록되지 않은 '?'로 표시한 것과 '餘'로 표시한 것은 제외되었다.

84) 『明太祖實錄』 권243, 洪武 28년 12월 辛亥.

明이 수입한 전체 마필 수 중 高麗·朝鮮에서 수입한 마필은 6회에 걸쳐 35,517필이었고, 이것은 전체의 31.7%에 해당한다. 明은 부족한 말의 1/3을 高麗·朝鮮에서 조달하고 있었던 셈이다. 그런데 이 비율은 좀더 높게 보아야 할 것이다. 왜냐하면 위에서 살펴본 (1)~(11) 11회의 馬貿易 중에서 단기간에 교역량이 가장 많았던 시기는 (4)~(10)에 해당하는 1394~1427년 사이이다. 그런데 위의 기록에는 (4)~(10) 7회 중 2회만 포함되어 있다. 이러한 점을 고려하면, 明은 필요한 마필 수의 1/3 이상을 高麗·朝鮮에서 조달하고 있었다고 할 수 있을 것이다.

앞에서 살핀 바에 의하면, 明은 禑王 13년(1387)~文宗 즉위년(1450)까지 64년간 총 11회에 걸쳐 73,945필의 말을 사갔다. 1회 평균 6,722필, 1년마다 1,155필씩 사 간 셈이 된다. 그러나 무역량이 매 해 일정했던 것은 아니어서, (8), (9)의 경우처럼 2개월, 혹은 3개월만에 10,000필씩의 말이 무역되기도 했다. 그 규모는 明의 전체 수입 말 중에서 거의 1/3에 달하는 양이었다.

2. 馬價의 분석

對明 馬貿易의 규모와 가격 결정에 高麗·朝鮮은 전혀 관여하지 못했다. 그 가격을 분석하면 전근대 중국과의 朝貢冊封關係에서 공무역의 경제적 의미를 이해하는 데 도움이 될 것이다. 여기에서는 明이 高麗·朝鮮에 지불한 馬價가 얼마였는가를 단순히 산술적으로 밝히는 것은 의미가 없을 것이다. 앞에서 언급한 것처럼 對明 馬貿易은 高麗나 朝鮮의 의도와는 상관없이 明의 일방적인 요구에 의해 이루어진 것이다. 그러나 貢物과는 달리 가격이 지불되었다. 이것은 高麗

· 朝鮮과 明이라는 중국왕조 사이의 朝貢冊封關係를 전제로 해서 이루어진 '무역'인 것이다. 그 규모는 전근대 어느 시기보다 컸다. 그래서 朝貢冊封關係에서 이루어진 무역의 경제적 의미를 이해하기 위해서는, 明이 치른 가격이 당시 高麗·朝鮮의 국내 馬價 혹은 明 국내의 馬價와 비교할 때 어느 정도였는지 확인할 필요가 있다.

1) 明이 지불한 馬價

앞의 <표 6-1>에 제시된 11회의 馬貿易 전부의 가격을 분석하기는 어렵다. 말 가격이 어떻게 치러졌는지에 관해 매번 정확하게 기록되지 않았기 때문이다. 그리고 馬價가 여러 가지 현물로 지불되어서 하나의 화폐 단위로 환산하기도 어렵다. 그러나 몇몇 경우는 실제 가격과 비교해볼 수 있다.

11회의 무역 중에서 明이 지불한 馬價는 다음의 <표 6-6>과 같다. 먼저 高麗末에 교역이 이루어진 (1), (2), (3)의 馬價 지불에 관하여 살펴보겠다. (1)의 5,000필에 대한 馬價가 지불된 것은 禑王 13년(1387) 6월이었다. 馬價는 明이 처음 馬貿易을 요구했을 때부터 5,000필의 교역이 끝날 때까지 몇 번 변화가 있었다.[85] 明은 5,000필의 말을 段

---

[85] 明이 제시한 馬價는 3번 변화하였다. 그것을 표로 나타내면 다음과 같다(南都泳, 1996, 앞 책, 164쪽 참조).

시 기	가 격	비 고
우왕 12년 11월	宰相馬 1匹 : 段子 2필 綿布 4필 官馬·百姓馬 1匹: 段子 1필 綿布 2필	明이 처음 제시한 가격
12년 12월	馬 1匹 : 段子 2필 大綿布 8필	
13년 2월	布 8필, 段子 2필	5000필 馬 교역을 독촉할 때 제시한 가격

<표 6-6> 明이 지불한 馬價

분류	무역량	馬價		馬1필당 가격
(1)	5,000필	段子　2,670필 綿布 30,186필		상·중·하등 비율 不明 평균 : 段子 0.53필 　　　　布　　6필
(2)	3,040필	미상		미상
(3)	9,880필	紵絲 9,880필 綿布 9,880필		紵絲 1필 綿布 1필
(4)	6,000필	X		
(5)	9,548필	文綺·絹·綿布 90,000여 필 藥材		文綺·絹·綿布 9필 藥材
(6)	3,000필	? 絹·布 15,000필		絹·布 5필 *朝鮮에 전달 여부 不明
(7)	10,000필	絹　　30,000필 綿布 20,000필		絹　3필 綿布 2필
(8)	10,000필	生大絹　49,865필 紅絹　　1,601필 藍絹　　　301필	布·絹 88,280필	生大絹 2.75필 大綿布 1.75필
(9)	10,000필	草綠絹　　903필 靑絹　　　304필 大綿布 35,306필		
(10)	5,000필	미상		미상
(11)	2,477필	銀　　　300兩 紵絲　　30필 羅　　　30필 闊生絹　100필	絹 1,060 필로 환산	絹 0.43필 * 回賜 : 闊生絹 4,431필 　　　綿布　2,954필 　환산 : 闊生絹　1.8필 　　　綿布　1.2필
합	73,945필			

子 10,000필, 綿布 40,000필로 교역하겠다고 제시하면서 宰相馬와 官馬·百姓馬의 가격을 다르게 제시했다. 최종적으로는 3등급으로 나누어 상등마는 段 2匹, 布 8匹, 중등마는 段 1匹, 布 6匹, 하등마는 段 1匹, 布 4匹의 가격으로 샀다. 여기의 布는 綿布이다. 말의 소유주가 宰相인지 혹은 官·百姓인지의 여부에 따라 상·중·하 등급을 나누는 것이 영향을 받았던 것 같은데 구체적인 사실은 알 수 없다. 明은

5,000필의 馬價로 段子 2,670필, 布 30,186匹을 지불하였다.[86] 5,000필 馬를 段子 10,000필, 綿布 40,000필로 교역하겠다는 처음의 제안에 따른다면, 馬 1필당 段子 2필, 綿布 8필이 된다. 이는 실거래된 경우 상등마의 가격에 해당한다. 상·중·하 등급이 각각 어느 정도 비중이었는지는 알 수 없다. 그러나 하등인 경우도 段子는 1필이 지불되어야 했는데, 5,000필에 대해 실제 지불된 段子가 총 2,670필뿐이고, 綿布는 최소 段子 匹數의 4≤X<8배 범위에 있어야 하는데 30,186필은 匹數에서 2,670필의 11.3배이므로 段子는 綿布로 환산되어 지불되었음을 알 수 있다. 그런데 상·중·하 등급의 비율을 알 수 없으므로 평균하면 馬 1필당 段子 0.53필, 布 6필이 지불되었다. 지불된 馬價는 明이 처음 책정한 馬價에서 중등급보다 싼 가격으로 지불하였음을 알 수 있다. 高麗는 遼東까지 말을 운송한 다음 遼東都司에서 등급을 정한 데 따라 馬價를 받아 왔다.[87]

(2)의 3,040필에 대한 馬價가 어떻게 지불되었는지에 관한 기록은 없다. 그러나 처음 제시한 가격은 (1)과 같은 馬 1필당 大綿布 8필, 段子 2필이었다.[88] 이 가격은 같은 시기에 교역이 이루어진 (1)의 상등급 馬價이며, 遼東으로 운송된 3,040필에 대하여 전부 상등급 馬價를 지불했다고 보기 어렵다. 운송된 말의 상태에 관해 明은 '노약해서 감당하지 못하는 것은 그 값을 헤아려서 깎는다'라고 했으므로[89] (1)과 같이 상·중·하 3개 등급으로 나누어졌을 것으로 생각된다. 각 등급이 어느 정도의 비중을 차지했는지는 알 수 없다.

---

86) 『明太祖實錄』 권183, 洪武 20년 7월 辛卯.
87) 南都泳은 段子 10,000필과 綿布 40,000필이 高麗에 전부 지불되었다고 보았다. 그래서 상·중·하 3등급 馬價로 지불하고 남은 차액은 국가의 제반 비용으로 충당되었을 것이라 하였다(1996, 앞 책, 155~164쪽).
88) 『高麗史』 권136, 禑王 12년 12월, [하936③④].
89) 『明太祖實錄』 권181, 洪武 20년 3월 癸酉.

(3)은 10運으로 나뉘어 10,000필이 다 운송된 다음인 朝鮮 太祖 2년
에 遼東에 가서 馬價를 받아 왔다.[90] 받아 온 馬價는 10,000필 중에서
遼東都司가 실지로 收納한 9,880필에 대하여 紵絲 9,880필, 綿布
9,880필, 도합 19,760필이었다. 馬 1匹당 紵絲 1필, 綿布 1필씩이다.

(4)의 경우 馬價는 지불되지 않은 것 같다. 6,000필을 보낸 뒤 6개월
만에 다시 10,000필의 말을 교역하자고 요구해 올 때 보내온 明의 兵
部咨文에는 "朝鮮國에 馬匹이 많이 산출되어, 前日에 國王이 좋은
생각으로 말 3천 필을 바쳤는데,……"로만 되어 있을 뿐[91] 馬價 지불
에 관한 언급이 전혀 없기 때문이다.

(5)는 明의 建文帝와 燕王(뒤의 永樂帝)이 帝位 계승 문제로 내란
중에 있을 때 建文帝측에서 요구하여 이루어졌다. 明은 마필이 운송
되기도 전에 馬價를 먼저 보내왔는데 이는 11회의 馬貿易 중 유일한
사례이다. 수레 150량에 실어서 한양으로 보내왔고, 아울러 文綺・
絹・綿布 90,000여 필과 약재를 보냈다.[92] 여기의 文綺는 易換馬價를
정할 때 기록을 보면 段子임을 알 수 있다.[93] 환산하면, 馬 1필당 文
綺(段子)・絹・綿布 합 9필과 藥材를 아울러 배분하였다. 90,000여 필
중 文綺(段子), 絹, 綿布가 각각 어떤 비율이었는지는 알 수 없다. 藥
材의 양도 기록되어 있지 않아서 알 수 없다. 明은 '時價대로 교환하
겠다'고 표방했었는데, 다른 경우보다 馬價가 높게 책정된 것을 알 수
있다.

(6)의 경우에는 馬價가 지불되었는지 판단하기 어려운 점이 있다.

---

90) 『太祖實錄』 권3, 太祖 2년 6월 庚辰, 甲申, 「馬價段匹綿布給送事」(洪武 26
　　년 禮部咨) 前間恭作 遺稿/末松保和 編, 1975, 『訓讀吏文』, 國書刊行會, 66
　　~67쪽.
91) 『太宗實錄』 권2, 太宗 원년 9월 丁亥.
92) 『太宗實錄』 권2 太宗 원년 9월 辛丑.
93) 『太宗實錄』 권2, 太宗 원년 10월 戊午.

朝鮮측 기록에는 馬價가 지불된 기록이 없다. 明측의 기록에는 朝鮮
의 貢馬 3,000필에 대하여 絹·布 15,000匹을 지불한 것으로 되어 있
다.[94] 이 기록에 의하면 馬價는 1필당 絹, 布 합 5필씩이 된다. 絹과
布의 비율은 아래 (7)의 경우에 비추어 絹 3필, 布 2필이었던 것으로
추측된다. 馬價로 15,000필을 지불하라는 결정이 난 것이 永樂 5년 12
월이고, 銀 1,000냥 등을 전달하는 明의 사신이 朝鮮에 도착한 것이
다음 해 4월인 것으로 보아 위의 동일한 使行으로 판단된다. 그런데
明은 이번의 3,000필 馬貿易을 요구할 때 馬價를 지불할 것이라고 약
속하였고, 이런 통보에 대해 朝鮮 太宗은 洪武帝 당시에 馬價를 전혀
지불하지 않고도 말을 요구했었던 데 비하여 馬價를 지불한다는 것이
므로 朝鮮이 마다할 이유가 없는 것이라는 의사를 표명하였다.[95] 따
라서 王에 대한 하사품만 기록되어 있지만, 馬價 絹·布 15,000필도
朝鮮에 지불되었던 것으로 추측된다. 明에서 馬價 지불의 결정이 내
려진 것은 3,000필의 말이 운송되기 전인 永樂 5년(1407) 12월이고, 朝
鮮이 말 운송을 끝낸 것은 다음 해 2월이다.[96] 총 11회의 말 교역 중
에서 이번 경우를 제외하면, 明이 帝位 계승 전쟁과 같은 국내 정치상
특별한 사정이 있었던 (5) 이외에는 말의 운송이 완료되기 전에 馬價
를 지불한 적이 없다는 점을 고려해 볼 때 그 이후 어떤 사정에 의해
처음 책정했던 馬價가 朝鮮에 전달되지 않았을 가능성도 배제할 수는

---

94) 『明太宗實錄』 권74, 永樂 5년 12월 甲申, "朝鮮國王李芳遠貢馬三千疋至遼
　　東 勅保定侯孟善遣送北京苑馬 命戶部運絹·布萬五千疋酬之";『明史』 권
　　320, 外國1 朝鮮 永樂 5년 12월조.
95) 『太宗實錄』 권14, 太宗 7년 8월 庚戌.
96) 위의 기록에는 "貢馬三千疋至遼東"으로, 이미 말 3,000필이 遼東에 도착한
　　것으로 되어 있다. 그러나 12월 당시에는 말이 운송되는 도중이었고, 朝鮮에
　　서 다음 해 2월까지 출발한 말이 遼東에 도착하려면 운송이 순조로운 경우
　　에도 3월이라야 가능했을 것이다. 『明太祖實錄』의 기록을 그대로 믿기 어려
　　운 점이 있다.

없을 것이다. 말 운송이 끝난 것은 太宗 8년(1408) 2월인데, 同 4월에 답례로 太宗에게 銀 1,000냥(25兩짜리 花銀 40箇), 紵絲 50匹, 素線羅 50匹, 熟絹 100匹을 보내왔다.[97]

(7)은 10,000필의 말이 다 운송된 太宗 10년(1410) 2월에서 7개월이 지난 다음에 말 10,000필에 대한 값으로 馬 1필당 絹 3필, 綿布 2필로 계산하여 絹 30,000필, 綿布 20,000필을 보내왔다.[98] 世宗 3년(1421)인 (8)의 경우는 말이 전부 운송된 다음에도 馬價가 지불되지 않았고, 明은 거기에 대하여 어떤 해명도 하지 않았다. 그러다가 (9)의 10,000필이 운송된 다음 해에 (8), (9)의 20,000필에 대한 馬價가 한꺼번에 지불되었다.[99] 馬價는 布·絹 합하여 88,290필이었다.[100] 그중 生大絹이 49,865필, 紅絹이 1,601필, 藍絹이 301필, 草綠絹이 903필, 靑絹이 304필, 大綿布가 35,306필이었다. 絹이 총 52,974필[生大絹－49,865필, 염색한 絹(紅絹·藍絹·草綠絹·靑絹)－3,109필]이다. 그런데 生大絹과 염색한 紅絹, 藍絹, 草綠絹, 靑絹은 가격이 다르다. 洪武年間 明의 경우이긴 하지만 『老乞大』에 기록된 경우를 보면, 1필당 銀子 3錢인 絹子를 鴉靑, 小紅으로 염색하는 데 2錢이 들었다. 紅·藍·草綠·靑의 구별에 관계없이 염색하는 데 드는 비용은 같았다고 보면, 염색한 絹

---

97) 『太宗實錄』권15, 太宗 8년 4월 甲午. 그런데 『弇山堂別集』권89, 市馬考 永樂 8년조에는 白金 1,000兩, 紗羅 1,000疋, 絹 500疋을 보낸 것으로 되어 있어서 實錄 기록과 차이가 있다.

98) 『太宗實錄』권20, 太宗 10년 10월 壬寅. 그런데 馬價는 馬主에게 전부 배분되지는 않았다. 絹 3필 중에서 馬主에게는 1.4필씩 지불되고 나머지 絹 16,000필은 國用으로 사용하였다. 16,000필 중 14,000필은 內資寺, 內贍寺, 濟用監에 분납시키고, 나머지 2,000필은 兩京에서 민간에 팔았다(『太宗實錄』권21, 太宗 11년 정월 辛巳, 2월 丁酉).

99) 『世宗實錄』권23, 世宗 6년 2월 癸亥, 「永樂十九年幷今次去取馬共二萬匹價布絹給賜事」(永樂 21년 戶部箚付) 前間恭作 遺稿/末松保和 編, 1975, 『訓讀吏文』, 國書刊行會, 80~82쪽.

100) 아래의 絹, 布 필수를 더하면 88,280필이어서 기록과 10필의 차이가 있다.

子는 염색하지 않은 生絹 1.67필에 해당한다. 이 비율로 환산하면 紅絹·藍絹·草綠絹·靑絹 3,109필은 生絹 5,180필이 된다. 따라서 明이 보내온 生絹(生大絹)은 총 55,045필에 해당하며, 이를 馬 1필당으로 환산하면 馬 1필당 生絹(生大絹) 2.75필, 大綿布 1.75필이다.

(10)의 경우에는 馬價가 어떻게 지불되었는지에 관하여는 기록된 바가 없다. 처음 明에서 國用에 필요하다면서 5,000필의 교역을 요구할 때에는 馬價를 치르겠다고 하였다.[101] 그런데 朝鮮에서 馬價를 수령하기 위해 遼東에 사람을 파견하였으므로[102] 馬價는 朝鮮에 지불된 것으로 추측된다. 단 그 액수에 관하여는 전혀 알 수 없다. 이때에도 馬貿易에 대한 답례로 世宗에게 白金 1,000兩, 紗羅·錦帛 240疋을 보낸 것으로 되어 있다.[103]

(11)의 경우 明에 보내기로 예정한 말 5,000필 중 2,477필이 北京으로 보내어졌다. 馬價로 銀 300兩, 紵絲 30필, 羅 30필, 闊生絹 100필이 오고, 별도로 回賜라 하여 闊生絹 4,431필, 綿布 2,954필이 왔다.[104] 이때 보내온 紵絲·羅 각 30필은 織金胸背와 같이 매우 고급품이었다.[105] 이것을 洪武 30년(太祖 6, 1397) 규정에 따라 환산해보겠다. 洪武 30년 규정은

    銀一兩 (折米)二石 絹一疋 石有二斗 棉布一疋 一石 苧布一疋 七
    斗 棉花一斤 二斗[106]

---

101) 『世宗實錄』 권36, 世宗 9년 4월 己卯.
102) 『世宗實錄』 권38, 世宗 9년 11월 戊申.
103) 『弇山堂別集』 권89, 市馬考 宣德 2년조.
104) 『文宗實錄』 권2, 文宗 즉위년 7월 辛酉. 그런데 『弇山堂別集』 권89, 市馬考 景泰 元年조에는 이 외에 '白金 300兩, 紵絲 30疋, 羅 30疋'을 더 보낸 것으로 되어 있어서 實錄 기록과 차이가 있다.
105) 細目은 다음과 같다. 『文宗實錄』 권2, 文宗 즉위년 7월 辛酉조 참조.
    紵絲 30필의 細目:

이다. 銀 1兩은 絹 1.6필이므로, 300兩은 絹 480필이다. 紵絲·羅 각 30필을 絹으로 환산하여 보자. 아래에서 살펴볼『老乞大』에서 段子와 紵絲는 모두 '비단'으로 諺解되었으며 같은 직물을 가리킨다. 紵絲·羅는 어느 정도 오차를 감안하고 계산하겠다. 당시의 시세에서 질 좋은 淸水段子는 柳靑紵絲(류청비단)로도 표현되었는데, 그 1필 가격은 銀子 4兩이고, 織金胸背段子는 1필에 銀子 5兩이었다.107) (11) 의 여러 문양, 색상의 紵絲도『老乞大』의 段子와 같은 것으로 보인다. 30필의 무늬가 동일하게 織金胸背는 아니지만, 어느 정도의 오차를 감안하고 織金胸背紵絲를 기준으로 삼아 환산하면 紵絲 30필은 銀 150兩이며 絹 240필로 환산된다. 羅 30필 역시 240필이 될 것이다. 따라서 馬價로 온 銀 300兩, 紵絲 30필, 羅 30필, 闊生絹 100필은 각각 絹 480필, 240필, 240필, 100필로 환산되므로 합하면 絹 1,060필이 된다. 말이 2,477필이므로 馬 1필당 絹 0.43필이 지불된 것이다. 반면 回賜로 온 闊生絹, 綿布를 馬 1필당 환산하면 闊生絹 1.8필, 綿布 1.2필

織金胸背麒麟紅	2필,	織金胸背麒麟靑	2필,
織金胸背麒麟綠	1필,	織金胸背獅子紅	1필,
織金胸背獅子靑	1필,	織金胸背獅子綠	1필,
暗花骨朶雲綠	2필,	暗花八寶天花雲明綠	2필,
暗細花藍	2필,	暗細花砂綠	2필,
素紅	5필,	素靑	5필,
素綠	4필,		

羅 30필의 細目 :

金胸背麒麟紅	2필,	織金胸背麒麟綠	1필,
織金胸背獅子紅	1필,	織金胸背獅子靑	1필,
素紅	8필,	素靑	5필,
素藍	5필,	素綠	5필,
素明綠	2필,		

106)『明史』卷78, 食貨2 賦役.
107)『老乞大』下, 24b~27a, 176~181쪽.

이 된다. 따라서 이 경우는 다른 경우와 비교할 때 馬價 자체는 매우 값싸게 지불되었다. 오히려 回賜가 가격 지불로서 의미가 있다 할 것이다.

이상에서 보면, 총 11회 중 (4) 1회는 馬價가 지불되지 않았고, (6), (10) 2회는 馬價 지불 여부가 분명하지 않지만 朝鮮으로 馬價가 전달된 것으로 추정된다. 馬價가 지불된 총 10회 중에서 그 가격을 알 수 있는 8회의 경우 지불된 馬價는 일정하지 않음을 알 수 있다. 그러나 64년 동안 이루어진 馬貿易이므로 각 시기의 馬價는 차이가 있었을 것이다.

그런데 高麗나 朝鮮은 64년 동안 이루어진 馬貿易에서 馬價를 어떻게 정할 것인가에 관해서는 전혀 관여하지 않았다. (4), (10)의 경우처럼 明이 아무런 언급없이 馬價를 보내오지 않거나, 혹은 (8)의 경우처럼 10,000필의 말이 다 운송된 다음 아무런 해명이 없이 다시 10,000필의 말을 보낼 것을 요구하여((9)), 그 10,000필이 다 운송된 다음에 馬價를 보내오거나 간에 전혀 문제를 제기하지 않았다. 즉 馬價는 明이 일방적으로 정하여 지불하거나 지불하지 않거나 하였다는 것이다. 또 시기가 내려올수록 馬價는 값싸게 지불되었다. 반면 馬價보다는 朝鮮國王(과 王妃)에게 馬貿易에 대한 답례로 지불하는 回賜가 常例를 넘을 정도로 많이 지불되는 경향이었다.

2) 『老乞大』馬價와 비교분석

麗末鮮初 高麗·朝鮮과 明의 馬貿易은 明의 입장에서는 '매매'의 형식을 취하였으나 高麗·朝鮮에서는 對明事大에 부수되는 貢物의 일환으로 받아들였다. 즉 對明關係를 유지하기 위해 어쩔 수 없이 응해야 하는 무역이었던 것이다. 국가간에 처러진 가격 외에 당시의 실

제 가격의 기록을 찾는 것은 쉽지 않다. 그런데 高麗末에 譯學書로 편찬된 『老乞大』에는 官의 통제를 받지 않고 私商人들 사이에 北京에서 이루어진 상거래의 가격이 기록되어 있다. 몇 종류의 馬, 布 가격이 기록되어 있어서 위에서 살펴본 馬貿易의 가격과 비교할 수 있을 것이다.

『老乞大』의 冊名 '老乞大'는 'Lao Kitai 또는 Kitat'의 표음으로서 '乞大'는 '乞塔, 起炭, 吉大' 등으로 표기되며 모두 중국을 가리키는 '契丹(Kita)'의 표기라고 한다. '契丹'은 중국의 북방민족이 中華를 가리키는 말이고, '老'는 존칭을 나타내므로 '老乞大'는 '老中國', 또는 '中國通'이라는 뜻을 갖는다고도 한다. 혹은 『老乞大』의 내용이 '漢人'이나 '中國'에 관한 것이 아니고 '漢語'에 관한 것이므로 '眞漢語'로 해석하는 것이 타당하다고도 한다.[108]

『老乞大』는 자매서인 『朴通事』와 함께 중국어 회화 학습서다. 이 책의 내용은 중국으로 물건을 팔러 가는 고려상인이 중국상인을 만나서 동행하면서 여행에서 주고받은 이야기, 즉 旅程, 賣買, 契約, 醫藥, 宿泊, 飮食, 宴會 등에 관한 대화로 이루어져 있다. 『朴通事』가 중국의 歲時, 娛樂, 騎射, 婚喪, 宗敎 등에 관한 비교적 고급 회화를 중심으로 하였다면, 『老乞大』는 商賈의 실용 회화를 대상으로 한 것이라고 한다.[109]

『老乞大』의 高麗商人은 馬, 人蔘, 毛施 등을 가지고 北京에 가서 교역하였다. 이 품목은 私商人들의 상행위를 금지하자는 당시의 논의에서도 高麗의 중요 수출품이었던 것을 알 수 있다.[110] 朝鮮 太宗 때

108) 鄭光 監修/國語史資料硏究會 譯註, 1995, 「飜譯老乞大 解題」 『譯註 飜譯老乞大』, 21~31쪽 ; 梁伍鎭, 1998, 「老乞大 朴通事 硏究」, 고려대학교 박사학위논문 중 '書名과 著者에 관한 諸 異說' 참조.
109) 鄭光 監修/國語史資料硏究會 譯註, 1995, 앞 책, 24쪽 ; 정광·윤세영, 1998, 「역학서의 편찬과 그 변천」 『司譯院 譯學書 冊版硏究』, 51쪽.

에 使行員으로 간 자가 타고 간 私馬를 팔아 중국산 綵絹을 사 온 경우도 있어서 말은 중국인이 좋아하는 상품이었음을 알 수 있다.[111] 元 간섭기 이래 공무역은 元의 일방적 약탈의 성격을 띠고 있었으나, 사무역은 비교적 자유롭게 대규모로 이루어지고 있었다.[112] 이러한 전통에 따라 元이 북으로 쫓겨가고 明이 통일한 뒤에도 중국과 高麗 사이의 사무역은 자유롭게 이루어지고 있었음은『老乞大』상인의 예를 통해 알 수 있다.

그런데『老乞大』가 언제 편찬되었는가에 관해서는 학자들간에 이론이 있다.[113] 그러나 거기에 나타난 물가가 洪武 9년경의 明 물가와

---

110)『高麗史』권46, 恭讓王 3년 5월 己酉, [상893③④], "以軍資少尹安魯生爲西北面察訪別監 禁互市上國者 初商賈之徒 將牛馬·金銀·苧麻布 潛往遼瀋 買賣者甚衆 國家雖禁之 未有著令 邊吏又不嚴禁 往來興販 絡繹於道 魯生 往斬其魁十餘人 餘皆杖配水軍 仍沒其貨 且杖其州郡官吏之不能禁遏者 於是紀綱大行 邊境肅然 無復有犯禁者"; 위은숙, 1997,「원간섭기 對元貿易 -『老乞大』를 중심으로-」『지역과 역사』4, 61~70쪽.

111)『太宗實錄』권15, 太宗 8년 3월 戊午, "置南城君洪恕于水原 恕之赴京也 刑曹佐郎金爲民爲書狀官 私賚蘇木以行 爲行臺監察李有喜所糾 打角夫韓仲老私藏細布於進獻方物櫃內 及至朝廷 有內使點視方物 見而詰之 恕等無以對 恕又賣所騎私馬 易綵絹而來 至是事覺 憲府劾之".

112) 김한규, 1999,『한중관계사Ⅰ』, 534~535쪽.

113) 閔泳珪는 ①"이제 朝廷이 天下를 통일하였으니, 세간에 쓰는 것은 '한'말이니(如今朝廷一統天下 世間用着的是漢兒言語)'라는 것은 洪武帝의 중원 통일을 말하는 것이며, ② 遼東 지방에서 達達(몽고)人에 대한 檢察이 비상한 것은 이 지방을 아직 納哈出이 장악하고 있는 시기라는 점, ③ '山東濟寧府東昌高唐'의 郡縣 領屬 관계를 고증하여 洪武 15년~同 18년까지에 해당한다는 점, ④ 물가가 洪武 9년 中原의 통용 시세라는 점에 근거하여『老乞大』는 洪武 15년(禑王 8, 1382)경에 편찬되었다고 하였다(1964,「老乞大辨疑」『人文科學』12, 연세대학교 인문과학연구소 ; 1994,『江華學 최후의 광경』). 이와 달리 鄭光은『老乞大』가 항상『朴通事』와 같이 나온다는 점을 주목하여,『朴通事』의 편찬 연대를 '1352년(공민 2)에서 멀지 않은 시기'로 추정하므로, '두 책이 비슷한 시기에 편찬되었다면『老乞大』도 14세기 중반에 만들어졌을 것이다.'고 하였다(1995,「飜譯老乞大 解題」『譯註 飜譯老乞

일치한다는 사실에는 이론이 없는 것같다. 洪武 9년 물가는 洪武 30
년경까지 기준이 되었고, 洪武 30년의 물가 시세는 洪武 말년부터 明
중기까지 계속되었다고 한다.[114]

　(1), (2), (3)은 洪武 9년(禑王 2, 1376) 이후 洪武 30년(太祖 6, 1397)
이전에 해당하므로 洪武 9년 물가를 적용할 수 있을 것이고, (4) 이후
는 洪武 30년 물가를 적용할 수 있을 것이다. 그 규정은 다음과 같다.

　　洪武 9年 : 銀一兩 錢千文……皆折輸米一石……棉·苧一疋 折米六
　　斗 麥七斗 麻布一疋 折米 四斗 麥五斗
　　洪武30年 : 戶部定……銀一兩 (折米)二石 絹一疋 石有二斗 棉布一疋
　　一石 苧布一疋 七斗 棉花一斤 二斗[115]

　棉은 木棉을 말하며 綿, 綿布로도 쓰인다.[116] 苧는 麻布로서 紵(細
麻布)를 말하기도 하는데,[117] 洪武 9년 규정에는 苧와 麻布가 각각 있
으므로 細麻布인 紵를 가리키는 것으로 보인다. (1)의 5,000필 마필에

　　大』). 위은숙은 『老乞大』의 원본은 元 順帝 至正 6년(1346, 忠穆王 2) 전후에
　　편찬되었다고 본다(1997, 앞 논문, 58~61쪽).
114) 閔泳珪, 1964, 위 논문.
115) 『明史』 卷78, 食貨2 賦役.
116) 日野開三郎, 1968·1972·1977, 「國際交流史上より見た朝鮮の絹織物」 『朝
　　鮮學報』 48·63·82/1984, 『東洋史學論集』 9, 329~330쪽. 綿이 木棉이 아니
　　라 紬를 가리키는 경우도 있다고 한다. 『渤海國志』, "綿布卽紬也".
　　일본 正倉院 西寶庫 南倉에 소장된 '白陵縟綿'이라 墨書된 5~6세기의 요
　　를 조사해본 결과 그때 쓰인 솜(綿)은 면화솜이 아니라 누에고치에서 나온
　　푸솜이었다고 한다(布目順郎, 1988, 『絹と布の考古學』, 雄山閣, 48쪽/조효숙,
　　1994, 「高麗時代 織造手工業과 織物生產의 實態」 『國史館論叢』 55, 56~57
　　쪽에서 재인용). 絹織物인 경우에는 절대로 '布'를 쓰지 않으므로 '綿布'는 분
　　명히 木棉을 가리킨다고 한다.
117) 『毛詩正義』 卷7-1, 陳風 東門之池 제3장, "東門之池 可以漚紵 紵又作苧
　　[疏] 紵亦麻也" ; 『周禮注疏』 卷8, 天官 典枲條, "[疏] 白而細疏曰紵".

대해 明은

상등―段 2匹, 布 8匹
중등―段 1匹, 布 6匹
하등―段 1匹, 布 4匹

의 가격을 지불하였다. 그런데 위의 규정에는 최상품 絹織物인 段子 환율은 나타나 있지 않으며, 洪武 9년 조항에도 絹은 빠져 있다. 그런데 洪武 30년 규정에 의하면 가격은

絹> 棉> 苧

이며, 絹, 綿을 기본 단위로 해서 각각 환산하면,

絹 1필≒棉 1.2필≒苧(紵) 1.7필
棉 1필≒絹 0.83필≒苧(紵) 1.4필

이 된다. 絹과 段子의 환율은 나타나 있지 않다. 시기가 조금 내려오는 太宗 원년(1401)의 경우를 원용하면,

段子 1필＝官絹 2.3～3필[118]

---

118)『太宗實錄』권2, 太宗 원년 10월 戊午. 이 환산비율을 그대로 적용하는 것은 오차가 있을 것이다. 윗 기사에 의하면
　　　　段子 1필＝絹 3필＝綿 4.5필, 즉 絹 1필＝綿 1.5필
비율이어서, 洪武 30년의 絹 1필≒棉 1.2필 환산비와 차이가 있다.

이었다. 중간값으로 2.7필을 잡아 환산하면

    상등마-絹 12.0필   혹은 綿布 14.5필
    중등마-絹 7.7필   혹은 綿布 9.2필
    하등마-絹 6.0필   혹은 綿布 7.2필

이다. 明은 처음에 馬價로 1필당 段子 2필, 綿布 8필을 상정하고 있었다. 그러나 말 5,000필에 대해 실제 지불된 가격은 段子 2,670필, 綿布 30,186필이다. 위에서 지적한 것처럼 오차를 전제로 하고 환산하면,

    段子 2,670필≒絹 6,141~8,010필, 혹은 綿布 7,370~9,612필
    綿布 30,186필≒絹 25,054필

이므로 絹으로는 31,195~33,064필, 綿布로는 37,556~39,798필이다. 馬 1필당 가격으로 계산하면 絹으로는 6.2~6.6필, 綿布로는 7.5~7.9필이다. 이 추정치는 상·중·하 등급을 불문하고 평균치를 계산한 것이지만, 위에서 환산한 하등마 가격과 근사하다. 明은 처음 馬價로 책정했던 것보다 훨씬 적은 가격을 지불하고, 대부분의 말을 하등급으로 산정하였음을 알 수 있다.

   (3)에 대해서는 馬 1필당 紵絲 1필, 綿布 1필씩 보내왔다. 紵絲가 麻布인지 『老乞大』에서처럼 견직물인지 분명하지 않다. 馬 1필당 가격을 환산하면, 紵絲를 麻布로서의 苧로 볼 경우 綿布(紵布)로 2필 혹은 絹으로 1.7필이고, 견직물로 볼 경우 絹과 같다고 보면 綿布(紵布)로 2.2필 혹은 絹으로 1.8필이 된다. 즉 綿布(紵布) 2~2.2필, 혹은 絹 1.7~1.8필 범위의 가격인 셈이다.

   (1)은 말의 등급이 구분되어 있고 (3)은 말 등급 구분없이 같은 값이

치러져서 가격을 비교하기는 어렵다. (1)과 (3)의 가격을 비교해 보면, (3) 가격은 (1) 가격의 26%~34%에 해당한다. (1)과 (3)은 시간상 5년 차이가 있을 뿐인데 (1) 가격은 (3) 가격의 3~4배에 해당한다. 이것은 (1)과 (3)의 馬價가 실제 시세와 관계없이 明이 임의로 책정했다는 것을 의미한다고 하겠다. (1)의 馬貿易이 이루어지던 시기에는 遼東의 納哈出이 北元과 연결되어 건재하고 있었으며, 雲南 지방을 평정하기 전이었다. (3)의 馬貿易이 이루어지던 시기는 雲南 지방을 평정하고 禑王 13년(1387)에 들어 納哈出을 공략하여 마지막 항복을 재촉하던 중이었다. 군사적 수요가 줄어들고 있었다는 점을 고려해도 (1)의 馬價에 비해 (3)의 馬價가 低價임을 알 수 있다.

『老乞大』에는 여러 가지 말 이름이 나오는데,[119] 가장 품질이 좋은 것이라고 생각되는 赤色騸馬(붉은 악대말)의 가격은 銀子 12兩에 달했다.[120] 고려상인과 동행한 중국상인은 官銀으로 계산해서

好馬 1疋당 8兩 → 5疋－40兩
歹馬 1疋당 6兩 → 10疋－60兩

15疋의 말을 합 100兩에 팔았다. 품질이 좋지 않은 말도 1필당 銀子 6냥으로 팔린 것이다.

그런데 朝鮮과 明이 교역할 때의 말은 大・中・下馬로 나누고 다시 그 각각을 上・中・下 등급으로 나누었다.[121] 그중 中馬 이상만

---

119) 『老乞大』에 나오는 馬名은 다음과 같다(『老乞大』 下, 7b~8b, 142~144쪽). 靑馬, 兒馬, 騸馬, 赤馬, 黃馬, 藁色馬, 栗色馬, 黑鬃馬, 白馬, 黑馬, 鎖羅靑馬, 土黃馬, 繡膊馬, 破臉馬, 五明馬, 桃花馬, 靑白馬, 豁鼻馬, 騍馬, 懷駒馬, 環眼馬, 劣馬, 牛行花塔步馬, 竄行的馬, 鈍馬, 眼生馬, 撒蹶的馬, 前失的馬, 口硬馬, 口軟馬.

120) 鄭光 監修/國語史資料硏究會 譯註, 1995, 앞 책, 166, 169쪽.

264

明으로 보냈다. 明이 高麗에 지불한 馬價가 실제 시세와 비교해서 어떤지 알기 위해서는 여기에서 말하는 好馬, 歹馬가 大·中·下 중 어느 등급에 해당하는지 알아야 할 것이다.

好馬는 고려상인들이 北京까지 가지고 갔고 중국상인들이 '好馬'로 인정하여 값을 치렀으므로 大馬에 해당하는 것으로 보아도 될 것이다. 歹馬는 北京까지 가지고 간 상품이라는 점을 고려하면 下馬보다는 품질이 좋지 않았을까 생각되지만, '歹'의 낱말 뜻이 '好之反也' 혹은 '殘骨'이며,[122] 『老乞大』에서 '歹'을 '사오나온' 혹은 '잡스런'이라 諺解하였으므로[123] 歹馬는 下馬에 속하는 것으로 보겠다. 洪武 9년 시세로

銀 1兩≒棉·苧 1.67疋

로 환산된다. 그러면

好馬 1疋 銀 8兩≒棉·苧 13.4필
歹馬 1疋 銀 6兩≒棉·苧 10.0필

로 환산된다. 이 가격은 (1)의 大·中·下 馬價 각각 綿布 14.5필, 9.2필, 7.2필 중 大馬, 中馬와 근접하다고 할 수 있다. 大馬의 가격이 私商人 사이 거래에서 매매가 이루어진 好馬보다 비싸게 계산되었음이 눈에 띈다. 앞에서 歹馬를 下等馬로 보았지만 이 환산비에 의하면 中馬와 근접하다. 그러나 (1)의 경우 大·中·下 馬가 각각 어떤 비율을

---

121) 『太宗實錄』 권2, 太宗 원년 10월 戊午.
122) 『辭海』 中 (臺灣 中華書局 影印), 2489쪽.
123) 『老乞大』 上, 24a ; 『老乞大·朴通事諺解』, 47쪽 ; 『飜譯老乞大』 上, 47b ; 梁伍鎭, 1998, 앞 논문, 209~210쪽.

차지했는지 전혀 알 수 없으므로 가격 비교는 제한적인 의미밖에 갖지 못한다. 어느 경우를 보아도 (3)의 馬價는 明의 내지 시세보다 대단히 값싸게 책정되었음을 알 수 있다.

(4) 이후는 『老乞大』와 같이 중국에서 매매가 이루어진 상행위의 가격을 알 수 있는 자료를 찾을 수 없다. (4)~(11) 8회 중 明에서 馬價를 보내온 5회(혹은 6회) 중에서 (5)의 馬價가 다른 경우보다 현저히 고가인 것이 주목된다. 洪武 30년 물가에 의거하여 해당 회차의 絹, 綿을 絹으로 환산하면 <표 6-7>과 같다.

<표 6-7> 馬價 絹 교환비[124]

회차 구분	(5)		(7)	(8)	(9)	(11)*	비고
	上品	下品					
絹환산비	16.6필	20.0필	4.67필	4.2 필	4.2필	2.8필	

* 回賜分 환산

(5), (7), (8), (9), (11) 5회차의 馬價를 보면, 明이 지불한 가격은 5.9배~7.1배의 차이가 난다. (5)에서 (11)로 갈수록, 馬貿易 회수가 많아짐에 따라 馬 1필당 가격은 내려간 것을 알 수 있다. (6)의 경우 馬價가 전달되었는지 여부가 분명하지 않아서 <표 6-7>에서 제외하였지만, 明에서 처음 馬價를 絹·布 합 5필씩 책정한 것으로 보이므로 이 추세와 부합한다. (5)의 경우를 보면 絹의 품질이 上品인지 下品인지에 따라 絹 필수는 대략 17~20%의 차이가 있다. 그러나 (7), (8), (9), (11)의 경우 絹이 上品인지 下品인지에 관한 기록은 없다. 이 5회차는 시간상으로는 50년에 걸쳐 있다. 그런데 이미 살펴본 것처럼 (5)는 북방의 군사권을 장악한 燕王(뒤의 永樂帝)에게 帝位를 위협받던 建文帝

124) 南都泳, 1996, 앞 책, 255쪽 참조.

측에서 軍馬用으로 급히 요구한 것이었으므로 특수한 상황에서 치러진 가격이며, 明이 朝鮮에 지불하는 일반적인 馬價는 아니다. (7), (8), (9), (11)이 일반적인 馬價라 하겠다. 明은 馬 1필당 絹 2.8~4.67필을 지불하고 말 42,025필을 구입해 갔다.

(5)는 앞에서 살핀 것처럼 말이 운송되기도 전에 馬價로 文綺(段子)·絹·綿布 9만여 필이 朝鮮으로 운송되어 왔으며, 明은 '時價대로 교환하겠다'고 표방하였다. 무역된 총 마필 수를 馬價로 환산하면 馬 1필당 文綺(段子)·絹·綿布 9필이 된다. 이 회차에 관한 기록에서 당시 朝鮮의 馬價 시세를 추측할 수 있다. 建文帝가 패하기 전이며, 총 8運 중 4運까지 4,000필의 말을 운송했을 때 말 수송차 온 明의 사신은 "얼마 전에 李通事가 兵部에서 '朝鮮에는 말이 많이 나서 段子 4필이면 상등마 1필을 살 수 있다.'고 하였는데, 이곳에 오니 通事가 앞서의 말을 숨기고 도리어 여러 관원과 會議한 끝에, '현재 시세로는 段子 6필이어야 상등마 1필을 얻을 수 있다.'"고 한다며 항의하였다.[125] 당시 朝鮮의 말 시세는 段子 4~6필 사이에서 거래되었음을 알 수 있다. 이 항의에 언급된 馬價는 어느 것이나 사실을 반영한다. 원래 朝鮮에서 상등마 1필은 段子 4필 가격이었으나, 明과 馬貿易으로 말에 대한 수요가 증가하자 段子 6필로 가격이 상승했던 것이다. 즉 이것은 의정부가 易換馬價를 정할 때, 段子 中品으로 환산할 때(上品, 下品은 생략) 大馬는 상등/중등/하등이 각각 5.0/5.6/6.4필로, 中馬는 상등/중등/하등이 각각 2.8/3.1/3.6필로 정한 것에 근접하다고 할 것이다. '時價대로 교환하겠다'는 것이 사실을 반영하는 것으로 보아야 할 것이다.

그러나 이 환산비는 8運 9,548필 모든 경우에 해당하는 것은 아니었

---

125) 『太宗實錄』 권3, 太宗 2년 정월 己酉.

다. 제8運 2,548필은 建文帝가 패하고 永樂帝가 즉위한 다음에 이루
어졌다. 이때 馬價는 이전 7運과는 달랐다. 이때 上馬는 紵絲 4필, 中
馬는 紵絲 3필 가격으로 사 갔는데, 明의 사신은 紵絲 4필당 馬 1필
을 산 것을 불평하고 처음 의도했던 대로 紵絲 3필에 살 수 있도록 조
처해주기를 요구하였다.126)

　　이상을 정리하면, (1)에 대한 馬價는 明 내지 시세와 근접한 가격이
다. (3)은 恭讓王 3년에 시작되어 朝鮮 건국 후까지 계속되었는데 (1)
가격의 26~34% 정도 선에서 가격이 결정되었다. (4) 이후는 明 내지
의 馬價를 알 수 없다. 그런데 (5) 이후 馬價는 점차 값싸게 지불되는
추세였다. 明으로 中馬 이상만 수출되었으므로 (1)의 상등마, 중등마
와 가격을 비교해보면, 각각 (1)의

　　(7)：　 39%~61%
　　(8)：　 35%~55%
　　(9)：　 35%~55%
　　(11)：　23%~36%

가격으로 馬價가 지불되었다. 明이 중국 본토를 통일하여 안정되면서
馬價가 어느 정도 변하였는지 알 수 없으나, 실제 시세보다 값싸게 지
불된 경향은 보인다. (11)의 경우 明으로 보내진 말 2,477필에 대해 馬
價로 보낸 銀 300兩, 紵絲 30필, 羅 30필, 闊生絹 100필은 絹으로 환

---

126) 『太宗實錄』 권6, 太宗 3년 10월 甲子, "(偰)眉壽賫兵部咨來 咨曰……除已買
　　 到遼東馬匹 欽依給軍騎操外 査得元存留馬價買馬二千一百九十三匹 今二
　　 次止買到馬二千一百四十一匹 比少買馬五十二匹 審據差陪臣偰眉壽供稱
　　 元存留物貨數內 紵絲九百二十八匹 原計每馬一匹紵絲三匹 該馬三百九匹
　　 今易換到二百五十五匹內 上馬一百六十一匹 每馬一匹用過紵絲四匹 以此
　　 比元額小五十四匹外 餘剩紵絲絹布 又輳買中馬二匹 實小馬五十二匹".

산하면 1,060필이 되지만, 그것은 계산상의 문제일 뿐이다. 織金胸背와 같은 고급직물과 銀을 어떻게 처분해서 馬主에게 배분할 것인지 등의 문제는 전혀 고려하지 않았다. 오히려 馬價보다 回賜分이 더 많다는 것은 明으로서도 '말을 사겠다'고 표방하긴 했으나 어느 정도 貢物로 간주한 것이 아닌가 생각하게 한다.

또 高麗, 朝鮮에 지불한 馬價는 같은 시기 明이 다른 지역에서 말을 매입하였을 경우에 지불한 가격보다 낮았다. 明이 高麗·朝鮮과 더불어 주로 말을 사들인 韃靼, 女眞에 지불한 馬價와 비교해 보면, 高麗·朝鮮에 지불한 馬價의 성격을 이해하는 데 도움이 될 것이다. 아래의 韃靼, 烏梁海(兀良哈) 2곳과 말을 구입한 시기는 각각 1405년,

<표 6-8> 구입 대상지별 馬價 비교표[127]

구분 등급	韃靼馬價 1405년	兀良哈馬價 1406년	朝鮮馬價 1409~1410년	開平馬市 1411년	遼東馬市 1417년
上上馬	絹 8疋 布12疋	米15石 絹 3疋		絹 5필 布10필	米 5石, 絹 5疋 布 5疋
上馬	絹 4疋 布 6疋	米12石 絹 2疋	絹 3疋 綿布 2疋		米 4石, 絹 4疋 布 4疋
中馬	絹 3疋 布 5疋	米10石 絹 2疋		1等 : 布 18疋	米 3石, 絹 3疋 布 3疋
下馬	絹 2疋 布 4疋	米 8石 絹 1疋			米 2石, 絹 2疋 布 2疋

---

127) 韃靼馬價 : 『明太宗實錄』 권40, 永樂 3년 3월 癸丑
    兀良哈女眞馬 : 『明太宗實錄』 권62, 永樂 4년 12월 甲寅
    朝鮮馬價 : (7) 사례
    開平馬價 : 『弇山堂別集』 권89 市馬考 永樂 9년조
    遼東馬市 : 『弇山堂別集』 권89 市馬考 永樂 15년조
    *1406년(永樂 4) 경우 實錄에는 上馬, 上馬, 中馬, 下馬로 구분되어 있고,
    『弇山堂別集』 권89 市馬考 永樂 4년조에는 上馬, 次上馬, 中馬, 下馬로 구분되어 있다. 실록에 '次'가 누락된 것으로 생각한다.

1406년에 교역이 이루어진 것이어서 (5)에서 (6)의 馬貿易이 이루어지던 시기에 해당하고, 開平馬市와 遼東馬市의 경우는 각각 1411년과 1417년의 사례여서 (7)에서 (8) 사이에 해당한다.

馬價의 측면에서 본다면, (5)는 帝位 계승 전쟁 중이던 建文帝측에서 軍馬를 공급받고자 하여 일반적인 경우와 전혀 다르게 馬價를 비싸게 지불하였을 때이므로 기준이 될 수 없다. (6)의 경우 馬 1필당 가격은 絹 3필, 綿布 2필로써 (7)의 가격과 동일하며, (8), (9)의 가격도 이를 기준으로 일부 삭감된 것으로 볼 수 있다. 따라서 (6)을 朝鮮 太宗 초(=明 永樂初) 朝鮮－明 사이 馬貿易의 기준가로 하여 비교할 수 있을 것이다.

明이 朝鮮에 지불한 馬價는 韃靼과 烏梁海 女眞이나, 혹은 開平馬市, 遼東馬市에서 지불한 馬價보다 현저히 낮은 가격이다. 洪武 30년에 정한 가격에 의하면 絹 1疋＝米 1石 2斗, 棉布 1疋＝米 1石이다.[128] 이를 기준으로 하여 綿布로 환산하면 絹 1필 늑 棉 1.2필이므로 韃靼馬 下馬는 布 6.4필, 女眞馬 下馬는 布 9.2필, 朝鮮馬는 布 5.6필로 된다. 이에 의하면 明은 韃靼이나 女眞에 지불한 馬價보다 현저히 낮은 가격을 朝鮮에 지불하였다. 明은 朝鮮에서 馬를 징발하였으나 등급을 불문하고 韃靼 下馬, 女眞 下馬의 88%, 61%에 해당하는 수준의 馬價만을 지불하였다. 이 가격은 上上馬, 上馬를 기준으로 환산하면 더욱 현격하게 차이난다. 上上馬는 제외하고라도, 上馬를 기준으로 환산하면, 韃靼 上馬는 布 10.8필, 女眞 上馬는 布 14.4필, 開平馬市의 1等馬는 布 18필이 되므로 朝鮮馬는 韃靼馬, 女眞馬, 開平馬市馬 가격의 52%, 39%, 31% 가격에 해당한다. 1417년 遼東馬市에서 지불한 가격에서 上上馬를 제외하고 上馬, 中馬, 下馬의 가격을

---

128) 『明史』권78, 食貨2 賦役.

布로 환산하면 각각 12.8필, 9.6필, 6.4필이 된다. 朝鮮馬價는 등급 구분 없이 布 5.6필씩 지불하였으므로 遼東馬市에서 거래된 上馬, 中馬, 下馬 가격의 44%, 58%, 88%에 해당한다. 明은 遼東互市에서 구입한 말 중 가장 품질이 낮은 下馬價의 88%에 해당하는 馬價만을 朝鮮에 지불하고 말을 매입해 갔다. 遼東馬市는 (7)과 (8) 중간에 있었는데, (8)의 경우 明이 지불한 馬價는 絹 2.75필, 綿布 1.75필로써 (7) 경우의 絹 3필, 綿布 2필보다 낮은 가격이었다. 따라서 (8)을 기준으로 계산하면 그 가격 차이는 더하게 된다.

이 경우 朝鮮馬가 韃靼馬, 혹은 女眞馬보다 현저히 품질이 좋지 않은 것이었을 가능성을 고려해 볼 수 있을 것이다. 그러나 洪武 15년(禑王 8, 1382)경에 편찬된 것으로 추정되는 『老乞大』의 高麗商人이 팔기 위해 北京까지 가지고 간 말에는 銀子 12兩에 거래되는 赤色騸馬(붉은 악대말)가 있었고, 이보다는 품질이 떨어지지만 銀子 8兩에 거래되는 好馬가 전체의 1/3에 달했다. 따라서 朝鮮馬가 일괄적으로 韃靼이나 女眞에서 나는 말 중 下馬보다 품질이 더 나쁜 것이었다고 단정할 근거는 전혀 없다.

이상에서 살펴본 바에 따르면, 明은 禑王 12년(1386) 처음 馬貿易을 요구한 이래 世宗代까지 64년간 총 11회에 걸쳐 73,945필의 말을 朝鮮에서 사갔다. 貢物과는 달리 明은 자기들의 필요에 의해 말을 사간 것이며, '값을 치르겠다'고 하였다. 그러나 11회 중 1회 6,000필에 대해서는 馬價를 지불하지 않았고, 馬價 지불이 확실한 것은 7회이다. 그 중에서 처음인 (1)과, 帝位 계승 전쟁 중이던 (5)의 경우 합 14,548필의 무역에 대해서만 각각 明 내지의 시세, 朝鮮의 시세와 근접한 가격을 지불하였다. 나머지 5회 합 42,357필 무역에 대해서는 시세보다 훨씬 싼 가격에 사 갔으며, 그 가격은 明이 다른 지역과의 馬貿易에서 지불한 馬價보다 훨씬 낮은 가격이었다. 따라서 麗末鮮初 11회에 걸쳐 이루어진 馬貿易은 교역의 형식을 취했으나, 高麗·朝鮮의 입장에서는 경제적 측면에서 그 가치를 인정하기 어렵다 할 것이다.

3. 馬貿易의 성격

전근대 중국을 중심으로 하는 동아시아 사회에서 국가와 국가 사이의 무역은 경제외적인 요인의 영향을 받지 않고 대등한 위치에서 이루어지는 것이 아니다. 두 나라의 힘의 우열 관계, 국경 분쟁 문제, 각국의 내정 상태에 따라 무역의 형태가 결정된다. 따라서 각각의 경우 교역의 성격에는 차이가 있을 수밖에 없었다. 이러한 예는 北宋이 契丹 및 西夏와 전쟁을 피하기 위해 歲幣, 혹은 歲賜를 주고 権場무역에 응했던 사례에서 확인된다.[129] 宋의 경우 국경지방에서의 무역은 민생경제의 수요에 응한다는 경제 논리에 근거한 것이 아니라, 국방 및 정치적 이익을 고려하여 결정되었다.[130] 군사적으로 열세인 나라가 자국의 안전을 보장받는 수단으로 경제교류를 택하는 것은 宋에서만 택한 정책은 아니었다. 정치적인 목적에서 경제 교류가 이루어진 사례는 8세기 新羅와 日本의 교역에서도 인정되고 있다.[131] 高麗·朝鮮과 明 사이에 이루어진 馬貿易도 이러한 성격을 띠고 있다.

---

129) 宋은 1004년 澶淵之盟 이후 契丹에게 해마다 銀 10萬 兩, 絹 20萬 匹을 歲幣로 보냈고, 1042년에 增幣 교섭 이후는 銀, 絹을 각각 10萬식 增額하여 보냈다. 西夏에게도 같은 정책을 써서 1044년 이래 해마다 繒 25萬 匹, 茶 25萬 斤을 歲賜로 보냈다. 이와 같은 歲幣, 歲賜는 宋 재정에는 부담이 되는 일이었으나, 이를 대가로 전쟁을 피하고 평화를 유지할 수 있었으므로 당시 皇帝와 집권세력에게 지지받는 정책이었다(朴志焄, 1990,「宋代 華夷論 硏究」, 163~169쪽 참조).

130) 朴志焄, 1990, 위 논문, 179~190쪽.

131) 李成市 지음/김창석 옮김, 1999,『동아시아의 왕권과 교역』, 135~137쪽.

明이 주변의 모든 나라들에 대해서 馬貿易을 요구한 것은 아니다. 洪武 24년(恭讓王 3, 1391)에 西域의 哈梅里王 兀納失이 明에게 馬 互市를 요청했다. 이에 대해 明은 '중국을 엿보려고 한다'는 이유로 거절하였다.[132) 군사적 위험 때문이었다. 다음 해 哈梅里王은 明의 변 경을 침입하였다. 즉 明은 부족한 말을 충당하기 위해 말을 수입했으 나 주변의 모든 국가, 종족에 대하여 일관된 정책을 쓴 것은 아니었다. 西域 哈梅里의 경우를 고려하면, 明은 高麗・朝鮮을 군사적으로 위 협받지 않고 안정되게 말을 공급받을 수 있는 지역으로 생각하고 있 었다는 점을 알 수 있다.

麗末鮮初의 明과의 馬貿易에서 경제적인 측면에서 가치를 인정할 수 없다면 그 필요성은 정치적인 데서 찾아야 할 것이다. 明이 馬貿易 을 처음 요구하는 禑王 12년(1386) 7월은[133) 禑王의 왕위 계승을 明으 로부터 승인받기 위해 전례 없이 과다한 貢物을 부담한 뒤였다. 明은 貢物로서가 아니라 布匹・絹子・段子等物을 교환수단으로 하여 매 매하겠다고 하였다. 이에 대해 高麗는 국내에서 생산되는 말은 숫자 가 많지 않으며 왜소하기 때문에 馬價를 받을 수 없다고 하면서 '힘껏 조달하겠다'고 하였다.[134) 이것은 말을 무상으로 보내겠다는 것이며 동시에 明이 요구한 양 5,000필을 수용할 수 없다는 것이었다. 대가를 받지 않고 貢物 형식으로 말을 보내겠다고 했으나, 이는 明의 馬貿易 요구를 거절한 것이라고 할 수 있을 것이다.[135)

---

132)『明太祖實錄』권207, 洪武 24년 2월 戊午, "西域哈梅里王兀納失請馬互市…
   …上曰 夷狄黠而多詐 今求互市 安知其不覘我中國乎 利其馬而不虞其害
   所喪必多 宜勿聽 自今至者 悉送京師".
133)『高麗史』권136, 禑王 12년 7월, [하934①②].
134)『高麗史』권136, 禑王 12년 12월, [하936③], "遣典客令郭海龍如京師 奏曰
   小邦所産馬匹不多 且又矮小 何敢受價 今來欽奉聖旨 容當盡力措辦 伏候
   明降".

이에 대해 明은 布 8匹, 段 2匹 가격으로 교역하겠다는 것을 거듭 강조하면서 馬貿易을 요구하였다. 동시에 高麗가 浙江, 京師를 정탐하였다는 것과, 3년에 貢馬 50필만으로 공물액을 줄여준 것은 이전과 비교하면 몇 백분의 일에 불과한데도 그 품질이 낮다고 항의하면서 高麗의 朝貢을 거부한다고 통보하였다.[136] 이것은 국교를 단절하겠다는 것으로서 馬貿易 요구를 거부한 高麗를 압박하는 방법이었다. 이를 통보받은 高麗는 다음 달인 禑王 13년 3월부터 1,000필씩 5회에 걸쳐 5,000필을 모두 遼東으로 운송하였다. 이것은 高麗가 馬貿易에 대한 明의 요구를 수용하였음을 나타낸다. 明이 국교 단절을 무기로 다시 高麗를 압박하자, 이 문제로 다시 明과의 관계가 악화되는 것을 피하고자 한 고려정부는 馬貿易에 응하기로 방침을 바꾼 것이다.

동시에 이루어진 (1), (2) 2회의 馬貿易 이후 明은 恭讓王 3년에 이르러 다시 1만 필의 馬貿易을 요구해 왔다((3)). 그 사이 高麗와 明 사이에는 鐵嶺 이북 영토 할양 요구에 촉발되어 遼東征伐이 시도되었고, 이는 李成桂가 주도한 위화도회군으로 미연에 끝났다. 위화도회군 후 高麗에서는 급격하게 정치계가 변동되고 있었다. 明의 禮部咨文을 근거로 廢假立眞論이 발표되고 禑王·昌王의 폐립과 李穡을 비롯한 反李成桂측 정치세력이 대거 숙청되었다. 그동안 明에서는 전혀 사신을 파견하지 않았으며, 高麗의 내정에 간여하지 않는다는 방침을 누차 밝히고 있었다. 정치세력의 숙청과 권력 이동은 明의 권위를 근거로 하여 이루어지고 있었으나 明은 간여하지 않았으며, 李成桂측의 정권 장악은 마무리되어 가고 있었다. 이럴 때 明은 다시 1만 필의 馬貿易을 요구해 온 것이다. 이후 (3)에서 (11)에 이르기까지 明의 馬貿易 요구를 朝鮮이 거절한 적이 없다.[137] 규모뿐 아니라 그 가격에 관

135) 姜尙雲, 1959, 「麗明(韓中) 國際關係 研究」『中央大論文集』4, 259~260쪽.
136)『高麗史』권136, 禑王 13년 2월, [하937④~938④].

하여도 朝鮮은 明의 요구를 그대로 수용하였다.

　말은 軍政에 가장 긴요한 것이었으며, 마필 수는 곧 騎兵의 숫자를 의미하는 것으로 이해되고 있었다.[138] 또 高句麗가 隋·唐의 침입을 물리친 것이나 高麗 때에 거란병이나 紅巾賊의 침입을 격퇴한 것도 산천 지형이 험하거나 장수가 능했기 때문만이 아니라 좋은 말이 있었기 때문이라고 인식할 정도로[139] 계속되는 말의 수출은 국방상 곤란한 문제였다. 더구나 麗末鮮初는 遼東의 정세가 안정되지 않아서 국방 문제는 가장 심혈을 기울여야 하는 문제 중의 하나였다. 明은 몇 개월이라는 짧은 기간에 1만 필이나 되는 말을 요구하여 朝鮮은 그 양을 공급하기 어려웠다. 따라서 明의 요구를 그대로 수용할 수 없다는 의견은 당연히 나올 수 있는 것이었다.

　그러나 明의 요구를 전면적으로 거부하는 것은 禑王代 이래 택하기 어려운 방법이었으므로, 그 규모를 축소하는 쪽으로 대안이 제시되었다. 世宗 3년에 10,000필을 무역해 간((8)) 明이 2년 뒤인 世宗 5년에 다시 10,000필의 교역을 요구해 왔다((9)). 이에 대해 吏曹判書 許稠와 兵曹判書 趙末生은 반에 해당하는 5,000필만 응하자는 대안을 제시하였다.[140] 6代言이 모두 찬성하였다는 것으로 보아 관리들 일반의 생각도 같았다고 생각된다. 이러한 고민은 馬貿易이 요구될 때마다 반복되었다. 그러나 明의 요구를 수용하지 않거나 부분적으로만 수용하는

---

137) (11)의 경우는 明이 2~3만 필의 교역을 요구하였으나, 5,000필을 보내기로 결정하여서 明이 요구를 그대로 수용하지 않은 유일한 예이다. 이 경우는 5 運까지 2,477필을 보낸 상태에서 明으로부터 마필 進獻을 중지하라는 통보로 중도에 그쳤다.

138) 『世宗實錄』 권21, 世宗 5년 8월 庚戌, "(許)稠又曰 中國 去年求馬一萬匹 今又求一萬匹 本國之馬比舊爲減 又未强壯……軍政莫急於馬 而擇實馬二萬匹以獻 則是減二萬騎兵也".

139) 『太宗實錄』 권18, 太宗 9년 11월 壬午.

140) 『世宗實錄』 권21, 世宗 5년 8월 庚戌.

것은 事大에 어긋나는 것으로 생각하였다. 말은 軍國에 있어 중요한
것이나 事大之禮에 충실하려면 明의 요구를 거부할 수 없다는 논리
였다.141) 그에 따라 馬貿易은 明의 요구량대로 결정되어 집행되었다.
明이 보내는 馬價를 받는 것이 事大에 어긋나므로 돌려보내야 한다
고 주장하는 경우도 있었다.

　60여 년에 걸쳐 高麗·朝鮮이 明의 일방적인 馬貿易 요구에 응할
수밖에 없었던 이유는 朝貢冊封關係의 안정과 그에서 얻어지는 권력
의 정당성, 즉 정치적인 동기에 있었다. 그래서 馬貿易 자체를 '교역'
의 의미보다는 事大에 부수되는 貢物로 인식하기도 하였다. 明은 馬
價를 지불하지 않는 경우도 있었는데, 高麗·朝鮮이 전혀 이의를 제
기하지 않은 것은 이를 貢物의 일종으로 받아들였기 때문이다. 따라
서 明이 馬價를 지불하는 경우에는 오히려 긍정적으로 받아들이기도
하였다.142) 국내의 마필이 줄어들어 국방이 허술해지는 문제, 마필을

---

141) 『太宗實錄』권3, 太宗 2년 4월 癸丑, "內書舍人李之直·左正言田可植上疏
　　論事…… 一 軍政所須 莫過於馬 今朝廷先以賞賜 繼以易馬 是啗之以利 欲
　　得良馬 非天王所以待諸侯之道也 殿下 以事大之誠 不敢違命 而使臣民皆
　　得賣買 分運進獻 禮則然矣 然以褊小之土 有限之馬 塡無窮之欲 則臣等恐
　　馬盡而力罷矣 如有緩急 將何以哉……願除已易馬匹外 勿令易換 所餘馬價
　　悉還上國 其綾羅段子進上服御外 一皆禁斷".
　　『太宗實錄』권18, 太宗 9년 11월 壬午, "司諫院上時務數條…… 一 國之所重
　　者 兵也 兵之所重者 馬也 故周制掌兵之官 不曰司兵 而曰司馬 馬之於國
　　其用重矣 我國家壤地褊小 馬亦有限 自高皇帝至于建文所獻之馬 不知其幾
　　萬匹 今者上國又求馬匹 其數甚多 有司程督 雖有一馬者 皆納於官 如此則
　　國將無馬 言之可爲流涕矣 唐之太宗·隋之煬帝皆不克而還 丹兵·紅賊寇
　　我而先亡 此非惟山川之險 將帥之良 亦以有馬故也 臣等謂以事大之禮言之
　　不可不獻 以宗社之計言之 不可多獻 又安知今日求之而明日不求耶 伏惟殿
　　下以事大之禮 宗社之計 紊酌施行".
142) (6)의 요구가 전달되었을 때 太宗은 洪武帝 당시에 馬價를 지불하지 않을 경
　　우에도 말을 보낸 적이 자주 있었음을 언급하면서 즉시 進獻官馬色을 설치
　　하여 馬貿易을 준비하였다.

할당하여 징수하는 과정에서 생기는 문제, 농업노동력으로서의 마필의 부족 문제 및 遼東까지 마필을 수송하는 과정에서 농민들이 받는 피해 등은 朝貢冊封關係의 틀 안에서 明과의 관계를 우호적으로 유지하기 위해 감수해야 하는, 감수할 가치가 있는 일이었다고 생각한 것이다. 對明關係의 정상화에서 얻어지는 정치적 안정은 '지성으로 事大한 결과'이며 保國之道로서 평가받고 합리화되었다. 즉 麗末鮮初의 對明 馬貿易은 明과의 관계를 정상화하고 이를 토대로 정권의 정당성과 군사적 긴장을 완화시키기 위한 수단이었다고 하겠다.

『太宗實錄』 권14, 太宗 7년 8월 庚戌, "計稟使書狀官鄭稤來……又帝御西角門 命眉壽曰 爾國産馬之地 歸報爾王 良馬三千匹 汝可將來 朕以戶部布絹送于遼東 當酬其直……上聞之曰 是何言也 帝謂我如此 而於陪臣且厚接之 豈敢方命 在高皇帝時 雖不賜其直 獻馬數矣 況今將賜其直乎 卽置進獻官馬色 以僉贊議政府事柳亮·工曹判書柳龍生·摠制金繼志爲提調".

결 론

　이상에서 高麗가 反元改革을 단행한 恭愍王 5년(1356)부터 朝鮮 太宗·世宗代까지 麗末鮮初 元·明과의 관계를 高麗·朝鮮이 추구하는 對中國政策과 元·明이 추구하는 對高麗(朝鮮)政策의 대립과 변화라는 시각에서 살펴보았다. 전근대 中國을 중심으로 하는 동아시아세계에서 高麗·朝鮮이 中國과 朝貢冊封關係를 맺고 유지해 간 이유는 정치·군사적인 데 있었다는 시각에서 麗末鮮初의 정치적 격변기에 元·明이라는 외세가 어떻게 작용하였으며, 어떤 영향을 주었는가를 밝히려고 하였다. 그 결과 다음과 같은 결론을 얻을 수 있었다.

　원간섭기에 高麗는 對元關係를 유지하기 위한 재정지출이 증가하여 民에 대한 수탈이 강화되고, 이에 따라 民의 流亡이 증가하였다. 流民 증가는 賦稅 수취의 감소로 나타나 국가의 재정은 관리들 祿俸 지급조차 곤란할 정도였으며, 지배계층 사이에서는 收租地 점유 분쟁이 격화되기에 이르렀다. 체제를 유지하기 위해서 개혁이 필요하다는 인식은 고려지배층뿐 아니라 元 중앙정부도 인정할 정도였다. 그러나 원간섭기 일련의 개혁 시도에서 元과의 관계를 단절하지 않고는 어떤 개혁도 성공할 수 없다는 것은 분명해졌다. 14세기 중반에 이르러 高麗는 中國에서 元이 쇠퇴하고 漢族 농민반란군이 일어나는 정세의 변화를 적극 이용하여 내정개혁을 단행하고, 대외적으로는 雙城摠管

府를 수복하고 附元勢力을 숙청하였으며, 軍 지휘관 임명, 貢物 등의 문제에 있어서 종전과 같은 元의 간섭을 부정하였다. 反元改革에서 高麗가 얻어낸 성과는 元과 강화를 맺기 이전 對宋·遼, 對南宋·金 관계에서와 같이 자율성을 확보하는 것이었다. 이 조치는 元으로부터 승인받았으며, 明이 건국할 때까지 새로운 對中國關係의 내용과 형식으로 자리잡았다.

中國에서 明이 건국하자 高麗는 親明 노선을 선택하였다. 이러한 외교노선상의 변화는 中國의 형세를 明이 장악했다는 정세 판단하에 高麗에 미치는 元의 영향력을 차단하고, 내정개혁을 지속하기 위해서였다. 한편 건국 초기 明은 元과의 경쟁에서 정통성을 확보해야 한다는 현실적 필요와, 遼東地方과 雲南, 蜀 등 중국 본토 주변을 장악하지 못한 상태에서 동북아시아에서 '大邦'으로 인식되던 高麗와 朝貢冊封關係를 맺음으로써 정통성을 인정받고자 하였다. 나아가 北元과의 경쟁에서 高麗의 지지를 얻을 필요가 있었다. 朝貢冊封關係의 上·下관계를 高麗에 강요하지 않았으며, 오히려 遼東의 北元勢力을 高麗가 견제해 주기를 종용하기도 하였다. 성립 초기 明과의 관계에서 高麗는 恭愍王 5년(1356)의 反元에서 얻어낸 對中國關係의 자율성을 유지하는 듯 보였다.

高麗는 元이 패주하여 明이 아직 遼東까지 세력을 미치지 못하던 시기를 적극 활용하였다. 공민왕 18~20년 사이 3차례 遼東征伐을 단행하여 遼陽, 瀋陽 일대에 高麗의 정치적 군사적 영향력을 확대하였다. 또 항몽전쟁 이래 이곳으로 이주해 간 高麗人을 중심으로 女眞族 등 遼東民을 招諭하여 고려 내지에 정착시키는 정책을 썼다. 또 원간섭기에 高麗의 통치력이 미치기 힘들었던 濟州를 영토로 확보하고, 그곳에 있는 元皇室 소유의 목마장에 대한 영유를 明으로부터 확인받고자 하였다.

明은 元을 이어 中國을 지배한 王朝이다. 따라서 元의 1세기 가까운 중국통치의 역사적 경험은 일정하게 明에게 계승되었다. 이것은 對高麗政策에서 元代의 질서를 회복하려는 것으로 나타났다. 그런데 원간섭기의 高麗는 東北面, 西北面의 일부를 강점 당하였고, 또 濟州처럼 高麗의 영토였지만 실제 통치권 행사가 제한받은 지역도 있었다. 元의 내정 간섭과 물자 수탈은 역대 對中國關係에서 어느 시기보다도 심하였다.

明의 高麗에 대한 정책 변화는 遼東 경영을 시작한 洪武 4년(恭愍王 20, 1371)부터 나타났다. 그 중에서 高麗에 가장 먼저 제시된 것은 貢物 문제였다. 明은 恭愍王 23년 元皇室에 소속되었던 목마장의 馬, 羊에 대한 권리를 주장하며, 濟州馬 2,000필을 貢馬로 요구하였다. 요구받은 貢馬의 규모는 高麗가 자율적으로 정했던 貢馬量의 40배에 달하는 과다한 양이었다. 明의 요구는 高麗가 恭愍王 5년 反元改革으로 對中國關係에서 얻어낸 외교적 성과를 부정하는 것이었다. 따라서 이후의 高麗－明 관계는 反元改革의 성과를 지켜내려는 高麗측의 입장과, 元代의 질서를 회복하려는 明의 입장이 충돌하면서 진행되었다.

恭愍王은 濟州馬에 대한 明의 요구를 수용하기로 결정하였다. 明에 말을 보낼 수 없다는 이유로 牧胡가 반란하자 高麗는 濟州를 정벌하게 되었다. 貢馬 2,000필 중에서 부족한 부분을 충당하기 위해 宰樞 이하 관리들에게서도 말을 징발하게 되었다. 사태가 이와 같이 전개되자 反明 분위기가 조성되고, 지배층 일부는 이에 반발하였다. 이에 더하여 反元을 주도한 恭愍王을 폐위시키고 국왕책봉권을 다시 행사하려는 北元까지 개입한 상태에서 親明 외교노선을 주도해 온 恭愍王이 시해되었다. 親明政策의 선도자인 恭愍王이 시해된 상황에서 親明 일변도의 中國 외교노선은 위협받게 되었다.

280

  恭愍王이 시해되고 濟州馬를 징발하기 위해 高麗에 파견되었던 明
使가 살해된 이후 高麗와 明 사이에서는 공식적인 사절 왕래가 단절
되었다. 明은 집권세력에게 정치적 책임을 묻고, 禑王의 책봉을 빌미
로, 馬를 비롯하여 金, 銀, 布 등 막대한 양의 貢物을 요구하였다. 高
麗는 明과 관계가 단절된 동안 北元과의 관계를 재개하고 禑王에 대
한 北元의 책봉을 받아들였다. 이것은 明과의 朝貢冊封關係가 거절
된 상태에서 과도한 貢物을 요구하는 明을 견제하는 하나의 수단으로
서, 또 國王으로서 통치권을 행사하기 위해서는 '中國'으로부터의 책
봉이 필요하다는 정치적 필요에서 취한 임시방편책이었다. 中國의 형
세는 이미 明이 장악하였다고 판단했으므로 朝貢冊封關係의 상대국
을 明으로 인정하고 있었다. 즉위 과정에서 太后를 비롯하여 일부 관
료들로부터 지지받지 못하였고, 왕위 계승권자로서의 위치를 확고히
하지 못한 상태에서 즉위한 禑王은 정통성의 취약점을 明의 책봉을
받음으로써 해결하고자 하였다. 한편 明은 貢物 요구에 대한 자신들
의 요구사항을 관철시킴으로써 北元과의 전쟁에 부족한 말을 공급받
고, 나아가서 자신이 주도권을 잡고 高麗와의 외교관계를 펼쳐 나가
려는 의도를 가지고 있었다.
  禑王政權은 明의 貢物 증액 요구를 수용함으로써 明과의 관계를
정상화하기로 결정하였다. 貢物은 과다한 양이어서 국가재정으로 충
당할 수 없었으므로 지배층까지 포함하여 民에게서 해당 물품을 징발
해야만 했다. 그러나 貢物을 보냄으로써 對明關係가 정상화된다면 禑
王은 왕위 계승의 정당성을 확보하고 明과의 군사적 긴장을 완화시킬
수 있을 것이므로 貢物 부담은 保國之道로 합리화할 수 있을 것이었
다. 禑王 즉위 이후부터 歲貢馬를 50필로 감액시켜 준 禑王 12년
(1386) 7월까지 高麗는 貢馬 9,849필, 金 100근 300냥, 銀 12,000냥, 각
종 細布 25,500필을 明으로 보냈다. 이 규모는 元간섭 초기의 물자 수

탈에 필적하는 것이었다. 이후에도 禑王代에 明은 교역의 형식으로 2회에 걸쳐 馬 8,000필, 牛 5,799斗를 매매했다. 이는 매매의 형식을 취한 것이었으나, 가격과 수량까지 明이 일방적으로 결정하였다. 高麗는 이것을 또 다른 형태의 貢物로 생각했다.

禑王 책봉을 둘러싸고 이러한 과정을 거쳤던 高麗로서는 앞으로 貢物에 관한한 明의 요구를 거절하기 어려울 것이었다. 반대로 明은 禑王代의 경험에서 高麗에 대한 물자 요구를 양보하거나 철회하지 않을 것이었다. 결국 禑王 책봉까지 對明關係 12년간은 明의 물자 수탈에 대하여 자율성을 확보하려는 高麗의 對中國政策과 元代의 물자 수탈 방법을 답습하려는 明의 對高麗政策이 충돌하는 기간이었다. 그 과정에서 정권의 정당성을 明의 지지와 승인에서 구한 집권세력은 明의 요구를 수용하고 있었다. 이것은 高麗에게 있어서는 가장 억압적이고 수탈적이었던 원간섭기의 對中國關係를 부정하고 원간섭 이전의 자율성을 확보하고자 한 공민왕 5년 反元改革의 역사적 성과가 많은 부분 무산되는 과정이기도 하였다. 禑王代의 경험은 이후의 對明關係, 즉 朝鮮 건국 후의 對明關係에도 일정하게 영향을 주게 되었다.

遼東征伐은 高麗-中國關係에서 高麗의 입장과 明의 입장이 가장 첨예하게 충돌한 사건이었다. 明은 中國에서 元을 계승한 정통왕조로 자임하면서 遼東地方에 대하여는 元代의 영역과 통치권을 회복하는 것을 목표로 삼았다. 洪武 20년(禑王 13, 1387) 遼東의 마지막 北元勢力이던 納哈出이 明에 정복됨으로써 高麗는 明과 국경을 맞대게 되었다. 明의 鐵嶺衛 설치 통보는 元代에 遼陽行省 開元路였던 지역과 그 거주민에 대한 통치권을 주장하고, 이미 高麗의 영토로 편입된 鐵嶺 이북의 영토까지 회수하겠다고 주장한 것이다.

納哈出이라는 완충지대가 없어지자 明이 高麗 영토까지 침입할지 모른다는 잠재적인 위기의식이 현실적인 가능성으로 받아들여지게 되었다. 이러한 위기의식은 지배층뿐 아니라 일반 피지배 民들에게도 공통적인 정서였다. 高麗는 일관되게 親明政策을 유지해 왔고, 그 과정에서 과다하게 물자를 수탈 당했다. 그러나 영토 할양 요구는 貢物 징발과는 달리 高麗가 수용할 수 없는 사항이었다. 禑王 14년(1388)에 접어들 무렵 明의 계속된 물자 수탈과 정치적 압박으로 高麗의 明에 대한 감정은 악화되어 있었다. 鐵嶺衛 설치 통보로 드러난 明의 영토 할양 요구는 이러한 反明 분위기를 격화시켰다. 高麗가 군대를 동원하여 冊封國인 中國의 영토를 선제 공격하려 한 遼東征伐은 고려 역사상 전례가 없는 일이었다. 영토문제에 있어서 高麗는 원간섭 이전의 상태를 고수하겠다는 것이었으며, 영토 문제에 있어서 元代의 질서를 회복하고자 한 明의 대외정책을 정면으로 거부한 것이었다. 조정회의에서는 영토 할양은 불가하며 동시에 전쟁을 반대하는 화의론을 대응책으로 택하였다. 그러나 禑王과 崔瑩을 비롯한 일부는 遼東을 선제공격함으로써 영토 할양 요구에 대응하였다.

遼東征伐은 고려군이 압록강을 건너 明의 영토로 들어가기 전에 李成桂가 중심이 되어 위화도에서 회군하여 遼東征伐을 주도한 禑王과 崔瑩을 축출함으로써 마무리되었다. 위화도회군은 高麗와 明의 대외정책의 충돌이 당사자인 高麗-明 사이에서가 아니라, 高麗 내부에서 '事大'를 명분으로 하는 권력투쟁의 양상으로 전개된 것이다. 곧 對中國關係에서 자율성을 확보하려는 高麗의 노력이 高麗 내부에서 事大의 방법론을 둘러싼 정치투쟁으로 전환된 것이었다. 그 결과 李成桂측이 승리함으로써 외교에서 자율성을 확보하려는 高麗의 노력은 상당 부분 무산되었다. 회군파-李成桂측에서 내세운 事大의 방법론은 그 이후의 對中國政策을 규정하는 역할을 하게 되었다. 李成桂측에서 주장한 對明事大의 방법론은 물자 요구를 수용하며 책봉국인 明

과 무력으로 충돌하는 것을 반대한다는 것이었다.

明은 遼東征伐 이후 다시는 이 지역과 거주민에 대해 영유권을 주장하지 않았다. 明의 내부 사정으로 衛所가 후퇴하긴 했지만, 鐵嶺 이북 지역은 高麗가 실질적으로 영유하는 영토이며, 東北面을 고수하려는 高麗의 의지가 확고하였기 때문에 더 이상 이 문제로 양국 사이에 긴장을 조성하지 않는 것으로 방침을 바꾸었던 것으로 이해된다. 北元을 정벌하고 遼東을 경략하는 데 高麗의 협조가 필요했던 明으로서는 鐵嶺衛 문제로 高麗와 군사적인 대치상태가 계속되는 것을 막아야 했기 때문이다. 元代의 질서를 회복하려는 明의 對高麗政策은 영토문제에서는 수정되지 않을 수 없었다. 이러한 과정을 거치면서 高麗와 明의 상대국에 대한 외교방안은 서로 적응하고 상대국의 요구를 수용하면서 변화를 거치고 있었다.

회군으로 집권한 李成桂勢力은 자신들의 정치 행위를 정당화할 명분이 필요하였다. 그런데 明은 昌王의 親朝 요청을 거부함으로써 회군 후 高麗의 정치과정을 승인하지 않았으며 이 모든 과정을 李成桂의 소행으로 지목하고 있었다. 臣子로서 君命을 어기고 왕을 폐위시켰다는 정치적 부담에서 벗어나게 해 준 것이 禑昌非王說, 즉 廢假立眞論이었다. 禑昌非王說은 明의 禮部咨文을 근거로 하여 공표되었다. 즉 禑王, 昌王의 폐출은 明의 권위에 의탁하여 정당화되는 것이었다. 그러나 中國측의 기록과 대조하면 禮部咨文에서 廢假立眞의 근거가 된 異姓論 부분은 高麗측에서 변조한 것임을 알 수 있다. 禮部咨文 중의 異姓論 부분은 禑王, 昌王을 폐출할 때, 恭讓王을 옹립할 때, 혹은 李穡 등 李成桂측과 대립하던 정치세력을 숙청할 때 등 중요한 정치사건에서 한 자의 가감도 없이 그대로 인용될 정도로 정치적 권위의 원천이었다. 廢假立眞論이 발표된 배경과 이후의 정국에서 책봉국의 권위가 국내의 정치과정에 중요한 역할을 수행한 실례로 이해할 수 있다.

王朝 교체는 최종적으로 明의 승인을 얻어야 정당화될 수 있었으며, 국내 정치도 안정될 수 있었다. 국가 수립에 대한 국제사회의 승인이라 하겠다. 明은 유교적 명분에 어긋나는 易姓革命에 대하여도 아무런 문제를 제기하지 않았으며, 李成桂 즉위의 정당성을 天命論으로 정당화해 주었다. 또 국호 개정을 먼저 거론함으로써 李成桂측에서 易姓革命의 정치적 부담에서 벗어나 朝鮮 건국의 사후 처리를 신속하게 마무리할 수 있게 해주었다. 李成桂政權에서는 馬貿易과 같은 明의 물자 요구를 한결같이 수용하였다. 朝鮮 건국 이후 表箋文 사건 등의 갈등이 있었으나, 洪武帝가 사망하고 明이 帝位 계승 전쟁에 휩싸이는 정세 변동으로 이 갈등은 해결되었다. 太宗代에 이르러 誥命, 印信을 받음으로써 朝鮮과 明 사이의 朝貢冊封關係는 일단락되었다. 太宗·世宗初에 이르러 1年 3使를 제도화하는 등 對明關係는 안정되어 갔다.

이상에서 살펴본 明에 대한 정책은 明에 대한 인식이 반영되어 수립되고 추진되었을 것이다. 이에 앞선 원간섭기는 1세기 가까이 지속된 하나의 체제였고, 당대의 지식인, 관리들은 그러한 체제를 華夷論이라는 논리로 정당화했다. 하나의 체제가 1세기라는 장기간 지속된다면 사람들 인식에서는 그것 자체가 하나의 질서규범으로 자리잡았을 것이다. 그런데 고려는 몽골족이라는 이민족의 지배 아래 있는 漢族들이 본격적으로 元의 지배를 부정하기도 전에 反元改革을 통하여 스스로 그 질서를 벗어났다. 이는 전래의 질서 규범을 버리고 세계를 새롭게 인식한 바탕에서 나올 수 있었던 것이다. 恭愍王代는 물론 麗末을 이어 鮮初까지도 관리나 朱子學者들은 中國을 파악할 때 형세를 중시하는 華夷論으로 인식하고 있었다. 형세를 위주로 세계를 인식하고 자기의 위치를 규정할 때 反元改革은 물론 鮮初의 遼東征伐

시도까지 설명할 수 있다.

麗末鮮初 高麗·朝鮮과 明 사이의 人口 점유 분쟁과 경제교역 － 馬貿易은 당시 양국의 외교정책의 차이와 대립, 韓中關係의 성격을 이해하기 위한 좋은 사례이다. 먼저 人口 문제를 살펴보면, 元·明의 교체로 遼東지방이 中國의 지배권에서 벗어나자 高麗·朝鮮은 이전에 遼東으로 이동해 간 인구를 내지에 정착시키는 정책을 시행했다. 정착시키는 대상에는 귀부해 오는 女眞族도 포함되었다. 明은 元代 遼陽行省 開元路 판도 안에 있던 民戶에 대한 귀속권을 주장하며 이들의 추쇄를 요구했다. 이렇게 하여 高麗·朝鮮과 明 사이에는 人口 점유 분쟁이 발생했다. 이것은 양국 사이에서 전자가 추구하는 人口政策은 원간섭 이전의 상태를 온전히 회복하는 것이었던 반면, 후자가 추구하는 人口政策은 元代의 그것을 기준으로 하였기 때문에 발생한 것이었다.

高麗·朝鮮에 있어서 중국왕조와 朝貢冊封關係를 안정적으로 유지하는 큰 목적은 정치권력의 정당성을 확보하고 국가 안보를 보장받는 것이었다. 麗末鮮初는 禑王의 왕위 계승 인정, 이성계측의 朝鮮 건국 승인 등으로 책봉국인 明의 권위가 필요한 시기였다. 이 시기에 明은 대규모 馬貿易을 요구하였고, 고려 禑王~조선 世宗代에 걸쳐 60여 년 동안 馬貿易이 이루어졌다. 이 시기의 馬貿易은 전근대 중국과 이루어진 공무역 중에서 양적으로나 지속된 시간으로나 가장 대규모이다. 馬貿易은 처음부터 馬價를 지불하는 교역으로 시작되었다. 그러나 교역의 성사 과정, 교역 규모의 결정, 가격 결정 등의 과정에서 볼 때 강제 교역의 성격을 띤다. 高麗·朝鮮측에서는 이것을 경제교류로 생각하지 않았으며, 明과의 朝貢冊封關係를 유지하는 데 필요한 공물로 인식하였다.

麗末鮮初는 한반도에서는 高麗에서 朝鮮으로, 중국대륙에서는 元에서 明으로 왕조가 교체되는 변동기였다. 그 사이에 발생한 貢物 증액 문제, 왕위 계승의 승인 문제－책봉, 遼東民 점유 분쟁, 영토 분쟁 등은 對中國關係에서 고려전기 이래의 자율성을 확보하려는 高麗·朝鮮의 외교정책과 元을 계승한 국가로서 공물 징발, 영토 점유 등에서 기득권을 유지하려는 明의 對高麗(朝鮮)政策이 충돌한 결과이다. 양국 사이의 정책 대립은 앞선 1세기 동안의 高麗－元 관계사와 그것을 극복하려 한 1356년(恭愍王 5)의 反元改革의 외교적 성과를 인정하는 문제와 연결되어 있다.

양국의 상대국에 대한 이해와 주장은 전대의 역사적 경험을 토대로 하면서 새로운 정세 변화에 적응하여 변화했다. 어느 시기나 그렇겠지만 이 시기의 韓中關係史도 전대 유산의 영향이라는 역사적 맥락에서 이해해야 할 것이다. 高麗·朝鮮과 元·明과의 관계는 朝貢과 冊封이라는 상호관계 틀 안에서 유지되었다. 朝貢과 冊封의 上·下 질서는 의례적인 측면은 물론 국내 정치, 경제적 교역에도 영향을 주었다. 당시인들은 그 관계를 華夷論으로 합리화하고, 거기에서 발생하는 공물, 책봉권을 둘러싼 갈등 등의 문제를 保國의 논리로 정당화했다. 그러나 이러한 인식은 가변적인 것이며 정세가 변동하면 국가 안보 차원에서 새로운 변화를 인정하고 새로운 외교관계를 모색하였다.

본서에서 가장 미진한 점은 麗末鮮初라는 변동기의 韓中關係가 民에게 끼친 영향을 거의 고려하지 못했다는 점이다. 對中國關係를 유지해 간 중요한 목적의 하나가 국가 안보와 정치 안정이었다고 할 때, 民의 동향과 對民政策은 정치변동의 주요한 동인으로서 함께 고려해야 할 사항이다. 더구나 이 시기에는 對明 공물이 증액되어 民의 부담이 가중되었던 것으로 나타난다. 모든 신분·계층이 공물의 부담을 졌다. 공물 증액으로 民에 대한 수탈이 가중될 때 정부 차원에서 대외정책과 관련하여 對民政策에 변화가 있었을 것이다. 앞으로의 연구 과제로 삼아야 할 것이다.

필자는 연구를 시작할 때 전근대 한국과 중국 사이 외교관계의 전형을 확인할 수 있기를 바랬다. 전형을 확인할 수 있다면, 시기에 따른 변화상을 밝힘으로써 그 역사성을 이해할 수 있기 때문이다. 본 연구에서 高麗와 朝鮮의 對中國關係는 지향점과 내용상 차이가 적지 않다는 것을 확인할 수 있었다. 필자는 이것을 '高麗的인 中國과의 관계'와 '朝鮮的인 中國과의 관계'로 표현했다. 그러나 '高麗的인', 또는 '朝鮮的인' 것의 개념을 선명하게 제시하지 못한 아쉬움이 남아 있다. 중국대륙에 직접 연결되어 있어서 中國의 정세 변화는 크든 작든 우리의 역사에 영향을 주었다. 高麗的인 對中國外交 방식과 16세기 이후 정착하는 朝鮮的인 對中國外交 방식의 차이가 분명해진다면, 그 과도기로서의 麗末鮮初의 의미도 보다 선명해질 것이다. 앞으로의 연구과제로 남은 부분이다.

참고문헌

사 료

『高麗史』(亞細亞文化社 1972년 影印本)

『高麗史節要』(亞細亞文化社 1973년 影印本)

『高麗名賢集』(成均館大學校 大東文化研究院 1973년 影印本)

『老乞大・朴通事 諺解』(亞細亞文化社 1973년 影印本)

『太祖實錄』,『定宗實錄』,『太宗實錄』,『世宗實錄』;『朝鮮王朝實錄』(국사편
　　　찬위원회 1986년 影印本)

『龍飛御天歌』(亞細亞文化社 1973년 影印本)

『增補文獻備考』(東國文化社 1959 影印本)

前間恭作 遺稿/末松保和 編, 1975,『訓讀吏文』, 國書刊行會

李肯翊,『(국역) 연려실기술』(민족문화추진회, 1967)

韓致奫,『海東繹史』(景仁文化社 1982년 影印本)

『元史』(臺灣 藝文印書館, 1973)

『明史』(臺灣 藝文印書館, 1973)

『明實錄』(臺灣 中央研究院 影印)

『大明會典』(臺灣 東南西報社, 1964)

『大明一統志』

『大明律直解』(朝鮮總督府中樞院調查課 編, 1936)

『遼東志』(白山學會 인쇄, 1983)

王世貞 編,『弇山堂別集』(『四庫全書』, 臺灣商務印書館 景印)

『淵鑑類函』(上海古籍出版社 影印)

國史編纂委員會 編, 1989,『中國正史 朝鮮傳 譯註 三』.

國史編纂委員會 編, 1990,『中國正史 朝鮮傳 譯註 四』.

鄭光 監修/國語史資料研究會 譯註, 1995,『譯註 飜譯老乞大』, 太學社.

저 서

高柄翊, 1970,『東亞交涉史의 硏究』, 서울대출판부.
金庠基, 1948,『東方文化交流史論攷』, 乙酉文化社.
金庠基, 1974,『東方史論叢』, 서울대출판부.
金在滿, 1999,『契丹·高麗關係史硏究』, 國學資料院.
金翰奎, 1982,『古代中國的 世界秩序硏究』, 西江大學校 人文科學硏究所.
김한규, 1999,『한중관계사Ⅰ·Ⅱ』, 아르케.
김한규, 2004,『요동사』, 문학과지성사.
南都泳, 1996,『韓國馬政史』, 한국마사회 마사박물관.
都賢喆, 1999,『高麗末 士大夫의 政治思想硏究』, 일조각.
董德模, 1990,『朝鮮朝의 國際關係』, 博英社.
牧隱硏究會 편, 1996,『牧隱 李穡의 生涯와 思想』, 一潮閣.
朴玉杰, 1996,『高麗時代 歸化人硏究』, 國學資料院.
朴忠錫, 1982,『韓國政治思想史』, 三英社.
박충석·유근호, 1980,『조선조의 정치사상』, 평화출판사.
邊太燮, 1971,『高麗政治制度史硏究』, 一潮閣.
邊太燮, 1981,『「高麗史」의 硏究』, 三英社.
孫承喆, 1994,『朝鮮時代 韓日關係史硏究』, 지성의 샘.
沈載錫, 2002,『高麗國王 冊封 硏究』, 혜안.
安周燮, 2003,『고려 거란 전쟁』, 경인문화사.
尹龍爀, 1991,『高麗對蒙抗爭史硏究』, 一志社.
李景植, 1986,『朝鮮前期土地制度硏究』, 一潮閣.
李龍範, 1976,『中世東北亞細亞史硏究』, 亞細亞文化社.
李相佰, 1949,『李朝建國의 硏究』, 乙酉文化社.
李成市 지음/김창석 옮김, 1999,『동아시아의 왕권과 교역』, 청년사.
이정신, 2004,『고려시대의 정치변동과 대외정책』, 景仁文化社.
張東翼, 1994,『高麗後期 外交史 硏究』, 一潮閣.
全海宗, 1970,『韓中關係史硏究』, 一潮閣.
정광·윤세영, 1998,『司譯院 譯學書 冊版硏究』, 고려대학교출판부.
주채혁, 1986,『元朝 官人層 硏究』, 정음사.
池斗煥, 1994,『朝鮮前期 儀禮硏究』, 서울대학교출판부.
최소자, 1997,『명청시대 중·한관계사 연구』, 이화여자대학교출판부.
耽羅星主遺事編纂委員會編, 1979,『耽羅星主遺事』, 고려서적주식회사.

河炫綱, 1988,『韓國 中世史 硏究』, 一潮閣.
河炫綱, 1989,『韓國 中世史論』, 신구문화사.
韓永愚, 1981,『朝鮮前期史學史硏究』, 서울대출판부.
韓永愚, 1983a,『朝鮮前期社會經濟硏究』, 乙酉文化社.
韓永愚, 1983b,『鄭道傳思想의 硏究(改正版)』, 서울대학교출판부.
洪永義, 2005,『高麗末 政治史 硏究』, 혜안.
黃元九, 1976,『東亞細亞史硏究』, 一潮閣.

堀敏一, 1993,『中國と古代東アジア世界－中華的世界と諸民族－』, 岩波書
    店, 東京.
金毓黻, 1941,『東北通史』, 瀋陽.
檀上寬, 1995,『明朝專制支配の史的構造』, 汲古書院, 東京.
唐代史硏究會 編, 1979,『隋唐帝國と東アジア世界』, 汲古書院, 東京.
寺田隆信・增井經夫, 1974,『中國の歷史』6~7, 講談社, 東京/宋正洙譯,
    1991,『中華帝國의 完成』, 문덕사.
西嶋定生, 1983,『中國古代國家と東アジア世界』, 東京大出版會.
松井等 외, 1913,『滿洲歷史地理(下)』, 東京.
守本順一郎, 1967,『東洋政治思想史硏究』, 東京.
池內宏, 1963,『滿鮮史硏究』中世第三冊, 東京.

논 문

姜尙雲, 1959,「麗明(韓中) 國際關係 硏究」『中央大論文集』4.
姜聖祚, 1990,「朝鮮前期 對明公貿易에 관한 연구」, 인하대학교 박사학위논
    문.
姜芝嫣, 1996,「高麗 禑王代(1374年-88年) 政治勢力의 硏究」, 이화여자대학
    교 박사학위논문.
姜晋哲, 1973,「蒙古의 侵入에 대한 抗爭」『한국사』7, 국사편찬위원회.
高柄翊, 1961・1962,「麗代 征東行省의 硏究」『歷史學報』14・19/1970,『東
    亞交涉史의 硏究』, 서울대학교출판부.
高柄翊, 1962,「高麗 忠宣王의 元 武宗 擁立」『歷史學報』17・18합집/1970,
    『東亞交涉史의 硏究』, 서울대학교출판부.
高柄翊, 1970,「外國에 對한 李朝 韓國人의 觀念」『白山學報』8.
高柄翊, 1973,「元과의 關係의 變遷」『한국사』7, 국사편찬위원회.

高錫元, 1977, 「麗末鮮初의 對明外交」『白山學報』23.

高昌錫, 1984, 「麗・元과 耽羅와의 關係」『濟州大論文集』17.

高昌錫, 1985, 「元明交替期의 濟州道－牧胡亂을 中心으로－」『耽羅文化』4.

高惠玲, 1981, 「李仁任政權에 대한 一考察」『歷史學報』91.

김경록, 2005, 「朝鮮後期 事大文書의 종류와 성격」『한국문화』35, 서울대학교 한국문화연구소.

김경록, 2006, 「조선시대 事大文書의 생산과 전달체계」『韓國史研究』134.

金光洙, 1977, 「高麗前期 對女眞交涉과 北方開拓問題」『東洋學』7.

金九鎭, 1973, 「麗末鮮初 豆滿江 流域의 女眞 分布」『白山學報』15.

金九鎭, 1976, 「公嶮鎭과 先春嶺碑」『白山學報』21.

金九鎭, 1977, 「尹瓘 9城의 範圍와 朝鮮 6鎭의 開拓」『史叢』21・22합집.

金九鎭, 1984, 「朝鮮前期 對女眞關係와 女眞社會의 實態」『東洋學』14.

金九鎭, 1986, 「元代 遼東地方의 高麗軍民」『李元淳華甲記念 史學論叢』.

金九鎭, 1989, 「麗・元의 領土分爭과 元代에 있어서 그 歸屬問題」『國史館論叢』7.

金九鎭, 1990, 「朝鮮前期 韓中關係史의 試論－조선과 명의 사행과 그 성격에 대하여－」『弘益史學』4.

金 燉, 1997, 「高麗末 對外關係의 變化와 政治勢力의 대응」『韓國 古代・中世의 支配體制와 農民』(金容燮敎授停年紀念 韓國史學論叢2), 지식산업사.

金庠基, 1955, 「해상의 활동과 문물의 교류」『국사상의 제문제』4, 국사편찬위원회/1974, 『東方史論叢』, 서울대학교출판부.

김상기, 1959, 「단구와의 항쟁」『국사상의 제문제』2.

金庠基, 1959, 「여진관계의 시말과 윤관(尹瓘)의 북정」『국사상의 제문제』4/1974, 『東方史論叢』, 서울대학교출판부.

金鮮浩, 1996, 「14世紀末 蒙・麗關係와 東北亞 政勢 變化」『江原史學』12.

金成俊, 1974, 「高麗와 元・明關係」『한국사』8, 국사편찬위원회.

金成俊, 1994, 「고려말의 정국과 원・명관계」『한국사』20, 국사편찬위원회.

김순자, 1987, 「高麗末 東北面의 地方勢力研究」, 연세대학교 석사학위논문.

김순자, 1994, 「원 간섭기 민의 동향」『14세기 고려의 정치와 사회』, 민음사.

김순자, 1995, 「고려말 대중국관계의 변화와 신흥유신의 사대론」『역사와 현실』15.

김순자, 2000, 「麗末鮮初 對元・明關係 研究」, 연세대학교 박사학위논문.

김순자, 2001, 「元·明 교체와 麗末鮮初의 華夷論」『한국중세사연구』 10.

김순자, 2003, 「고려의 북방 경영과 영토정책」『韓中關係史 硏究의 成果와 課題』, 국사편찬위원회·한국사학회 편.

김순자, 2006, 「고려, 원(元)의 영토정책, 인구정책 연구」『역사와 현실』 60.

金陽燮, 1986, 「方孝孺의 正統觀과 君主論」『慶熙史學』 12·13.

金龍基, 1972, 「朝鮮初期의 對明朝貢關係考」『釜山大學校論文集』 14(人文·社會科學篇).

金龍德, 1961, 「鐵嶺衛考」『中央大論文集』 6.

金渭顯, 1982, 「女眞의 馬貿易考 − 10세기~11세기를 중심으로 − 」『明大論文集』 13/1985, 『遼金史硏究』, 裕豊출판사.

金仁昊, 1998, 「高麗後期 士大夫의 經世論 研究」, 연세대학교 박사학위논문.

金在滿, 1983, 「五代와 後三國·高麗初期의 關係史」『大同文化研究』 17.

金昌賢, 1996, 「高麗後期 政房研究」, 고려대학교 박사학위논문.

金昌賢, 1999, 「고려~조선초 탐라고씨의 동향」『한국중세사연구』 7.

金哲俊, 1967, 「益齋 李齊賢의 史學」『東方學志』 8.

金泰能, 1965, 「耽羅와 元의 牧養時代(完)」『제주도』 19.

金翰奎, 1996, 「歷史上 '遼東'槪念과 '中國史'範疇」『吉玄益教授停年紀念論叢』, 同간행위원회.

金漢植, 1977, 「明代 韓中관계를 둘러싼 약간의 문제 : 동아시아 세계질서 속에서의 韓中關係史의 모색」『大丘史學』 12·13합집.

金漢植, 1980, 「明代 中國人의 對外認識 − 對韓半島認識의 前提 − 」『歷史敎育論集』 1.

金漢植, 1981, 「明代 中國人의 對韓半島 認識」『東洋文化研究』 8, 경북대학교.

金漢植, 1988, 「『元史』와 『高麗史』에서의 正統論」『교육대학원논문집』 20, 경북대학교.

金惠苑, 1989, 「麗元王室通婚의 成立과 그 特徵」『梨大史苑』 24·25합집.

金惠苑, 1998, 「高麗 恭愍王代 對外政策과 漢人群雄」『白山學報』 51.

金惠苑, 1999, 「高麗後期 藩王 研究」, 이화여자대학교 박사학위논문.

金孝貞, 1989, 「元末農民叛亂에 대한 一考察 − 그 배경과 전개과정을 中心으로 − 」『史浪』 4.

羅滿洙, 1983, 「高麗의 對女眞政策과 尹瓘의 北征」『軍史』 7.

羅鍾宇, 1994, 「홍건적과 왜구」『國史館論叢』 20.

294

南都泳, 1960,「麗末鮮初 馬政上으로 본 對明關係」『東國史學』6.

도현철, 1994,「14세기 전반 유교지식인의 현실인식 」『14세기 고려의 정치와 사회』, 민음사.

都賢喆, 1996,「麗末鮮初 新・舊法派 士大夫의 政治 改革思想 研究」, 연세대학교 박사학위논문.

도현철, 1997,「高麗末期의 禮認識과 政治體制論」『東方學志』97.

Michael Logers, 1973,「新羅・高麗朝의 朝鮮과 中國의 姿勢」『韓國의 傳統과 變遷』, 아세아문제연구소.

閔泳珪, 1964,「老乞大辯疑」『人文科學』 12, 연세대학교 인문과학연구소 /1994,『江華學 최후의 광경』, 又半.

閔泳珪, 1966,「朴通事著作年代－太古普愚의 大都 永寧寺說法－」『東國史學』9・10합집/1994,『江華學 최후의 광경』, 又半.

閔賢九, 1968,「辛旽의 執權과 그 政治的 性格」『歷史學報』39・40.

閔賢九, 1980,「整治都監의 性格」『東方學志』23・24합집.

閔賢九, 1989,「高麗 恭愍王代 反元的 改革政治에 대한 一考察－背景과 發端－」『震檀學報』68.

閔賢九, 1992,「高麗 恭愍王代 反元的 改革政治의 展開過程」『擇窩許善道先生停年紀念 韓國史學論叢』.

閔賢九, 1994,「高麗 恭愍王代 '誅奇轍功臣'에 대한 檢討」『李基白先生古稀紀念韓國史學論叢(上)』, 일조각.

朴 焞, 1985,「高麗末 東寧府征伐에 대하여」『中央史論』4.

朴星來, 1978,「高麗初의 曆과 年號」『韓國學報』10.

朴時亨, 1946,「事大主義論」『民族文化讀本』(下).

朴元熇, 1975a,「明初 文字獄과 朝鮮表箋問題」『史學研究』25.

朴元熇, 1975b,「明初 朝鮮의 遼東攻伐計劃과 表箋問題」『白山學報』19.

朴元熇, 1976,「朝鮮初期의 遼東攻伐論爭」『韓國史研究』14.

朴元熇, 1980,「明,「靖難의 役」時期의 朝鮮에 對한 政策」『釜山史學』4.

朴元熇, 1983,「明 '靖難의 役'에 대한 朝鮮의 對應」『亞細亞研究』70.

朴元熇, 1991,「永樂年間 明과 朝鮮間의 女眞問題」『亞細亞研究』85.

朴元熇, 1995a,「15세기 동아시아 정세」『한국사』22, 국사편찬위원회.

朴元熇, 1995b,「명과의 관계」『한국사』22, 국사편찬위원회.

朴元熇, 2006,「鐵嶺衛 位置에 관한 再考」『東北亞歷史論叢』13.

朴元熇, 2007,「鐵嶺衛 設置에 대한 새로운 觀點」『韓國史研究』136.

朴宰佑, 1996,「高麗 恭讓王代 官制改革과 權力構造」『震檀學報』81.

朴宗基, 1994,「고려시대의 대외관계」『한국사』6, 한길사.

朴志焄, 1990,「宋代 華夷論 硏究」, 이화여자대학교 박사학위논문.

朴天植, 1996,「이성계의 집권과 고려왕조의 멸망」『한국사』19, 국사편찬위
    원회.

朴漢男, 1993,「高麗의 對金外交政策 硏究」, 성균관대학교 박사학위논문.

朴漢男, 1996a,「12세기 麗金貿易에 대한 검토」『大東文化硏究』31.

朴漢男, 1996b,「고려왕조 멸망의 배경」『한국사』19, 국사편찬위원회.

朴賢緒, 1974,「北方民族과의 抗爭」『한국사』4, 국사편찬위원회.

方東仁, 1976,「尹瓘九城再考」『白山學報』21.

方東仁, 1982,「雙城摠管府考(上)」『關東史學』1.

方東仁, 1983,「東寧府置廢小考」『關東史學』2.

方東仁, 1985,「高麗前期 北進政策의 推移」『영토문제연구』2.

孫承喆, 1988,「朝鮮朝 事大交隣政策의 성립과 그 성격」『溪村閔丙河敎授
    停年紀念 史學論叢』.

孫承喆, 1992,「朝鮮前期 對琉球 交隣體制의 構造와 性格」『西巖趙恒來敎
    授華甲紀念韓國史學論叢』, 아세아문화사.

신석호, 1959,「조선 왕조 개국 당시의 대명관계」『국사상의 제문제』1.

申採湜, 1985,「宋代官人의 高麗觀」『邊太燮博士華甲紀念 史學論叢』, 삼영
    사.

심재석, 1993,「中國皇帝에 의한 高麗國王의 冊封」『里門論叢』13, 한국외국
    어대학교.

安貞姬, 1997,「朝鮮初期의 事大論」『歷史敎育』64.

梁伍鎭, 1998,「老乞大 朴通事 硏究」, 고려대학교 박사학위논문.

梁元錫, 1956,「麗末의 流民問題」『李丙燾博士華甲紀念論叢』, 일조각.

吳金成, 1989,「明·淸時代의 國家權力과 紳士」『講座 中國史』IV, 지식산
    업사.

위은숙, 1997,「원간섭기 對元貿易-『老乞大』를 중심으로-」『지역과 역사』
    4, 부산경남역사연구소.

劉璟娥, 1996,「鄭夢周의 政治活動 硏究」, 이화여자대학교 박사학위논문.

柳根鎬, 1987,「朝鮮朝 對外觀의 特質-儒敎思想의 傳統과의 關聯에서-」
    『조선조정치사상연구』(한국정치외교사학회논총 제4집).

柳昌圭, 1994,「高麗末 崔瑩勢力의 형성과 遼東攻略」『歷史學報』143.

296

296

柳昌圭, 1995, 「李成桂勢力과 朝鮮建國」, 서강대학교 박사학위논문.

尹斗守, 1990, 「禑昌非王說의 硏究」 『考古歷史學志』 5・6합집, 東亞大博物館.

尹武炳, 1958, 「吉州城과 公嶮鎭」 『歷史學報』 10.

李景植, 1983, 「高麗末期의 私田問題」 『東方學志』 40/1986, 『朝鮮前期土地制度硏究』, 일조각.

李景植, 1984, 「高麗末의 私田捄弊策과 科田法」 『東方學志』 42/1986, 『朝鮮前期土地制度硏究』, 일조각.

李範稷, 1992, 「朝鮮王朝의 統治哲學」 『水邨朴永錫敎授華甲紀念 韓國史學論叢』, 탐구당.

李範鶴, 1992, 「蘇軾의 高麗排斥論과 그 背景」 『韓國學論叢』 15, 國民大學校 韓國學硏究所.

李碩圭, 1990, 「鄭道傳의 政治思想에 관한 연구」 『韓國學論集』 18.

李碩圭, 1996, 「朝鮮初期의 天人合一說과 災異論」 『震檀學報』 81.

李龍範, 1955, 「麗丹貿易考」 『東國史學』 3.

李佑成, 1996, 「목은(牧隱)에게 있어서 우창문제(禑昌問題) 및 전제문제(田制問題)」 『牧隱 李穡의 生涯와 思想』, 일조각.

李益柱, 1988, 「高麗 忠烈王代의 政治狀況과 政治勢力의 性格」 『韓國史論』 18, 서울대 국사학과.

이익주, 1994, 「충선왕 즉위년(1298) 관제개편의 성격」 『14세기 고려의 정치와 사회』, 민음사.

이익주, 1995, 「공민왕대 개혁의 추이와 신흥유신의 성장」 『역사와 현실』 15.

李益柱, 1996, 「高麗・元關係의 構造와 高麗後期政治體制」, 서울대학교 박사학위논문.

李正守, 1997, 「16세기 物價變動과 民의 動向」, 부산대학교 박사학위논문.

이정희, 1997, 「고려전기 對遼貿易」 『지역과 역사』 4, 부산경남역사연구소.

李春植, 1969, 「朝貢의 起源과 그 意味」 『中國學報』 10.

李泰鎭, 1994, 「前近代 韓・中 交易史의 虛와 實」 『震檀學報』 78.

李泰鎭, 1996, 「14세기 동아시아 국제정세와 목은(牧隱) 이색(李穡)의 외교적 역할」 『牧隱 李穡의 生涯와 思想』, 일조각.

李鉉淙, 1961, 「明使接待考」 『鄕土서울』 12.

李鉉淙, 1964, 「南洋諸國人의 來往貿易에 對하여」 『史學硏究』 18.

李鉉淙, 1973, 「對明關係」 『한국사』 9, 국사편찬위원회.

이혜옥, 1994,「고려후기 수취체제의 변화」『14세기 고려의 정치와 사회』, 민음사.

張東翼, 1990,「元에 진출한 고려인」『民族文化硏究論叢』11.

張東翼, 1992,「麗・元 文人의 交遊」『國史館論叢』31.

全淳東, 1991,「明王朝 成立史 硏究」, 한양대학교 박사학위논문.

全海宗, 1966a,「淸代 韓中朝貢關係考」『震檀學報』29・30/1970,『韓中關係史硏究』, 일조각.

全海宗, 1966b,「韓中 朝貢關係 槪觀」『東洋史學硏究』1/1970,『韓中關係史硏究』, 일조각.

全海宗, 1973,「15世紀 東亞情勢」『한국사』9, 국사편찬위원회.

全海宗, 1979,「中世 韓中貿易形態 小考」『韓國과 中國』, 지식산업사.

趙啓纘, 1987,「朝鮮建國과 尹彝・李初事件」『斗溪李丙燾博士九旬紀念韓國史學論叢』, 지식산업사.

趙誠乙, 1995,「조선후기 華夷觀의 변화」『근대 국민국가와 민족문제』, 지식산업사.

曹永祿, 1977,「入關前 明・淸時代의 滿洲女直史」『白山學報』22.

조효숙, 1990,「고려시대 견직물과 그 제직에 관한 연구」『복식』15.

조효숙, 1993a,「고려시대 견직물의 실증적 연구」『복식』20.

趙孝淑, 1993b,「韓國 絹織物 硏究－高麗時代를 中心으로－」, 세종대학교 박사학위논문.

조효숙, 1994,「高麗時代 織造手工業과 織物生産의 實態」『國史館論叢』55.

周采赫, 1974,「洪福源 一家와 麗・元關係」『史學硏究』24.

周采赫, 1988,「元 萬卷堂의 設置와 高麗 儒者」『孫寶基博士停年紀念 韓國史學論叢』.

주채혁, 1989,「몽골－고려사 연구의 재검토－몽골・고려사의 성격문제－」『國史館論叢』8.

주채혁, 1989,「몽골－고려사 연구의 재검토－몽골・고려 전쟁사 연구의 시각문제－」『애산학보』8.

陳祝三, 1989,「蒙元과 濟州馬」『耽羅文化』8.

千惠鳳, 1990,「藩王 王璋發願의 金字大藏 三種」『季刊 書誌學報』1.

崔圭成, 1981,「高麗初期의 女眞關係와 北方政策」『東國史學』15・16합집.

崔圭成, 1983,「高麗初期 女眞問題의 發生과 北方經營」『白山學報』26.

최연식, 1995,「공민왕의 정치적 지향과 정국운영」『역사와 현실』15.

피터윤(윤영인), 2002,「서구 학계 조공제도 이론의 중국 중심적 문화론 비판」 『아세아연구』제45권 3호.

Peter Yun, 2005,「몽골 이전 동아시아의 다원적 국제관계」『만주연구』제3집.

河炫綱, 1990,「李承休의 史學思想研究」『東方學志』69.

洪榮義, 1990・1992,「恭愍王 初期 改革政治와 政治勢力의 推移」『史學研究』42, 43・44합집.

홍영의, 1995,「고려말 신흥유신의 추이와 분기」『역사와 현실』15.

黃雲龍, 1980,「高麗恭愍王代의 對元明關係－官制變改를 중심으로－」『東國史學』14.

黃元九, 1975,「麗末・鮮初의 對明關係」『韓國史의 再照明』/1976,『東亞細亞史研究』, 일조각.

旗田巍, 1953,「朝鮮史における外壓と抵抗」『歷史學研究』特輯 『朝鮮史の諸問題』/李基東譯, 1983,『日本人의 韓國觀』, 一潮閣.

那波利貞, 1936,「中華思想」『岩波講座 東洋思想』9.

稻葉岩吉, 1934,「鐵嶺衛의 位置를 疑ふ」『靑丘學叢』18.

稻葉岩吉, 1935,「李氏朝鮮の革命工作」『世界歷史大系 11－朝鮮・滿洲史』.

末松保和, 1940,「高麗と明との場合」『史林』25-1.

末松保和, 1941,「麗末鮮初に於ける對明關係」『城大史學論叢』2/1965,『靑丘史草』1.

山根幸夫, 1971,「元末の反亂'と明朝支配の確立」『岩波講座 世界歷史』12 (中世6 東洋篇5).

山内弘一, 1979,「李朝初期における對明自尊意識」『朝鮮學報』92.

桑野榮治, 1993,「書評 李範稷著『韓國中世禮思想研究－五禮を中心として－』」『年報 朝鮮學』3.

相田洋, 1970,「元末の反亂'とその背景」『歷史學研究』361.

商鴻逵, 1951,「明代的中朝友好關係」『五千年來的中朝友好關係』.

石原道博, 1962,「皇明祖訓の成立」『淸水博士追悼記念 明代史論叢』, 京都.

細野浩二, 1980,「元・明交替の論理構造」『中國前近代史研究』, 雄産閣.

奧村周司, 1984,「使節迎接礼より見た高麗の外交姿勢」『史觀』110.

奧村周司, 1987,「高麗の園丘祀天礼について」『早稻田實業學校研究紀要』21.

奧村周司, 1997,「高麗の園丘祀天礼と世界觀」『朝鮮社會の史的構造と東アジア』.

王大任, 1957, 「中韓關係與東北」『東北研究論集』1.

日野開三郎, 1968·1972·1977, 「國際交流史上より見た朝鮮の絹織物」『朝鮮學報』48·63·82/1984, 『東洋史學論集』9.

池內宏, 1917a, 「高麗末に於ける明及北元との關係」『史學雜誌』29-1, 2, 3, 4/1963, 『滿鮮史研究』中世 第三冊.

池內宏, 1917b, 「高麗辛禑朝に於ける鐵嶺問題」『東洋學報』8-1/1963, 『滿鮮史研究』中世 第三冊.

池內宏, 1917c, 「高麗恭愍王朝の東寧府征伐についての考」『東洋學報』8-2/1963, 『滿鮮史研究』中世 第三冊.

靑山公亮, 1959, 「事大と華化」『朝鮮學報』14.

和田淸, 1934, 「明初の滿洲經略」『滿鮮地理歷史研究報告』14.

Michael Rogers, 1983, "National Consciousness in Medieval Korea : The Impact of Liao and Chin on Koryo", Rossabi Morris. ed., *China among Equals*, Univ. of California.

ABSTRACT

History of Korea's Foreign Relations with China in Medieval Korea

The ending era of the Goryeo Dynasty and the beginning era of the Chosun Dynasty constitutes a period in which the most typical model on our tribute and investiture('Jogong and chaekbong') relations with China was determined. This study examines the changing relationship of Goryeo and Chosun versus Yuan and Ming from the view of confrontation and discord between the foreign policy of Goryeo(Chosun) toward Yuan(Ming) and the foreign policy of Yuan(Ming) toward Goryeo(Chosun), in connection with domestic political changes.

During the Yuan intervention which lasted until mid 14th century from the mid 13th century, drifting migrants increased as the exploitation of commoner was worsened in order to finance a smooth relationship with Yuan. As a result, Goryeo's financial status got even more deteriorated due to the reduction of compulsory tax collection and the feud among the ruling class to obtain taxable land was intensified.

Therefore, the necessity to reform was recognized not only by the Goryeo's ruling class but by Yuan and the reform was attempted several times. However, because social and economic difficulties of Goryeo was created and worsened by the system of the Yuan intervention, the reform effort was destined to fail so long as the Yuan interference continued.

Starting from the mid 14th century, the revolt of the Han Zu weakened the control of the Yuan Empire. The Goryeo Dynasty seized this opportunity to carry out the anti−Yuan reforms such as internal affairs reform, a purge of pro−Yuan forces and the recovery of the 'Ssangsung−Chonggwanbu'. The Goryeo Dynasty intended to restore complete autonomy(sovereignty) as it had in the early period of the Dynasty and Yuan had no other choice but to accept it.

When the Ming Dynasty was installed, Goryeo expanded its political and military influence to area around Liaoyang and Sunyang by conducting Liaodung expedition three times during the year of 1369 and 1371(18th to 20th year of King Gongmin's regime) and brought back to Goryeo territory the Goryeo people and the Jurchens who had emigrated to Liaodung area. Goryeo also recovered Jeju which she almost lost during the Yuan intervention and reclaimed horse pasturing land owned by the Yuan's imperial family.

Ming tried to restore the basic framework of the international order Yuan had imposed upon Goryeo. When Ming started to govern Liaodung area in 1371 it began to intervene Goryeo's domestic affairs and demanded 2,000 Jeju horses as a tribute in 1374. The demand was unprecedented in terms of its size and was meant to negate the accomplishment of anti−Yuan campaign.

After King Gongmin who was pro−Ming was assassinated, Ming took away a huge size of tribute including gold, silver, and textiles by taking advantage of the investiture of King Wu. In addition to the tribute, Ming traded horses and cattle but it was another form of exploitation since the size and price of trade was unilaterally determined by Ming.

King Wu, who ascended the throne without a firm recognition as an heir, wanted to make up this weakness by obtaining the investiture from Ming. This policy was rationalized as 'a way to securing the nation' because it had a side effect of relaxing military tension between two countries as well as justifying its accession. However, the accommodation by the Goryeo Dynasty of these excessive demands meant a denial of the accomplishment of anti−Yuan campaign intended to obtain complete autonomy.

Even worse, Ming attempted to restore Yuan's order in terms of territory by taking back the north−east area of Goryeo's territory to establish 'Chulryoungwi' which had been under the control of 'Ssangsung—Chonggwanbu' during Yuan era. Since, unlike tribute, the cession of territory was unprecedented in her history, Goryeo could not accept Ming's demand.

The resulting Liaodung expedition was an incident happened at a time when Goryeo's and Ming's foreign policy were at the height of acute tension. However, the war did not become a reality due to the withdrawal of an army from Wihwado by Yi—Sunggye('Wihwado Hoegun'). King Wu and Choe—Yung who argued for the Liaodung expedition were removed. They took the blame for invading Ming and the attack was depicted to be against the moral principle of 'Shida'. Thus, as a result of Wihwado Hoegun, the effort to secure an autonomy(sovereignty) against China could not be settled between concerned parties, namely, Goryeo and Ming but, instead, turned into an internal political struggle within Goryeo. The methodology of 'Shida', upheld by the Yi—Sunggye clan at the time of withdrawal, i.e., 'Respecting Ming and Shida', whose main idea is the refusal to confront Ming militarily and the acceptance of tribute demand by Ming, influenced the Chosun's policy toward Ming since then.

Yi—Sunggye's forces who had seized political power after Wihwado Hoegun needed an ideology to justify their behavior. They removed King Wu as well as King Chang by announcing 'Pega Ipjinnon' (argument for abolishing a fraud and puting up an true heir, or 'Wu—Chang Biwangsul' : argument that King Wu and King Chang are not the blood royal Wang) and the basis for such an argument was the diplomatic document sent by the Ming's Ceremonial Board('Yebu—jamun'). The portion of Yebu—jamun which states King Wu's real last name is not Wang(royal family) was forged by Yi—Sunggye's clan. But it was quoted without addition or deletion of even one word and played an important role in purging anti—Yi—Sunggye's forces and in replacing the Goryeo Dynasty with the Chosun Dynasty.

The authority of Ming as an investiture nation had a lot of influence over the development of Goryeo's internal political affairs. Ming abetted a purge of political rivals in Goryeo and the replacement of the dynasty. Furthermore, Ming recognized the Yi-Sunggye's accession to the throne as Heaven's Will and played a part in changing the country name of 'Goryeo' to 'Chosun'. The Yi-Sunggye regime, in turn, supported the Ming's foreign policy by meeting the Ming's demand including horse trade.

Although there were some conflicts after the establishment of Chosun Dynasty, King Taejong received an official recognition and a royal seal. Thus, the form and the details of 'Shida' was firmly established during the early governing years of King Taejong and King Sejong.

What was Goryeo people's thought which is China or a barbarian? From the view of original Sinocentrism, Mongol was a barbarian. During the rein of Mongol Yuan, Goryeo people accepted it as China because Mongol Yuan had power on controlling the center of China. After Ming had founded, Goryeo people accepted Ming as China, because they thought Ming seized the situation around the northeast Asia and it was the very Han Zu Dynasty. In recognizing which is China or a barbarian, it was the most impotant method which had the power on controlling China world because it related with Goryeo's national security.

Reserches on Liaodung population and horse trade are good examples which illustrate the character of tribute and investiture relations between Goryeo/Chosun and Ming. Liaodung population had been immigrated into the Korea Peninsula since 1371. Ming wanted to restore the order of Mongol Yuan times not only territory but also controlling population. She demanded Goryeo/Chosun to return them into China. Some of them was originally Korean, others the Jurchens. Goryeo/Chosun thought them hag to be her own people, but she accepted Ming's demand partly because she didn't want to make problem with Ming.

Horse trade with Ming had been continued from 1387 to 1450. Ming suggested to buy horses from Goryeo/Chosun. She decided the price, amount, trading time, etc. unilaterally. Goryeo/Chosun didn't have enough horses for military, riding, and farming use, but she decided to accepted Ming's demand on horse trading as a tributary nation. Ming payed the price for horses with silk and cotton piece goods, but the price was very low in comparison with the current price. Goryeo/Chosun looked upon it as another tributary payment.

Key word : tribute and investiture(Jogong and chaekbong) relations, King Gongmin, King Wu, Yi Sunggye, Yuan, Ming, anti-Yuan compaign, Shida, Chulyoungwi, Pega Ipjinnon, Yebu-jamun, horse trade, sinocentrism, wha-i-ron, a territorial dispute

찾아보기

310

김 순 자

연세대학교 문과대학 사학과 졸업(1984)
연세대학교 대학원 문학석사(1988)
연세대학교 대학원 문학박사(2000)
현 연세대학교 강사

주요 논문
「원 간섭기 민의 동향」(1992)
「고려말 대중국관계의 변화와 신흥유신의 사대론」(1995)
「麗末鮮初 對明 馬貿易」(2000)
「고려의 북방 경영과 영토정책」(2003)
「고려·원(元)의 영토정책, 인구정책 연구」(2006)

연세국학총서 76

韓國 中世 韓中關係史

김 순 자 지음

2007년 5월 10일 초판 1쇄 발행

펴낸이 · 오일주
펴낸곳 · 도서출판 혜안
등록번호 · 제22-471호
등록일자 · 1993년 7월 30일

⑨ 121-836 서울시 마포구 서교동 326-26번지 102호
전화 · 3141-3711~2 / 팩시밀리 · 3141-3710
E-Mail hyeanpub@hanmail.net

ISBN 978-89-8494-309-4 93910
값 25,000원